U0439696

六十年代与现代美国的终结

〔美〕戴维·斯泰格沃德 著

周朗 新港 译

商务印书馆

2002 年·北京

David Steigerwald

THE SIXTIES AND THE END OF MODERN AMERICA

ST. Martin's Press, New York, 1995

本书根据美国圣马丁出版社 1995 年版译出

目　　录

导　言 …………………………………………………（ 1 ）

第 1 章　自由主义的终结 …………………………（ 4 ）

第 2 章　民权运动 …………………………………（52）

第 3 章　越南战争和美国的外交政策 ……………（100）

第 4 章　战争中的社会史 …………………………（137）

第 5 章　红色的十年 ………………………………（176）

第 6 章　文化的终结 ………………………………（225）

第 7 章　城市危机 …………………………………（276）

第 8 章　大熔炉之外 ………………………………（320）

第 9 章　权威的危机 ………………………………（363）

第 10 章　社会现状的报复 ………………………（407）

译名对照表…………………………………………（449）

导　言

约翰·F.肯尼迪在其总统就职演说中号召同辈的公民们把个 1
人目标置于更崇高的国家利益之下，以此开创了60年代的纪元。
他相信他们可以用同一个声音说话："让每个国家都知道，无论它
希望我们或好或坏，我们会付出任何代价、承受任何负担、迎接任
何困难、支援任何朋友、对抗任何敌人以确保自由的生存与胜利。"
1974年，当理查德·尼克松宁可辞去总统职务也不愿面对由于冷
嘲热讽、自私自利以及权力追逐导致犯罪行为的确凿弹劾时，他使
这个时代到达了终点。

在此期间美国经历了巨大的变化。在肯尼迪号召为国家牺牲
之时，白人至上主义在南方仍牢固坚持着。南方的非洲裔美国人
被剥夺了公民权。在密西西比和阿拉巴马州的一些县里，整个20
世纪没有黑人参与投票选举。那些对这一制度置疑的人常常遭到
谋杀。这个国家在别处关于种族关系的记载也没好到哪里去。美
国社会处处保持着男性至上。妇女被否定了在工作场所的基本平
等并被假定为热衷家务的生物。公司不提拔妇女，除非有特殊的
机会。举个例子，女记者在国家新闻俱乐部的午餐会上被迫坐在
阳台上，照例被拒绝去采访那些男同事获得的能使自己事业发展
的报道。甚至女子大学也强加着装规范，限制她们为科学做贡献，
使家庭经济学成为强制性课程。在有些州妇女不能参加陪审团。
在马萨诸塞州，医生给病人分发避孕材料被视为违法。

检查员和道德家统治着文化领域。在纽约，只有因通奸行为

2 导　　言

才准予离婚。电影受到筛选,作家受禁令,他们的书受到威吓。隐私权照例受到侵犯。特别当性与性行为的争论尚在进行时,权威们常常是压抑着,极力假装正经。最轻微的带性暗示的材料都足以使文化监察人员们变得神经质。大学管制着学生的生活,实行性别隔离以及强制宵禁。

当尼克松离开公职,这些美国生活中的保守成分看来不只是10年的时过境迁,而是一个世界的离去。国家制度、社会风俗以及思维习惯都受到了根本的挑战和转变。

无论如何,尼克松的个人辞职,在我们庆祝60年代成为一个人类进步的时代前,给我们画上了休止符。为了完成所有至关重要的转变和使公正得以实现,许多在1960年还较少吸引人的力量到1974年就多多少少更为强大了。1960年的美国人是历史上最富有的人民,但到1974年,尽管进行了十多年的社会变革,国家财富却无力扩展。其间,这个国家的城市在加速瓦解。从一个主要由种族和民族的少数群体组成的城市"下层阶级"中,诞生了一种强烈绝望的文化。所谓的军事—工业联合体,虽然在越南战争中受到质疑,但基于冷战思想仍在美国对外政策中继续存在着。曾经给美国带来空前财富的消费资本主义开始展现后工业的未来——蓝领工作消失或转移到了海外。消费者文化不仅生存于60年代,而且变得更加强大,这要归功于对年轻人市场的操纵。美国人生活中的冷漠疏远和无意义——60年代早期热诚的理想主义者在变革时所反对的——通过基于特有的服装、音乐、精选的毒品、性价值观及政见的年轻人文化的行销而得以减轻。但最后这些事物并无多大改变。

美国在60年代并没有跳出一句古老格言的圈子,许多在当时看来完全得到肯定的发展结果却产生了相反的效果、不可预料的灾难以及荒谬的结论。许多绝妙的主意结果不是甚好。当时重大的开明的改革导致下层阶级和中产阶级的强烈不满,主要是因为民众向改革支付了税金却没有得到任何回报。通过大学延期以逃避征兵的年轻激进分子,在呼吁关注灾难性的越南战争的同时,也促使那些儿女被送往东南亚的人们产生一种复兴的爱国主义。脱离了监察人员的文化解放使艺术家得到自由而只给艺术很少的自由,使之日益成为投资者和大商人的领域。"爱的一代"带来的性革命被人们鼓励为有益健康的自由,与视其为性暴力及堕落的人数差不多。中产阶级家庭的爱面子把妇女带入一个无法实现工作的世界,并且由于鼓励家庭崩溃,其趋势是男子的解放多于妇女,妇女则更频繁地在抚养他们的孩子方面承担惟一的责任。60年代只有两个明确的发展,一个很好,一个在我看来是令人震惊的,分别说来就是美国南方的民权运动和越南战争。其他方面,则交织了大量的智慧与正义,愚蠢与残酷。

社会与政治的僵局导致了既无明显的胜者也无明显的输家,并使大多数社会问题处于无法解决的状态,这是那个时代最重要的遗产。美国的改革论者视60年代为一个被战争和右派反抗突然终结的巨变时期,其结果只是这个国家的局部解放。另一方面,这十年被视为一个权威和道德方面的国家危机的发端,通过使反社会行为合法化而最终更多地伤害了穷人。

从某种意义上说我们从未离开60年代。僵局延续至今,在近来25年间,在自我标榜的左派和右派之间的持久的意识形态分歧中,它被视为最有力的因素。60年代是左右两派的萌芽时期,实际上这一时期也是同时代美国人各自阐述的中心。

第1章 自由主义的终结

美国在 60 年代的兴衰最主要地表现为美国自由主义的兴衰,它的复兴是以 1960 年约翰·F. 肯尼迪的就职典礼为正式标志。正是肯尼迪号召美国释放出理想主义,他鼓舞了变革的希望以及他和他的后继者都不能实现的令人激动的前景。被自由主义者复兴的理想主义通过无数方式攻击着理想主义本身。

自由主义的兴衰更替太快以至于可以视其为戏剧性的事件来解释,如城市骚乱、来自激进学生的挑战、春节攻势和反战运动。从更为宽广的观点来看,无论如何,自由主义命中注定要致力于一个几代人的传奇,回到 19 世纪与 20 世纪交替时进步党人的变革时期。从那时起,自由主义者就站在那个"小人物"一边了;虽然他们是视资本主义为一种社会制度的支持者,但成了商业思路的批评家;他们把政府作为改革的工具和利益集团间的仲裁人;他们为自己的利益目的而汇集了学究和知识分子的意见。在 30 年代,富兰克林·D. 罗斯福集中了白人、非洲裔美国人及其他种族的工人阶级、自由职业者和知识分子的联盟,组成了历史上最有压倒优势的选举多数,使改革者的自由主义在民主党内得以制度化。

1968 年自由主义的崩溃表现了这种现代自由主义的枯竭。罗斯福联合瓦解,因为日益富裕的经济状况使产业工人如中产阶级般舒适,即使达不到中产阶级的地步,工人也变得"保守"。由于富裕程度分布不均,种族间关系紧张而置阶级团结于不顾。当自由主义者急转弯来调整时,他们就陷进了圈套,必须从舒适的工人阶级和中产阶级两者中选择一个支持者,他们是选举人中的大多数,也可以促成无力的少数派。在林登·约翰逊社会改革的"伟大社会"计划中,自由党人与可怜的少数派站在一边,许多改革直接归他们指挥,而工人阶级和中产阶级被抛弃并要为改革付出代价。由于"伟大社会",自由主义者自己到了终点。当城市骚乱持续,阶级和种族对立恶化,以及政治冲突升级的时候,自由主义者已经无言可对了。

自由主义的再度觉醒

60 年代自由主义的再度觉醒缘于对阿德莱·史蒂文森竞选失败的反应,他是 1952 年和 1956 年选举中民主党主席的候选人。史蒂文森作为一个天生的民主党人更甚于他的坚定信仰,他从不与劳工—城市—种族联合体有任何联系。作为候选人,他通过呼吁他认为的选民的高贵天性来围着政党机器转:即为"公众利益"或国家精神承担义务。在公众生活中,史蒂文森机智而世故地摆出一付空想主义知识分子的姿态,但这种姿态用来与德怀特·艾森豪威尔那样的战争英雄对抗是无效的。

史蒂文森没有把自由主义者带回白宫,但他带给公众生活的问题却很快成为美国政治中根本的重点所在。史蒂文森是关于艾森豪威尔依赖核武器的一名孤独的批评者。他也把关于对外政策的话题转移集中到第三世界上,那是一个艾森豪威尔假定为可以恫吓的辽阔多样的地区。史蒂文森辩论说,以艾森豪威尔的政策——扶植反共产主义政权和授意中央情报局发动政变——在第三世界的长期胜利是无法实现的,那将要求美国实现民主党的理想并为后殖民地国家做出榜样。在国内问题上,史蒂文森大胆强调

6 第1章 自由主义的终结

正是狂热的物质主义——从对消费品的渴望可以明显地看到——在摧毁着这个国家最为珍爱的理想,为公众服务的理想。

即使不是选举人,独一无二的雅量和风度也为史蒂文森赢得了朋友,其中自由主义的知识分子在致力于夺回国家政权。出于希望驱使他支持自由主义经济学家约翰·肯尼思·加尔布雷思认为"全体选民和政策为民主党带来了一连串显赫的胜利"的观点,这些知识分子以其1956年的政治纲领——要求供给公共住房,提高最低工资,对公民权利和公民自由的更明确的承诺,以及增强社会安全——来说服史蒂文森改变观点。

不难看出为何史蒂文森会屈从于那些知识分子的建议。他在50年代中期已经从他们那里借鉴到比政治纲领多得多的东西。他对于美国物质主义的忧虑得到了越来越多的自由主义者的回应:出于对商品社会、郊区化以及这一时期出现在众多社会批评中的官僚政治生活的不满。举例说,在《孤独的人群》一书中戴维·里斯曼认为美国人已变成受人支配的因循守旧者,中产阶级依照他人的看法来估量其自尊,而非个人或传统的道德目标。里斯曼所指的受人支配的人当然不是美国历史上作为先驱的个人主义者,其他的研究对此作为回应也有评价,如威廉·H.怀特的同样著名的《团体人》。自由主义者的社会批判的结果是美国苦恼于它最伟大的成功。美国人陶醉于历史上最富有的社会,但他们出卖了他们全体的灵魂,拿国家的道德品质做交易以得到轻松的白领工作来购买郊区的房子和新汽车。正如史蒂文森再三强调的,富足自身是不会终结的。

如《孤独的人群》这类著作对美国人性格中官僚主义化的框架作了深刻本质的分析,但在自由主义的控制下它们最先成为顺从的批评。不断地唠叨服从或者对团体人缺乏动力喋喋不休则是从大体上承认了美国人生活得好。他们不用遭受来自经济和政治上的压迫，他们也不再害怕传染病的恐怖（可怕的脊髓灰质炎病毒已经被赶走了）。尽管过去左翼和自由主义的批评集中于资本主义在广泛散布其好处的"先天的"无能，但在50年代末，任何一个想要成为美国生活批评家的人不得不开始承认实际上资本主义运作得很好。因此，左翼的批评家们开始唤起对资本主义文化的缺点的关注。部分的自由主义者开始争论真正的问题是美国人在政治和经济两方面，继续以个人主义的无用的旧观念来思考。

这在自由主义最重要的鼓吹者——哈佛大学经济学家约翰·肯尼思·加尔布雷思的著作中是共通的信息，他在十年间出了两本书来阐述直到1968年为止的主流自由主义。在《美国的资本主义：制衡力量的概念》(1952)一书中，他指出有组织的工人已经成长壮大到足以抗衡公司的力量，这使美国政治达到了一个完美的平衡。由于联邦政府站在仲裁人的立场，资本家与工人现在只是争论，而后寻求妥协以确保稳定。加尔布雷思力量制衡的理论是不久后成为利益集团自由主义理论的首次表现，而后者作为妥协与有组织的程序的代理人，在政治上起了保卫着利益集团的作用。

尽管《美国的资本主义》一书定义了自由主义的政纲，加尔布雷思的《富裕的社会》(1958)仍阐述了自由主义的特性。在一场关于普通经济学观点的争论的伪装下，这本书号召美国人抛弃过去。依照商业领袖及经济学家一致坚持的"传统的智慧"的说法，经济成功依靠的是职业道德和无畏的竞争，加尔布雷思强调传统的智慧产生于"萧条时期"，在一个空前富足和空前合作的团体的社会里，其价值观是过时的，或者说甚至是破坏性的。富裕使竞争的努力成为多余，美国人需要离开竞争去放松一下，致力于诸如延缓公共投资和工作性质的问题。不存在许多其他的真正的问题。例

8 第1章 自由主义的终结

如,贫困仍存在——加尔布雷思称之为一个"耻辱",虽然几乎不是什么"大的苦恼"。贫困在美国只是零星可见,作为一个系统问题,可以通过假想的公共政策来消除,包括道路与桥梁、低收入者的住房供给以及教育的公共改进措施。加尔布雷思在极大的程度上似乎在说,这个国家的首要问题是世界上一切都好,即使只有美国才能承认。

加尔布雷思的著作,与不久后出现的激进主义相比,是世俗化的、机智,有趣,但十分安全,并且仅相对于其他哈佛大学教授的著作而言是大胆的。当他证实利益集团竞争的合理性时,他只不过以一个"概念"证实了现状。《富裕的社会》同样认可了经济学的现状。加尔布雷思更希望的是一种精神的转变。

这种国家精神复兴的号召——深深地打动了阿德莱·史蒂文森——恰恰点燃了自由主义的幻想。处于60年代的边缘,自由主义者们开始感到变革临近。作为加尔布雷思坚定的自由主义的同僚,小阿瑟·施莱辛格在约翰·F.肯尼迪的就职典礼前夕写道,当这个国家准备重申其"活力与特性"时,"任何人都感觉到我们正在临近那一时刻"。"那种支配了这个国家10年的情绪似乎开始变得稀少而不相干;……不再因为一个人而解释我们的愿望与需要;……新的力量,新的精神,新的价值观正在极力表现和释放出来。"施莱辛格概括了自由主义的议程:更好的教育,改善医疗保健,公民权,公民自由,"提高我们的流行文化的地位",以及在外交政策上做个激进分子。他和他的同僚们不能被认为是无用的空想家。然而美国人的失败不是一个计划而是一种精神上的失败,以及来自"60年代的挑战"——以施莱辛格的观点是"美国人价值观的重组",为了把人们从愚钝的物质主义中召唤到一些"国家目标"上。

施莱辛格留意的国家目标是双重的:在国外与共产主义战斗并在国内鼓励理想主义。"一个政治新纪元的开始就如同一个障碍的打破……因此60年代或许是英勇的、清晰的、有创造力的、不连贯的、喧闹的、全方位都活力四射的。最重要的是,将会对行动、领导层和信心产生意义。"过了8年多的时间,施莱辛格在罗伯特·肯尼迪遇刺后到纽约演讲,在多年的动荡和混乱远胜于创造力的经历之后,他的活力被深深的个人悲痛所代替。他得出的结论是美国人是由一次"犯罪"证明的"令人恐惧的民族","我们是一个有着暴力历史的暴力民族,暴力的天性从我们国家生活的血液里渗出。"然而在1960年,世上一切都还是好的。

约翰·F. 肯尼迪

自由主义者们在50年代末正确地解读了这个国家的特性。许多迹象表明这个国家正满怀渴望,即使不是为了复兴的理想主义,那至少也因为一些比德怀特·艾森豪威尔以及温和的统治更有趣的东西。消费文化留给年轻人一种空虚感,他们通过听摇滚乐,读《麦田守望者》(1952)——J.D. 赛林格关于被疏远的青年的小说,或者认同于好莱坞年轻的自我放逐者——詹姆斯·迪恩和马龙·白兰度,以此作为反对中产阶级生活方式禁锢的反应。文化的不安定则更进一步,颓废派诗人,特别是艾伦·金斯伯格,由于从事同性恋、精神上的神秘主义及种族混合的题材,遭到一致的反对。无疑地被限制在少数年轻人中间,逐渐显现的不守成规和异化的特性与处于发展状态的自由主义的复苏相结合,预示着一个巨大的觉醒。

自由主义者在1956年后需要的是一名新旗手,史蒂文森第二

10 第1章 自由主义的终结

次失败为他造成了一种(舆论)倾向。对于一般的选举人,他是个十足的精英分子,一个十足的旧式英格兰—新教徒统治层的成员。因为对手未能出场,就为约翰·F. 肯尼迪留下了空子。作为来自于一个古老的波士顿政治家庭的爱尔兰天主教徒,肯尼迪也有缺点。他被老式的联盟,保守的天性,以及一个以一心一意想使儿子致力于权力而闻名的父亲所沾染。老约瑟夫·肯尼迪——一个依然对美国佬的精英分子表示轻蔑的被同化的爱尔兰人——培养他的儿子们从事政治而让女儿们完成学业。在他的大儿子乔·肯尼迪于二战中牺牲后,这位父亲把注意力全转向了约翰,一个曾经多病的不明事理的年轻人。最重要的是约翰从他父亲那里学到了两样东西:自我推销和对软弱的蔑视。

尽管约翰·肯尼迪在 1960 年民主党的总统提名中有所作为前已经在国会度过了将近 10 年的时间,他却从不认同于民主党的自由主义。当他开始向总统宝座努力的时候,通过把阿德莱·史蒂文森的论题据为己有,从而赶上了正在上涨的自由主义潮流。他为了提名的行动始于 1957 年,在一次关于第三世界外交政策的演讲中,他指出,正是共和党人对现状毫无创见、不加是非的承诺把关系搞糟了。与其自动地与民族主义运动对抗,他强调的:"合众国,本身作为一个政治革命的产物,必须双倍努力以获得民族主义领袖们的尊重与友谊。"

只有加尔布雷思和其他几个人迅速加入了肯尼迪阵营。其他自由主义者或是希望赫伯特·汉弗莱——自吹在民权和工人问题上有很强的履历,或是史蒂文森能得到提名。许多人则由于肯尼迪的个性或者他的并不鼓舞人的国会投票记录而犹豫不定。其他人则继续怀有反天主教成见或者为他与古老的爱尔兰核心政治的联系而沮丧。还有一些人发现他的好斗的冷战言辞是煽动性的并且是危险的,与他提倡的对美国外交政策的再思考十分不一致。

即使他缺乏党内的忠心之士,肯尼迪还有其他很快被其竞争者嫉妒的实力:金钱,技巧,以及一帮紧密的顾问班底。在重要的西弗吉尼亚5月初选中,他显示出了他懂得如何运用其全部实力。尽管该州被认为是过于为新教正统派运动所渗透,而汉弗莱也将在此击败他,肯尼迪还是为自己的形象而努力,使亲属和名人志愿者遍及该州。在必需的时候,他的竞选活动也会变得残忍无情,并且四处传播关于汉弗莱在二战中没有服役的谣言,那是一个汉弗莱永远不会原谅的举动。肯尼迪的成功第一次证明了他已经足够熟练到克服反天主教的成见以及避开不充分的国会生涯这两个方面。

在约翰·肯尼迪的成功中,与他的政治技巧一起列为基础的是他的形象——远比纯粹的性的吸引力要严肃,但又不像领袖人物的超凡魅力那么深刻。这就容许他把天生的保守主义与一种对未来的颠覆感结合到一起。他的贵族化的风度和工人阶级特色的吸引力与一种有着青年人的活力和能量的形象结合在一起。"突然间你有些激动起来,"一位参与竞选活动的工人回忆道,"你找到了一个年轻人,他有孩子,喜欢在前面的草坪上玩橄榄球……他做的一切都显示了美国的朝气及活跃。"肯尼迪对传统政治权力的明显期望并不能隐藏那些暗示,即就其本性而言,他更愿意威胁到主流的规范。正如小说家诺曼·梅勒在关于肯尼迪的最著名的描写之一中写的,他将震撼"超级市场的灵魂,外表纯洁和进行心理治疗的人的相同外延,包装起来的日用品和大农场家庭。"他的思想和方法都不是新的。新颖的只是他本人。"他穿着滑雪教练的深橙棕色卡其布军服,"梅勒夸张地写道,"当他冲人群微笑时,他的牙齿出奇的白,而且在五十码外都可以明显地看到。"在洛杉矶大会看到肯尼迪的到来,梅勒感到自己仿佛置身于一部电影的场景中,如同"橄榄球英雄,校园之王,来到校长的家……恳求校长以得到他女儿的吻和当晚上演音乐剧的许可。"

肯尼迪的部分魅力是作为候选人与电视的兼容性,正是从那之后电视才成为美国政治的一个特有要素。肯尼迪不像他之前的政治家,他出于本能地接受了这种新媒体,或者准确地说,是电视接受了他。并不仅仅是他灿烂的微笑或者是"滑雪教练"的外表在电视上表现出色。他的暧昧,他的柔韧,举动中不带棱角,这一切都使得他成为一名完美的电视的"求婚者"。电视正如在一本那个时代最令人无法理解的有影响力的书《理解媒介》(1964)中,马歇尔·麦克卢汉强调的"冷"媒介。照麦克卢汉的观点,电视是一种"低清晰度的"媒介并与观众保持着一种"深奥的"关系:通过倾听、观看、感受,使观众全神贯注在电视上。"观众是屏幕,"麦克卢汉写道,因此也是信息传播的热心参与者。肯尼迪为这种观点提供了证据。他的自我恳求式的幽默,当他忍受不理想状态时的轻松,例如在演讲时他在"ums"和"ahs"上结结巴巴,还有他的"深橙棕色卡其布军服"也很符合麦克卢汉对电视的描绘。

肯尼迪对电视贡献的经典例子是在 9 月举行的与共和党候选人理查德·尼克松的第一次辩论。肯尼迪,就像任何优秀的演员那样,为辩论进行了排练,由富有经验的助手们训练他普通回答与婉转回答的艺术,并确保他的着装正确得体。另一方面,尼克松的准备却像是回到了在大学辩论队的日子。他在辩论前的晚上到达芝加哥,不排练也不放松,他把自己关在旅馆的房间里。他只有十分钟长度的摘要,只能希望依靠他竞选演讲中的"存货"作为回答。他没有演戏的着装,浅灰色的外套融合在背景中,因此,正如新闻记者西奥多·怀特所写的,他"消褪成了一个模糊的轮廓。"他"紧张,几乎是惊恐不安,处处怒目而视,偶然地显出形容枯槁。"那些在电视上看到全过程的人多数喜欢肯尼迪,而那些听收音机的人则对两人的评价相等。

尽管这场辩论增强了肯尼迪的自信,增加了他的支持者的规模,造出了声势,但他由于仍居于劣势而被迫竭力寻求支持。最后,他获得了民权权力集团的支持。无论是他还是其他权力集团,在他们的路线中都不接受民权运动。自由主义者真的不喜欢种族隔离,但他们认为特别是在南方这是一种过时的习惯,如果属实,那么时间和一些技术性的方案就可以使它消失。肯尼迪自己就做了过多的暗示,当他偶然地面对哈里斯·沃福德——一个专门研究民权的竞选活动的助手时,"在 5 分钟内,"他对沃福德说,"列举出 10 件总统应该知道的,清除那该受诅咒的民权运动的混乱的法子。"沃福德告诉他,"大笔一挥"就可以让总统消除联邦住房供给的歧视,因此"大笔一挥"也成了候选人位置的注解。

一个礼貌的举动最终赢得了小马丁·路德·金和其他的民权鼓吹者。在 10 月中旬,金在亚特兰大与其他抗议者一道被逮捕。但他不愿被保释,而接受了宣判,被判在州立监狱服苦役 6 个月。沃夫德确信肯尼迪给金的妻子科雷塔打了电话并表示他的关注。这是一个潜伏着危险的举动,可能招致南方民主党人的敌对,但它还是起作用了。民权运动中的许多人,包括老马丁·路德·金,在这个电话后都把票投给了肯尼迪。年长的金对记者们说他从未想过会把票投给一位天主教徒,但现在他不得不这么做。肯尼迪对助手说:"想像一下,马丁·路德·金有一个顽固的父亲,我们都有父亲,不是吗?"

这个电话为肯尼迪带来一批重要的支持者,又没有在"固化的南方"失去民主党人。即便这样,这次竞选也是现代美国历史上最

14   第1章   自由主义的终结

接近的。肯尼迪赢得了 49.7% 的多数选票而尼克松赢得了 49.6%。可疑的,或许是欺骗性的选举是在芝加哥——民主党核心人物理查德·戴利的家乡,他帮助肯尼迪得到了伊利诺伊州的 27 张选票。但他在纽约州和得克萨斯州得到的一样多。众多事物促成了肯尼迪的胜利,但另一方面,他也承诺了许多事情。事实上,他许诺为这个国家带来新边疆。

· · ·

新　边　疆

就像肯尼迪一样,新政府生气勃勃地来到华盛顿,但没有一个明确的方向。他们在新边疆应具有何种特征上取得一致。新边疆的开拓者们推崇果敢清醒,憎恶多愁善感以及软弱。他们寻求一种理智的刚强,重视头脑。肯尼迪使其政府中充满了"常青藤联盟"的博士们,即"行动知识分子"。施莱辛格写到,总统的委派任命的招待会看起来就像是知识分子精英们的名人录,"一切都联合在汹涌而来的希望和可能性中"——凭着一种轻率的、傲慢的自信。当演说撰稿人理查德·古德温第一次使用了白宫的电话交换台后宣称,"有这么个电话我们就可以改变世界。"政府提出一个"才能调查"(因为哈里斯·沃福德这么称呼),期望能够找到适合新边疆类型的公仆们。被任命者可能是多种多样的,但不能是"过于意识形态的、太认真的、过分激动和太啰嗦的,以及迟钝的。"

这种想像和决心的混合物保证了新边疆不会仅仅是个魔法。无论什么事,政府都尽量在计划上表现得过于独立、过于负责,甚至在他们似乎是注定会失败的时候,而且极愿意在简单的思路基础上阐明政策,因为他们听上去既新颖又有创见。对新边疆改革及变化的热情和对现实主义的承诺是背道而驰的,后者曾提出过警告。政府成员们为他们在政府中注重实效的方法而自豪,但他们过于肯定自己可以"改变世界",因而导致失败。

最糟糕的是,新边疆提出的政策都先天的存在缺陷。举列说,在外交事务上,政府依赖于沃尔特·W. 罗斯托的思想。他是"发展理论"的先驱,也是反游击战争的军事行动的热衷者。在他最重要的著作《经济增长的阶段》(1960)中,罗斯托指出,国家是阶段性发展的,从生存农业到市场农业再到工业化,最后是消费品的生产;随着生活水平的逐步提高,一个中间阶层产生并要求政治民主。他指出,共产主义革命在社会处于"起飞阶段"的边缘时进行了掠夺,而这正是使国家摆脱贫困和反动政治的转折点。为了反抗这一威胁,罗斯托号召美国帮助处于"起飞阶段"的第三世界国家,这既可以满足理想主义者帮助穷国的愿望,又可以进行冷战。

罗斯托的思想最明显地贯彻于政府的拉美政策中。肯尼迪继承的众多的国际麻烦之一是古巴,1959 年在那儿发生的革命给菲德尔·卡斯特罗带来了权力。艾森豪威尔政府认为卡斯特罗是一个直接威胁,并在危地马拉训练了一个反卡斯特罗团,甚至作为将反革命变为摇控的指望。在 1961 年初即将离任之时,艾森豪威尔恳求肯尼迪摧毁卡斯特罗,反对某些顾问的建议,包括施莱辛格在内。年轻的总统就在 4 月为反动分子入侵猪湾开了绿灯。

他得到的所有警告都被证实。反动分子并没有煽动起全面起义,卡斯特罗确实是严阵以待,而美国希望避免外在的牵连,不愿意使用足够的力量帮助反动分子成功。卡斯特罗赢得了一场大肆宣传的胜利,而肯尼迪显得软弱。为了他的信誉,肯尼迪承担了猪湾惨败的责任。

为了确保这种惨败不再重演,美国政府提出了野心勃勃的"争取进步同盟"计划,它旨在支持拉丁美洲的既反对右派又反对左派

16　第 1 章　自由主义的终结

的温和派领导人。肯尼迪提供 10 亿美元作为援助,强调这个计划
是相互协作的,拉美人占据着更多的主动。这一援助计划将用于
稳定物价,发展生产力以及鼓励私人投资上。合作国家同样也将
负责各自的教育、民主及土地改革。整个构思是想通过经济发展
来根除这个地区受保护的贵族统治以排除卡斯特罗主义。

13　　　实际上,这个同盟几乎在所有成员国都失败了。在这个计划
实施的 7 年中,花费了 48 亿美元,但仍不足以实现肯尼迪在 1961
年展示的宏伟目标。美国政府由于察觉到左派革命的威胁从而决
意采取急功近利的做法,在没有制定任何真正的计划前就把金钱
输出了,而在 1962 年古巴导弹危机后,来自古巴的威胁随之平息,
这使得参与这个计划的意愿也随之枯竭了。同样,由于卡斯特罗
越来越不重要,政策重点也由政治民主转为通过技术手段促进经
济发展。如此一来,同盟成员便以支持农业贸易代替了土地改革。
正如同盟内部的一流学者所指出的,这个计划的失败原因在于它
的"过分理想主义和过分乐观主义与严酷的现实一经遭遇,便烟消
云散了"。

　　这个计划的失败是由于罗斯托的理论存在着缺陷。他的经济
发展主张完全基于西欧和美国的经验,而且他错误地把西方经验
视为全球通用。而且,拉美的反动分子经证实远比罗斯托意识到
的更具适应性。罗斯托假设美国和西欧的投资者希望民主在第三
世界得到发展,但在拉丁美洲,北方的公司一直以来都宁可要反动
政权的稳定而非民主的不断变化。

　　依照着这种带有流行观点的愚蠢想法,肯尼迪的首次外交胜
利略显讽刺的竟来自一次著名的与苏联的力量对峙中。在他们的
首次交锋中,苏联总理尼基塔·赫鲁晓夫试图威吓肯尼迪,因为后
者被认为没有经验。"猪湾事件"鼓动了赫鲁晓夫的好斗性;因此,

在那年夏天的维也纳高峰会议上,苏联总理对肯尼迪愤怒地不予考虑,以此使肯尼迪受窘。对肯尼迪来说,在"猪湾事件"后,他就决心从此不再让步,而且很快的他就有机会证明他的勇气了。1962年10月,美国侦察机报告说在古巴有苏联的导弹发射装置,肯尼迪要求苏联将其拆除。整整紧张的两个星期,政府内层都在讨论该如何应付,无疑的是他们将不得不大胆面对赫鲁晓夫,而同样无疑的是他们正被拖近核战争。一些人建议空中打击,一些人建议海军封锁,一些人建议外交解决。肯尼迪选择了封锁,但他也通过在全国电视广播中宣布这场危机提高了赌注。这是非常危险的举动,因为他把自己拴在了一次无法回头的行动上,这同样也会使他的外交变得更加困难。世界走在战争边缘,但赫鲁晓夫让步了,同意将导弹撤出古巴,并以此作为美国承诺不入侵古巴的交换条件。实现自己的愿望后,肯尼迪便着手制定计划以缓和与苏联的紧张关系,尽管与此同时他仍继续扩充着美国的核武库,而且通过制定更大的军事机动性从而扩展了军事冲突的可能性。

在内政上,新边疆处于最佳状态,在经济增长的平淡的许诺中,肯尼迪慎重地进行着注意平衡的实验。换句话说,就是当变革的花言巧语从属于负责的严格管理时。远在肯尼迪实行具体的步骤以提出他关于社会变革的要求前,就显得非常痛苦地使自己被商业社会认同为朋友以及作为经济的管理人。当他任职后,经济仍然没有从始于1958年的衰退中摆脱出来。失业人数徘徊在7%左右,而企业陷于传统智慧中,对民主党的政府比较谨慎。

肯尼迪自己的经济上的信仰更像他在政治上的思维方法:他赞成"增长",一种没人可以反对的经济学说。当他的观点迫切需要一种结果时,他求助于加尔布雷思。他在耶鲁大学1962年的开学典礼演讲上,解释说商业与政府之间的关系就像是基于过时的

18 第 1 章 自由主义的终结

相互敌对状态中,"在反映当代美国社会的真正现实上失败了。"要取代"一些意识形态竞争上的重大冲突",经济政策就需要有一种"镇定、冷静、小心"的态度加以引导,以寻求诸如国家财政赤字、缓慢的增长、失业等问题的"技巧性的回答"。技术管理实际上主要是通过商业需求的竞争压力,政治需要,以及肯尼迪的经济顾问,特别是沃尔特·海勒——明尼苏达大学经济学家,在竞选后从汉弗莱阵营投靠肯尼迪——的建议而形成的。

尽管肯尼迪无法确定他将如何促进"增长",他还是决定不招惹事端。他的政府避免好斗的反托拉斯行动。这是一个重大决定,在早期阶段的商业气候中形成了一股合并和买进的潮流,并促进了海外的自由贸易。肯尼迪许诺要消除预算赤字,这关系到在1958 年就被加剧的、艾森豪威尔的空前的 120 亿美元赤字的老问题。在这个问题上,不论他如何努力,肯尼迪与全体美国人的关系闹得很僵,直到 1962 年底,当他听从了海勒坚持的建议,以大规模削减税收来刺激增长才得以缓解。理论上讲,削减部分会使货币回到私人手中并鼓励消费者消费和更大的投资。这是一个全体美国人都喜欢的政策,即便它违反了传统智慧,而肯尼迪却承诺要削减 100 多亿美元。

这样的政策吸引了全体美国人,但使自由主义者更加处境艰难。无论如何,总统知道自由主义者已经无处可去,而更关注他的右派的一面,特别是南方的种族隔离主义者仍继续压制民主党。与此同时,他致力于扶植旧利益集团的支持和发展新选民。尽管他与有组织的工人的关系错综复杂,但他们大部分是好的,特别是汽车工人联合会和其他大型企业联盟。总统实现了工人喜爱的立法,即从每小时 1 美元到 1.25 美元的最低工资的增长。

肯尼迪同样培养着民主党与两类新选民的关系:民权运动和

自由妇女。的确,长期以来,现有的民权及妇女权益组织与民主党人保持着和睦,但它们的普通选民也决不只限于投民主党的票。更重要的是,更老的组织对非洲裔美国人已经形成大规模运动的情况及其与妇女(运动)的情况在 60 年代末合而为一已经不再有异议。依照指导性的设想来看,众多团体将会组织起来,如果有机会就会保卫自己,肯尼迪以全面的声明及偏袒性的计划来讨好这两类选民。无论他个人如何坚信问题已经解决——他自然是赞同民权运动更甚于妇女的权利——他希望自己不必明确宣布,而这些问题正是原因所在。

肯尼迪与民权运动

在民权运动中,司法被操纵而彻底游离于传统政策的框架之外。正如我们所见,无论是阿德莱·史蒂文森还是约翰·F. 肯尼迪都不是特别支持这一运动。诸如全国有色人种促进联合会(NAACP)及妇女权利组织,在某些时候与民主党结成联盟。但就其本身在南方的根源而言,当它在 50 年代出现伊始就是一个全新的政治实体了。确信南方是落后的,自由主义者不能想像这一地区会产生一场革命。小阿瑟·施莱辛格曾承认,他们都限于他们特有的一种狭隘观念,一种"近视"之中;他们确信,开明政治只可能来自于老练的民主党联盟内部。

起初,政府的政治抉择并不热衷于积极支持这一运动。出于对其政令尚无信心以及对南方人的感谢,总统希望避免剧变。肯尼迪视为实际的抉择是安抚南方人,并在使用行政权向民权事业提供帮助的时候避免大型的国会斗争。

实际上,民权政策取决于司法部及罗伯特·肯尼迪。作为司法部长,罗伯特·肯尼迪要为任命少数种族隔离分子执掌南方的法庭负责,那些人是宁可继续阻碍而不是支持民权运动前进的。与此同时,司法部要为向各种团体提出违反选举登记法的诉讼、废除学校种族隔离的判决及其他许多联邦法令而负责。肯尼迪的周围有一个小团体,其中有少数南方人对他们的工作极度负责、有个人勇气并且无疑的诚实,他们从事着冗长无味的搜集滥用民权的证据的工作。其间,司法部长开始整合其部门,在他任职期间,955名律师中只有10名是黑人。

无论政府的法律或是政策功效如何,它对民权的法律步骤是缓慢的,因而完全与促进民权运动的步调不一致。当1961年春激进主义分子发起"自由乘车"运动,在州际旅行中以多方面组织的努力来检测南方是否依从关于种族隔离的联邦禁令,肯尼迪们开始意识到他们的平衡行动将会是多么困难。当"自由乘客"们在阿拉巴马州遭到暴徒的袭击时,政府面临着错综复杂的政治利益的冲突,要承诺宪法的公正以及联邦权力的职责,而不提及正确行事的本能。

政府与民权运动的关系这出戏通过华盛顿与阿拉巴马州及密西西比州的州权冲突而得以显现。(详情见第2章)罗伯特·肯尼迪要看到"自由乘客"们活着离开阿拉巴马州的决心与有着同样坚定决心的阿拉巴马州州长约翰·帕特森直接遭遇了,后者在1960年是肯尼迪的一位强大的支持者,反对任何废除种族歧视的行动。帕特森面临着两难的境地:如果他同意保护这些"乘客",白人投票者会把他扔出办公室;如果他不保护他们,暴徒的暴力行为会爆发,而联邦政府将不得不介入,这对于南方的拥护者而言其荣誉相当于内战重新爆发。肯尼迪站在其立场上被迫赞成以联邦法律反对各州的阻碍,他不希望激进主义分子遭谋杀。但他也担心联邦在南方干涉的附带政治后果。在国内政治的困难之外,肯尼迪正日益担忧民权运动形势的国际影响。总统正在准备他与赫鲁晓夫的维也纳峰会,而南方的丑陋场面成了理想的苏维埃宣传品。"我认为我们都应意识到总统正在忙于着手一项极其重要的使命,"当罗伯特·肯尼迪恳求各方面的克制时说道。

自由乘客们来到伯明翰的时候,他们受到一群暴徒的攻击,地方当局为此安排了15分钟的暴乱自由。由于帕特森胡扯事件的过程,也由于地方当局只尽了最小的职责,罗伯特·肯尼迪准备让自由乘客们从伯明翰坐飞机到新奥尔良。决定保护乘客们的生命,来自纳什维尔的年轻积极分子们带着继续前往蒙哥马利的目的驶入伯明翰。这次,帕特森向司法部长许诺保持和平,尽管与此同时他发起法律行动阻止自由乘客。其间,格雷豪德公共汽车公司找不着一个敢于运送自由乘客们的司机。"我就这一条命,"原定的司机对乘客们说,"我不打算把它交给争取种族平等大会(CORE)或是全国有色人种促进联合会(NAACP)。"罗伯特·肯尼迪在克服最后关头的障碍时失去了冷静,且斥责了当地格雷豪德公司的经理:"好了,这个该死的公共汽车公司总有人能开车的。……我想……你最好与格雷豪德先生或不管哪个叫格雷豪德的保持联系。"

当最终找到一位司机时,便继续向蒙哥马利进发。在那里,帕特森自食其言,辩解说他在蒙哥马利的城市管制上没有权限。一次,在公共汽车站,自由乘客们再次遭到攻击,这次甚至比在伯明翰更有敌意。几名乘客被一伙暴徒激烈地殴打,随之又转向记者、出租汽车司机和其他任何妨碍他们的人,包括约翰·西根塔勒,正在与帕特森谈判的司法部官员。骚乱开始时,他刚好经过车站,并冲入人群帮助两名奔逃着的乘客。他被击倒在地而且因脑震荡就医。他的司法部同事约翰·多阿,在街对面的联邦大厦里惊恐地注视着骚乱,通过电话把详细的报导传递回华盛顿:"太可怕了! 太可怕了! 看不到一个警察!"惟一杰出的州公务员是弗洛伊德·曼,州公共安全主管,他视职守高于自身,独自一人从暴徒中拉出受害者。之后又到医院看望西根塔勒,并不禁失声痛哭。

司法部长发现他不得不下决心派遣联邦司法区执法官来保护其他的"自由乘车"运动。帕特森迫使他做出决定,但也因为小马丁·路德·金迫使他这么做,金宣布要从亚特兰大飞抵蒙哥马利以支援乘客们。州长帕特森没有履行其责任,反而不受拘束地公开指责联邦的干涉是无根据的,摆出一副受伤害的弱者形象。

在执法官的保护下,金和积极分子们在拉尔夫·阿伯纳斯牧师的第一浸礼会教堂中聚集了 1000 多名支持者,进行一夜的祈祷、演讲和决策,不料又面临着暴徒的围攻。经过一个带有零星暴行的紧张夜晚,帕特森最终决定宣布戒严令。在驱散了暴徒并救援了联邦执法官后,阿拉巴马州国民自卫队把教堂里的人抓作俘虏。随之是更为冗长的谈判。在联邦官员不得不与那位坚持坐在一间满是盟国旗帜的房间里的自卫队指挥官交涉的过程中,政府代表威廉·奥里克评论它为:"我就像是在与苏联谈判。"帕特森同意护送乘客们到州界,在那里他们会被移交给密西西比州的官员。而在该州首府杰克逊,他们一度因违反种族隔离法令而被逮捕入狱。

"自由乘车"运动把政府弄得疲惫不堪,但它激励了民权运动。不久前的斗争又一次四处爆发,这次是要在密西西比大学废止种族歧视,那里的一名黑人男子詹姆斯·梅里迪斯,在 1962 年赢得了一项有利的联邦法院裁决后试图注册登记。

当乘车运动在阿拉巴马州进行的时候,梅里迪斯事件使并不情愿的政府与一位哗众取宠的州长产生了斗争。起初,密西西比州州长罗斯·巴内特拒绝让梅里迪斯进入大学的注册大楼。巴内特最终屈服于罗伯特·肯尼迪的持续的压力,如果联邦政府在牛津校园内上演武力的话就同意允许其注册,因此使得这种情况出现而他则不得不服从于上级的联邦权力。巴内特沮丧的是肯尼迪的武力表演的念头并不如他设想的那样令人印象深刻。当大量的恶兆开始降临牛津的时候,巴内特变得更加不舒服了,他称之为"背运"。由于不愿意表露出任何对联邦命令服从的迹象,巴内特于9月29日的"Ole肯塔基小姐"橄榄球赛的中场休息过程中,在如同南方生活堡垒的五十码线上重申了他对种族隔离的辩护。

甚至肯尼迪总统的请求也未能感动巴内特——直到政府威胁要把正在进行的谈判在国家电视广播中揭露。由于这一威胁将会摧毁巴内特,他提出政府可以在9月30日星期天在牛津为梅里迪斯注册。联邦司法区执法官迅速赶到牛津,与并不情愿的密西西比州骑警队一道,准备在周一为梅里迪斯注册。在巴内特宣布南方生活方式的拥护者们遭到"压制"后,一伙迅速扩大的暴徒开始在校园内袭击执法官。在年长的、更危险的持枪暴乱者取代了投掷石块的学生后,州骑警队也开了小差,事件变得更加丑恶。总统被迫把密西西比国民警卫队国有化并派驻正规军队。梅里迪斯得以注册,但是是以另一个秩序的崩溃为代价的。总计有160名联邦执法官受伤,两人死亡,总共有300多人受伤。

无论对束缚自己的克制有多恼火,两位肯尼迪都相信自己是在实际容许的限制之内。缺乏大规模的军事干涉,一种"二次改造",政府只能寄希望于逐步的改变。当罗伯特·肯尼迪对《纽约时报》作家安东尼·刘易斯说"我想这些问题应该在很长一段时期后再作决定"时,他就有效地为民权运动作了辩护,因为他要在自由乘车运动后使之"平静下来"。因为激进分子们毫无平静下来的意图,政府对于本质上干涉的拒绝留给此运动的只有继续煽动的策

24　第1章　自由主义的终结

略了。这同样迫使它寻求政治上的转变,如反对实现纯法律上的胜利。

假如政治煽动得以持续下去,则政府希望它能被分流以使政治上有利。带着这一想法,司法部长承诺为一项选民教育计划安排私人资金而与几个民权组织接近。登记选民们会把激进分子从报纸头版上赶下来并把他们推到南方的乡村道路上。安排完资金后,司法部长指望可以对运动行使一些控制。而且可以确定,任何新近的登记选民会投民主党的票,至少在国家大选中会如此。这并不是说政府在提出选民教育计划(以下简称 VEP)时是愤世嫉俗的,宁可说 VEP 是承认了联邦政府在对突发事件采取反应的无能为力以及在其他方面寄希望于南方愿意服从于联邦法律;因此,正如伯克·马歇尔(司法部民权司首脑)明确写下的那样,在民权方面的任何进展都必须通过"政治步骤"来达到。在 VEP 出台后,绝不同于传统政治,它并不是肯尼迪原先设想的安全出口,而是变得十分有新闻价值,它注册的选民继续挑战民主党而非为它效力。

小马丁·路德·金成为政府被迫去应付的最传统的领导者,他提出让运动彻底游离于主流之外。金是一个不留情面的激进主义分子,但他乐于接受无论来自何方的帮助和建议,包括华盛顿在内。他总是彬彬有礼,甚至是恭顺的,虽然如此,他却总是很迫切。当 1963 年,金在伯明翰击打街道并驱使那里的地方当局进行了似乎是官方暴力的最糟糕的发作的时候,他同样使总统处在一个有利于主要的民权立法的立场上。为了保持压力,金于 8 月在华盛顿帮助老牌的激进分子 A. 菲利浦·伦道夫及其主要助手贝雅德·拉斯廷组织了一场大规模的示威游行。白宫借口说这场游行是不合时宜的,金却回答说他从未参与过任何合时宜的行动。

政府被迫重视运动带来的压力,提出立法,即最终于 1964 年通过的民权法案。在肯尼迪遭暗杀后,该法案在根本上宣布任何形式的种族隔离行为为不合法,禁止在聘用及其他重要领域实行歧视,并以行使联邦权力来保证该法案的执行。虽然它与60年代中期的立法同样重要,但只相当于一次不完全的形式主义的胜利。当这一点迅速变得清晰明了的时候,民权立法与守法方式对城市中的非洲裔美国人的状况来说已是无能为力了,而此时,金自己也开始站在民粹主义的立场上号召对经济权力进行一次彻底的再分配,自由主义者们发表了措辞讲究的对民权的承诺,但无法实现像他们的花言巧语所说的那么多的好处。

妇 女 运 动

当肯尼迪行使职权之时,尽管民权运动进行得轰轰烈烈,妇女们却只是经历着不断加深的最终产生政治运动的社会变革。没有像1960年那些运动一样的妇女运动——自然也没有像它很快所要采取的那种形式的运动。那些从事妇女问题的组织尚不强大且一心一意地集中在平等权利修正案(ERA)上,这是肯尼迪曾谈论过的一种措施,尽管它长期以来是一个"民主党的"问题。

1961年,肯尼迪同意成立一个关于妇女状况的委员会,它作为一个妇女问题论坛的同时也是一个回避平等权利修正案的策略。只有一位"女权主义者"——玛格丽特·拉瓦尔——律师及稍后的全国妇女组织奠基人被置于先遣队中,其余的积极分子们顽固地对此不予理睬。委员会的职责是模糊不清的:它关注着有关妇女社会地位的问题,随着妇女们陆续从家庭走向工作,这些问题正变得越来越重要。官方宣称,这个委员会是调查"在全面实现妇女的基本权利上产生阻碍的偏见和陋习"。委员会最后的报告刊

26 第1章 自由主义的终结

行于1963年,它延迟了国会对平等权利修正案的考虑,并最终被推荐来反对修正。但是该委员会仍标志了一个对妇女运动的政府方面的分水岭。它是第一个全面深入联系到妇女问题的联邦调查;它为永久的妇女委员会确定了制度上的先例;它也使政府的对职业上的性别歧视以及同工不同酬的关注合法化。

委员会同样有政治上的重要性,尽管它的作用像其章程一样暧昧。毫无疑问,肯尼迪对于持续支持自由的妇女感兴趣,而主流的自由主义者也想预见并吸收诸多视为成因的因素。就如肯尼迪记录的,当他宣布委员会成立的时候,1960年的妇女已象征了三分之一的劳动力,而且中产阶级的白人已婚妇女离开家庭去工作很快也被接受。离开家庭投入劳动大军的持续发展的妇女运动至少开始于75年前。这一过程是不可逆转的,因而妇女们开始向平等的普遍障碍发起攻击是必然的,这一障碍在1960年美国生活的各个方面都随处可见。在贝蒂·弗里丹出版其开拓性的、全面反对强加于中产阶级妇女的种种限制的《女性的奥秘》一书的前几年,肯尼迪自由主义者们开始掩盖政治的(虽然绝对不是文化的)落后留给妇女的是易受人身骚扰的攻击,更明显的是种种形式的歧视是如此令人惊讶地公开,最终赋予了60年代终结的旗帜。

通过尝试以妇女状况委员会来安抚平等权利修正案的支持者,肯尼迪,即使是不经意的,为妇女们提供了一个论坛以处理自身事务。随之,这个论坛使积极分子们生气勃勃,并使她们与由其他对政治感兴趣的团体组成的逐步扩大的网络进行接触。委员会为妇女在国家生活中开始进行有组织的行动打开了空间。在1963年夏天,肯尼迪签署了同酬法案(EPA),规定同工同酬为一项法律义务。它紧随1964年民权法案第7款禁止基于性别上的带歧视的雇佣行为之后。

肯尼迪为一个独特的选民团体而培养政治好感的兴趣,却给了这个团体一个意外的火花。这种政治思路存在一个极大的缺点:无论如何,这件事的内在的公正绝对是不必被认同或是被决定的,而成效是极其模糊的。举例来说,在民权法案中关于性别歧视有一项法令,是保守的弗吉尼亚参议员霍华德·史密斯——即便其修正案与整个法案脱轨,他大概也不会感到失望——的产物。当质疑的议员们听史密斯介绍他关于妇女的修正案——"妇女在家日"的时候,发出了讥讽的嘲笑。这一幕的后面潜藏着错综的反对意见。史密斯告诉他的议会同僚玛莎·格里菲斯那个修正案是个玩笑,而他是平等权利修正案的一贯的坚定支持者,提出这个修正案或许也是真诚的。而且,史密斯得到了来自保守的女选举人的支持,她们坚持白人妇女应给予同黑人妇女一样的保护。类似的北方自由主义者及妇女压力集团,因而与政见不十分开明的、对在一个公正的社会框架内确立妇女权利不怎么感兴趣的南方人联合起来。

正因为(《民权法案》)第 7 款是在如此偶然的情形下得以通过,妇女积极分子们决定她们不得不组织起来以发展自己的事业,并把握住联邦政府新的诺言。曾创建于 1966 年的"全国妇女组织"(NOW)满足了利益集团的自由主义逻辑,因为它寻求表现为一个有着明确定义的、旨在公众生活中的平等权的单一兴趣的团体。但民主党随之就迫使其缩小对"妇女问题"的关注,转而集中到主流事物上,例如工作规章、生育权、照看儿童,好像妇女只对这些问题感兴趣或者能够谈论些什么。

林登·约翰逊

自由主义在林登·约翰逊领导下疲于奔命,用传统标准看,他比约翰·F.肯尼迪有更强的自由主义的资格。约翰逊出生于得克萨斯中部的山村,是一个普通的空想主义的农民政治家和一位受过良好教育的淑女(她总是与约翰逊镇这个孤立的世界格格不入)的儿子。他的程式化的世界——萧条时期的得克萨斯——并不能比约翰·F.肯尼迪的富裕的东部世界更进一步。约翰逊采纳了他父亲的对共同财富及政治腐败的不信任,但是接受了母亲对家族居住的这个谦让的世界的厌恶。约翰逊的父亲成了一个失败者,约翰逊决心不再步其父的后尘,即便他分享了父亲的理想。

他于1938年开始了对权力的追求,当时他获选进入众议院。作为一名民粹主义的民主党人,他很快就对富兰克林·罗斯福及新政变得忠心耿耿。经过一个漫长的自我推销的过程以及对党的忠诚,约翰逊在50年代使自己得以步入参议院的民主党领导层,在那里他得到了他的时代的第一密室政客的名声。他是一个交易、操纵和恫吓的老手。他在一对一的会面中给人的印象是臭名昭著的,他会运用"约翰逊式待遇"——像熊似的拥抱、指责、喧嚣的混合——以此向许多华盛顿名流灌输着与他会面的恐惧。据说,德怀特·艾森豪威尔让副官站在办公桌边以阻止约翰逊的靠近。当劳伦斯·奥布赖恩——肯尼迪的顾问,后来的民主党全国主席——在1960年的大会上初次遇见约翰逊时,就得到了这种待遇。"我们被介绍认识,"奥布赖恩回忆道,"然后他握住我的手,把我拉近,直到我们面对面站着,对于我们的鼻子而言(奥布赖恩有一个令他骄傲的鼻子)那是一个最高层的会议。"当他无法以粗暴压制时,约翰逊就变成一个操纵傀儡的高手,从远处间接地发挥影响,控制事态,以致他的对手常常搞不清他到底要插手什么。

就像肯尼迪,风流韵事及不正当的交往最终使他的形象黯然失色。约翰逊有丑恶的一面。在私人的,有时甚至在公众场合中,约翰逊嘲弄了他非常向往的事物。他尤其抨击知识分子、热门人物和其他种种敌人。约翰逊也幼稚地以与华盛顿社会发生冲突为乐。他在个人语言中加入污言秽语。他的出轨行为很多而且让人烦恼,从为了吓唬随行记者而在他的墓址小便到展示胆囊手术留下的伤疤。漫画家戴维·莱文把这条伤疤描绘成越南的形状,放在1968年《纽约书评》的精彩的封面上。由于越南战争煎熬着他,约翰逊深深陷入了郁闷的偏执狂时期,甚至连他最亲近的助手也害怕。在对付敌人的时候,他的乖张的性情会变得彻底凶相毕露。正是他而不是理查德·尼克松第一个把反战游行者们置于政府的监视下,也正是他授意联邦调查局折磨小马丁·路德·金,就在这位民权领袖开始大声疾呼反对越南战争后。然而,他保留了对罗伯特·肯尼迪最深的憎恨,他的傲慢的正直一如约翰逊的厚颜无耻的操纵。

但是约翰逊既非白痴也非怪物。使他变得危险的那一动力同 22 样使他进行社交活动,但是在一个时尚的、温暖而且是真诚的外表下。然而肯尼迪的堕落是有节制、优雅而且是秘密的,约翰逊的则过于外露以至于超出其美德。他习惯于打电话和任何人交谈,不论是地方的政党头目,记者或是外国首脑。越战后被迫与约翰逊绝交的马萨诸塞州议员蒂普·奥尼尔在其文集中,回忆起了一件自发的、十分典型的约翰逊的个人举动:在听说其他几个民主党人到奥尼尔的竞选资金筹集人那去后,总统尾随着,不带特工,去祝奥尼尔好运。

30　第1章　自由主义的终结

对约翰逊来说这是一个讽刺,他终其一生跟随约翰·肯尼迪,却没有得到所渴望的恭维。约翰逊只是隐约地理解了波士顿人的要求,而肯尼迪1960年大选的胜利更加强了约翰逊的不安全感。关于肯尼迪的每件事都会惹恼约翰逊。肯尼迪富有,约翰逊贫穷;肯尼迪办事老练,约翰逊行为粗鲁;肯尼迪追求并获得了自由主义的知识分子的尊重,知识分子们却视约翰逊为暗中活动的二流政客;肯尼迪毫不费力就博得了民众的友情,约翰逊再努力也不被喜爱,而且他越是努力,就越是烦恼于"人民"不爱戴他。

当肯尼迪惊奇地发现选择约翰逊作为他1960年的竞选伙伴时,这两个人就被联系在一起了,这是包括肯尼迪家族在内的每一个知情人士作出的决定。肯尼迪的自由主义的朋友们震惊了,对他们来说约翰逊是个骗子,更糟的是他是南方人。自由主义团体的领导者美国人争取民主行动组织(ADA)拒绝认可他,工会工人反对约翰逊;最重要的是罗伯特·肯尼迪对他兄弟的选择十分敌视。也没有一个地区被迫必须要选择约翰逊。作为一个南方人,约翰逊被寄希望于平衡地域性的选票,但他无论是在顽固派中还是在民权的进步力量中都没什么影响。在他生命中的这个转折点,约翰逊相对得克萨斯而言更华盛顿化。

选择约翰逊背后的故事几乎是可笑的。在肯尼迪赢得提名后,他的竞选班子考虑了标准的候补者——赫伯特·汉弗莱,密苏里州的斯图亚特·赛明顿,华盛顿的亨利·杰克逊——惟一被他们排除在外的重要人物就是约翰逊。《华盛顿邮报》的出版者菲利浦·格雷厄姆和肯尼迪的朋友约瑟夫·艾尔索普都被推荐,可是,约翰逊也有意于这个位子。肯尼迪明显同意了,出于礼貌,也许是应该的,他让罗伯特去和约翰逊会面以"试探他一下。"罗伯特带去了一个坚决的提议,而不是一次普通的礼节性的访问,因此约翰逊傲慢地接受了提议。肯尼迪家族现在陷入了一个糟糕的境地。罗伯特再次与约翰逊会面并试图说服他取得党的主席的位子。约翰逊，可能是假装的，流着眼泪说："我想当副总统。如果总统需要我，我会加入并为此而战。"比起软弱，惟一让罗伯特·肯尼迪更讨厌的就是痛苦的人了，他温和地说："那就这么好了。如果你想当副总统，他(约翰·肯尼迪)就想让你当副总统。"经过深思熟虑并作了所有的推论后，肯尼迪兄弟一致同意让约翰逊当副总统会比让他当多数派的领袖少些麻烦。

一旦上台，约翰逊就是政治班底的一员了，虽然偶尔有人评论他为"那个肮脏的小鲍比"。在那些自由主义者们认为他会最软弱的地区，约翰逊干得最卖力。当肯尼迪需要有人来打消公众对在越南不断发展的事态的疑虑时，约翰逊主动接受了这个挑战。在1961年他对越南的访问中，他全身心地投入到自己的角色中，坐黄包车、握手、拍拍别人的后背——就像是在奥斯汀一样。他回国后只带来建议，从而越来越多地使得多数肯尼迪的顾问向总统施加压力。当他敦促实行一项善意承认的策略以缓和共和党人时，约翰逊同样为民权法案提出了有价值的建议，正是这一策略最终确保了法案的通过。

伟 大 社 会

出于对肯尼迪被暗杀的结果，约翰逊格外谨慎地让外界知道他预定要履行肯尼迪的政治遗产。他的谨慎产生了良好的政治意义，因为他尚未确立自己的权威。他也认识到自己必须比肯尼迪做得更开明。暗杀事件后不久他就把矛头指向了沃尔特·海勒，强调说："现在我想对这次谈话说点什么，我是一个保守派，可能要回到艾森豪威尔路线上……不仅如此,我还想让你告诉你的朋友们——阿瑟·施莱辛格,加尔布雷思,以及其他自由主义分子……要说出真相,约翰·F.肯尼迪有点过于保守,不对我的胃口。"

为了证明这个观点,他立即下令政府(仍包含了肯尼迪的幕僚)继续进行发展中的反贫困计划,而这一计划肯尼迪刚刚涉足。这个政府部门的分支机构主要位于青少年犯罪办公室内,它被建立以处理尤妮斯·肯尼迪热爱的事业。反贫困计划缓慢地发展着作为实验的前导计划,那原定是教给犹太居民如何组织起来进行政治行动的。被戏称为"社区行动"的这个计划立足于典型的设想上,即任何问题的解决方案都是利益集团的压力。在这件事上,因为没有人是真正地关心穷人,政府只得帮助他们保卫自己的利益,对抗市政厅、地方警察、开发者及其他相互竞争的利益方。

这种努力,就如约翰逊所有的政策一样,是被为了得到喝彩的理想和需要所驱使。在1964年初,全国开始从暗杀事件带来的集体悲伤中复苏,国民的情绪也决然地变成自由主义的了。约翰逊并没有浪费时间。他期望把一切都做得更好,他把反贫困计划的范围扩大到了连它的鼓吹者们都从未想到的地步。当肯尼迪自由主义者们开始摘录他关于反贫困的思想时,他喊道:"这是我的计划。它会帮助民众。我要你们全速前进,赶在它前头。"那些肯尼迪的手下仍在尝试各种计划,估计需要有三千万美元作为启动。令他们惊讶的是,他们被告知"再加一个零。"约翰逊所谓的"向贫困开战"包括了职业训练,营养补充计划:如学校的午餐和食品券,为贫穷的"口袋"进行地区性发展,以及社会行动。在改革中,向贫困开战足以与一个更为广泛的努力相匹敌——伟大社会计划,包括低收入者的住房供给计划,穷人和老年人的医疗保险计划和联邦援助教育计划。约翰逊向怀疑者们保证,所有这些计划都不会以增加税收来提供资金。完全相反,约翰逊在 1964 年颁布了肯尼迪的减税政策。

正如艾伦·马图索在其 60 年代自由主义的研究中所展示的,那些最庞大的伟大社会计划如医疗援助—医疗保险计划和援助教育计划以自由主义的方式为特性运作着。直接把钱塞到特殊团体手中,有时在如何花这笔钱或者如何把社会公正放在首位这些方面却没有任何明确的规范。健康保险就是一个很好的例子。它取代了对真正的国民健康服务的努力追求,自从它于 1948 年由哈里·杜鲁门提出后就遭到美国医学协会的严厉反对,而约翰逊仅仅满足于有一个计划,能够把健康服务提供给最需要它的人:老人和穷人。与此同时,医疗援助—医疗保险计划则通过把该计划的实际控制权交到医生和医院手中,以此安抚医药业。由于没有任何政府监控体制,从事健康服务业者极少有动机来避免不必要的治疗或者抑制消费。此外,这一体系提供着不平均的服务,因为贫困的医疗援助的病人承受着福利接受者同样的骂名。医疗保险通过确保长期的健康服务而真正地帮助了老年病人,由于社会的这一重大利益而越来越多地把老人推进了疗养院。但在这背后,伟大社会健康计划的主要成果,就像马图索指出的,是富裕了从事健康服务业的人和加剧了通货膨胀,而伤害了穷人和工人阶级。

联邦援助教育计划也有几分相似之处。1965 年的初级和中级教育法案是在贫困作为一种文化问题的前提下制定的。正如约翰逊的教育委员,弗朗西斯·凯佩尔所解释的,联邦援助可以“使我们有一次战斗的机会来打破贫困的循环”。此法案提供的资金被用以消除损失,即由于向有许多低收入家庭的学生的地区提供购买新教材及其他资源所带来的损失。这一法案为联邦初等教育基金开了一个先例,而教育基金在美国长期以来是被视为地方事务

34　第1章　自由主义的终结

的。但该法案仅仅凭借着安抚地方当局和尊重地方分权的传统就获得通过。联邦资金直接向地方委员会分发完毕,而极少有联邦监督。因此,该法案把钱送到了仍在抵制废除种族歧视的南方的学校区,以及会把钱分给通常毫不尊重学生收入的学校的市区。如果这一援助曾促进了低收入家庭学生的教育,那它过于绕圈子了;如果它曾"打破了贫困的循环",那也全然是意外造成的。

约翰逊仍可由这些计划而声称他为"民众"带来了好处,如果大部分的"民众"碰巧要让医生、律师、承包商、银行家以及各式各样的官僚来保护自己的利益,这就是好处。这些直接为穷人带来援助的计划主要瞄准了一批选民——城市黑人,并且,如我们将在后面更大篇幅中看到的,主要关注于他们中的政治组织而非提供必须遵守的经济改善方式。

直接以贫穷的城市黑人为目标的计划附带的政治结果是极大地伤害了自由主义者。约翰逊视伟大社会为自己的纪念碑,结果是轻率地构思了过多的计划和过快地贯彻实行。约翰逊期望伟大社会能付出政治红利,但它四处散布且不均匀,以至于常常很难说政府到底站在哪一边——现状的力量或是转变的力量。政府把自己卡在了想提供帮助的地方集团和声称是贫困代表的最具侵略性的呼声之间。因为约翰逊没有制度转变或激进主义的体验,他原本可以通过地方领导集团把政府计划运作得更好,可以指望有一些援助能点滴地流向穷人。至少那样做会令某些人快活些,伟大社会极大地增强了期望值,特别在贫穷的城市社区里面,然而不可避免地化为泡影了。此外,它也毁了城市政治领导集团与民主党的其他坚固的政治联系。

伟大社会计划仍然获得了它的成功。学校午餐和"领先起跑"教育计划成功地解决着它们各自的营养不良和教育剥夺的问题,

尽管它们都不是包治百病的灵丹妙药。"领先起跑"教育计划仅在 26
早期的介入中被证明有效,一旦穷孩子进入贫穷的公立学校后,它
的好处被破坏了。其他与贫穷有关的问题,如婴儿的死亡率,同样
通过 60 年代展示了显著的进步,特别在非洲裔美国人中间。任何
人都可以用约翰逊政府的贫穷概念——即在 1964 年的年收入低
于 3169 美元的人,来争论伟大社会计划带来的戏剧性进步。据估
计,生活在贫困线以下的人口百分比从 1964 年的 19% 下降到
1974 年的 11.6%,根据其他计算,从 1960 年到 1975 年总共下降
了 60%。全面的繁荣应当归功于这一进步,尽管花多少钱是一个
争论不休的问题。"贫穷标准"的概念源自一个武断的设想,即任
何一个收入比指定标准多几个美元的人就不算贫穷。至少就约翰
逊自己的标准而言,他可以宣称他的向贫穷开战计划取得了实质
的发展。无论其他人如何谈论伟大社会计划,它试图处理所有棘
手的问题,自然它不能实现它承诺的一切就毫不令人惊奇了。

因为伟大社会计划着手于深入解决社会弊端,它不能提供快
速而决定性的证明来证实其运作,所以它很容易为保守派所声讨。
或许伟大社会计划最大的失败实际上是政治上的,而非社会或经
济上的。在约翰逊把利益带给每个人的尝试中,他忘了一个大团
体:有工作的穷人以及通常意义上的中层美国人——白人、黑人、
墨西哥裔美国人、城里人、农民。主要的计划如健康服务计划并不
应用在他们身上,而不公平的税收制度却要他们为愈加昂贵的计
划付出不平等的负担。值得讽刺的是,在作为最受爱戴的改革家
而名垂青史的努力中,约翰逊竟然失去了这一美国人团体的支持,
这个他最为理解而且最明显认同的团体——工人和中产阶级的白
人。

尽管越南战争在摧毁新政联盟上同等重要,但伟大社会计划

导致的紧张早在 1966 年就显现出来了。当那年共和党在众议院取得 47 个席位并在各州势力壮大时,许多失败者成了伟大社会计划的慷慨的支持者,而国会在大选后回避了它在社会支出上的承诺也并非巧合。到 1968 年,选民们卷入了政治上的全面对抗性反应之中,并对像乔治·华莱士那样的煽动性政治家和像理查德·尼克松那样的愤世疾俗者开始感兴趣。1968 年后,民主党日益脱离其蓝领选民,看上去越来越像一个利益集团、边缘组织和激进分子的零散组合。它与 1960 年得势的党内自由派最显著的相似处就在于其精英政治论上。

1968 年

尽管存在着约翰逊任内的破坏性政治影响,但仍有可能以一次由实质变化的战争政策所武装起来的领导层的更换来拯救新政联盟。确实,在所有的冷嘲热讽和谬论大行其道的 1968 年,值得注意的仅仅是究竟有多少美国人准备挽救他们的希望。

如果不算真正的密谋,早在 1966 年,包括民主党在内的激进势力就在谈论着一场"宫廷"政变。随着 1966 年大选的结果和在越南干涉的升级,反战的民主党人、黑人激进主义分子、社会团体组织者、学生团体及其他方面开始酝酿一次向约翰逊的公开挑战,如果有必要就组建他们自己的政党。1967 年劳动节的周末,大约有 2000 名这一松散联盟的代表在芝加哥集会,在新政国民大会(NCNP)上考虑他们的众多选择,其中也包括了把小马丁·路德·金推进总统竞选的可能性。

但是与会团体立即陷入了痛苦的内部斗争中。黑人委员会通过灌输黑人权力的精神排挤掉了金的非暴力主张,要求大会全盘接受一个无礼的、灌输着反犹太主义的 13 点计划；或许它是期望其他代表可能会拒绝这个要求，从而允许黑人委员会得以自行其事，正如某位作家描述的，是"一种自我伤害及犯罪的放任"。白人代表投票接受了 13 点计划，以此证明他们的诚意。黑人委员会感到有可能接管大会，就提出要控制所有的投票和会议。自尊的白人代表退出了，其他代表则在另一天的威逼中屈服了。最后，与会者投票决定成立原先计划的第三政党，但除此以外，他们既无资金，又无选择，也没有继续合作下去的诚意。

麦卡锡的参选

由于进步团体日渐式微，内部斗争吵闹不休，到 1967 年秋天，民主党内部出现了更多的挑战。一些进步的民主党人，在纽约激进分子阿拉德·洛温斯坦的领导下，游说那些重要的反战民主党人向约翰逊发动一场党内的挑战。惟一自荐的候选人就是尤金·麦卡锡，一个相对来说较晚加入反战事业的人。麦卡锡是一位博学的诗人和学者，以前在明尼苏达州一所较小的大学当教授，是史蒂文森的嫡系。甚至在势利的、曾被他称之为"地球上最后一个原始社会"的参议院中，麦卡锡也显得有些势利。虽然他的政治出身是实实在在的进步人士，但他的履历只是勉强够得上进步人士的标准。他确信这场战争是不明智的，以谈判求和平是必须的，而他的历史使命就是把它说出来。此外，他不确定美国是否值得拯救，而且他认为鲁莽的约翰逊正适合做一个鲁莽的国家的领导人。

到了 1967 年底，事情发展到那些新政策自由主义者，特别是年轻的激进分子们开始追随麦卡锡。从一开始，他们就在找寻一位坚决打倒约翰逊并停止战争的积极的理想主义者；而从一开始，麦卡锡就把候选想成是一种堂·吉诃德式的追求。麦卡锡基本上算是个悲观主义者,虽然有那么多人对他寄予厚望,但他的悲观仍近似于玩世不恭,他对真正投入竞选既没有体会也没有渴望。与人握手使他烦扰,令人困惑的讲演表现得毫无挑战性,组织的必要性对他而言无关紧要。在新政联盟中的裂缝必须弥补、反战力量尚待联合的时候,麦卡锡却对两者都不感兴趣。

突发事件把麦卡锡从一匹默默无闻的黑马推动为一股政治势力,这更胜于他自己的任何努力。1 月底,越共和北越军队在南越组织了一次大规模的奇袭攻势,即所谓的"春节攻势"。这次攻势很快就成了越共的一个重大军事错误,但它在美国的政治影响却是戏剧性的。由于行政部门一直在努力使公众相信战争即将圆满结束,所以"春节攻势"成了一个轰动性事件。几乎与此同时,麦卡锡在新罕布什尔州开始了他首次总统预选的竞选活动。他冷淡的态度很适合当地的预备役扬基佬,结果他的竞选活动搞得出奇的好。名声、金钱、年轻人以及那些一切随着媒体走的骑墙派民主党人都加入到竞选活动中。麦卡锡赢得了 42%的选票从而震惊全国;一匹黑马遭遇强有力的当政者,这可以算是一次胜利。这也是一个关于约翰逊的弱点的强烈暗示,它使总统长期以来的劲敌——罗伯特·肯尼迪确信了这一点并加入竞争。

约翰逊的手下虽然尽量对新罕布什尔不予重视,但都被迫像专家那样来研究这个问题:投票并非是给麦卡锡的,而是表示反对约翰逊。总统在 3 月 31 日的一次全国电视讲话中作出了回应,尽管这次讲话表面上是关于越南的。几乎是在最后一分钟,约翰逊才决定为他的讲话加上一个斟酌了几天的结尾。他对一个大吃一惊的国家说:"我将不会追求,也不会接受我的党对我另一个总统任期的提名。"

约翰逊的宣言是一个惊人之举,甚至对他那些知道可能有这样结果的心腹们也是如此。他解释说这个痛苦的决定是必要的,是为了承担责任,即作为总司令,他没有把游击战策略加入战争的指挥中去。为此他认为自己对美国的男女服役人员有所亏欠。此外,伟大社会计划的失败也损害了他作为国内领导人的效力,诸如此类。他思量着他的助手和其他领导人,甚至理查德·尼克松,将来都会在立法方面取得更好的成就。约翰逊不得不被麦卡锡在新罕布什尔州的表现弄得心力交瘁,这决不是因为它表现出了任何来自候选人的真正威胁(只要约翰逊想得到,他能够很容易地集中各方努力来痛击挑战者),而是因为它是一种公众的指责。然后,约翰逊痛恨、羡慕而又恐惧的罗伯特出现了。他的大胆、无情让约翰逊有些神经质,最终促使约翰逊选择了可能令人不快的逃避和失败,而这又无可否认地证明了约翰逊曾如此渴求的来自肯尼迪的恭维并不存在。

在当时可能没人比约翰逊在处理政治平衡方面更有洞察力了。罗伯特·肯尼迪和尤金·麦卡锡两人都是强大的候选人,尽管每人都有许多错误,但仍各行其是。麦卡锡是史蒂文森政治遗产的继承人,追求一种徘徊不去的保守的理想主义,这也是年轻的和年长的精英分子们的一个模糊的希望,即希望美国能够更富于思想性、更有修养、更加优雅。

罗伯特·肯尼迪的参选

与此同时,罗伯特·肯尼迪自己负担起了肯尼迪家族所有的责任,这其中有好有坏。他造成了一些相当仇视他的敌人,特别在南方,在地区"英雄"的黑名单上他仅排在小马丁·路德·金之后。对

40　第1章　自由主义的终结

肯尼迪的诽谤者而言,他的事业是自我进步和个人仇恨的混合体
——反对联盟,反对南方,反对约翰逊。对民主党的正统派而言,
罗伯特·肯尼迪正在抨击"伟大社会"计划的社会性失败,即便约翰
逊为穷人所做的远比约翰·肯尼迪要实质得多。对民主党左派而
言,在一次全盛的反战运动兴起后,罗伯特·肯尼迪又是在政府卷
入越南问题上惟一的分裂者。当麦卡锡在新罕布什尔州表演一番
之后,罗伯特宣布参加竞选,这连许多有影响力的观察家们都认为
他走得太远了。这么做,受到肯尼迪威胁的人不是约翰逊,而是麦
卡锡。正如史蒂文森派自由主义分子默里·坎普顿所写的,"肯尼
迪必须在自己不敢行走的孤单道路上生存下去","某一天,他就要
着手处理他的敌人们曾经论及他的最糟糕的事情。"

　　但无论如何,肯尼迪有他的朋友,以及鼓舞人心的巨大才能。
他努力开拓、运用大众媒体,尽管在这一方面与他的兄弟相比,他
是一个能手但缺少目的性。他有良好的外表、各种社会关系、家族
声望以及才智(这些都为他的兄弟出力甚多),同时在镜头前他也
镇定自若,他比他的兄弟更能挑起公众激情。无论他在大众面前
取得了什么效果,肯尼迪还是召回了众多的老支持者和新成员,他
们视其为新人,这一身份在年轻人中间被假定为成为领袖人物的
先决条件。

　　某件事促使这个"新人"的事业更进一步。照他的支持者们的
说法,是约翰·肯尼迪的死改变了罗伯特。他变得独立,内心充满
了深沉的对生活的悲剧感,这也消磨了他的自负,使他对生活中的
弱者产生了高度的认同。正如《乡村之声》的杰克·纽菲尔德在一
本书中所述,罗伯特参选的经历重塑了他自己。像许多年轻人那
样,罗伯特灌输着以空想的承诺来改变社会的想法,就如同他改变
自己那样,他也在寻找一个"更新的世界"。关于他的一切都被视

为年轻的标志:蓬乱的不加修饰的头发,邋遢的衣着,松散的领带。不顾一切的期望、媒体的大肆宣传和真正的意识形态上的联系构成了 1968 年的肯尼迪现象,这也显示了大众在政治上的宽恕和遗忘。

罗伯特·肯尼迪作为那个时代的人,在许多方面与当时的风气相差甚远。在兄弟中间他是一个虔诚的天主教徒。在性解放时期,他也过分规矩。在肯尼迪的子女中他是最好反省、最爱思考、最悲观,也是最不稳定的一个。在一个处处充满了煽动、政治上好出风头的时代里,他却是个害羞的人。他对家族最尽职责,是最顺从的儿子,这使得罗伯特·肯尼迪要用更长的时间来摆脱父亲的阴影。其结果是他的童年生活很阴郁。从上预科学校起,罗伯特就被大力鞭策着去战胜、超过其他白人精英的孩子们,而不仅仅是取得成功,直到后来他进入哈佛大学也是如此,他可以感到家族的荣誉就在他的双肩上。也许保罗·德夫——肯尼迪兄弟的政治同僚说得最好,他形容杰尼·肯尼迪是“第一个爱尔兰的婆罗门,而罗伯特则是最后一个爱尔兰的清教徒。”

也许是异性相吸的理论,肯尼迪的天性吸引了许多同时寻求安全与改变的人。但他的短暂辉煌也暗示了进步的美国人的目标——种族公正、经济调整和最为重要的理性的外交政策——不必依靠一次思想和道德上的革命就可实现。要成为一个改革论者并不需要摆脱传统价值观。在这方面,肯尼迪与另一个道德上的传统主义者、对现状的更大威胁——马丁·路德·金有许多共同之处。

对比肯尼迪从“新政策”中获利给人的印象而言,他的竞选活动的基调适中、措辞得体。他利用其作为律师的背景强调了他在法律与秩序方面承担的义务。在越南问题上,他呼吁在越南南方通过谈判组成一个联合政府,比起反战运动所要求的单方面撤军,

42　第1章　自由主义的终结

这是一个激烈程度要低得多的建议；在冷战安全形势问题上，他的批评也比麦卡锡要少得多。在国内事务方面，他强调了他在民权及社会改革方面的承诺，尽管在细节上含糊其辞。他说要给无依无靠者以选举权，但他几乎遗漏了所有其他团体——犹太人、黑人、西班牙后裔、印第安人、儿童和其他美国人。"我认为必须组成一个新的联合以保持民主党的前进，"他对纽菲尔德解释说。"我们不得不改写联盟和南方的现状，代之以黑人、蓝领白人和儿童。""贫困，"他总结道，"比肤色更接近问题的本质"，随之应采取一种策略以显示出"黑人和贫穷的白人有共同利益"。

麦卡锡和肯尼迪在预选中斗争着，一次又一次地显示出支持政府方面的候选人——副总统赫伯特·汉弗莱的支持者有多么少。当肯尼迪在加利福尼亚预选中击败麦卡锡时，他赢得了多数票的胜利以及他在胜利之夜所说的"进军芝加哥"的动力。不久之后，他就成了60年代美国政治暗杀的又一个牺牲品，成为3个月之内的第二个肯尼迪、第二个理想主义者。他的死扼杀了自由主义的美国。

无论肯尼迪能否获取提名并进入总统任期，实际上，甚至他在加州的胜利都值得怀疑。就在他与麦卡锡战斗的同时，汉弗莱已经暗地里争取到了他们所真正依靠的选举人，不过不是通过预选，而是通过秘密的上层会议。汉弗莱是党内的常备候选人并扮演着强大的局内人的角色。肯尼迪只有在芝加哥争取到大量来自汉弗莱阵营的变节者才有可能获得提名。但问题是只有肯尼迪能够独立地从危机中拯救民主党。麦卡锡只吸引了反战的自由主义分子，甚至不包括反战的左派；汉弗莱吸引的只是党内的劳工组织派。只有肯尼迪在寻求"新的联合"，寻求基于原先经济不平等的普遍结合和争取维持任何即便是虚伪团结的机会。无疑他在两方面都会失去一些支持者。但当他的遗体摆放在曼哈顿圣帕特里克大教堂里的时候，四处云集的哀悼者中却包括了理查德·戴利——从不妥协的芝加哥市长，汤姆·海顿——新左派的长期领导人，以及天主教徒，所有的人都出于内心的悲痛而哭泣。

芝　加　哥

芝加哥选举随之成了汉弗莱的选举大会——或者更确切地说，是约翰逊的。麦卡锡操纵的部分选举人根本没机会获得提名；他甚至不能对任何政治条款按自己的方式提出要求，包括至关重要的越南问题。他所能做的就是成为一个高尚的失败者，但他甚至连这点都无力做到。对汉弗莱而言，获得他的选票犹如"探囊取物"一般。汉弗莱终其一生成为一名忠诚的自由主义的民主党人，但作为副总统他只能服从约翰逊制定的政党路线。在关于越南的所有重要的问题上，他只能照搬战争通讯来回复；在国内问题上，他在剖析社会议程和减少自由主义行为时陷入僵局。他是个既背负着约翰逊的失败而又没有约翰逊那种深谋远虑的政治能力的候选人。"他是个无能的候选人，"据说戴利市长这么评论他，"与其要我们接受另一个'约翰逊'，倒不如要原来那个真货。" 32

几乎每个关于芝加哥选举的报道都会婉转提到紧紧纠缠着这座城市的对峙气氛，比如民主党人聚集起来相互攻击，嬉皮士、激进分子、反战游行者和街上的恶棍聚在一起与戴利的警察部队战斗。在街道上发生的事制造着恐怖的电视报道，而在选举大会上发生的事则离重点越来越远。约翰逊原来指望从远处操纵选举的进程，但无论这位伟大的牛仔的手伸向哪里都太过明显了，而现实是由于汉弗莱的落后而使全党严重分裂了。一方面，劳工、保守的

44　第 1 章　自由主义的终结

民权团体、正式党员以及南方人在汉弗莱的旗下结盟；另一方面，反战势力、知识分子、"年轻人"、决心改变自身利益的改革论者，以及少数原肯尼迪的支持者组成了联盟，并且他们反对"老民主党人"更甚于支持麦卡锡。

有两件事标志了错误路线：在越南问题上的政治纲领和关于委任权的斗争。麦卡锡希望发挥他在越南问题上的强大影响力，并准备了一套折衷的政治纲领，承诺无条件地停止轰炸，这点连汉弗莱都十分赞同。但约翰逊阻止了这一努力，更使汉弗莱沮丧的是，约翰逊利用其势力出台了一项包括战争防御路线的宣言。正是这一宣言使汉弗莱获得了候选人的提名，因为正式党员和保守的南方人允诺以他们的选举团作为担保。但在许多人看来，似乎汉弗莱最终出卖了自己的灵魂。对新政策的鼓吹者而言，汉弗莱获得提名暴露出提名制度有舞弊行为，因此他们决定在选举人的选举过程中再次进行斗争。他们并不热衷于获胜，只是一半出于敌意，一半出于提醒人们注意政党本质的决心。委任权的斗争产生于 1964 年激进分子向南方选举人团发起的挑战，到 1972 年，当新政策获得最终胜利后，委任权程序经革新后又重新登上政治舞台。

无论芝加哥选举大会代表了什么，以纯政党的术语来讲，它是（罗斯福）新政民主党与（肯尼迪）新政策民主党的关键转折点。在短期内，汉弗莱的获胜与大部分公众的意见是一致的。对支持新政策的自由主义者，人们也没有保持很高的政治尊重，而在芝加哥发生的灾难更加强了公众的恐惧，使他们把政治上的激进主义与法律、秩序的崩溃联系起来。民意测验回答显示只有 14% 的人同情示威者，而 66% 的人支持戴利用警察部队来对付他们。然而汉弗莱需要的是党内团结，即便有许多持改革论的选民最后把选票投给了他，但或许是因为他回避年轻人而失去了最关键的选票。

此外,汉弗莱在选举中遇到的困难始终伴随在竞选过程中。[33] 他在选民中排在尼克松之后,在某些选民中甚至排在乔治·华莱士(第三方候选人)之后。而约翰逊则一直在暗中操纵,特别是在越南问题上,以防止汉弗莱采取一个独立的立场。实际上,尼克松——新闻界相信他有一个"终止战争的秘密计划"——在竞选过程中比汉弗莱更像个"鸽派"。

10月下旬,在要求尼克松继续与北越人谈判的同时,约翰逊准备下令停止轰炸并让汉弗莱发出最后的和平呼吁。尽管只是一个私人使者,尼克松还是努力使南越总统吴庭艳同意,等美国大选结束后才回到和平谈判桌前。随后,尼克松在越南问题上打破沉默,宣称他全面支持停止轰炸;他之后又指控约翰逊在战争问题上耍政治手腕。"停止轰炸……不过是抢用了我的一个最有效的竞选论点,"尼克松在他的回忆录中写道,"民主党领导层的无能不会赢得永久的和平。"竞选结果比之前几个星期的更要接近得多,但尼克松仍然获胜了。与 1960 年一样,竞选结果极其接近,尼克松得到了 43.4% 的普选选票,汉弗莱得到了 42.7%,华莱士得到了 13.5%。尼克松仅以 50 万张选票领先而获胜,比起他在 1960 年的竞选中败给肯尼迪时得到的选票还少 200 万张。

新政策及其远景

1932 年确立的新政联盟最终在 1968 年汉弗莱的失败后解散了。政党机器、工会工人、白人工人阶级以及南方保守分子纷纷从党内脱离或逃走。而新政策联盟则包括了从原先的不满中缓和过来既而又生气勃勃的选民们——左倾的民权鼓吹者、主流的妇女团体、大学中叛逆学生的残余分子以及 1972 年的同性恋解放论者

46 第 1 章 自由主义的终结

和环保论者。

组成新政联盟的团体绝不会与新政策联盟的团体联合一致，因为它们在目标和气质上相去甚远。南方人不想在政策中有任何部分包含有无疑的对民权的承诺。工人阶级的白人也不是特别支持这么一个联盟，因为新政策的鼓吹者给他们带来了过多的支出，从学校班车到为社会计划支付的更高的税收。而工会工人则坚信新政策会让那些抽雪茄的劳工官僚们下台，而代之以如全美农场工人联合会的领袖西泽·查维斯那样具有领袖魅力的领导人。事实上，新旧联盟之间的冲突在劳工运动内部就已经展开了。尽管劳工运动在 60 年代早期达到了它在政治上的顶峰，但到 1968 年后该运动就为内部的叛变所困扰着，一方面，年轻的白人工人组织
34 起来与"过渡"他们到生产线工作做斗争；另一方面，特别是在汽车工业中，黑人工人组成自己的团体要求赔偿由于种族不平等带来的损失。

新政策中的妇女

妇女运动也许为新政策与经过适度伪装的利益集团的自由主义的联合提供了最好的机会，特别是在 1970 年民权运动已经极度衰落之时。妇女运动开始构建势力，其最初的立法目标——通过平等权利修正案，并未实现。这一运动吸引了各式各样的妇女，从穿着旧式衣服的家庭妇女到公职人员、支持堕胎权的积极分子以及激进的女同性恋者。然而这一运动同样面临与困扰着民权运动和学生左派的相似的内部问题。妇女运动的团结显得相当肤浅，主要是靠积极分子之间小心翼翼地不进行相互批评来维持着的。而在 60 年代最后几年，这种礼貌也不会保持太长的时间。

运动中的第一个缺口出现于 1970 年 8 月。贝蒂·弗里丹、凯特·米利特、葛洛丽亚·斯特内姆以及其他主要的女权主义者,号召举行一次全国妇女的罢工以作为成立一个广泛的妇女论坛——全国妇女组织的前奏。弗里丹希望能够聚集起"所有的政治元素,从年轻人、黑人、激进分子到白发苍苍的中西部共和党人"并在平等权利修正案上保持一致的基调。弗里丹想像的是"一个比新旧左派选民范围更广、更大的政治力量。"但实际上,她的努力只为妇女政治领导核心之间提供了一个竞争的机会:弗里丹希望妇女们能够保持一个独立的政治发言权;斯特内姆和纽约州的国会议员贝拉·阿布泽却在设法限制她们与新政策团体的结盟,以期在 1972 年的民主党大会上施加强大的压力;而激进分子们则试图把大会变成对性解放的公民表决。弗里丹震惊了,因为任何一个"谋划操纵"大会的人就在她的姐妹中间。就像 60 年代中期主流民权运动领袖指责激进的黑人民族主义者那样,弗里丹批评了激进分子的"妇女沙文主义",视之为"高度危险和分散注意力的",她接着说,焚烧乳罩、大规模地与男人脱离关系、搞同性恋等于是"以自我为中心和增强自我意识感,而这并非是处处可行的。"

这一运动想达成的平等权利修正案于 1972 年春天在国会获得通过,但在部分州却没有通过。这部分要归因于一个反向运动,包括保守的妇女组织——菲利斯·施拉夫利的鹰派论坛。但平等权利修正案仍然暴露出妇女中间越来越深的裂痕,主要体现在阶级界线上。事实上,平等权利修正案的焦点在于妇女问题的阶级尺度上,因为修正案旨在摧毁某些行业中对妇女的长期保护。修正案的支持者宣传妇女不需要特殊的立法,而在任何情况下平等权利都是更为重要的。但那些并未从修正案中得到多少安慰的、仍然喜欢原先妇女保护法带来的好处的妇女,在关于平等权利修

48　第1章　自由主义的终结

35　正案的国会听证会过程中,联合起来大声反对修正案。出于对女权运动的阶级基础本质的重视,运动的领导人一致努力沟通阶级分歧并结合各方面需要改革的问题,诸如同工同酬、性骚扰和性虐待、家庭问题(例如照顾孩子)等。在这一切之后,从全国妇女组织联合汽车工人联合会开始,美国劳工联合会—美国产业工会联合会最终也参加进来支持平等权利修正案。

　　但是,仍然很难把新政策下的自由主义妇女们与工人阶级的妇女们关联起来,就像很难把她们的配偶与众所周知的喝啤酒的生产线工人关联起来一样。如果以敏感的海伦——人文学者罗伯特·科尔斯和简·霍洛威尔·科尔斯夫妇曾采访过的一位波士顿女仆——为典型,我们可以得出结论,阶级鸿沟在某些方面得到了沟通但在其他地方又留下了漏洞。海伦是来自萨默维尔的一位工人阶级的天主教徒,她形容自己是一个"忠诚的美国人",也是一个死于"必要的"越南战争的儿子的母亲。海伦为一个上流社会的家庭工作,这个家庭沉浸在新政策的自由主义思想中并忠于一切正义事业:包括妇女解放、种族平等、第三世界的反殖民主义运动、反贫困。

　　这家的"太太"从事"公共关系"的工作,是一个"解放"妇女,而代价是海伦要工作更长的时间而且要做的事也比她以前的工作要多。这位太太被解放了,似乎成了强迫另一位妇女接受的事实。"我的丈夫认为她疯了,我也是,"海伦解释说,"如果我有钱,我就会辞掉这份工作,回家去待上个一千年……太太说……女人如果'不思进取'就很危险了。可能在她的字典里,我不是个女人。"在划清了阶级界线后,海伦还得接受不时的女人间的同情。这种同情的时间太短太快而且纯粹是尝试性的。有一次,"太太"与她同样自由的丈夫吵架后哭了。她到海伦那里寻求同情,但也仅仅是形式上的:"她问我如果我不需要钱是否还会工作。我对她说不,我不会。她说我应当转变那种终日坐在家中,等待家人从工厂和学校回来的思想。"这位"太太"忘记了海伦正在做着这些事——除非她自己代替海伦等着她的儿子回家。这个家庭继续担心着非洲、拉丁美洲和反对自由主义的右翼法西斯分子。而海伦则关心着更实际的问题:"我认为太太是对的:应该人人平等……(但)她不愿和我平等……她不准备'解放'(我),也不会比男人'解放'他们的妻子、秘书以及在他们的公司工作的其他妇女更进一步。"

1972 年大选

这种阶级差别和性别、竞争的不平等之间的压力加速了新政策联盟的崩溃。但正如乔治·麦戈文在 1972 年总统竞选中的恶运所显示的,相同的压力使得新政策联盟也摇摆不定。和尤金·麦卡锡一样,麦戈文是一个来自中西部的学院派人士,在约翰逊时代里,他以国会民主党人的"鸽派"领袖自居。与麦卡锡形成鲜明对比,麦戈文是通过巧妙的竞选来获取提名的。他从来就不是民主党内的宠儿。这个位置属于来自缅因州的温和的埃德蒙·穆斯基,并且在大多数选民中麦戈文的地位还在华盛顿州鹰派人物斯库帕·杰克逊以及汉弗莱之下。但是穆斯基被证明是一个效率低下的竞选人,而且他也成了尼克松竞选班子设下的肮脏陷阱的牺牲品。穆斯基的更深层的问题在于,一个温和的竞选班子可能在1968 年能够赢得提名而在 1972 年就不可能,因为政党和选民经历了四年之久的两极分化。当然,阿拉巴马的政治煽动老手,乔治·华莱士在他于佛罗里达遇刺前迫于竞争,在早先民主党预选中就进行了全面的表演。但这次,新政策的自由主义分子已经学会了选举人游戏的把戏,通过政党会议而非预选使自己成功地获得提

50 第1章 自由主义的终结

名。麦戈文应该知道自己在做什么;在1968年大选改革了选举程序后他接受了党内任命。通过对他们所写的竞选规则的摸索,麦戈文为自己确立了居高临下的领导地位。

作为候选人,麦戈文又是一个作了承诺的鸽派分子,他的每个意图都想把越南问题放到竞选的最前线。鸽派的当务之急在于难以把越南问题建立到国内议程中去。他以一个民粹主义者,以一个普通美国人的候选人身份与全体精英分子的代表——理查德·尼克松竞争。出于扩大自己的追随者的愿望,他承诺给每个家庭一笔补助金并试图将他的注意力集中在普遍的对他的"疏远"感上,后者看似暧昧却足以掩盖了他与潜在的民主党选民之间的巨大分裂。麦戈文相信正是那种幻灭感解释了华莱士做的表演。因此当其他民主党人急切地批评华莱士的时候,麦戈文却避免去攻击那位煽动政治家以期吸引那些传统的民主党蓝领选民。

但是,麦戈文不是罗伯特·肯尼迪,他的支持者几乎全部来自新政策联盟。预料到了这种可能性后,他的竞选班子把目标定为巩固一个由年轻人(特别是刚满18岁正准备第一次投票的年轻人)、少数民族团体、妇女和广大反战的选民组成的联盟。麦戈文的竞选管理人盖瑞·哈特形容它为民主党的一次"前进中的行动,……一次常规之外的叛乱活动",而且它还带有报复性。

当他们聚集到迈阿密海滩的选举大会时,麦戈文的势力已经准备断然取代新政策联盟了。爱荷华的选举人没有一个农民,而纽约的选举人中有9个是同性恋解放论者,却只有3个劳工代表。为了报1968年大选的仇,新政策的自由主义分子使理查德·戴利的选举团陷入痛苦的斗争,并被杰西·杰克逊领导的选举团取代,而忽略了芝加哥强大的白人精英选民。正如芝加哥受人喜爱的平民党员、智囊——迈克·罗伊科所述"芝加哥民主党抛弃了白人精英分子,好比在正要吃饭时却朝他的胃打了一枪。"麦戈文和他的人为此相互庆贺,就像盖瑞·哈特声称的,为了"维护信仰……人民、公民、个人有能力主宰自己的政治事务"——一次"政治改革的胜利"。

而所谓的"人民"与大多数美国人并无关系。真相在竞选开始后就显现出来,人人都清楚只有麦戈文不知道"人民"对投票给他并不感兴趣。麦戈文为克服疏远感作的努力并不能阻止许多有组织的劳工跳到尼克松阵营中去,而尼克松则几乎不需要为自己从1968年以来为了拉住精英分子和工人阶级选民所做的工作再做文章。法律和秩序以及反对派的被迫撤退原本可以大作文章,这是可以确定的,但尼克松能够用温和的腔调来谈论这些了,特别是当华莱士退出竞争以后。大选结果对民主党而言是一次历史性的惨败,麦戈文仅得到马萨诸塞和哥伦比亚特区的选票,从而使民主党的控制权转到新政策自由主义分子以及多数选民——既有共和党的,又有日益壮大的独立选民——手中。新政策的自由主义分子从1972年大选中并未显出丝毫的谦卑,相反,他们保持了良好的组织、高度的激发性以及在国家政治生活中开创自己重要地位的足够强大的力量。他们仍然在获取选举多数方面天生的无能;其结果就是,他们命中注定只能扮演一个坏脾气的反对派角色。

第 2 章　民权运动

在这 15 年里,南方的民权运动深刻地改变了这个国家的一大片地区,重塑了美国的历史,动员了这个国家最受压迫的团体,迫使这个民族对付它的原罪——种族主义,并且暴露了民族神话和希望与现实之间的巨大差距。这是一场平民主义的革命,它由通过自己建立的机构组织起来的普通人构成,经过任何历史比较,在付出最小暴力代价的情况下取得了非凡的胜利。正因为如此,民权运动超越了它自身的历史地位,但它也是典型的 60 年代的运动。它显示了在理想驱使下人们所能达到的高度。当这场运动的理想主义衰落时,这个国家的理想主义也衰落了。

新南方——民权革命的起源

南方的种族附属体系本质上是某种形式的劳动压迫,农村的种植园据此通过推进合法压迫和社会霸权的双重战略来控制黑人劳动力。尽管种族隔离明显地不限于农村地区,但它是南方农村、农业状况的主要特征。当南方开始城市化,种族附属的基础也开始崩溃。通过 20 世纪前半部分的渗透,南方的现代性还是不完全的,尽管城市得到了发展,工业也建立起来了。此外,从一战爆发后起,美国黑人开始向北流动想在工厂里找一份工作,由此揭开了对 60 年代的历史如此重要的"大迁徙"的序幕。

但是现代化的时代在南方只持续了几十年,从 20 世纪 40 年代到削减工业生产能力时代。在二战期间,由于社会缺乏活力、麻木,南方被永久地扭曲了。南方人,黑人和白人都一样,看到了一个更广阔的世界,并且尤其是黑人不想回到农场。位于南方的国防工业和军事基地突出了联邦政府的存在。由于冷战的缘故,国防行业的工作很稳定,并且作为民权运动领导人施压的结果,在联邦反歧视法律的管理下薪金和效益很好。急于逃避北方工会的大规模生产的工业也迁移到了南方。随着南部经济的现代化,这个地区吸引了本国的连锁店,白领工业如保险业,以及消费工业如亚特兰大的可口可乐。最后,40年代的棉花种植者完善了弹毛机。因为棉花地里不再需要密集的不熟练的劳动力,也许这是南方社会体系最重要的发展。

棉花生产的机械化是从根本上消除种族隔离的缘由。其后果是南方的农村人口锐减:1940年到1960年间大约有三千万黑人迁移到了北方,还有更多的成千上万的人在历史上最大的和平时期的人口迁移之一中搬到了南方的城市。城市里的不知名者甚至在正式的种族隔离的情况下,也给予黑人们需要用以发展他们自己的机构和社会的空间。大规模生产的工厂里的工作提供了某种程度的在南方农村或小城镇不可能获得的经济独立。经济独立,又创造了要求政治权利的机会。国家资本流入南方城市威胁到了种族优越的地方权力,因为国家事务与南方的生活方式没有利害关系。公司集团也许不想动摇这个体系,但是他们的利益在于拥有尽可能多的顾客和潜在的工人——不管是白人还是黑人。同样地,不管是迁居到南方的白领职业者或是南方本地的白领职业者和一个陈旧过时的社会体系也没有深厚的利害关系,这个社会体系已经很丑陋,经常不稳定,并且正如南方人开始发现的那样,不必要再维持种族和阶级的特权。南方白人发现他们能做北方白人

54 第2章 民权运动

做的事:搬到郊区去住。

随着这些变化渗透进南方社会,对宪法的新诠释更决定性地促成了变化。立法禁止联邦雇佣中的歧视,禁止动产契约中的种族限制,取消军队中的种族隔离,以及40年代的其他管理规定都是更进一步的联邦立法和法庭判决的重要的、预定的先例。随后在1954年,经过"全国有色人种促进会"的多年诉讼,最高法院在具有划时代意义的布朗诉教育局一案中打破了存在已久的"隔离但平等"的教条,此判决宣布公共学校里的种族隔离是违反宪法的并且适用其他所有形式的公共隔离。

工业化、城市化以及法制发展创造了民权运动得以成长的一般社会条件。但是运动在种族隔离的产物——美国的黑人社区兴起要远远地更直接、迅速。南方种族附属体系的矛盾之处在于黑人必须建设他们自己的机构,维持他们自己的文化,通过这些他们建立起了有条件的自治。毫无疑问,美国的黑人社区在物质上次于主流的白人社会,但是在白人的主导权下,黑人自己教育他们的孩子,保留了他们自己的教堂并且甚至在像亚特兰大这样的城市里拥有他们的银行和百货商店。同时南方黑人构成了美国最有价值最具特色的亚文化,它是农村、南方以及非洲民风的混合,这种混合不可能比正在兴起的大众文化更不同。尽管大众文化正在通过电视、电影以及与去过北方的亲属接触渗透进南方黑人社区,但他们比其他任何团体的人都较少地被文化的平淡无味的同化力量所败坏,他们的与世隔绝就是一种力量。

如果我们把民权革命的士兵看作是令人恐怖的,失去人性的人,最后得到了足够的满足,我们将无法领会起作用的动力。把他们理解成曾经抗拒了企图折磨他们的力量的人更好。他们是点燃了1965年地方选民登记长征火炬的赛尔玛学校的老师;或者他们是罗莎·帕克斯的翻版,这是发起1955年联合抵制公共汽车运动的一位优雅有教养的蒙哥马利的女裁缝;或者他们是众多的格林斯伯勒公民,他们用一种需要用来坐在1961年的伍尔沃斯午餐柜的下定决心的自尊来抚养自己的孩子;或者他们是出租车司机、工厂工人、家庭佣人和守门人,他们居住的社区有依赖性但也有自治性,并且为人们提供进行革命必要的文化基础。从1955年起,他们这些普通人摧毁了白人至上主义,复活了美国的自由主义,并且鼓舞了整个世界。

1955年12月,这些普通人中的一个,罗莎·帕克斯,当地的一个女裁缝和"全国有色人种促进会"蒙哥马利分会的秘书,拒绝如法律所坚持要求的那样坐到车后部去,因此被逮捕了。帕克斯的被捕使隔离的公共运输系统上了法庭,它可能受到基于最高法院新近判决的挑战。蒙哥马利的黑人社区不满足于将此事留待法庭解决,发起了一场大规模的、很大程度上是自发的联合抵制公共汽车的运动。黑人组成了压倒性多数的乘车者,这场联合抵制运动也在他们的社区里赢得了压倒性的支持,因此一天又一天蒙哥马利的公共汽车空荡荡地开着而人们步行上下班。地方政府对这些联合抵制者进行捣乱、骚扰、威胁并且发出挑战,但在经过一年多的战斗后,当最高法院裁决蒙哥马利的隔离公共交通的做法违宪时,地方政府被打败了。

蒙哥马利的联合抵制公共汽车事件标志着一场强有力的基层运动的开端。这是第一次整个社区联合起来反对种族隔离,而且是第一次国家媒体对南方的种族斗争给予了很大关注。以教堂为中心,联合抵制运动在公共团体核心周围有大量的追随者并且在地方神职人员中发现了天才般的领导人。它还标志着一位有卡里斯马型魅力的年轻布道者马丁·路德·金的崛起,他是民权运动的

56 第2章 民权运动

发言人以及这个运动的主要组织"南方基督教领袖联合会"(SCLC)的领袖。

年仅26岁刚从波士顿大学研究生院毕业的马丁·路德·金注定要领导这场运动,因为他身上体现了他所服务的团体的双重特征。他出生和生长在亚特兰大,从来没有遭遇过最严厉的种族隔离。更确切地说,他生长在这个国家最大、最强有力的黑人社区里,生长在这个城市最著名的黑人神职者之一的家里。经过黑人学校的培养,他梦想成为一个哲学家,尽管他父亲把他推向了牧师这一行。作为一种妥协,他北上来到了东宾夕法尼亚的克罗齐神学院,然后继续前往波士顿大学的研究生学校。当他父亲说服他从事蒙哥马利的德克斯特的浸礼教会的牧师时,他仍在考虑着在大学中谋职。在去蒙哥马利之前,他回到了他原来喜欢的专业,在一所主要的北方大学的一个有名的研究项目中拿到了博士学位,他对他那个时代的主要神学教义造诣颇深并且受过很好的西方哲学方面的训练。通过这种方式,他把他的社区追求平等和进步的热望具体化了。同时他是一名南方浸礼教牧师,没有什么新奇的教育能使他脱离那个文化背景。对此他父亲了解得最清楚。金把布道者的精神和学者深思熟虑的据理分析混杂在一起,但他在性格气质上不适合从事学术研究。他是一个天生的牧师,不管他喜不喜欢。

但是在从1955年到1960年间,联合抵制公共汽车似乎是惟一的胜利,几乎脱离了常轨。南方白人发动了他们自己有组织的努力来为种族隔离辩护。种族隔离主义者的反应,即人们所知的"大规模抵抗"是对联邦法律的公开蔑视和挑衅。学校宁可关门,也不愿遵守布朗案的判决;公共设施宁可停业也不愿取消种族隔离。地方上的精英在白人公民委员会里团结起来,致力于有组织地为种族政治辩护,政客们的反应是争相为"州权"和"南方的生活方式"辩护。有一些政客,如阿拉巴马州的乔治·华莱士发现在种族问题上采取温和有节制的立场使他们在50年代中期的选举中付出了代价。因此,华莱士,举个例说,发誓决不被泛黑人化。

"大规模抵抗"在联邦政府和南方州之间造成了对抗并且于1957年在阿肯色的小石城爆发了冲突。小石城从来不是一个真正的种族隔离的堡垒,并且逐渐地开始执行联邦法院的在城市学校取消种族隔离的命令。在这个过程中,"大规模抵抗"横扫了这个城市,他们通过以中心高中,一个混杂了易激动的白人学生的较大的地区学校为中心,制定了一个确保取消种族隔离失败的计划。准备参加改选的福布斯州长对公众的强烈对抗作出反应,出动国民警卫队阻止黑人学生去中心高中上学,他这么做直接否认了联邦政府的权力。只有这样一个挑战宪法的行为才能迫使像艾森豪威尔那么不情愿的总统加入关于民权的辩论。在小石城,他别无选择只有采取行动,他果断地显示了武力,动用了101空降师的1000名士兵保护中心高中的新黑人学生。

马丁·路德·金和第一次革命浪潮

小石城事件的插曲与其说是一个惟一的例外不如说是50年代后期的一个规则。蒙哥马利联合抵制公共汽车运动之后的5年里,在民权方面没有什么明显的进展。学校里故意拖延取消种族隔离的进程,到1960年为止,只有6%的南方学校开始取消种族隔离,只有1%的南方黑人孩子进入无种族差别待遇的学校上学。1957年的《民权法案》包括一条确保违背者在地方陪审团面前受到审问的措施,这条措施得到了约翰·肯尼迪的支持,但在实践中,等于是保证南方白人违反了法律以后不用担心被定罪。大规模抵抗运动，就像当阿拉巴马州禁止"全国有色人种促进会"时，增加了南方对种族隔离的政治承诺，扩大了对宪法的攻击。结果是，组织问题困扰了运动。"南方基督教领袖联合会"的领导人正在学习如何成为这项工作的行政管理人员。艾拉·贝克，"南方基督教领袖联合会"的行政长官，在赢得自我主义者和沙文主义者的男牧师的尊敬方面出现了困难。多年的法制骚扰使"南方基督教领袖联合会"和"全国有色人种促进会"的力量消耗如此之大，以至于这个运动无力担负起在1957年《民权法案》通过后组织者们就计划好的推进选民登记的活动。组织者之间的竞争妨碍了完整的团结。几乎好像要强调这些麻烦，1958年9月一名精神错乱的女子刺伤了在纽约为《争取自由的斗争》一书签名售书的马丁·路德·金。

在1960年以前，"南方基督教领袖联合会"和"全国有色人种促进会"的领导人的注意力都集中在总统竞选活动上。在那些年里美国黑人的投票决不是自动地投给民主党人的，运动的领导人明智地在各党派之间牟利，尽管没有一个政党能提供很多东西。在著名的给科雷塔·金的电话之前，约翰·F. 肯尼迪看似既是仇敌又是朋友，而且不管这位被提名者的倾向如何，民主党仍然是南方保守主义者的党派。另一方面共和党人已经在1956年、1957年以及1960年推进了民权立法，但是他们的动机过于明显地是为了分化民主党而不是推进这项事业。共和党候选人理查德·尼克松在民权方面有一个相对受人尊敬的记录，但是他和肯尼迪一样，企图在不疏远南方人的情况下迎合民权运动的领导人。

非暴力社会抵抗运动

因为民权运动不可能期望主流的政治家们实施变革，他们不得不强行推动这项事业。但是在 1960 年还不清楚什么能刺激和鼓舞公众起来抗议。部分问题存在于金抗议方式的特点。他采用了非暴力对抗,一种来自于 19 世纪的美国作家亨利·戴维·梭罗的社会抗议方式,被 20 世纪印度独立运动的领袖甘地最有效地使用过。从理论上讲,非暴力抵抗使一个较弱的组织能和一个较大的权力对抗,因此成为在同白人政府的任何暴力冲突中必定失败的南方民权运动的一种可行战略。但更重要的是,这一策略也给这一运动带来了同情。特别是在一个新闻泛滥的社会里,和平的抗议者与武装警察或刺客对抗,接受打击却不以牙还牙,是一种强有力的引起注意的方式,没有什么能比这更有效地巩固政治联盟和对联邦政府施加压力。金对非暴力的看法也有一种希望的因素。通过挑动反对者诉诸暴力,真正地忍受肉体袭击,金相信抗议者能 43通过诉诸敌人公正的本能来软化对方的心肠。

非暴力行动主义在其他方面也很重要。在一个仅仅瞥一眼白种女子或简单的登记选举的行为都能招致鞭打或处死的社会里,个人生存相当依赖于自律。南方黑人传统上必须了解发展个人尊严与变得好出风头之间的细微界限。对有些人来说,尤其是老人,其结局是难以忘怀的、无处不在的、使人烦恼不已的恐惧。非暴力行动主义运用这种文化托管的自律去超越认可行为的界限。在回忆他们参加这场运动的激烈事件时,许多参加者都觉得卸下了恐惧的包袱,因此抗议行动本身就是解放。最后非暴力有强烈的道德内涵。它不但为狂热的基督教黑人社区极力呼吁,而且它的道德完整性超越了地区或种族特属文化并且把这个运动和一个更广泛的基督教传统结合在一起。金自己很少从迎合州的角度谈论非暴力或从美国黑人的权利方面谈论这场运动的目标。他谈论一种普遍的道德,诉诸一般的人类公正的意识,并且展望一个人与人之

60 第2章 民权运动

间不存在壁垒的"可爱的社区"。金的运动不是关于特别的权利，它的目标是救赎美国的道德。

尽管非暴力行动主义有很大的力量，但它也有自己的缺陷。第一，并不是每一个卷入这场运动或对它感兴趣的人都接受非暴力背后的推论。这个策略要求大规模的动员，一种缓慢的、不确切的抗议形式。人们一般只在特定的时期为特定的理由作出牺牲。如果金和"南方基督教领袖联合会"希望让人们自己组织起来，他们也会等待事件发生驱动人们转向行动主义，这场运动就会像地方争端来了又去那样生存、消亡。在运动停滞时期，就很少或不能产生能量，因此也就没有大规模动员。

静坐抗议

当运动似乎处于迷离状态时，人们在地方上沉着地坚持不懈地组织着。零星的抗议，仅仅作为全国性运动的松散的一部分，继续在否则整个就是一片漆黑的年代里、在许多南方社区爆发。它仅仅是一个地方性抗议，其力量来自于一个紧密联系在一起的社区，是它重新点燃了这场运动的火炬。1960年2月北卡罗来纳A&T的几名黑人学生在北卡罗来纳格林斯伯罗的伍尔沃斯百货商店的午餐柜上发起了一场静坐抗议。他们因被拒绝服务而发起的这场运动到周末已由1600名学生扩展到商业区的其他百货商店。人们预料到市政府企图维持现状，在他们同意取消种族隔离柜台之前示威进行了6个月，遭责难的商店的利润下跌了1/3。格林斯伯罗的抗议并非像他们显得那样是自发即兴的。发起和领导静坐抗议的学生生长在一个有着长期抵抗种族隔离传统的社区。这个社区有许多鼓励自决的机构——一个强大的"全国有色人种促进会"分会、地方黑人大学、以及有影响力的教堂。

尽管静坐抗议产生于地方上抵抗堕落的制度性传统,它们鼓舞了南方北部沿海的州发起类似的静坐抗议。到1961年底,估计有7万人参加了大约100次非暴力抗议,从佛罗里达到弗吉尼亚,从马里兰到阿肯色。他们遇到了分散的但却频繁的警方暴力、三K党以及其他刺客,并且招致了地方政客和商业领袖的一致反对。在纳什维尔,他们遭到了一伙歹徒的袭击,在南卡罗来纳的奥兰治堡,他们尝到了催泪瓦斯;在杰克逊维尔,他们被枪击。但他们经过最重要的努力成功了,尤其是在"新南方"的首府亚特兰大的一次艰难的活动中,静坐示威提供了运动迫切需要的给养。

同时静坐抗议更大的力量在于他们的年轻的特点。在一个逐渐被年轻人的行为占据注意力的国家,抗议者扭曲了年轻变革者的大众化形象:他们当然是变革者,但他们的变革是真正的变革,目的不在于倾覆上一代而是要改革整个美国。他们的目标是救赎而不是破坏。甚至像《里奇蒙新闻先驱报》都称赞"这些穿着外套和白衬衣、打着领带的黑人学生坚守阵地,面对白人男孩的激烈质问,后者是一群乌合之众,松松垮垮的下巴、穿着黑茄克、龇牙咧嘴心血来潮地要杀要打"。许多年轻人被这场运动吸引的原因和它吸引一名严肃的、说话温和的数学教师鲍勃·摩西的原因一样,"他们是我这个年龄的孩子,我知道这和我的生活有关"。 45

正如摩西所意识到的,这一代年轻的美国黑人共享了独特的经历。作为高中生,他们等待过应该伴随着布朗决议而来的无种族差别待遇,但他们从未等到过它。同时,他们目睹了非洲独立运动的兴起,仅在1960年就有12个新的民族国家在非洲诞生。他们没有在比赛中输掉得分。和他们的白人群体一样,这些年轻的美国黑人进大学的人数比以往多,因而验证了他们所在社区的抱负和进步。他们被马丁·路德·金所鼓舞,至少在最初是他虔诚的、

62　第 2 章　民权运动

忠实的支持者。一代人高涨的期望激励了很多人加入这场运动并且提供了一个自从蒙哥马利联合抵制公共汽车运动以来就消失的特质,渴望。正如金一生都认为的那样,非暴力不同于被动的接受,甚至也不同于耐心的谈判。通过策划,它可以成为对抗性的,并且如果需要的话,可以刺激对立面使用暴力。它必须是急切的、渴望的,学生们使它充分具备这一特性。

大学生非暴力协调委员会(SNCC)

　　组织的主流需要这些学生,并很快向他们提供了帮助。争取种族平等大会的主席詹姆斯·法尔默指导使用非暴力方法的抗议者,而金和亚特兰大的抗议者一起被捕,从而开始了处于总统竞选活动尾声的与肯尼迪通话时期。1960 年 4 月,金的"南方基督教领袖联合会"鼓励学生招募他们自己的组织——"大学生非暴力协调委员会",并向他们提供了果断的、一度任"南方基督教领袖联合会"行政长官的艾拉·贝克的杰出指导。一开始就致力于非暴力运动的"大学生非暴力协调委员会"是金希望看到的其他人发展他们自己的机构的一个典范,并且他欢迎学生走上这一历史舞台的中心。"你们斗争中崭新的有活力的部分",他告诉他们,"就是它是由学生发起、领导和维持的这个事实。你们现在在全世界争取自由的斗争中占据了属于你们的光荣的位置。"

　　金首次启用了这一运动中精力最旺盛但也是最有争议的组织。"大学生非暴力协调委员会"组织的学生团体是如此彻底民主化以至于它几乎不能被称为一个组织。它的"精神领袖",詹姆斯·劳森,提醒学生们反对任何等级制度,甚至逃避选举,并且允许志愿者轮流担任领导职务。尽管学生们建立了一些机构,"大学生非暴力协调委员会"绝大部分是靠共有的理想观念而且最终是在由亲密关系导致的危险和危机上发展繁荣起来的。"大学生非暴力协调委员会"的学生还坚持要独立于主流组织。尽管他们欠金很多,这些学生逐渐把他看作是那种削弱民主的中心人物。这些学生开始信奉这样一个工作座右铭:"去灵魂说要去的地方,做灵魂说要做的事。"

自由的浪潮

静坐示威后第一次重大的行动主义事件开始于 1961 年春天,当"种族平等会议"的法尔默与纳什维尔费斯克大学的"大学生非暴力协调委员会"小分队合作,制订计划通过南方的公共汽车旅行以解决州际运输中的种族隔离问题。早些时候,美国最高法院曾经适用以前的判决反对公共汽车和火车的终点站的、包括飞机上的种族隔离,但遵守的情况很不好。体态笨重的法尔默与最早的美国甘地分子有来往,最近刚被任命为"争取种族平等大会"的主席。他满怀渴望地说,"争取这些群众中的志愿革命者"并把他们带到黑人聚居区的中心地带。"我们的目的",法尔默回忆道,"是激怒南方行政当局逮捕我们,由此刺激司法部实施土地法。"

5 月 4 日,一个由 13 名乘客——7 名黑人、6 名白人组成的不同种族间的组织从华盛顿出发,在一辆格雷豪德公共汽车和一辆却尔维斯公共汽车上分成了两组。当他们经过沿海的州,沿途更换座位,在不同的车站下车,对终点站"仅供有色人种"和"仅供白人"的标牌置之不理时,他们遭遇的不过是险恶的表情和一场好管闲事的对抗,这场对抗在南加利福尼亚被警察驱散了。在亚特兰大,他们和金博士一起进餐,金称赞他们并且送他们上路,同时警告一个随行的《气机》杂志记者说"你们在经过阿拉巴马时会遇上麻烦"。

几乎让金说中了。乘客们就在跨越州边界在阿拉巴马州的安尼斯顿遇上了严重的麻烦。一伙歹徒聚集在格雷豪德终点站,在有人刺破几个轮胎之前司机没能倒车开出终点站。车开出安尼斯顿没多久,轮胎里的气漏光了,汽车停在了路边。当它开到路边时,穷追不舍的歹徒向汽车扔掷了燃烧弹。乘客们跟在一个狂怒的州密探后面下了车。在车外,歹徒们扑向他们直到州警察赶来把乘客们拖进一家医院。剩下的只有燃烧的汽车躯壳,在一幅通讯照片里成功地引起了注意并被传播到了世界各地。当却尔维斯公司汽车开进就在格雷豪德下一站的安尼斯顿时,一小伙当地的恶棍上车袭击了乘客,包括一名61岁的密歇根大学退休教授沃尔特·伯格曼,他们把他打昏了过去。殴打一停止,在袭击中和当地警察一起袖手旁观的司机加速驶向了伯明翰。

阿拉巴马州最大的城市,伯明翰,也是这个州种族主义最猖獗,而且可以说是这个国家种族主义最猖獗的地方。预料到自由乘客会前来该市的警察同意让三K党进行15分钟不受干扰的暴力。这个交易成了镇上的公开秘密。却尔维斯的乘客下车被一群三K党成员和其他人组成的乌合之众包围时发现了这个秘密。这伙歹徒用拳头、铁管子和沉重的钥匙圈毫无顾忌地袭击乘客。沃尔特·伯格曼再次被攻击。袭击者向外围涌去袭击了另外一名乘客和几名记者。15分钟结束后三K党向警察投降了。乘客们被抛在一边照料自己,挣扎着回家或者去这个镇上主要的行动主义分子弗雷德·夏特尔沃斯的教堂。被战斗折磨得精疲力尽的人们争论着是否继续前往蒙哥马利。就在前一天他们成了头条新闻,并且如我们所看到的,司法部长罗伯特·肯尼迪注意到了国际传媒的宣传,由此引起了联邦政府和州政府之间的争论。自由乘客们的伤疤、恐惧以及疲惫不堪得到了最好的回报,他们接受了肯尼迪的提议坐飞机前往新奥尔良。

正当这个连续遭到猛击的组织聚集在机场,纳什维尔的学生,在费斯克小分队的领袖之一,不屈不挠的迪恩·纳什的激励下,决定派另外一个小组去伯明翰。"如果他们用武力阻止我们,这场运动就完蛋了",纳什告诉夏特尔沃斯。学生们通过向蒙哥马利进逼同时对联邦政府和阿拉巴马州政府施加了压力,但是他们在二者不同的政治需要之间进退两难。在蒙哥马利,他们下车后和加入到他们一起的许多记者召开了一个新闻发布会,结果却发现终点站空无一人。突然,一群歹徒从各个躲藏点溜了出来,开始进行凶恶的闹事活动。"人们不知道从哪里钻出来的",约翰·路易斯回忆道,"男人、妇女、小孩,拿着棒球杆、棍子、锁链,而且周围没有警方人员",乘客和记者们试图呆在一起,一些人被抛了起来,另一些人跳过一堵挡土墙落在下面的一个停车场。这群歹徒,估计有 1000多人,把一些人赶到了附近的出租车里。一个乘客摔断了腿,另一个人的衣服着了火。约翰·路易斯和詹姆斯·兹维格,一名掉队的白人男子,在装货月台附近被抓住并遭到了猛烈的袭击。当有人拿柳条箱击中路易斯时,他被打得晕过去了,一名州政府官员随后向他送传了违反种族隔离法的法庭禁令。兹维格遭到残酷殴打,脸上血淋淋的,牙齿被敲掉了。蒙哥马利警方看到他痛苦地痉挛,拒绝为他叫救护车。

面对帕特森州长的口是心非造成的秩序的崩溃,肯尼迪总统毫无选择只有派遣联邦空军部队。下一步安排乘客们从蒙哥马利到密西西比州的杰克逊,要更安全得多。所有有关方面都知道这些乘客们将被护送到杰克逊,在那里他们将因违反州立法律而被捕。至少这被理解为他们将受到保护。乘客们一旦在密西西比被捕,就在三个不同的监狱之间轮流转移,包括帕奇曼监狱;他们被例行公事地禁止吸烟,经常遭到殴打,有一次还丢失了褥垫;有一些人受到了电棍的折磨或是戴着镣铐的手被拧起来举在头顶上。

激动人心的自由乘车汲取了静坐示威的精神力量并且向前推进了运动的势头。像静坐示威一样,乘车掀起了一股模仿的浪潮,一年之内考查终点站和沿路站的组织遍布了整个南方。"争取种族平等大会"最初的计划,如法尔默颇为庄重地陈述的那样,是要把密西西比州的监狱都塞满,以使种族隔离主义分子的做法代价如此之大并因带来诸多不便而变得不可行。"整个夏天,1000 多名乘客旅行穿越了南方。仅在密西西比州就有 300 多人被捕。他们没有把监狱塞满——"南方的城市和州几乎有无限的监狱设备",法尔默嘲讽道——但他们给市政府带来了负担,尤其是在杰克逊。他们还向白宫施加了压力,因为许多乘客不仅仅是激进的黑人学生或白人边缘组织的代表。确切地说,他们是杰出的北方自由主义者和来自全国各地的主要机构的著名代表。在夏天结束之前,司法部诱使州际贸易委员会作出裁决,从事州际运输业者不但要遵守最高法院的法令,而且必须张贴标语承诺不以种族划线提供服务。

对运动的未来最有意义的发展是乘车使学生们在一定程度上坚强起来了。静坐示威产生了年轻的理想主义者,而自由乘车则产生了伤痕累累的老兵,他们体验到了最野蛮的南方暴行。尤其是那些既参加了静坐示威又参加了乘车运动的人绝对有理由把自己看成主要的行动主义分子。乘客们在这场运动中,甚至比静坐示威运动的领袖都获得了更多更直接的威望,他们中的许多人,列举最有名的几个,约翰·路易斯、詹姆斯·比维尔、迪恩·纳什和斯托克利·卡迈克尔成了学生中的重要领导人。在这个过程中,他们变得对现有运动更吹毛求疵，甚至到了自以为是的地步。他们开始期望每个人都像他们那样置生死于不顾并且急躁地谴责他人懦弱。学生们深感失望，如，当金拒绝和他们一起乘车离开蒙哥马利时。他们甚至鄙视"争取种族平等大会"的领袖詹姆斯·法尔默，他加入了他们的队伍，但却显得更致力于建设他的组织的形象而不是为事业本身服务。

"大学生非暴力协调委员会"崛起

为了阻止自由乘车运动的老兵们旨在维持的得到强化的行动主义，罗伯特·肯尼迪向"大学生非暴力协调委员会"、"争取种族平等大会"和"南方基督教领袖联合会"提供了"选民教育计划"（VEP）。无论白宫的动机如何，肯尼迪有很好的理由着手提供该计划。首先，这是一种巩固白宫与这场运动的关系的方法，可以想像这一运动将需要更多的联邦庇护。而且正如白宫助理哈里斯·沃福德指出的那样，白宫允诺向这一运动在 50 年代中期就想运营的项目提供资金。这些组织没有理由拒绝这笔资金，尤其正如他们相信的，如果联邦政府愿意帮助他们。

然而，对于"大学生非暴力协调委员会"来说，选举人教育计划却给他们带来了麻烦。他们被迫与肯尼迪的动机中的玩世不恭的一面相协调，并且明白了他想减弱这个运动的势头。一些直接行动的倡议者拒绝了选民登记，理由是它太顺从了。法尔默和其他人反对这种看法，他们坚持认为选民登记是行动主义最敢做敢为的形式。听起来像是一个无聊乏味的填登记表的过程实际上很是一回事。在一个人们都互相认识的南方小社区，很容易密切注意陌生人或为陌生人提供住宿的当地人，或者更糟的是得知他们被允许投票。志愿者和有可能登记的人把自己置于严重的威胁中。起码，用谷物交租的佃农会合情合理地料到因为登记而被赶出去，而一个志愿者则会合情合理地预料到和一个种植园主纠缠不清，正如一名志愿者所说，种植园主认为"当他看到我们出现在他的一个黑奴的家里时，他有向我们开枪射击的特权"。对于福尔曼，一个在 1961 年曾任"大学生非暴力协调委员会"主任的年纪稍大的芝加哥人来说，VEP 应该是与"南方种族主义分子的狂怒"的一种战略对抗和对笼罩着大多黑人的恐惧的打击。

"大学生非暴力协调委员会"运营选举人教育计划项目的方式证实了福尔曼的观点。他们认为自己是游击队员，其职责是搬进一个社区，了解它的特殊需要，并且教会人们如何坚持自己的权利。要融入他们服务的社区必须灵敏地感受当地的习俗和条件。他们知道优秀的游击队战士总是和人民打成一片，因此改穿了佃户的传统着装，工装裤和 T 恤衫。从理论上讲，当"大学生非暴力协调委员会"成员向前进时，他们将会在身后留下可行的、自治的组织，这个组织里的人能用自己的方式争取自己的利益。

阿尔巴尼运动

考虑到他们目标的广泛性，没有什么能阻止选举人教育计划的工作人员们组织和参加其他形式的直接行动。例如在佐治亚州的西南部，查尔斯·谢洛德、科德尔·里根和其他几个人在阿尔巴尼周围的几个县里参加了一个登记活动，这些县，正如一名"大学生非暴力协调委员会"成员描述的那样，是如此具有农村特点以至于没有"甚至一丝城市色彩"。"大学生非暴力协调委员会"小组在那些农业县里尝试了一些直接行动，但把它们的主要活动集中在阿尔巴尼,一个相当大的有着一个复杂的、分化的黑人社区的城镇,搞组织建设。1961年11月,谢洛德和里根带领一个由十几岁的少年组成的小组到阿尔巴尼的公共汽车站检查新的反对歧视判决的实施情况。年轻人在警察面前胆怯地后退了,但是消息传开说这些孩子勇敢地面对警察。这一事件引发的一场全城运动,尽管最初和选民登记有密切关系,但使直接行动运作了一年多。

阿尔巴尼运动成为自蒙哥马利联合抵制公共汽车服务运动以来涉及范围最广的独一无二的抗议,最终把金和"大学生非暴力协调委员会"包括进来。但是和蒙哥马利不同,阿尔巴尼抗议活动失败了。阿尔巴尼的警察总长,劳瑞·普林切特,看上去是一个抽着雪茄烟的,墨守成规的,臃肿的警察。但是通过研究其他城市犯下的错误,他得出的结论是他能挫败非暴力抗议活动。他将逮捕示威者,但是以引起民事混乱而不是违反种族隔离法的罪名来指控他们,而且首先,他的手下将实施最大限度的克制。普林切特逮捕了大批人:仅一天就有267名。由于镇里的监狱只能容纳30人,警察总长安排把他们送往县里的监狱,县里的劳改农场以及邻县的监狱,并威胁要把示威者投入佐治亚州所有的监狱。阿尔巴尼的黑人社区全体出动;黑人进监狱时用了假名,这样他们就不会被解雇;有一些参加者进了好几次监狱;还有一些人不给他们提供食物和探监。

阿尔巴尼运动成了一场持久战,这对镇政府当局是有利的。50人们有自己的工作和生活,镇委员会越久拒绝就任何事情进行协商,运动的能量就消耗得越多。为了保存昂扬的斗志,阿尔巴尼的领袖向金发出呼吁,金在11月中旬参加了他的第一次直接行动游行,接受了他第一次因参加非暴力抗议而被捕并且第一次有机会拒绝保释。

70   第2章   民权运动

金的出场引起了全国媒体的极大关注,但是普林切特准备好了经受一切。通过控制住他的手下,警察总长阻止了那种流血事件,它会使媒体像鲨鱼一样在抗议活动周围游来游去,没有持续的媒体关注肯尼迪家族就不会受到压力来干涉。而且,这个镇最主要的公民,詹姆斯·格雷,是该州民主党的头目并且是肯尼迪的一个朋友。他还是一个地方媒体大亨,他招待那些来访的新闻团体吃喝玩乐,后者有礼貌地依照这些镇长老的限制条件进行报道。在格雷的压力之下,镇政府当局同意释放大多数示威者,尤其是金,没有保证书,但以金离开这个镇和停止游行为条件。当局没有对任何实质性的要求让步。

金接受这个妥协条件出狱了,他因此遭到了批评。7月份当他和拉尔夫·阿伯纳斯因参与阿尔巴尼运动的指控而被定罪时他获得了赎身的机会。两个人都进了监狱,但是这个镇的领导,在罗伯特·肯尼迪的怂恿下,为两人秘密支付了罚金。金下定决心不被毁坏名誉,计划再去游行和坐牢,但是一个联邦法官,肯尼迪的主张隔离的被任命人之一,命令他禁止参加游行。金想对这个禁令不予理睬,但是肯尼迪亲自向他施加压力,声称蔑视联邦禁令就会打击联邦法院正在做的所有有益的工作。当金的态度缓和下来时,游行队伍中少了他,游行者们被捕了。在此过程中,一名运动领袖的妻子在米切尔县附近给一些被捕的游行者送食物时遭到了殴打。这场殴打引发了一场骚乱,普林切特看起来比金更有控制能力。当联邦禁令被更高一级的法院取消后,金参加了游行,并且被捕,然后获取一项承诺,即不再有因违反种族隔离引起的逮捕。看似得来不易的胜利很快转化成巨大的失败,因为镇政府当局没有认可取消种族隔离,相反关闭了所有成为示威对象的公共设施——其中有公园、网球场和图书馆。

阿尔巴尼运动是金的个人失败,因为他使自己的声望处于危险状态。批评从四面八方涌来。"全国有色人种促进会"为它正在下滑的影响力担心,不但拒绝支持示威者而且积极行动搞破坏。种族隔离者们声称金是一个局外人,不再得到地方黑人社区的支持,令人痛苦的是,这在某种程度上是事实。当地居民中间发生了分裂,正如金的助手安德鲁·扬描述的那样,有些人相信只要"马丁·路德·金自动出现就能带来变化",金和他的同事得出的结论是仓促行事以迎合地方运动是错误的,因为这么做他们是在拿他们的信誉冒险。

对"大学生非暴力协调委员会"的成员而言,阿尔巴尼运动意 51 味着不一样的结局。对社区本身,行动是成功的。"我们昭示了一个世界",查尔斯·谢洛德自豪地说。较为谨慎的唐纳德·哈里斯以更长远的目光声称示威活动摧毁了弥漫在黑人社区里的恐惧。"黑人社区作为一个社区和个体能够而且确实更尊重他们自己了。"但"大学生非暴力协调委员会"的成员认为阿尔巴尼运动是马丁·路德·金个人的失败。一些成员认为他过于宗教化,以至于不适合搞权术政治。在另外一些人眼里,金太重视他的民族形象并且太物质化了——毕竟这个人在监狱里还穿着丝绸睡衣。在阿尔巴尼,一些行动主义者开始嘲讽他为"de lawd",这个刺耳的称号表达了他们对金对自己的看法的蔑视和对他固有的声望的不满。他们在一次面对面的集会中抛出了这些刺人的话,金极其痛苦地听着,几乎流下了眼泪。很难设想任何其他有着类似地位的领袖,在任何其他地点和时间里,能容忍他们的批评。金做到了,因为他心底的看法和"大学生非暴力协调委员会"一致,人们应该指挥他们自己的运动。不过,阿尔巴尼运动强调了"大学生非暴力协调委员会"和"南方基督教领袖联合会"发展的不同使命。"南方基督教领袖联合会"已经成为一个全国性的组织,它的成功由它在国家政治中的势力来衡量。对"大学生非暴力协调委员会"而言,成功的标准在基层。总之,无论如何阿尔巴尼运动成了道路的分界点,金和"南方基督教领袖联合会"向一个更团结一致的国家战略前进而"大学生非暴力协调委员会"则朝向更大的激进主义前进。

伯 明 翰

对于金来说,他很清楚他在阿巴巴尼失败的后果,他推想他需要在别处获得激动人心的胜利。"南方基督教领袖联合会"正确地估计到伯明翰的城市长老不会仿效普林切特的官方遏制模式,因此把这个臭名昭著的城市作为对抗的靶子。二战以来大约 50 次爆炸事件给这个城市起了一个绰号"爆明翰";它的污点之一是有名的最暴力的三 K 党组织。但是"新南方"甚至也来到了这里,而且这个城市的温和派正试图把当时的警察总长布尔·科纳赶下台。这些温和派都很富有而且很团结,科纳只能求助于种族主义。这个城市的经济日益依赖于北方的大都市,尤其是钢铁工业。最重要的是伯明翰的黑人社区从 50 年代中期就开始在弗雷德·夏特尔沃斯的领导下与种族隔离作斗争了,此人的夸夸其谈可与他对金的忠诚媲美。夏特尔沃斯的手下取消了公共汽车和终点站的种族隔离,结果却走进了一条死胡同,他们需要金就像金需要伯明翰。"先生们,伯明翰走到了历史赋予它的关口,"夏特尔沃斯对"南方基督教领袖联合会"说,"只要伯明翰前进这个国家就能前进"。

"南方基督教领袖联合会"选择了逐渐升级,首先联合抵制几个商业区的商店然后组织更大规模的街道示威。不同于"南方基督教领袖联合会"以前的行动,伯明翰计划是通过微小的细节发展起来的。1963 年 4 月 2 日,当金来到一个关注着在一名改革派候选人和科纳之间进行的市长选举的城市,他不管怎么说有些急躁。当温和派的候选人阿尔伯特·布特维尔打败科纳时,金的运动差一点夭折。许多黑人领袖想给这位新市长一个机会。"我们没有预料到马丁·金那时的需要",一名黑人商业领袖简洁地回忆道。金遭遇了令人吃惊的冷漠,尽管"南方基督教领袖联合会"进行了漫长的规划,它不能招募足够多的愿意坐牢的人。而且它用于保释那些愿意坐牢的人的钱也快用完了。金担心伯明翰的灾难将导致他的毁灭,他不顾法庭的禁令参加了游行,4 月 13 日他被投入了伯明翰的监狱。

全国的新闻界对金的抗议表现出压倒之势的不满,地方上的白人牧师也谴责他煽动"仇恨和暴力"。金在他著名的哀诉《来自伯明翰监狱的信札》中对他的批评者们作出了回应。金写在报纸空白处的文章被偷偷地带出了监狱,成为给这场运动明确界限的文件。他在信中交替表现出了调和与不屈服的态度,瞄准了关于"伯明翰示威是不明智的和不合时宜的"指控,这个指控,他写道,他以前听到过很多次。"痛苦的经历告诉我们,压迫者从来都不会自愿地给予我们自由……但是当你看到凶恶的歹徒任意用私刑处死我们的父母,任意淹死我们的兄弟姐妹;当你看到充满仇恨的警察践踏甚至杀戮你的兄弟姐妹;当你看到你的两千万黑人同胞中的绝大多数被困在密闭的贫穷的铁笼里苟延残喘;……你就会理解为什么我们不能再等待了。"

尽管《来自伯明翰监狱的信札》很有说服力,但它既没有唤醒媒体也没有激发肯尼迪政府。几天之后当金被保释出狱,他面临了困难的抉择。许多人进了监狱,但是当局有所克制,看上去"南方基督教领袖联合会"好像不能招募足够多的人使抗议发挥作用。

74 第2章 民权运动

詹姆斯·比维尔,一个把自己描述为"吃鸡、喝酒和追逐女人的浸礼会牧师",提出了一个最后的看上去不会有比这更好的主意。比维尔曾经成功地管理过从大学一直到小学的学生实验班,他认为游行活动应该利用年轻人。抗议活动的领袖中有人反对,但是在没有其他选择的情况下,金借用比维尔的点子。5月2日,比维尔的人马,包括只有6岁大的孩子,边走边唱,跨过了警察设置的界线,走进了监狱。那天差不多有1000人参加了游行,大约600人进了监狱。第二天,大概有1000多人走出了16号大街的浸礼会教堂。这次当局用在100英尺外能划破树皮和能让人沿街滚倒的强力消防水龙头袭击了游行队伍。愤怒的旁观者举起什物向消防人员扔过去,而游行者则努力沿着相反的方向前进。他们被用皮带牵住同样也威胁着警察的狂吠的德国牧羊犬拦住了去路。当这些狗冲入人群,它们制造的戏剧性的、一片混乱的场面恰恰是伯明翰这个城市的象征。

民权运动史上著名的"童子军游行"事件引起了如潮的反响,但并不都是有利的。一方面,这次事件在全国新闻里大大地出了一次风头,尤其是通过电视向全国观众揭露了针对儿童的凶险的袭击。另一方面,金因为使孩子们面对这种危险而遭到了严厉的批评。罗伯特·肯尼迪对这种"危险的事情"提出了警告,伯明翰当局则用一种明显的伪善语气把孩子们的游行斥责为一种剥削行为。马尔科姆·X,黑人穆斯林的发言人以及黑人隔离主义最重要的代言人,走向了另一个极端,他嘲弄金的战略,"男人不会让他们的孩子上火线"。

对于金而言,这些争论都无关紧要。孩子们的父母,非但没有对游行表示反对,反而自己涌入教堂参加弥撒集会。金的事业和他发起的运动处于危急关头,孩子们的游行证明是一种,用夏特尔沃斯的话来说,"公开展示主义"。经历了多年艰难的组织工作,大量的政治妥协以及纷繁的个人苦恼,金从孩子们带来的团结和能量中汲取到了力量。发生在外部世界的事第一次不那么重要了。金的运动比他在阿尔巴尼最有决心感动美国的情绪时更强有力地触动了这个国家。次日早晨肯尼迪总统解释说,警犬袭击的图片使他感到恶心,他派了伯克·马歇尔前往伯明翰调解谈判。这次,金在谈判桌上的态度就强硬了。"南方基督教领袖联合会"把它的目标——立即停止工作中的种族隔离和种族歧视——瞄准了商业精英、这个城市被大肆宣扬的改革者。联合抵制损害了商业活动,伯明翰作为一个进步城市的新形象也遇到了危险。马歇尔的到来这件事本身就表明白宫感到压力了。运动的领袖通过使商业区充斥了成百上千的游行者,吓跑了白人购物者,增加了联合抵制的效应,从而使压力上升。

5月7日,双方达成在伯明翰结束种族隔离的协议。"南方基督教领袖联合会"仅在要求直接行动上作出了让步。结束种族隔离的计划将按照一个时间表进行,首先是商店的休息室然后是午餐柜和学校。还有反对雇佣中的种族歧视的防护措施和一个包括两个人种的成员的协调委员会。最棘手的问题是有关如何处置那些仍在狱中的孩子。金希望撤消所有的指控,但是商业领导人不能直接满足这个要求。至此,肯尼迪政府介入并且承担起为孩子们募集保释金的责任。

与此同时,布尔·科纳和阿拉巴马州州长乔治·华莱士不愿支持其他人达成的协议,密谋要进行破坏。通过发动武装力量,他们希望煽动黑人社区的暴力或迫使联邦政府进行干预,这种干预将使商业领袖陷入困境。夜间蒙面骑马从事恐怖活动的秘密组织用炸弹炸了金的兄弟 A.D. 金的家,和曾用作运动司令部的黑人开

76　第2章　民权运动

的加斯顿旅店。爆炸引起了附近黑人的骚乱。在旅馆爆炸引起的混乱的余波中,华莱士的州立警察同时袭击过路人和骚乱者,毫不留情地殴打任何没能逃开的人。肯尼迪总统担心脆弱的协议将崩溃,在得到金和伯明翰商业领袖支持协议的保证后,他出现在国家电视台,最终毫不含糊地宣布他支持民权运动。"我们难道要对这个世界说",他质问道,"这是一块自由的土地,除了黑人;我们没有二等公民,除了黑人;我们没有阶级和等级体系,没有贫民窟,没有主要种族,除了说到黑人时?"

种族隔离的丧钟被敲响了,南方沸腾了。整个夏天差不多有200个社区参加了非暴力抗议活动。严阵以待的白人至上主义者很清楚他们不再占据优势,失去了曾经束缚他们的无论什么样的克制意识。在密西西比州"大学生非暴力协调委员会"志愿者开始从不断增多的针对选民登记运动的暴力感受到伯明翰的影响。麦迪加·伊文斯,密西西比州"全国有色人种促进会"的首脑,6月份在家中的前院被暗杀。在弗吉尼亚的丹维尔,当局甚至比伯明翰市政府更残酷无情地袭击抗议者,使其中的48人住进了医院。所有行动中最骇人听闻的是,当伯明翰16大街的浸礼会教堂,这个当地运动的精神中心,在夏末遭炸弹袭击时,炸死了4名做礼拜的小女孩。

向华盛顿进军

一年前还是个失败者的金在全国上下一片支持的浪潮中被欢呼为现代摩西。捐款资金从好莱坞和纽约源源而来,在芝加哥,一场福音蓝调义演一个晚上就为"南方基督教领袖联合会"净赚了4万美元。尽管总是希望肯尼迪支持这项事业,金仍旧对肯尼迪表示怀疑,因此决定用一场向华盛顿进军的全国游行维持压力。

随着游行时刻的临近,这个城市的许多居民确信将有一场大规模的种族骚乱。华盛顿官方为此迅速做好了准备。单单是一个地方有十万黑人的想法就使许多人紧张——只是因为这个城市众多的权力精英从未注意到华盛顿居住着成百上千的美国黑人。这个城市禁止销售酒精饮料,地方医院做好了准备,驻扎在该地区的4000人的部队也随时待命。华盛顿的议员球类俱乐部取消了两场国内比赛而球迷几乎没有抱怨。保守的国会议员对蜂拥而至的人群感到失望和焦虑,他们相信这些人是受了共产党的唆使。

这场游行的成功超过了组织者的希望。至少有 25 万游行者会合到这个城市并且聚集在林肯纪念堂前。这几乎是一件神奇的不可理解的事。大批不同种族的人簇拥在一起倾听民谣歌手约翰·贝兹和鲍勃·迪伦的演唱,为玛哈利亚·杰克逊流下了眼泪,还聆听了许多演讲——一切都是为了庆祝那一时刻。最后所有的人都分享了小马丁·路德·金最美妙的时刻——他的《我有一个梦想》的演讲,有人争论它在雄辩力和蕴含的能量方面是自格底斯堡演说以来美国最好的演讲(而且不比它更长)。金的布道以信手拈来的使这次演讲出名的煽动词藻做总结:"终于自由了!终于自由了!感谢上帝,阿门,我们终于自由了!"金做了最大的努力,没有把民权放在一个狭隘的地区或种族背景中,而是置于最普遍的基督教传统中。他诉诸普遍的公正意识,也许不会改变种族主义者的心意,但它感动了有理性的美国人。甚至肯尼迪总统看到电视上播出的游行后,对他的助手谈到金,说"他太棒了"。

正如"南方基督教领袖联合会"的战略家们希望的那样,游行为促成《民权法案》(1964)和《选举权法》(1965)产生了足够的推动力。两个法案都通过了,当然这是在肯尼迪遇刺之后。约翰逊总

78　第2章　民权运动

统运用立法手段迫使法案通过,部分归功于通过承诺向参院少数派领袖伊夫利特·德克森的家乡提供联邦拨款。民权法案禁止在公共设施中实行种族隔离,允许政府扣留用于实施种族隔离的公共项目的资金,宣布雇佣中搞种族歧视为非法并且允诺向着手取消种族隔离的社区提供财政帮助。《选举权法》稍晚才通过并且是在另外一系列伴随着官方暴力和治安维持会成员被谋杀的抗议(这次是在阿拉巴马州的赛尔玛)被镇压之后。《选举权法》允许联邦政府监督南方的选民登记,增加了联邦对社区提起诉讼的权力并且导致了一次极好的给予公民权的运动。从1964年到1968年,密西西比州的黑人选民登记率从6.7%上升到54.9%,在阿拉巴马从23%上升到53%,从南方总体来说,3/5符合条件的美国黑人都登记了。

　　甚至当这次游行产生了等待以久的法律公正的成果后,运动中仍存在着严重的问题,反思这些迹象就是对不久的将来的暗示。一些行动主义者发牢骚,因为演讲台上没有给每个人足够的空间。马尔科姆X,在华盛顿会见了"大学生非暴力协调委员会"的行动主义者,谴责游行是"在华盛顿上演的闹剧"。鲍勃·摩西,像往常一样忽略立场明确的事件,把时间都花在纠察最高法院法官部上。"争取种族平等大会"的詹姆斯·法尔默留在一所路易斯安那的监狱里抗议这次游行。"大学生非暴力协调委员会"的主席约翰·路易斯被迫重写了一份措辞强硬但却态度诚恳的演讲稿。路易斯意在号召一次新的伴随着采取"焦土"政策的直接行动的"通往大海的谢尔曼游行"。他作出一个较为平淡的断言,即这场运动不会停止直到"1776年的革命完成"。尽管他保留了对国家政治的批评,但仍坚持认为"肯尼迪的党就是东部的党","我们的党在哪儿?"

　　从更广的范围来看,运动中出现的分歧在金的全国战略和"大学生非暴力协调委员会"继续致力于选举人教育计划之间的对立中表现得最明显。总之,游行和随后的全国立法给自由的美国提供了一个安慰良心的印象,即种族主义,仅仅作为一个南方事物,已经被消灭了。同时,"大学生非暴力协调委员会"却在密西西比遭遇了厄运,在那儿的投票活动差点演变成一场几乎失去控制的种族战争。

密西西比自由夏季

1962年鲍勃·摩西在密西西比州的登记事务方面做了一点小小的努力,因为正如历史学家詹姆斯·西尔弗在他1963年写的充满思想的《封闭的社会》一书里描述的那样,密西西比州是一个"封闭的社会"。摩西决心攻击这个州臭名昭著的选举登记程序:一名 56 热切的选民必须令人满意地向登记官解释州立宪法中的两部分。这一倒退到了意在歧视两个种族的穷人的识字测验的登记程序,已经成为一种反对黑人投票的武器。因为它通过地方官员的判断作出决定。摩西在格林伍德,勒弗劳的德尔塔县所在地安顿下来。勒弗劳是强硬的种族歧视的核心,据最高法院法官部的约翰·多阿说,"是一个真正棘手的地方"。它的人口中64%是黑人,其中只有9%登记参加投票(尽管如此,勒弗劳还不是密西西比州最糟糕的,在至少两个其他的县里,没有黑人登记)。贫穷就是标尺。当地一个黑人小孩平均只能完成4.3年的学业,一个中等家庭的收入是一年595美元。

在建立起格林伍德办公室几个星期后,3名"大学生非暴力协调委员会"的工作人员从屋顶溜出来勉强逃脱了一伙歹徒的袭击。在邻县工作的摩西返回遭洗劫的办公室,疲惫的他无事可干,在

80 第 2 章 民权运动

办公室的沙发上睡着了,这令其他工作人员非常吃惊。"我不明白鲍勃·摩西是个什么样的人",一个工作人员说,"他能走进一个私刑歹徒刚刚离开的地方,铺好床然后准备睡觉。"1963 年 2 月,夜间蒙面骑马从事恐怖活动的秘密组织成员向摩西乘坐的轿车发射了 13 颗 45 口径的子弹,摩西死里逃生。他的司机中了两弹,有一颗打在后脑勺上,但是却活了下来。

"大学生非暴力协调委员会"毫不畏惧地几乎把它在密西西比州的所有工作人员都带到了这个县。那年春天,格林伍德的公民进行了大规模的选民登记,这成了全国新闻并且不断给这个城市带来各色人物,其中有喜剧演员迪克·格雷戈里,他的大胆鲁莽给当地居民带来了快乐。当局对登记活动报以逮捕和狱中殴打。到夏天,67 名"大学生非暴力协调委员会"的密西西比州工作成员中有 62 人进了监狱,45 人在勒弗劳的劳改农场做苦力。这一事件得到了广泛的宣传从而引起了联邦政府的注意,但它最终仅与当地政府达成了一个交易,依据这个交易,如果当地的抗议者被释放联邦政府就放弃悬而未决的民权诉讼权力。

联邦政府在格林伍德进退两难的处境变得太明显了,并且威胁到每一个和登记运动有关的人的性命,这种处境使白宫希望通过政治程序解决民权问题。"大学生非暴力协调委员会"的志愿者显然设想会得到联邦政府的保护,但是根据哈里斯·沃福德的看法,白宫没有人相信联邦政府有能力保护志愿者,尤其是偏远地区的志愿者。也许交流中出现了失误,但是如果沃福德是正确的话,白宫鼓励选举人教育计划就显得有些嘲弄意味。肯尼迪的人肯定知道,任何严肃认真的登记运动都会带来暴力。

摩西意识到联邦政府的困境使"大学生非暴力协调委员会"处在一个完全站不住脚的位置。在一篇对格林伍德运动的深刻的分析中,他得出的结论是相关的贫穷和种族的负担成为压倒性的问题。"大学生非暴力协调委员会"要求德尔塔的白人允许黑人参加投票。"在这个地方他们(黑人)在受教育方面不如白人,但是他们的数量超过了白人"。摩西怀疑美国将"强迫德尔塔的白人接受这个要求,这个要求将不得不强加于他们,因为他们下定决心不这么做。"除了想办法向最高法院法官部施加压力,让他们做大多数地方的大多数白人不愿做的事,此外别无选择。问题是,如何才能做到这一点。

对整个问题的回答是"自由夏季"。"大学生非暴力协调委员会"将从全国各地,但最主要是从一流大学招募白人学生,于1964年夏天在密西西比州开展选民登记活动。和肯尼迪一样,他们将向年轻的理想主义者发出呼吁,并且期待着这个国家最有生气的年轻人有加入他们这个时代最鼓舞人心的运动的愿望。这是一个争议颇多的决定。由于复杂的原因,许多"大学生非暴力协调委员会"中的密西西比人都反对这个建议,部分是出于和富有的常春藤白人在一起时的自卑感,部分是因为他们担心外人会削弱他们的地方组织。摩西理想化地认为这一计划能在"种族隔离的汪洋中"产生"一块种族合一的岛屿",但是他支持这个计划最主要的是因为缺少其他计划。詹姆斯·福尔曼,再次关注变革的心理层面,认为这个计划将消除白人久存于心的恐惧。在所有其他原因之上并且不论发生其他什么事,白人学生去的地方,联邦政府的保护一定会跟随而来。"这是明摆着的",一名"大学生非暴力协调委员会"的行动主义者评论道。

为了成功地实施福尔曼认为的"狡诈的计划",1964年6月,"大学生非暴力协调委员会"把白人志愿者带到俄亥俄州的牛津城进行为期两周的训练。那些志愿者的性格特征和"大学生非暴力

82 第2章 民权运动

协调委员会"需要的类型相一致。志愿者一般都有富裕的家境,超过半数的申请者来自美国的一流学校。在与白人学生的初次接触中,"大学生非暴力协调委员会"成员的态度很冷淡,希望他们的指示给人一种这个运动是极其严肃的印象。对白人学生来说,"大学生非暴力协调委员会"行动主义者是富有魅力的地下游击队员。他们是典型黑人的政治化版本:邪恶,不道德而且游离于社会主流之外。一个星期结束后,那些最初的印象和久已有之的原型大部分都被撇在一边了。

一旦来到密西西比州他们就互相依赖了,因此新志愿者和"大学生非暴力协调委员会"行动主义者之间的紧密的个人关系成了一种战术需要。密西西比州是一个死气沉沉的地方,正如组织者们所预料的那样,白人至上主义者下定决心要抵抗这700名"入侵者"。整个夏天,有67次针对这一运动的爆炸或纵火事件,1000人次的逮捕,80人次的殴打,8个人严重受伤或致死。最臭名昭著的暴力事件发生在尼肖巴县,在那里,迈克尔·施维那,一名老练的行动主义者,詹姆斯·钱尼,一名当地黑人男子以及安德鲁·古德曼,一名来自纽约的夏季志愿者在6月份失踪了。对这一事件的广泛宣传迫使约翰逊总统下令由原本对此漠不关心的在该州甚至没有一间办公室的联邦调查局,放开手脚进行调查。当搜查队彻底搜查该地区时,他们发现了几具尸体。两具被残害的尸体从密西西比州被拖运回来,引起一名志愿者的评述:"这里的兔子的处境确实(比黑人)好得多。现在是兔子的禁猎期……一年到头都有黑人被杀。"最后,三具尸体被发现埋在一个泥坝里。联邦调查局指控一群三K党人犯下了这一罪行,包括一名尼肖巴县的副警长,但是却不能定他们谋杀罪。

在暴力的重围中,"自由夏季"结出了成果。总共有17000名美国黑人作了一次前往县政府办公大楼的危险旅行,尽管只有1600人成功地进行了选民登记。"大学生非暴力协调委员会"把3000—3500名大多数来自农村的没有受过良好教育的密西西比人带进了"自由学校",使他们同时接触4个"R":即读(Reading)、写(Riting)、韵律(Rithmetic)以及激进主义(Radicalism)。其间有过超乎寻常的种族和睦的时刻,而且"自由夏季"在某种程度上,达到了摩西的"种族合一的海洋"的理想状态。福尔曼也许是正确的:白人志愿者的出现确实有助于消除剩余的对黑人自我发展的心理障碍。许多当地人都骄傲地回忆起与那些聪明的年轻白人吃过一顿饭或者曾在他们家里住过。正如芬尼·刘·哈默断定的那样,在"自由夏季"里"人们了解到白人也有人性"。许多年轻的黑人志愿者都受过良好的教育并且有较强的表达能力,当地人看到他们甚至感到更加振奋。许多当地人称"大学生非暴力协调委员会"行动主义者为"自由乘客"。一名妇女回忆看到,鲍勃·摩西勇敢地面对当地警察的情景,"从那天起,我对自己说,'好了,我能容忍我自己了'。"阿姆齐·摩尔,一名"全国有色人种促进会"的老兵,起初曾与摩西共事,坚信"大学生非暴力协调委员会"是"20世纪惟一能给南方黑人带来勇气和决心的事物"。

但是所有的参加者都为这些胜利果实付出了代价。整个夏天他们都依赖伟大的理想主义汲取战斗力量,当这一理想主义消失时他们一下子就泄气了。

对密西西比人来说,当他们试图组建自己的政党,"密西西比自由民主党"(MFDP)时,他们的斗志就进一步丧失了。在夏季发展成果的激励下,他们利用摩西的计划举行了初选,召开了全州大会并且前往新泽西州的亚特兰大,企图取代民主党大会上例行的种族隔离主义分子的聚会。8万多名密西西比人参加了"密西西

84 第2章 民权运动

比自由民主党"选举的投票,显示了一种不断成长的政治觉醒的迹象。1964 年 8 月,他们一来到亚特兰大就和自由主义支持者挂上了钩并且在信誉委员会面前获得了申诉的机会。芬尼·刘·哈默,这位佃户出身的行动主义者身上体现了一名基层领袖对"大学生非暴力协调委员会"的展望,她提供了有关殴打和拒绝给予宪法权利的值得注意的证据,包括她自己被从生活了 18 年的种植园驱逐出去。当约翰逊总统不希望在"他的"大会上出现任何争议,并迅速向电视网要求,特别时间时她的电视演讲被打断了。然后白宫在幕后展开活动,向"密西西比自由民主党"施加压力直到达成妥协。普通的民主党党员留了下来,但是只给了"密西西比自由民主党"两个一般代表名额以及向它承诺该党将来不会得到带有歧视性质的席位。

作为政党政治的一种运作,考虑到"密西西比自由民主党"几个星期前才成立,这个交易并不坏。但是新近政治化的密西西比人高涨的理想主义所唤起的希望远远超越了妥协的结果。令人痛苦的事实是仅仅建立组织和提出要求不能带来权力。

这个夏季对"大学生非暴力协调委员会"本身的影响同样让人感到沮丧。在密西西比州的几年经历,使这个组织的许多人相信非暴力不再是一种有用的战术;在密西西比州这一战术既没有使种族主义者出于羞愧接受被热爱的社区,也没有刺激联邦政府进行干预。此外,"大学生非暴力协调委员会"的行动主义者,对农村人如何自我保护产生了极大的钦佩。像哈特曼·特恩布(在摩西的激励下,成为 20 世纪第一个在霍尔梅斯县登记投票的黑人)这样的人,经常全副武装。"非暴力这玩意儿不好,"他有一次说,"它让你任人屠宰"。其他行动主义者惊讶地发现芬尼·刘·哈默并没有致力于非暴力。有一个人回忆道,在看了哈默家中的枪眼后,他发现"房间的每一个角落里都有一支上了膛的来福枪。当我穿过房子,我看到每一个房间的每一个角落里都有一支上了膛的来福枪。"整个夏天,许多"大学生非暴力协调委员会"的行动主义者经常在配备武器——他们称此为"武装自卫"——福尔曼还在格林伍德的"大学生非暴力协调委员会"指挥部周围布置了一名荷枪实弹的卫兵岗哨。

当然,非暴力和自卫之间的区别是很微妙的。金自己从来没有反对过自卫。但是接受武装自卫需要金跨出另一步,并且是对"大学生非暴力协调委员会"方式的行动主义——它的孤立,它对农民的依赖——如何造成了一种独特的烙印般的经历的另外一种暗示。总是把自己看成游击队员的"大学生非暴力协调委员会"成员孤立无援地在密西西比州反对一个强大的压倒性的力量,他们逐渐不再认同于金或美国,而是向第三世界的武装反殖民主义运动看齐。

"自由夏季"还在黑人成员和白人志愿者之间制造了种族紧张气氛。有一些紧张关系正是源于招募白人志愿者的原因:他们吸引了宣传媒体的注意。媒体宣传在全国泛滥成灾仅仅是因为来了这些志愿者,尽管"大学生非暴力协调委员会"的成员因为这种注意而批评志愿者是不公平的,他们原先就期待媒体有所反应。同时,白人志愿者经常无意中显出一副恩赐的姿态。作为校园里与学生会有联系的行动主义者以及校刊编辑,他们擅长搞政治组织工作——写新闻稿,转移资金和接听电话——并且倾向于干这类工作。这种工作在"大学生非暴力协调委员会"中和领导的职务是最贴近的,而且是当地人最渴望干的工作,这对他们是一个全新的挑战。有时,这些表现得过于渴望和表达能力较强的白人学生吓倒了那些受教育程度极不如他们的人。一些"大学生非暴力协调委员会"成员,毫无疑问地感到焦虑紧张,并质问那些白人志愿者的动机。他们生活中的很大一部分并没有真正卷入密西西比州的活动,另外一些人只是觉得这些志愿者笨拙、不可靠。

种族紧张气氛还源于"自由夏季"的工作人员之间的性别对抗。这个运动在这方面是一个爆炸性的混合。白人志愿者正处在一个自然而然地寻求摆脱令人窒息的父母的期望或北方的文化准则的年龄。年轻的黑人,他们中的许多人都很贫穷,带有南方地区的特征,与白人志愿者一起从事摧毁种族壁垒的工作,这些白人志愿者身上体现了他们永远不可能拥有的生活。正如"大学生非暴力协调委员会"组织内部的强烈的感情所产生的后果那样,危险和激进主义令人陶醉地混合在一起鼓励了关系的发展和性试验。在这种气氛下,从一种同时超越了阶级和种族界限,让人感到茫然的个人与文化动机的混合中产生了性关系。看上去黑人男子和白人女子是最经常配对的,因为这种关系打破了双方最严肃的禁忌。对黑人男子来说,这使他们有机会表现一下长久以来一直被否认的男子气概,一些白人妇女是如此为这些男人在性方面的坦率所吸引。玛丽·金在她充满思考的自传中写道,"他们中的几个人在幽会时像蝴蝶般震颤"。一些白人妇女屈从于黑人男子只是出于愧疚——这对双方都是一种不健康的状态——并且黑人妇女开始对白人妇女和黑人男子之间的关系感到不满。

对非暴力的偏离和早期的种族紧张关系应该被看成是一个更大的历史模式的一部分。这两方面的发展尤其都抛弃了民权运动最主要的原则。自由夏季结束后,"大学生非暴力协调委员会"逐渐与主流的自由主义组织切断了联系。在组织内部,种族间的紧张关系在1965年爆发成一场围绕如何处置组织内部的白人的公开辩论,最后以决定隔离白人行动主义者和黑人行动主义者的活动而告终。然而到这个时候,"大学生非暴力协调委员会"只有不到24名白人,而像约翰·路易斯和鲍勃·摩西那样的老成员在理想幻灭之后退出了运动。

从民权到黑人权力

对于金和他已经发起的运动而言,10年间得来不易的胜利果实让人尝到了又苦又甜的滋味。在用最小的血的代价换来一场反对种族隔离的革命的胜利后,金不得不承认美国黑人在国家生活中继续处在一个附属的位置。正如他的战友拉斯廷简明分析这一运动的未来时所说的那样,"吉姆·克罗的衰落同时也让人看到了我们最基本的社会经济组织中事实上的种族隔离。"用于破除种族隔离的法院斗争战略不适用于以市场为基础的社会体系——这个体系主要具有北方的、工业的和城市的特征——这个体系对处于社会最底层的美国黑人是不利的。确实,拉斯廷写道,这些障碍要远远大于(这一运动)以前攻击的法律壁垒,它们是:自动化、城市的衰落、事实上的学校种族隔离。民权运动为了针对这些更深层次的问题需要把注意力从平等的权利转移到"获得事实上的平等"。拉斯廷提出一个条理明晰的以自由政治联盟为基础的政治战略,其目的和"伟大社会"设想的一样,即扩大经济中公共部分的参与。

黑人权力的涵义

·   几乎每个人都明白,民权运动走到了十字路口,但众人决没有一致认为拉斯廷的建议是正确的前进方向。如果稍有区别的话,就是"自由夏季"中被激进化的"学生非暴力协调委员会"对联盟政治不屑一顾并且迅速趋向"黑人权力"。黑人权力形式上是斯托克利·卡迈克尔,继约翰·路易斯之后的执行主任,用来使"大学生非暴力协调委员会"团结在一起的口号。1966年,当"南方基督教领袖联合会"和"大学生非暴力协调委员会"为纪念在穿过阿拉巴马州的一个游行刚开始时被枪杀的詹姆斯·梅里迪斯来到密西西比州举行游行时,卡迈克尔在"梅里迪斯游行"中使用了这一口号。在很短的时间里,卡迈克尔的口号成为黑人战斗精神的全国性象征。

黑人权力的确切涵义从来就不是很清楚。1967年以前,当卡迈克尔试图在《黑人权力》一书中阐明他的观点时,他暗示这个口号和鼓舞了美国历史上其他有名的种族团体的战略一样,仅仅号召了经济自决。但是,在另外一些场合中,他从纯粹的政治方面领会该术语,例如用黑人权力引导选举力量选举黑人代表。在另外一些场合中,他暗示它(黑人权力)和马尔科姆的种族分离计划是一致的。而在另外一些场合,它是对文化觉醒的一种模糊的召唤。简言之,它是由听众或说话的人来定义的。

不管是什么样的定义,黑人权力明确地标志着"大学生非暴力协调委员会"的终结。驱逐白人、自由夏季之火的熄灭、武装自卫——所有这些都有助于不断增强的战斗精神。更重要的是,自由夏季的衰落导致权力落入一群新的行动主义分子手中。除了詹姆斯·福尔曼以外,没有一名新成员与最初的运动有很多联系。卡迈克尔确实曾是一名自由乘客,但他是一个不坚定者。新来者更可能是北方人,或者像卡迈克尔那样,来自加勒比海地区,并且更可能来自城市而不是农村。首先,他们从来没有忠于过金。相反,他们更可能支持马尔科姆作为指引他们的先知;和南方基督教不同的是,他们的影响力更可能来自日益流行的第三世界的激进主义,他们的英雄更可能是像切·格瓦拉和胡志明那样的游击队战士。

黑人权力以运动中存在的文化差距和代际差距为基础,它展示了从南方普通人的种族问题向城市年轻人的种族问题的转变。金明白他不得不对抗这一新信息所蕴含的力量。他承认黑人权力包含一种对男子汉气概的心理召唤,这种气概能有效地去除难以磨灭的自卑印记;激进地维护种族自尊心是有利的。但真正的问题是,如何才能最好地获得超越简单的自尊的力量,对此金明确摒弃认为黑人能单枪匹马地争取到经济或政治权力的观念。金的推理类似于他对暴力的摒弃:势单力薄的黑人社区规模还没有大到足以孤立地建设独立的经济。黑人权力把焦点集中在种族独立上,忽视了自动化和失业的残酷的经济事实。"不管我们如何集中资源共享并且只购买黑人生产的商品,都无法创造出大量的新工作和为低收入家庭提供生计,也就无法使黑人走出几个世纪以来的经济剥削造成的经济萧条的阴影。"卡迈克尔把黑人权力等同于早期移民组织的战略是错误的。"没有人曾听到犹太人公开颂扬犹太人权力的口号,"金推理道,"但是他们有力量。通过组织团结、自决以及创造性的努力,他们获得了权力。"早期的组织经常在一起但是随后就在系统内工作了,而不是迷恋于夸夸其谈。经济和政策的逻辑使黑人除了继续在自由主义的保护伞下搞联盟政治以外别无选择。

甚至当他试图给黑人权力作出它应有的评价时,金仍错误地 62 估计了它在多大程度上指出了美国黑人政治中的重要转变。与其说黑人权力是一项改革计划,不如说它是对继 1964 年哈莱姆暴乱之后以一种让人烦躁不安的频率在城市内部爆发的事件和情况的散漫的反应。是这些城市,而不是南方甚或一场全国性的运动,成了蕴积政治能量的地方,工人阶级和一、二年级的大、中学生变成了全体选民。金领导运动通过南方社区紧密相联的文化传统团结在一起,而黑人运动却是在游离于滋养了南方革命的一致、稳定和独立的社区之外的人们中间发展起来的。黑人权力的忠诚拥护者相信他们仅通过激动人心的基本的感染力、号召力,就能使他们的选区获得政治上的一致性。在他们那里浮夸言语的意义要大如金认为的对男子气概的再次肯定,事实上它提供了一种把被混乱、频繁的迁离、冷漠以及失去理智的狂怒所困扰的社区团结在一起的手段。

黑 豹 党

至少在黑豹党控制下最激进的时期,黑人权力成为一种手段。文化民族主义者努力使黑人权力成为一种实现自尊和私利的工具,而黑豹党却纯粹把它当作用政治形式来组织那些否则就是一盘散沙的当地人的一种手段——黑豹党领袖鲍比·希尔称他们的成员为"年轻的流氓无产者"。武装自卫是他们用以召集大众的呐喊,他们明确的目的是使警察为发生在他们社区里的行动负责。黑豹党成了万恶之首。媒体谴责他们,耸人听闻地说他们有暴力倾向;从地方警察到联邦调查局的每一级执法部门都骚扰他们;政客们把他们当作替罪羊,他们还被流放、被谋杀。对联邦调查局局长 J. 埃德加·胡佛来说,黑豹党是"美国最活跃和最危险的黑人极端主义组织",这句话出自一个认为马丁·路德·金是共党分子的人之口,很能说明问题。但是黑豹党有他们自己的目的。从 1967 年到 70 年代早期,他们在 33 个城市招募了 4000 名成员,发行了一份读者人数超过 10 万的周刊,制定了自由早餐计划,建立了诊所,并且为他们的社区开设了政治教育课程。尽管黑豹党普遍让大多数美国黑人感到沮丧,尽管他们所引起的注意与他们的人数和所获得的成就远远不成比例,但黑豹党是惟一从因骚乱而四分五裂的城市里崛起的基层的、工人阶级的运动组织。

这个党主要是由鲍比·希尔和休伊·P. 牛顿创立的,这两个在奥克兰一个社区小学院上课时开始感悟到那个时代的激进特征。牛顿在很多方面像穆斯林领袖马尔科姆 X:自学成材,有领袖魅力,坚定不屈并且有幸具备某种天才。他和希尔开始建立的党与"黑人穆斯林"有一些同样的作用:它给那些在大迁徙中来到北方结果却堕入贫民窟生活的深渊的内城的人们带来了纪律和目的。当牛顿开始组织"警察巡逻队"追踪附近的奥克兰警察时,黑豹党认为他们是在把马尔科姆的黑人应该"使用任何必要的手段"来自卫的信条付诸实践。

1967 年牛顿因向一名奥克兰警官开枪而被捕,因此不得不在狱中指挥黑豹党。三年监禁生涯使他成为一名地方上的民族英雄,并且随着"自由休伊运动"吸引了新成员、同情者及捐赠,黑豹党得到了繁荣发展。出现了一批新的领袖——洛杉矶的希尔、戴维·希利德和邦奇·卡特以及芝加哥的弗雷德·汉普顿。最著名的是埃尔德里奇·克利弗,当《堡垒》杂志发表了一组后来收录在《冰上的灵魂》(1967)一书中的他在因犯强奸罪而服刑期间写给律师的信件时,他成了一名轰动一时的左翼知识分子。当克利弗加入黑豹党,他带来了他的名气,他写书的版税,他和白人左翼分子的接触以及他的热情。

尽管他们的暴力反白的名声让主流社会感到恐惧,黑豹党的联盟政治和反对黑人种族主义的立场使他们在 60 年代后期兴起的众多黑人权力组织中脱颖而出。他们根据马克思主义理论的精华制订计划,这些理论的精华主要来自于阿尔及利亚的革命者弗朗兹·范农写的一本关于第三世界革命的书——《地球上的不幸者》,1965 年它被译成英文并且很快成为一本有影响的书。白人左翼分子支持范农的论点,即政治暴力为被压迫者提供了一种治疗性质的解放,因此可以成为目的本身。但是牛顿采纳《不幸的人》一书作为理论指导是因为,和卡尔·马克思不同,范农相信备受压制的流氓无产者能够被组织起来参加革命。在其他方面黑豹党是自学成材的马克思主义者,他们相信阶级斗争是无所不在的,并且超越了种族和民族的界限。正因为此,他们与所有愿意"反对权力结构"的人结盟。

这种和其他邀进组织结成联盟的意愿在 1967 年后"新左派"强大之时显现了良好的意义。导致拉斯廷寻求自由结盟的同一推理给了他们启发。黑豹党认识到他们无法单枪匹马地赢得一场真正的革命并且他们相当严肃认真,不自我满足于对黑人权力的吹捧。在这个方面,他们和拉斯廷及金比起黑人权力的其他拥护者有更多的共同之处,绝大部分其他拥护者支持反种族隔离的幻想或致力于文化民族主义。黑豹党的 10 点计划直接明了:它包括就业、住房、受教育以及终止警方暴行。他们蔑视黑人民族主义因为在理论上它就是种族主义,在实践层面上,他们得出的结论是文化民族主义者对卖非洲宽袍赚钱比对真正的革命更感兴趣。

但是和结盟政治打交道并不是完全有利的。在太多的情况下,白人激进分子把黑豹党幻想成凶暴的游击队员——大众媒体形象的冒失的一面。白人激进分子,大多数是中产阶级的年轻人,仅仅谈论"附近的警察",而充满传奇色彩的黑豹党正在真正地对付他们。在这一点上,黑豹党也有责任,他们的宣传很有煽动性。他们通过黑豹党党报使兽化行政当局成为一种流行,在这份报纸里他们成为 60 年代的激进分子中最早经常使用"猪"(美国俚语,警察——译者)这个词的人。也许他们的语言适合于他们严阵以待的社区，但是它诠释得并不好。同时黑豹党成为一种时尚，正如作家汤姆·沃尔夫讽刺作曲家伦纳德·伯恩斯坦和他的妻子为纽约黑豹党募集资金举行晚会时说的那样，是"激进的时髦玩意儿"。对那些承受得起的人来说，时尚来了又去。一旦白人左派致力于反战运动并且不再自我毁灭性地狂欢作乐，黑豹党就被人们遗忘了。戴维·希利德1969年应邀在奥克兰大会上发言时发现一度乐于接受的白人学生对黑豹党不感兴趣了。"他们是为越南人而来，"他哀叹道，"不是为我们。"

如果黑豹党最终的成就微不足道，则他们的失败在局部上可由政府针对他们的猛烈镇压来解释。他们不停地被骚扰，所有的领袖都在60年代后期蹲过监狱，除了逃亡到古巴和阿尔及利亚的克利弗。他们所有的分部都被政府间谍渗入，他们成为内奸并企图把这个党推向暴力对抗、小偷小摸以及吸毒。1969年12月，芝加哥警方在一名渗入者的帮助下与联邦调查局联合袭击了一处黑豹党的寓所并杀死了躺在床上的地方领袖弗雷德·汉普顿。谋杀事件马上激起了主流组织的义愤，他们在其他事情上是避开黑豹党的，但是黑豹党成员都被这一事件弄得不知所措。

然而关于他们的最终失败还有一个更有说服力的原因。正如约翰逊的"伟大社会"的失败部分归因于它以处在社会最底层的人们为目标，黑豹党失败是因为他们企图发动沉溺于酒精、毒品、犯罪等进行自我堕落的人们参加革命。它是自发建立的由"年轻的流氓无产者们"组成的激进组织，这些人又试图去组织和他们一样的人。作为一种策略他们找到了适合他们的工作。似乎内奸还不够麻烦，他们不停地要和这样一些成员打交道——克利弗称他们为"顽童"——这些人破坏党纪、抢劫商店、酗酒或向警察开枪。穷

94 第 2 章 民权运动

人招募穷人,黑豹党缺乏用于开展活动的独立的经济基础,没有机会和白人工人阶级的组织建立联系且无永远维持存在的手段。流氓无产者使自己的凄凉境况政治化,证明了60年代的美好之处,但是最后休伊·牛顿却对这些流氓无产者产生了错误的认识:他们不会成为革命者尤其是当他们的生活条件越来越糟并且毁灭了任何变革的希望的时候。

"经济权力的根本性再分配"

流氓无产者的失败使我们兜了一圈又回到小马丁·路德·金那里。比较金的成功的南方革命和黑豹党失败的北方革命使我们领悟到另外一个革命理论中的教训,这个教训提醒我们稳定的社区对维持政治运动的重要性以及在社会中有利害关系的人们比那些一无所有的人更愿意作出牺牲。

65   金可能很好地研究了黑豹党的错误的马克思主义理论。因为在对黑人权力的崛起、城市危机以及他的影响力减弱作出反应时,他转向了左派并且在经济革命的事业中发起努力重组他的非暴力运动。既不愿倒向黑人民族主义也不愿融入"全国有色人种促进会"的主流,金逐渐发现他只有一个选择:领导一场以阶级而不是以种族为标准组织的穷人的运动。

"南方基督教领袖联合会"的北移

1965年金选择在芝加哥开始行动,把"南方基督教领袖联合会"改造成一个搞城市运动的组织。这个城市有一个组织良好的黑人领导团体和庞大的黑人群,并且是搞事实种族隔离的最主要的典型。大多数芝加哥黑人居住在严格划界的黑人区,这里有一些美国最糟糕的贫民窟。城市里的学校实行完全的种族隔离,不是根据法律而是由于就近入学的原因,并且黑人学校资金严重不足。

1966年初金在某条街的西边租了一套简易公寓,这个地区经历了典型的城市衰落过程,已经彻底失去了安宁:穷人大量涌入,农村人向老城区移民赶走了白人,贫穷、犯罪和毒品使老城区处于分崩瓦解的境地。这是一个适合开始一场大致针对黑人区生活的运动的地方。根据先于金来到芝加哥的詹姆斯·比维尔的建议,金庄重地宣布他的目标是"消灭贫民窟",大致是通过同时处理教育、住房和失业问题来实现。在两个多月的时间里,金仅仅设法劝诱一幢楼房里的房客起来造反,他用租金弥补一名外出房东造成的忽略。当地人和比维尔开始争吵,当地人想把斗争的焦点集中在学校。金在几个问题上同时出击。7月,他在士兵之家召集了一次弥撒集会,但是在预计会来的100000人中只有30000人出席。正当大家感到沮丧的时候,两天后却爆发了一场大骚乱,一群组织成员和其他年轻人叫喊着"黑人权力"的口号砸碎了商店的橱窗并且和警察交战,而金和他的助手则在西区街道疯狂地奔走恳请众人平静下来。

绝望之余,金决定集中解决一个问题,住房歧视。他计划游行穿过白人街区以引起人们对芝加哥种族契约这一普遍做法的注意。尖锐的焦点和游行暂时重新燃起了南方运动的精神之火。支持者们潮水般涌入芝加哥,但摄像机监视着他们,游行者遇到了一群人数比他们更多的白人歹徒,据某些人说,这些人比他们在南方遇到的任何歹徒都更凶恶。当金威胁要游行到西赛罗,一个因种族主义而臭名昭著的工人聚居的郊区,市政当局立即制定计划确保自由住房法律的实施以及在租赁过程中实行公平待遇。

96　第 2 章　民权运动

　　如果稍有区别的话,金的胜利似乎比他的新战略更能引起人们对这些问题的关注。在理查德·戴利身上,他遇到了一个和布尔·科纳大相径庭的对手,这个人至少在 1968 年 8 月以前确实很难被描述为一个种族主义者。戴利的工厂毕竟一直包容了黑人,事实上戴利的最后一次竞选获胜应该归功于南方的选票。他征用了一大笔"伟大社会"的资金,其中很大一部分以这种或那种方式花在了黑人社区的建设上。戴利的问题不是他过度地搞种族主义,而是完美地实施了妥协方案,这样就使他能承受关于住房问题的抱怨,并把它们归为另一类官僚事务。

　　而且金和戴利达成的交易确实帮助了一些芝加哥黑人,尤其是那些有能力搬出贫民窟的黑人。由于它在减轻芝加哥穷人的悲惨遭遇方面没有什么作为,金的妥协看似更像一个为保全面子作出的举动,而不是一种胜利。当他离开这个城市的时候,他只留下了一小摊工作,由年轻的杰西·杰克逊接管。金的离去结束了最后一次通过不同种族间的运动争取平等的努力,使芝加哥的黑人社区,并且无疑使全国的黑人社区都沦入了核心小集团政治家或黑人权力的鼓吹者的控制之中。

　　北方只有太多的互相冲突的组织,太多的交叉利益,而道德问题不论如何被强烈主张,都不太清晰明了。金能集中在北方的种族合一的道德需要上,但它并不像在种族隔离的南方那样有分量。如果他继续集中在种族合一上,把它作为北方的战略,他就要冒着失去除自由派精英以外的所有人的支持的风险,他虽然欢迎这些精英们的支持,但是这些人安逸的郊区生活使得他们对种族平等的支持显得有些伪善。北方白人对自己纠结起来反对金一点都不感到害臊,他们中的许多人都是少数民族,也都设法刻画美国梦的一个片断并且不准备放弃。在南方是不道德的种族主义在北方是一种社区控制,是黑人权力的鼓吹者为他们的社区提出的要求。

河边演讲

随后爆发的越南战争,到1967年正在很明显地破坏"伟大社会"计划。不顾主流同僚的建议,金决定他必须站出来反对这场战争。在几次尝试性的批评之后,他在4月份在曼哈顿的"河边"教堂发表了一篇演讲毫无保留地反对这场战争。他是坚定不屈的。他说这场战争是极度错误的。最糟糕的是能在国内得到最好的利用的上亿美元被花费在摧毁印度支那的草房子上,但是这场战争针对的正是它号称要解放的人。美国军方经常利用需要解放自己的社区的非白种人士兵去对付非白种人的亚洲人难道是一个巧合吗?1964年美国自己的诺贝尔和平奖得主不得不承认"当今世界最大的暴力供应商"是美国。

从前的同僚,主流的合作者甚至朋友都立即直言不讳地谴责了金。愤怒的约翰逊总统鼓励联邦调查局更多地进行监视。新闻界声称金已经成为反对派并且失去在种族关系方面作为一名建设性领导人的地位。不论评论如何,很清楚金已看不出与自由主义分子联盟还会有任何价值。

穷人的运动

河边演讲是金逐渐疏离主流的一个迹象,表明了他的运动对政治左派来说不仅仅是一个应对黑人权力的挑战的权宜之计,并且他持续朝那个方向前进。在一个年轻的行动主义者,马里昂·赖特(此人曾在南方与穷人连续工作过一段时间并且对诱使罗伯特·肯尼迪生前访问密西西比州负有责任)的刺激下,金和"南方基督教领袖联合会"决定组织穷人游行到华盛顿。这将也许仅仅是另外一场游行,但是它标志着"南方基督教领袖联合会"运动战略的根本转变并且对金来说,是一个明确的决定。穷人运动可能引发的思考是非洲黑人中的后民权危机是阶级性的而不是种族性的。如果真是这样,那么解决办法明显地集中在经济问题上。没有什么比这更能清楚地表明金的思想转变得有多远:在宣布穷人游行的计划时,他超越了主流对另一个新政的呼吁、为提供就业机会而安排的工作、政府就业规划,而是提出要"对经济权力实行根本性的再分配"。

就在游行筹备的过程中,1968 年 4 月金来到孟斐斯为举行罢工的清洁工的利益进行抗议示威。他的许多助手认为他不应该去;他们认为其他地方有太多的事要做。但是对金来说,支持穷人然后拒绝前往为孟斐斯清洁工表达正义是讲不通的 。因此他去了。4 月 3 日,孟斐斯的人们让他去参加一个弥撒集会。他想呆在旅店里,因为那是个很恶劣的暴风雨天气——龙卷风季节开始了——但他还是去了。他的演说出奇的阴郁,显然他感到极度疲惫。但是,他的演讲应该能感动任何基督教徒。它是鼓舞人心的预言。一个真正的信徒会怀疑是不是金自己在说话,因为演讲的思想根源更崇高。

"我曾抵达山巅。和任何人一样我想活得更长。长寿有其道。但是现在我对此并不关心。我只想完成上帝的旨意。他已经允许我登上顶峰……我看见了希望的乐土。我或许无法同你们一起到达那里,但我希望你们知道,我们作为一个民族将会到达乐土。因此今晚我很高兴,我不担心任何事,我不害怕任何人。我的眼睛已经看到了主降临的光辉!"

第二天下午他被谋杀了。金遇刺的消息激起了骚乱遍地的那十年里最糟糕的、无与伦比的城市暴力的发作。一百多个城市遭遇了某种骚乱。最具破坏性的骚乱爆发在华盛顿哥伦比亚特区，死了10人，联邦部队被调集来保卫国会山。

失去了金的"南方基督教领袖联合会"不得不在一片缓慢的挽歌声中继续进行游行。尽管它付出了努力，但这次运动组织得很不好。到1968年5月为止华盛顿已经看到了太多的游行和抗议示威，没有心情再来一场，不管它有什么样的意义。他们一到达这个城市，游行者就在林肯纪念堂附近停下，用胶合板搭起一组小棚屋，他们称此为"复兴城"。当组织者试图给游行者提供食物、医疗护理以及发表演讲时，他们发现自己也在考虑一旦被困下一步该怎么办。他们没有真正费心想过他们会陷入困境。但是在一片不情愿的漠然中，他们发现没有人和他们交谈，没有人对他们发起攻击，围绕其提出的一系列要求也没什么明确的陷阱。然后天开始下雨，一直下个不停。随着期待落空，紧张的气氛悄然而生。

在抗议示威过程中，罗伯特·肯尼迪的棺木在运往国会山途中被送到了林肯纪念堂附近。当随行人员经过时，天空中的云散了，很快出现了一道闪电。一个儿童合唱团开始悲婉地唱起"共和国战斗圣歌"，人群被深深地打动了，加入了演唱。但是这一时刻标志的是死亡，而不是生命；是失败，而不是胜利。

第3章　越南战争和
美国的外交政策

"美国领导人不是魔鬼"，左翼历史学家威廉·艾普曼·威廉姆斯在他最著名的《美国外交的悲剧》(1959)一书中写道，他们追求的反对弱国的政策不是"恶意、漠然或无情和掠夺性剥削所导致的。他们没有什么可怕的阴谋，也没有为阴谋辩解。他们也不是奸诈的伪君子。他们深深地信仰他们所宣称的理想。"美国的外交政策建立在"反殖民帝国主义"之上，威廉是这样认为的，为此他确切地描述了美国是如何铸成越南战争的大错的。

从一战开始，美国的外交政策就受到双重假设的指导，首先美国的国际利益在一个自由主义的世界里能最好地繁荣发展，其次，美国能同时为自己和为国际正义事业效力。二战前，这套假设导致了推动自由贸易，裁减军备和或多或少的相同程度的宣扬道德的政策。美国在二战中崛起，拥有史无前例的权力，只有苏联对它进行挑战，美国的决策者修改了这些威尔逊式的假定，并且采取行动，似乎任何地方的外交失败都对美国至关重要的利益构成威胁。冷战扭曲了传统政策，被称为遏制政策的策略比最初的政策更有野心，更有干涉主义的色彩。因为它在全球范围内确定对美国至关重要的利益，因为它假设美国有能力进行全球扩张。

对至关重要的利益和国家义务的扩张性的理解把美国的从40年代晚期杜鲁门政府到60年代自由主义政府的决策人引向了

越南。越南成为自由主义假设失败的地方,美国关于国际民主和西方仁慈的幻想在这里被曝光了,一个世纪以来不断扩张的美国势力在这里被终止了。越南战争标志着世界事务中一个时代的结束。这场战争表明甚至像美国那样强大的国家都不得不承认力量有限以及两极化的冷战世界实际上是多极的。理查德·尼克松,这位缺乏教养的60年代的总统和自由主义毁灭的受益人,领会了这个教训,并且令他感到沮丧的是,正是在给予他的敌人以可怕的打 70击之后才得出不得不结束这场战争的结论。

越 南 和 遏 制

19世纪晚期以来,越南就是法国的一个殖民地,是法兰西帝国有异国特色的一部分,除了对橡胶资源的利用外没怎么开发。当日本于1941年为了夺取对橡胶和石油资源的控制权而占领了这块小殖民地时,他们允许法国人作为行政管理者留下来。在离中国边境不远的偏僻的北方地区出现了胡志明领导的惟一的抵抗力量,他是一个共产主义行动主义者,是越南共产党和越盟,一个越南民族主义者的保护组织的创始人。二战后期有意援助任何抗日力量的美国人向越南游击队提供了援助并且与胡志明建立了政治联系。

这些早期的联系与美国的反殖民主义传统是一致的,那时在这一问题上,当美国和苏联还是正式盟友时,胡志明的共产党联合行动没有引起太大的关注。富兰克林·罗斯福总统对战时的越南遵循一种反帝政策是很容易做到的事情:在更大的国际体系里,越南没有什么战略重要性而且罗斯福还不喜欢法国人。所有的事实都表明,罗斯福希望这个地区由联合国来控制并使它成长起来实

102   第 3 章   越南战争和美国的外交政策

现自决。

然而冷战的爆发改变了美国并使之对东南亚实行优先考虑。到 1947 年为止,美国政策最主要的目的是阻止共产主义的蔓延,不管共产主义运动出现于何时何地,根据遏制理论,这种蔓延与苏联联系在一起。对越南而言,优先考虑的转变导致杜鲁门政府取消了与胡志明的最小政治接触并且在重新确立法国控制的幕后,转移了美国的支持。1947 年,当越盟和法国人之间爆发内战时,美国支持恢复法国的殖民统治的决定自动转成一种支持为实现恢复而进行的战争的义务。这一义务的代价增长得很快。1950 年美国支出的用于军事援助的 1.33 亿美元和 1950—1952 年支出的用于技术和经济援助的 5 千万美元,是用于法国战争开销的 1/3。

1952 年当德怀特·艾森豪威尔就任总统时,他继承了杜鲁门的越南政策,并支持其中的主要原则。他本人作出的重大决定与遏制政策完全一致。整个 50 年代早期美国的政策就是用军事援助换取政治改革的承诺,但是法国人已经学会了通过威胁把越南留给共产党而不断从美国那里勒索援助。尽管有美国的庞大援助,1954 年春天越南在著名的奠边府战役中仍打败了法国,在这场战役中,白宫简单地考虑了一下但最终还是拒绝为被围的法国军队进行干预。艾森豪威尔和国务卿约翰·福斯特·杜勒斯对亚洲的军事义务很谨慎,但更重要的是,他们认为法国人已经把整个恢复殖民统治的事搞得一团糟了。他们得出这个结论的确切时间还不清楚,但是在 1954 年,当越南、法国、苏联、英国和中国在日内瓦集会达成有关东南亚的协议时,艾森豪威尔和杜勒斯就决定美国最好在越南自行其事。因此美国在越南的政策旨在推动一个独立民主的国家。但是美国决策者脑中想的却是一个美国版的反共产党堡垒。

吴庭艳

艾森豪威尔企图通过幕后支持惟一领袖吴庭艳在越南培育一个西方的前沿阵地。法国人选择了吴庭艳担任过渡时期的总理，但这个人身上有很多华盛顿期待的品质：他是一个曾反对过法国殖民统治的民族主义者；他比较西化并曾在美国居住过几年而且他毫无疑问是一名反共分子。

白宫没有看到的，即成为美国的越南悲剧的核心的是向美国推荐吴庭艳的每一项品质都使他成为一个领导稳定、独立的南越的不合格的候选人。作为一名天主教徒，他代表了大约占人口10%的少数者。他是一个北方人，南方人和北方人之间长期存在的敌意使他在他将要统治的新国家里成为一个无家可归者。他是一个民族主义者，但是他并不为大多数越南人所了解，而且他不如胡志明受大众欢迎。他的反共立场，尽管猛烈坚定，但却不分青红皂白：吴庭艳认为所有的越盟成员都是共产党而所有参与竞争权力的人都是越盟成员。如果吴庭艳是一名优秀的政治家，愿意与人民大众交往，与仇敌妥协和建立政治联盟，所有这些缺点就都能被克服。但是他不愿意从事上述任何一项工作，而且永远无法建立起消耗胡志明的大众力量所必需的群众支持基础。

一些美国顾问很快就认识到了这些问题。国务院和中央情报局对吴庭艳的最早评估就对他的僧侣式的行为方式提出了警告。J.劳顿·科林斯，负责1955年越南使命的将军，发现吴庭艳不谨慎、软弱、不果断。但是杜勒斯已经作出保证，在吴庭艳于1956年为几组议会反对派规定路线后，他认为他的信念有了事实根据。

只有乐观主义者，或者某些认为越南不是很重要的人，能被这些综合情况所鼓舞。北越在建设经济时面临着无数的难题，但是

104 第3章 越南战争和美国的外交政策

它的人口超过了越南 2500 万总人口的一半以上,并且得到有力的领导,武装良好。另一方面南越大部分地区是农村,大部分人口分散在偏僻原始的村落里,甚至在吴庭艳上台之后,也没有出现制度化的政治程序。

美国人集中于经济和军事发展,而吴庭艳却只关心政治巩固。从 1955 年到 1961 年白宫开展了一项大规模的援助计划,投入 10 亿美元的经济和军事援助。吴庭艳通过机构改革和猛烈的镇压实现了中央集权。他扩大了政府中的官僚机构,加强了行政权力,设立了一个国民大会并监督他的兄弟吴庭儒创立了一个全国性的政党。与实施这些机构战略同时发生的是一场始于 1957 年针对日内瓦协议签订后仍留在南越的大约 10000 到 15000 名越盟成员的无情的反共运动。在这场走极端的运动中,南越政权关闭了反对派的报纸,逮捕了大约 65000 名政治反对派,另外又杀死大约 2000 人。

归纳起来,经济发展计划和吴庭艳的政治改革,表面看似成功了,但却没有为一个稳定的南越而是为第二次印度支那战争奠定了基础。超过 80% 的经济援助是以进出口赊欠的方式进行的,这对越南经济的现代化起不到什么作用。超过 1/3 的进口商品是消费品,它们流向了城市居民、官僚以及黑市。大部分越南人居住在农村,他们从他们国家和美国的关系中除了麻烦以外一无所获。只有一项计划潜在地能鼓励大规模发展,即土地改革。在美国的坚持下,南越政权制订了一项计划以安置湄公河三角洲和中部高地的被弃土地,减少地租以及把土地私有限制在 247 公顷。但是吴庭艳从没有很好地领会土地改革的目的。他经常把土地还给地主而不是分发给佃农。很多良田,尤其是生产橡胶的种植园,被定为是禁止触动的,只有 20% 的耕作过水稻的土地是可分配的,而且这项计划开始得太晚以至于无法提高吴庭艳的政治民望。

与经济计划相对比,吴庭艳的政治巩固努力很成功;然而,这些努力却对他的毁灭起了一定的作用。吴庭艳拒绝分权,从军事事务到签证到在国家图书馆装空调,事无具细,他都要管。更糟糕的是,吴庭艳是大家族的一分子,他的大部分政治集权化的努力使权力落入了一个密闭的裙带圈的控制之中。在所有的家族成员中,最重要的是他的兄弟吴庭儒,他指挥着国内的警察力量和勤劳党。吴庭儒夫人没有任何官职但却代表着这种奇怪的关系网。这个尖刻无情的女人是南越政权真正的支柱。美国记者戴维·哈布斯坦很好地把她描述为"一个复活了的伊恩·弗莱明笔下的人物:与神作对的人;一个美丽但却恶毒的把性作为武器的女独裁者,她策划着詹姆斯·邦德一心要摧毁的秘密组织。"与吴庭艳和吴庭儒不同,她乐于公开炫耀权力。"她是这个家族惟一以独裁者方式行事的人,"哈布斯坦继续道,"以一种很明显的乐此不疲的态度,被一群随从跟随着。"[73]

同时,国民大会,主要是亲吴庭艳或亲吴庭儒的代表的集会,没有真正的反对派。它的存在只是为了支持政府发起的计划。政府在农村的代表由吴氏家族任命,用他们来代替当地的长者并且削弱村社管理的传统结构。对农村的很多人来说,这和法国人强加给他们的凌辱没有什么区别。一位农民对美国作家詹姆斯·特鲁林格解释说:"我一生中最幸福的日子"是当吴庭艳的部队把法国人从他的村里赶出去。"但是随后我们发现吴庭艳先生的政府有时很残酷而且有时候就和法国人一样。"事实上,吴庭艳比法国人更有破坏性,因为他更急于巩固权力。而且,通过攻击传统的政治结构,他重新引发了农村的游击队运动,这场运动的规模到1957年底被减小到1700人。

这是一个关键时刻,是很多共产党员的回忆里的"黑暗岁月"。不仅仅是吴庭艳的反共运动获得了巨大的成功,而且北越政权在是否支持南越重新兴起的起义这个问题上出现了分歧。南方的游击队员认为他们的行动是被迫的、重新开始的战斗,他们发起了越共运动。北方的共产党逐渐同意恢复武装斗争,部分是由于南越人已经被迫开始行动,部分是由于吴庭艳的不得人心使得渗入和颠覆南越的时机已经成熟。尽管胡志明的目的是推翻吴庭艳,把越南统一在共产党的统治下,但他却急于控制南方的运动。胡志明担心过多的暴力将引起美国的干预,这样将使统一的代价急剧上升。他希望在付出最小代价的基础上赢得胜利。为了实现这种微妙的平衡,他于 1960 年 12 月监督组织了一个新的保护运动,民族解放阵线。根据这些发展情况,威廉·杜克的关于越共的描述是最合理的:"尽管至少在 1959 年后它是由北方组织和指挥的,但它是一场真正的以南方为基地的起义。"

越南和新边疆

如果约翰·F. 肯尼迪要在 1961 年的第三世界政策上有所发展,越南是一个很好的开端,因为许多条件都给了他改变方向的机会。随着共产党开始把越来越多的南越人引入这场冲突,吴庭艳的"越南共和国军"(ARVN)显然无法和游击队相抗衡。然而,同时,苏联和红色中国之间的紧张关系制造了外交可能并且设定了一个背景,在其中,一场合理恰当的公共关系运动可能缓解国内政治中存在已久的冷战紧张气氛。

在他的任职初期,肯尼迪对越南问题是完全未决的。1961 年夏天,随着越南危机升级以及与苏联之间发生的一系列棘手事件

——颇有争议的与赫鲁晓夫的高峰会晤,苏联核武器试验的恢复以及柏林危机的升级——肯尼迪开始把越南看作他绝对不能让步的地方。美国的越南政策陷入了肯尼迪与苏联总理的个人外交争吵中。他说赫鲁晓夫,"那个杂种不会信守诺言。"

政策选择

到 1962 年秋天,白宫的看法已经归纳为两套很不一样的推荐意见。所谓的泰勒—罗斯托报告从南越发回了恐怖的消息并建议大量增加美国援助,包括先进的武器和一支有大约 6000 到 8000 名顾问和援军的特遣部队,将来还要再增加。该报告声称南越是能被救助的,但问题是有关各方之间缺乏信任:吴庭艳怀疑美国是否真正想拯救他,而美国则怀疑吴庭艳是否希望被拯救。美国的干涉能阻止这种相互的悲观主义。与此截然不同的推荐意见来自民主党的资深政治家切斯特·鲍尔斯,他呼吁越南的中立化。这样一个计划将迎合苏联,苏联想限制中国的影响力,而且也将迎合中国,因为中国希望美国撤离该地区;这个计划使美国人得以避免一项徒劳的义务而且同时它将置胡志明于为越南进一步的暴力承担责任的境地。白宫官员称赞鲍尔斯的报告"值得表扬"但却漠然视之。小阿瑟·施莱辛格描述它是"一个富于想像力的建议,但似乎提出得不是太早了就是太晚了"。

肯尼迪采纳了泰勒—罗斯托的意见,尽管他有所保留地把援助作为包括军事和政治改革的长期计划的一部分。让肯尼迪感到震惊的是,吴庭艳尖锐地批评美国的改革要求并表明他不希望美国军队呆在越南。在先是对这一政策感到极度气恼之后,肯尼迪不得不决定是撤退还是按照吴庭艳的条件继续留在越南。他选择了第二条路线。"吴庭艳是吴庭艳,他是我们能找到的最好的人

108 第3章 越南战争和美国的外交政策

选,"他嘟囔道。

为什么不顾吴庭艳明显的不利条件,肯尼迪还是决定大量增加援助来支持他?肯尼迪自由主义者判定美国的"声望"在越南已经危若累卵。他们判定如果他们不实现对吴庭艳许下的承诺,美国的声望将遭到无可挽回的损坏:朋友将转移对他们的信任,敌人会认为他们能不受惩罚地进攻。正如沃尔特·罗斯托在1962年的国家安全报告中所坚持的那样,越南的损失"将在非共产主义世界的政府和人民中间产生失败主义情绪,或使国内出现沮丧情绪"。1965年,国务卿迪恩·腊斯克声称,如果美国人在对越南的承诺中犹豫畏缩,"共产主义世界得出的结论将导致我们的毁灭并且几乎肯定会导致一场灾难性的战争。"事实上,艾森豪威尔支持吴庭艳是为了避免美国在军事上卷入越南,而肯尼迪政府,在对声望的过度迷恋的刺激下,决定拯救吴庭艳,使军事卷入成为必须。用最明白易懂的话来表达这个使人苦恼的逻辑,就是美国承担的义务已经成为它承担更多义务的原因。

这种站不住脚的思路产生于美国政策本身自二战以来的演变。一方面,肯尼迪希望鼓励第三世界实现它们的合法抱负,但是另一方面,他陷入了冷战的反共泥潭。这两个互相冲突的推动力混合在一个更多的是基于模糊的政治心理学的观念而不是严格的国家利益之上的政策中。美国的决策者拒绝在外交政策中引入等级制度和优先考虑的意识;他们假定美国最重要的安全利益不仅仅与西欧联系在一起而且也和落后的、孤立的越南联系在一起。正如肯尼迪自己发愁的那样,"我不知道不重要的地区在哪儿"。肯尼迪自由主义者普遍地用心理术语来定义至关重要的利益,如"声望"、"信誉"以及"信任"等。当然这些是国际关系的要素,但是在越南的惨败表明,使用这种观念定义国家利益以及在确保了这些利益后为了追求它们而阐述广泛的政治和军事义务是很危险的,因为无法知道信任何时得到了保障或声望何时得到了恢复。从长远来看,这种难以预测的目标诱使肯尼迪和约翰逊不断增加美国的义务承诺。

循环的推理把美国的声望和不可靠的、逐渐疏远的吴庭艳联系在一起。美国人相信他们能用纯粹的意志力弥补吴庭艳在能力方面的缺陷。他们有最好的智囊团、最好的武器、大量的资金。肯尼迪制订政策时可以求助于他的国防部长罗伯特·麦克纳马拉,此人毕业于伯克利,44岁时任福特公司的首席执行官,是一个富有创造性的,受人尊重的公司经理,他的专长是富有革新精神地运用计算机的分析结果。他还能求助于麦乔治·邦迪,一位曾担任哈佛大学系主任职务的波士顿文雅之士,他领导着肯尼迪政府的国家安全委员会。还有罗斯托,总是乐于把他最得意的理论付诸实践,对他来说,越南成了在一场不断扩大的战争中混合了反暴动行动计划的试验场。另外,麦克纳马拉带了一组专家到五角大楼,帮助他把计算机化的管理用于国防部对越政策的制订,藉此希望打一场"理性战争"——也就是说,经过最小的代价的谋划获得期望的结果。

"战略村"计划

整个1962年,这个政策都奏效了。泰勒—罗斯托的援助一到达湄公河三角洲,"越南共和国军"就赢得了一些战役的胜利并且增加了信心。越共的伤亡率上升。新型美国武器,尤其是武装直升机,阻挠了游击队员展开行动。美国顾问的数量到年底已经超过了9000人,他们在地面战争中发挥了积极的作用,驾驶直升机,提供战略指导。新的"战略村"计划把整个村庄都移到了筑垒城市,制造了一种政府在政治方面有所作为的迹象。

所有这些进展都是暂时的。随着越共根据新的军事情况作出调整,伤亡率开始持平。先进的武器并没有给越共带来任何大的失败;相反,它迫使起义者的行动更迅速。"你必须就在他们前方登陆,"一名美国军官解释道,"否则他们就会消失。"游击队员很快发现当"越南共和国军"登陆时,他们并不逗留很长时间。大部分时候,部队扫荡过一个村庄后就撤出,越共就在夜间返回制订组织和宣传战略。美国顾问经常发现村民们参与这种激烈的竞争,对国军很热情但同时也保护越共。"总是有 100 名越共,"一名顾问告诉记者戴维·哈布斯坦,"而且他们总是能平安无事。"尽管在军事上有所保留,越共在政治上拥有惊人的收获。1962 年后期,他们已经组织了大约 300000 名成员,并可以依靠超过 10000000 名的同情者。

"战略村"计划也失败了。以罗斯托的控制人们情绪的思想为根据的该计划也许是如果以获得大众支持作为目标的南越政权所干的最愚蠢的一件事。越南农民的生活围绕着他们的村庄展开,不仅仅包括他们庞大的家族,还包括他们的传统,他们的祖坟以及他们的世界的本质。把他们迁出家园使他们在心理上和精神上都成为无家可归者。在错误地认为使越共脱离村民的基础上,美方错误地认为能保护村庄不被渗入。最糟糕的是,白宫和吴庭艳政权有两套完全不同的目标。对美国人来说,"战略村"计划对侵扰越共的政治力量很重要;吴庭艳和他的兄弟,实际上指挥着这一计划的吴庭儒把它看成确保忠诚的手段。吴庭儒没有像美国人希望的那样,在安全地区执行这项计划,而是在忠诚的行政官所辖的地区建立村庄。正如一份白宫研究报告指出的那样,"在缺少一致的抚慰行动⋯⋯以及对促进防御和社会—经济管理仅仅敷衍了事的情况下"执行这一计划,到 1962 年秋天吴庭儒只在南越 41 个省中的 6 个省里建立了村庄。战略地位非常重要的湄公河三角洲完全被忽略了,"也许是因为政治原因"。

吴庭艳政权的终结

战略村计划的失败在华盛顿的文官和吴庭艳政权之间制造了仇恨。就吴庭艳和吴庭儒这方面来说,他们开始认为美国的努力所带来的麻烦超过了它的价值。他们显然需要美国的军事援助来和越共作战,但是逐渐把不断的改革要求看作对他们权力的威胁。摆脱困境的方法之一就是与胡志明谈判,1963 年春天两兄弟秘密提出用美国撤军换取战争问题的和平解决。胡志明提出承认南方的由吴庭艳领导的联合政府,承诺不过快实行统一并同意不让苏联或中国的部队驻扎在北越。对吴庭艳来说,这样一个协议能解决他的两个最大的问题:越共和美国人。

我们无从知晓这样的谈判会有什么结果,因为自日内瓦协议签订以来最富有戏剧性的事件在 5 月初打断了这一切。当政府向一群抗议者开枪射击时,"佛教徒起义"是以一桩孤立的事件发生在顺化的。当政府遣责越共制造了这场暴力时,佛教徒中爆发了更大规模的抗议示威,他们把自己看成是真正的人民大众的道德代言人。当一名老和尚在西贡的一个十字路口中央自焚而死时,抗议达到了高潮。这个颇具影响力的时刻,被一个通讯社的摄影记者抓拍了下来,震惊了西方舆论,鼓励了又一次自焚并且推动了南方城市更大规模的抗议示威。当吴庭儒夫人无情地把抗议示威称作"烧烤宴会"时,事态进一步恶化。8 月下旬,在美国的压力下,吴庭艳向弗雷德里克大使允诺不干涉抗议者。随后,当然在吴庭艳知道的情况下,吴庭儒的特种警察部队向佛教徒发起了袭击,

112 第3章 越南战争和美国的外交政策

摧毁了庙宇,逮捕了1400多人,最后耗尽了美国人的善意。正如肯尼迪的助手罗杰·希尔斯曼所写的那样,这些袭击,直接违背了吴庭艳对忠诚的诺尔丁的承诺,"亵渎了我们最深厚的体面意识",更糟糕的是,这些袭击是在"倨傲的无知、轻蔑的自信中进行的,他们认为我们会忍受这个事实就像我们过去已经忍受了那么多一样。"这次,白宫不必忍受了,因为在对一溃千里的现状作出反应时,一群持不同意见的将军呼吁白宫考虑是否支持一场政变。华盛顿于一个星期六的早晨,即8月24日,收到了这个提议,在这个炎热的夏季周末大多数华盛顿官员都照例离城避暑,但是这个周末还有一个特别之处,就是这个城市要准备迎接马丁·路德·金的华盛顿游行。仅仅一小帮顾问,包括希尔斯曼、乔治·鲍尔和埃夫里尔·哈里曼承担起把美国政策向后倒退8年的重任。考虑到南越政权的暴行,他们向越南发回一则电报,美国"将不得不面对南越政权不能维持下去的可能性"。这一简单的陈述表明美国同意搞军事政变。肯尼迪后来没有采取任何行动改变这一决定。甚至在八月阴谋未遂之后,新大使亨利·卡伯特·洛奇仍被指令使美国使馆与吴庭艳保持一定距离。显然肯尼迪对吴庭艳得出的结论和吴庭艳对美国人得出的结论很相似:他招致的麻烦超过了他的价值。即使作出了这一屈从的决定,美国的政策仍游移了两个月,白宫的决定使越南人内部出现新情况。11月1日,持不同意见的将军们鼓足勇气实施了他们的阴谋,攻占了关键的政府设施,暗杀了吴庭艳和吴庭儒。

　　白宫否认在政变中的同谋关系,但只有在最严格的意义上这才是实话。的确美国人没有领导或援助政变企图,但他们清楚地表明他们将支持任何继任政府,而且中央情报局一直和阴谋者保持联系。当吴庭艳向洛奇大使寻求帮助时,他被告知如果他撤下他的兄弟他可以在使馆中寻求避难。至死都很忠诚的吴庭艳拒绝这么做，这使他付出了生命的代价，此时美国已不再在乎拯救他了。白宫没有从头到尾参与政变，但也没有做任何事去阻止它。通过承诺支持政府变动，华盛顿大概向持不同政见者提供了最重要的支持。

不到一个月后，肯尼迪自己遇刺，他的越南政策问题丛生，已经无法得到解答。肯尼迪的许多亲密助手随后声称他正准备改变越南政策。确实在1963年夏天肯尼迪尝试了一个撤出美国顾问的计划，还包括一些对共产党的适度外交暗示。但是大量证据暗示着一个不同的结论。肯尼迪尝试撤军最主要是要表明越南，尽管美国花费了很多心血，是第二位的考虑。更重要的是，对反吴庭艳政变的支持并不表明美国有任何削减义务的意愿。如果有区别的话，政变给人以新的希望，将军们会带来建设性的变革，尽管存在很多相反的证据。接受政变这个事实因而成为一种继续为越南，如果不是为吴庭艳，承诺义务的迹象。最后，肯尼迪企图熬过这一艰难的处境，对成功心存希望。他继续认为美国也许不用承担增加风险的军事义务就能成功。最终，他的政策显得与胡志明的政策没有什么不同，胡志明同样希望通过避免大规模的冲突赢得胜利。

约翰逊和战争的美国化

推测肯尼迪的可能意图的一种方法就是研究他的继任者林登·约翰逊的政策。约翰逊不但继承了令人苦恼的越南形势，而且继承了肯尼迪的大部分外交班子。国务卿腊斯克、国防部长麦克纳马拉、国家安全顾问麦乔治·邦迪以及沃尔特·罗斯托都留下来

第3章 越南战争和美国的外交政策

了。这些人是肯尼迪手下的主要政策制定者,在新总统手下他们没有改变旧政策。即使在国内政策之外,约翰逊也需要肯尼迪的人。他的力量来源于国内政治,因此保留有经验的顾问很有意义。

但是这种延续的代价是约翰逊不能对再思考美国政策的新机遇有所反应。中苏关系继续崩溃,而苏联看似很有兴趣同美国增进关系。法国总统查尔斯·戴高乐开始推动一个能保全美国面子的越南中立化计划。吴庭艳死了,这意味着美国自1955年以来的政策失败了。然而,约翰逊顽固地抱住旧政策不放。如果稍有区别的话,约翰逊和他的顾问接受了肯尼迪年代的假设并且把它们夸大了。他们没有把中苏关系的破裂看作一种机会,而是判定共产主义势力,尤其是中国,有可能随着第三世界独立革命的爆发招致更多的干预而变得更有扩张主义倾向。他们控制下的美国政策不再是遏制来自克里姆林宫惟一威胁的手段而是针对任何地方的混乱和革命的制动器。

约翰逊本人的不安全感导致他担心和越南有关的任何事情,除了成功。在他著名的向传记作者多莉丝·卡恩斯所作的解释中,约翰逊抱怨道,越南注定要破坏他作为一个改革者的历史使命:

"我一开始就知道不管我朝哪个方向移动我都必定要受到折磨。如果我为了卷入地球那一端的混账战争而放弃我真正心爱的计划——伟大社会,那么我会在国内失去一切。我所有的计划。我所有的给饥饿者提供食物和给无家可归者提供住房的希望。我所有的给有色人种、残疾人和穷人提供教育和健康护理的梦想。"

越南的失败,他担心将引发"一场没有止境的全国性辩论……它将粉碎我的总统宝座,使白宫精疲力竭,并损害我们的民主制度。"很显然,约翰逊把他的总统职位等同于民主制度,但是用这个未经证明的假定来辩论:那么,谁是敌人? 他告诉科恩斯,首先,是保守主义者,他们"从来不愿意首先帮助穷人和黑人";然后是罗伯特·肯尼迪,"领导反对我的斗争,告诉每一个人说我背弃了约翰·肯尼迪对南越的承诺"。只有在约翰逊把这些国内敌人包括进来之后,最后才是表面的繁荣,一旦他们发现他如此软弱,苏联人和中国人将"闪电般地行动"。

这段摘要出自一个怨恨颇深的人之口,他在 1968 年以后在他的得克萨斯农场基本上处于自我放逐的状态,但是公平地说约翰逊是在国内政治背景下权衡越南问题的。美国在越南的政策本身没有可取之处而值得自荐的。美国人寻求那里的政治稳定,但是吴庭艳如此有效地消灭了他的反对派,以至于没有有组织的势力可以替代他。将军们对治理国家不感兴趣。战略村计划搞得一团糟,当吴庭艳被逐出之后,他的地区和村一级的文官体系也崩溃了。为了加剧南方的混乱并由此阻止美国的军事干预,北越人第一次把他们自己的部队引入了冲突。在被历史学家乔治·哈林称为"巨大的失算里",河内假定华盛顿会流行一种常识,冒险地认为它能迅速把赌注加到如此之高以至于美国人将会撤退。

河内的升级相反使美国认为它的政策焦点应集中在北越而不是南越。美国人继续施加军事压力以迫使河内中止对越共的支援。这样一个战略将允许美国发挥它的力量,即它的军事实力,并且同时逃避棘手的在西贡扶持一个改革主义的政府的义务。约翰逊估计,如果美国击退北越,南越将赢得时间重新安排它的内部事务。

东京湾决议

到 1964 年夏天,白宫一直在寻找对北越直接使用武力的借口。8月1日,北越的巡逻船与美国的驱逐舰"马多克斯"号交战,后者在离北越海岸不远处的东京湾进行电子侦察,白宫决定反击任何类似的对抗。"马多克斯"号与另外一艘美国舰艇于8月4日返回,报告他们的雷达已经测知了敌人的火力。但是这些船只在深海区进行操作,而且他们的装备不可靠。没有确凿的证据表明这些船只遭到了袭击,但是这没有关系。白宫利用这次事件作为借口对北越船只进行了报复性的空中打击。

为了向河内显示一个统一的阵线,约翰逊向国会递交了一份联合决议,允许他采取"所有必需的措施击退任何针对美国部队的武装进攻和阻止更一进步的侵略。"令人吃惊的是,考虑到它是多么不受限制并且实际上交出了国会的宣布战争的宪法权力,只有几名议员对这一决议提出了质疑。它在众院一致通过,在参院以98票赞成2票反对通过,只有俄勒冈的韦恩·莫尔斯和阿拉斯加的欧内斯特·格里宁反对。J. 威廉·富布赖特,后来成为最重要的国会反战分子,主持了对这项决议的议会辩论。大多数国会议员要么支持约翰逊的行动要么对越南的形势一无所知。通过支持总统以及匆忙采取立场,国会让渡了一项最重要的对外交政策的宪法制衡权,而且大大削弱了影响白宫决策的权力。

雷鸣行动

整个秋天,白宫决定通过"逐步升级"开展持续轰炸。2月上旬,约翰逊发起的"雷鸣"行动,被推测是对越共袭击美国在归仁的空军基地导致9人死亡的事件作出的反应。约翰逊用东京湾决议误导了公众对轰炸事件的真正性质的认识。从一开始,"雷鸣"就不止是一个报复政策。归仁袭击事件发生时在越南的麦乔治·邦迪呼吁"一个一般化的报复模式",通过这个模式美国的行动将与

"南越的暴行级别"相匹配,而不用为特别事件的细节费心或为选择相应的打击目标烦恼。他接着提出适度化的建议:"我们必须在每一阶段都让河内和全世界知道,当发生在南越的暴行减少或终止时,我们就会减少或终止报复行动。"但是邦迪的观点是赞成一个连续的,逐步升级的轰炸政策。

在两个月里,邦迪都在证明"目前缓慢加快的雷鸣行动速度"是"与现行政策完全协调一致的"——确实如此。轰炸的目的有两方面:"向河内和全世界"都显示美国的决心以及提高南方政权的士气。邦迪否认任何摧毁或征服北越的意图,颇有一些艾普曼笔下的美国历史上有名的决策者的精神。他坚持认为连续轰炸的需要主要是政治上的:"是为了改善南越的局势"。如果是这样的目的,那么白宫就能把停止轰炸作为希望开始和谈的一种让步,而且总统在他第一次就越战发表的演说里眩惑了单方面停火。当约翰逊于1965年4月在约翰·霍普金斯大学对听众发表演讲时,他真诚地表示"我们自己无所求"。在那次著名的演讲里,总统允诺无条件的谈判并提及在东南亚引入一个新的正式的发展项目以利用"广阔的湄公河","提供水、食物和电力",并且"使一亿多人民充满希望,改善他们的生存状况"。尽管霍普金斯演说是为了刺激国内消费,但约翰逊的希望确实是不过分的。即他只寻求在南越建立一个稳定的政权而且考虑到所有情况,不希望摧毁北越。然而这种适度是肤浅的,因为它把一些不可能实现的事作为它的一个绝不让步的目标——一个得到美国赞成的能带来稳定和独立的南越政府。邦迪自己一点都不确定轰炸能否成功,他估计,可能性大概在25%到75%之间。

邦迪的悲观主义有很好的根据。南越没有获得充满信心的稳定,而是忍受了一连串冷漠的、腐败的和无能的军事领袖,白宫发

118　第3章　越南战争和美国的外交政策

现它要考虑进一步卷入。到夏天,麦克纳马拉部长承认轰炸行动不再能提高士气,但没有把雷鸣行动称作一个失败,白宫决定有必要进一步升级。麦克纳马拉辩论道这项行动必须继续进行下去,因为,就像瘾君子需要不停地注射,停止这一行动南越政权将垮台。尽管"改善局势的努力失败了","放弃这项行动将对南越的士气产生明显的使人沮丧的效果"。升级是白宫愿意考虑的惟一答案,到仲夏这个答案中包括了地面部队。美国的地面部队已经被用来保卫空军基地,在夏天又增加了50000多人。引入美国地面部队的重大决定有效地使这场战争美国化了,在派遣他们的时候,林登·约翰逊越过了自杜鲁门以来的每一位总统都认识到的一条约束界线。

然而西贡的政治形势更加恶化了。佛教徒拒绝加入任何新政府,学生们发起零散的反美暴动,将军们则拒绝承担政治责任。

尽管白宫官员相信军事解决方案是可行的,只有最狂热的乐观主义者——罗斯托,一些军方人士以及大概一些其他人——认为它仅仅是一个军事实力的问题。从一开始假设这场战争,白宫就设置了某些界限和战争目标。在冷战和核时代的参照环境下行动,美国的决策者否定了入侵北越,担心使中国卷入战争从而使美国面临又一个同朝鲜相类似的结局,并有可能导致更大规模的大国间的对抗。政府倾向于在冷战的大前提下行事。首先,战争的直接目标不是摧毁北越,而是在南部缔造稳定的政治局面。这并非是一个缩手缩脚的战略,因为它承认这是一场内战,而不是北方对南方的侵略。其次,政府相信在冷战的范畴之内就足以成功地实现其战略目的。美利坚合众国从未侵略北越,而仅仅是在上述范畴之内从事了一场残酷的,颇具进取心的战争。他们以为美国在军事上的优势地位就足以迫使共产主义分子为避免全盘性的毁灭而放弃抵抗。的确,没有人怀疑美国在军事上优势地位,共产党人更是如此,他们比谁都更清楚美国的冷酷无情。实际上也正是如此,越共几乎就被完全摧毁了。但华盛顿从未真正理解这种优势从根本上讲可能是毫无用处的。事实证明,越南人远比美国的政策制订者想像的顽固,他们有足够的意志力承受持续性的打击。另外一个问题在于,一个稳定的,亲西方的政府体制能否在南方站稳脚根。而这最终属于政治问题而不是军事问题。

地面战争

由于几个方面的因素,战争行为使政治上的稳定变得不可能。地面战争使美国兵和越南共和国军的部队不断地同村民发生摩擦,而这丝毫无助于培养对西贡政权的忠诚,相反,它使美国兵同国军部队相互仇恨。结果,不断上升的伤亡率使美国百姓也变得警觉起来,最终越南由此变得更加依赖美国。

威斯特摩兰的战略

1965 年的下半年,美国驻越南部队的威廉·威斯特摩兰将军改变了美国原来的为保卫空军基地而制定的防御性的战略,转而同北越接触,搞摩擦。地面战争从此到来。同年底,将军手里已握有 200000 重兵。这一战略原想在一个相当长的时间里消灭足够数量的敌方军队以摧垮敌人的心理防线。威斯特摩兰将军搞了一个由三部分构成的方案,"搜索—摧毁"越共保护城镇区域以及一个宽泛的"安抚"计划。威斯特摩兰挑衅性的战略既非常规战争,它依赖于相对小型的,机动的轻步兵,但也不是游击战。尽管威斯特摩兰将军倾向于针对北越实施军事集结,但他并不想守住疆土就此了事。结果,许多士兵迷惑不解,如同来自东圣路易斯的大兵

120　第3章　越南战争和美国的外交政策

"电灯泡"哈洛德·布赖恩特所言,不明白为什么"为了一个山头苦战两天两夜,然后主动撤退。"另一方面,美国军队的作战单位比西贡的游击团体要大,而机械化使他们远没有北越的游击队的轻步兵机动灵活。

在一定程度上,"搜索—摧毁"战略的实施确实如威斯特摩兰所料想的一样。在他的指挥下,美国兵伤亡不大。北越的游击队尽量避免同美国兵发生持续的正面冲突。但在发生正面冲突的情形下,占据优势的美军往往遭受重大损失。在1965年的秋天,美国第一装甲师在毫无经验又不熟悉地形的情况下,在杜兰峡谷同越共正规军遭遇,激战两个星期,消灭了3000名北越士兵,自己也牺牲了300人。尽管指挥官会把十比一的伤亡率当回事,这次战役仍然暴露出美国军队的弱点:行动缓慢并且过于依赖空中力量。北越乐意对付美军的先头部队,它使美国兵不得不追击却又穷于应付,随时随地遭受伤亡。威斯特摩兰的地面战略,整体上同他的设想差别不大,但也使美国兵不得不依着敌人的路子打仗,对于敌人的流动作战毫无办法。

同时,"搜索—摧毁"战略使美国兵频繁出入农业村庄,在这里他们不得不应付一个更为基本的复杂局面。某些村庄是安全的,对南越保持忠诚;某些村庄则纵容、包庇西贡游击分子,另外一些则完全听命于西贡政权;还有一部分持骑墙态度,谁的部队到来就站在谁的一方。在战斗激烈的时候,美军士兵根本不考虑各村庄的政治倾向性,结果他们摧毁了很多平民家庭,将一些无辜的和没有政治态度的百姓连同活跃的敌对分子统统杀掉。实际上,老人与孩子有可能同一名武装军人一样,随时准备置美国兵于死地。在紧张与疲惫当中,美国兵不断这样提醒自己,进而则可能毫不理会对方在干什么,将非战斗人员也杀掉。这期间最为臭名昭著的暴行,发生在 1968 年春天的美来。美国人杀掉了包括妇女与儿童在内的 200 多名平民。1971 年,其指挥官威廉·考利受到审判,并且在全国范围内引发了激烈的争论。这一例子足以证明越南平民的性命在美国兵眼中微不足道。而美来事件真正让人迷惑的地方在于,很少有美国大兵认为它值得大惊小怪。

空战

我们无法确切知道有多少越南平民死于地面部队之手,而从美来事件出发,这一数字往往容易被夸大。但过分关注于热带丛林中的残杀,实则使人们忽略了另外一个更为重要的导致大规模破坏与平民伤亡的手段——空战。无可置疑,这是南北越、柬埔寨以及老挝成千上万的平民丧命的主要原因。事实很快表明,"雷鸣行动",除了使美国更进一步地卷入越南,没有任何明显的军事效果,更没有对南越政权形成支持。然而在 1965 年底,在短暂的轰炸间歇期后,业已受挫的政府大大提升了投入的力度,将交通设施与补给站也纳入到轰炸目标当中,同时对可能实施军事渗透的地带加强攻击。在北方,美国空军不间断地围绕河内—海防地区实施轰炸,攻击所有已知的军事目标,包括工业中心、桥梁、道路。在南方,他们获准攻击平民区的周边地带并建立所谓"自由开火区域",即西贡的战略根据地,在那里他们不需要任何指令就可以倾仓轰炸。

美国军方喜欢宣称:空袭经过精心策划,并努力避免对民用目标的直接打击。但实际上,轰炸史无前例;美国在越南战场上投下的炸弹比历史上所有战争中使用的要多的多。大部分的空中打击,特别是针对北方的空中打击,基本上是由 B-52 完成,这种飞机从古安起飞在高空执行任务,它能够携带 27 吨炸药,对目标实行"地毯式轰炸"。某些区域在轰炸后如月球表面一样伤痕累累，大的弹坑积水后如同小的湖泊。一位游击战领导者将B－52的轰炸视为无可比拟的耻辱，比他在南越军警手中所经受的折磨还要令人难以忍受。地毯式轰炸的技术使人们在几秒中的惊悸中预知灾难的来临，伴随炸弹降落，小便失禁实在是正常不过。曾经有一队俄罗斯的顾问访问丛林中民族解放阵线的营地。刚好B－52及时造访，空袭后尿湿裤子的俄国佬令人莞尔。

当然，美国的轰炸机不会频繁地轰炸民用目标，但随着"搜索—摧毁"战略的展开，这种大规模的轰炸行为不可避免地产生附带性的破坏作用。据国防部在1966年的估计，在越南北部，这种"附带性的破坏"包括每周100名平民的生命，而中央情报局给出了两倍于此的估计。到1968年，每年大约有300000的平民死于非命。威斯特摩兰将军曾经对记者尼尔·谢汉讲，这些死亡数字的确让他震惊，但"它不是也使敌人丧失了兵源吗?"据说，那些美国飞行员感到碍手碍脚的所谓"交战原则"尽被人拿来取乐，而且司空见惯。这样，对老挝，对柬埔寨的战争也成了对平民的战争。如同激战中打昏了头的士兵一样，飞行员在轰炸的准确性方面并非某些官员堂皇宣称的那样精益求精。

美国的技术

认为由工业技术所带来的凌驾一切实力终将压倒尚处于原始水平的敌人意味着对空中力量的严重依赖。除了B－52，化学武器以及燃烧弹，美国军队使用了各种各样精巧的装置，从最好的，适于机动作战的盔甲，可以起到关键作用的直升机直到詹姆斯·邦德用来也不过分的令人耳目一新的武器。例如，美军试图用一种无线电控制的"跳蚤"型传感器靠近游击队并依靠它所发出的信号来跟踪丛林中的敌人。只是美国人的"跳蚤"分不清游击队同其他战斗团体的区别,很是不幸。种种方案从愚蠢搞到荒谬,麦克纳马拉甚至煞有介事地考虑要搞一条环南越的激光边界。

美国的技术有多先进,越南人反击的策略就有多落后。他们挖地道,既深又广而且自成体系。四通八达的地道网络从西贡的外围一直延续到柬埔寨的边界。游击队员及其家属、整个村庄甚至一个区域单位的所有人,可以一连数月住在地道里。地下有居民区,有医院,有兵工厂,参谋部,还有可以进行戏剧与音乐演出的舞台。绵延数百英里的地道遍及西贡北部与西北部的所有战略要塞,越共的部队藉此可以发动攻击并迅速逃脱。一旦搞清楚怎么回事,美国人经常雇用那些经过特别挑选的人,即所谓"鼹鼠",都是些性情孤僻、粗野的独行侠,潜入地下进行破坏。近身的肉搏战时有发生。环境逼迫着美国人发明出一些小玩意儿,专门用以探测地下的情况或提醒地面上的突然的变动。在 1967 年初,美国人曾想一劳永逸地摧毁敌人的地下系统。西贡西北的所谓"铁三角"原本是丛林覆盖的地区。美国人在用 B-52 轰炸了一个星期以后,30000 人的部队一涌而入。他们用推土机砸实了每一寸土地,但不屈不挠的越共在 1968 年 1 月的春节攻势之前,就已经将地道系统重新修复起来。

对技术的依赖虽然使美国人显得强大并减少了美军的伤亡,但它的作用并不是无限的。而且它使美国人变得不可一世,这一点不时地体现为官员的自大,军队的自满,再就是美国人对种种技术成果无休止的挥霍。西贡所依赖的可以干掉美国兵的资源恰恰是装备精良的美国兵提供的,从"臭弹"到啤酒罐,种种物品都被越南人用来设计陷阱或制造弹药。这种作战方法使越南人颇有一种超现实主义的气质。而美国兵往往头一天还在空调制冷的夜总会里泡着,第二天就要在遍布溪流的危险丛林里疲于奔命。美国空军倒是守时,有点银行家的派头,轰炸间隔分明,有条不紊,致使空袭俨然建构起了河内的生活节奏。

前线士兵与"后备梯队"

种种陌生的情形挫伤了美国兵的士气,他们觉着所谓的越南变得越来越难以把握。大兵们率先承认说,很有可能你以为你在越南,而实际上你根本不知道真正的越南意味着什么。如果从是否执行过实战任务出发来看,驻扎在越南的70%到90%的美国兵没有上过战场。他们中的大多数都是后备部队,诸如仓库管理员、文书、机械工、酒吧招待、护士等等。虽然有些大兵从后方走向前线,但大部分人只扮演一种角色,要么"在野外"在"真正的越南"战斗,要么在后方充当所谓"后备梯队"(按照粗俗的军队行话讲,叫做"狗娘养的跟屁虫梯队")。一边是在西贡呆着,闲坐在办公桌享受空调,一边却在越南边境的穷山恶水中奔波,真是天壤之别。两派间的关系也就变得紧张。"真不敢相信纳川还是越南的一部分",一位士兵在他们的步兵团到达这一基地后这样谈论,"他们有营房,有热水,有集体食堂,一天三顿热气腾腾,还有空调。在纳川如同在海滨,真是休闲胜地",但是他们接受训练是为了杀人,而且注定要担当这一角色。这位老兄同他的兄弟们只能在此驻守,仿佛属于另外的一个世界。"看他们的样子,我们好像是一群动物"。

步兵同"后备梯队"们之间的矛盾并不是简单地由于分工不同而引起的,它同美国社会本身的不公正纠缠在一起。有的时候,仅仅是抽签时的运气就足以将一个人捧到天上,一个人打入地下。尽管一个人一个样,但大兵的命运,总体上是由受教育的水平,年纪等因素决定的,更远一点还包括社会地位和种族。军方以是否有技术和受教育的水平来划分士兵,这样上述二者兼备的人同长官就有得商量,来谋取一份更安全的差事。这样,那些连高中也没有修完的人极有可能被派去打仗,而那些受过更高级教育的人则可能在后方呆着。这种情形对年轻人显然不利。结果,越南战场上的美国兵平均只有 19 岁,而在二战当中是 26 岁。美国社会的阶级差异造成了这种受教育程度和工作性质的差别,这实际上是使劳动阶层的人承担起作战任务。在越南,有 80% 的美国人具有这种劳动背景,其余则是那些爱国的志愿者,军校的官员以及形形色色的来自美国中产阶层的倒霉蛋。尽管在征兵过程中,对非洲裔美国人的招募大体上是依着他们占总人口的比例进行的。但由于美国的阶级结构同种族结构还存在着一定的对应关系,以至他们在战斗人员当中所占的比例仍然多得失调。实际上,各种标准化的测试已经对这些服役者作出了区分。在地面战争的前两年,黑人士兵占了伤亡总数的 23%,而黑人仅占美国总人口的 11% 多一点。当理查德三世进入纳川休闲地的时候,基本情形还是这样,因为他发现,"几乎每个人都是白人"。

军方采取措施试图掩盖或减小这种伤亡率反映出了阶级倾向。进行粉饰的办法之一是让部队快速地轮换作战从而减小每个人死亡的可能性。在越南的美国人每 13 个月一换,这意味着每一位大兵在野外要呆 10 或 11 个月。这或许可以使公共关系融洽,但频繁的换班和军队对效率的强调并不协调。大兵们共同的想法是缩着脖子,保全性命呆上一年。更糟糕的是,这种轮换并不是以作战团体为单位进行,而是一个团体当中不断地人来人往,致使他们根本没法从丛林作战中获取经验,也无法形成那种作战时默契的相互依赖。如果一位大兵还有一两个星期就可以离开营房一走了之,他除了和新来的士兵肩并肩一道出门,什么也不想干,而且

126 第3章 越南战争和美国的外交政策

人们习以为常。选民开始在民权问题上发牢骚。约翰逊总统在1967年后采取措施减少非洲裔美国人的伤亡率,可是老家的种族矛盾反而加剧,以致不得不出动军队来平息恶化了的局势。大多数说法认为,在战斗团体里面,种族观念意义不大,对生还的渴望减弱了相互间的仇恨。但是,在后方,大兵们自成一派。尽管阶级斗争不像种族冲突那样明显,但它却是作战士兵与"后备梯队"之间分歧的一个潜在因素,并且使那些即将去服役的士兵与招募士兵的军官之间的关系变得紧张。直到理查德·尼克松当了总统,士兵招募过程中的阶级偏见才被清除干净,但那个时候,美军已经开始撤退。改革来得太晚了。

对美国人而言,那些无法排遣的挫折感最终还是源于南越的那些精英分子。两年间,南越的政治联盟不断变化,领袖也来来回回地换。约翰逊把这些都看在眼里,他支持阮高其作首相,使之统领空军力量,拥有不可动摇的权威。但他刚刚掌握政权,危机就来临了。佛教徒走上街头,形形色色的抗议者纷纷加入进来。城市原本处在政府的严密控制之下,现在则变得无法无天,而从农村地区拥来的大约 400 万难民,搞得局势更加难以控制。结果,美国更深入地卷入到越南。而美国商品的大量拥入使黑市贸易盛行,同时在它的刺激下贪污腐化现象不断蔓延。城镇地区的安定也从此被打破。

春节攻势

引人注目的是,尽管局势糟糕,阮政权依然存在下来。1967年,阮高其和他的竞选伙伴阮文绍在新的宪法体制下正式当选。约翰逊则藉此宣称南越政治上有了进步。严格地讲,约翰逊没错。因为自从吴庭艳以来就没有人当政,而阮—阮总还是一对政权组合。毫无疑问,支撑这一政权的是在越南下了大力气的美国。为了使越来越迷惑不解的美国公众搞清楚是他们使越南在政治和军事上取得了毫不含糊的进步,约翰逊搞了一个公共关系运动。1967年底威斯特摩兰回访是这次运动的高潮。他向国会保证说,只要全民一心,两年就可以赢得战争。政府趁机将大量由其他军事渠道搞来的充满乐观调子的报告塞给国会山的朋友,并鼓励他们亲自到越南看一看。

这种表面的乐观掩盖了内部不断加深的分歧。罗伯特·麦克纳马拉辞职了。虽然参谋长联席会议和罗斯托要求总统顶住压力,坚持老政策,仍然有很多人主张重新考虑美国所应当承担的义务,减少美国兵的伤亡,使提心吊胆的民众能够缓和一下心情。1968年1月30日,约翰逊的确在考虑在不得已的情况下采纳这一中性的行动方案,但不久越共就向南越政府控制的城市发起了一次精心策化的攻势。他们指望城市里的难民与持不同政见者借此机会自发地起事。在新年的假期里,北越发起了这次所谓"春节攻势"。他们的军队广泛地渗透到各个区域,包括在西贡的美国使馆。在顺化这座皇家城市,战斗极其血腥。在三个星期里,据说死掉了500名美国人和越南共和国军、约5000名共产主义分子和数量众多的平民,其中有好几千人为越共暗杀。在其他地方,北越军队很快被击溃。越共付出了32000条人命而美国与国军的伤亡只有3000多一点。

春节攻势在政治上的意义远大于在军事上的意义。游击力量遭到重创,难以恢复元气。又一次"伤亡调查"得到的伤亡率是十比一,对美国有利。与西贡全面交火使河内承担起最主要的战斗任务。国军打得不错。只是春节进攻迫使政府不得不将军队撤回城市,远离那些一度控制住的边缘地带,这实际上使1967年下半年的很多努力都化为乌有。但不管结局如何,春节攻势所造成的大范围的伤害使人们不再像从前那样信任国军的保护能力。在美国,春节攻势使政府的公共关系运动受挫,也熄灭了隧道尽头的光芒。它使很多人发生了转变,他们原本对越南感到迷惑,现在则坚信战争既便能够终止,也已经是毫无意义的了。

约翰逊最初的反应极端强硬,参谋长联席会议主席厄尔·惠勒吃透了总统的心思,向威斯特摩兰建议说,现在要求投入新的更强大的军事力量正是时候。惠勒别有用心。他担心越南会使美国在西欧与日本的力量减弱,而让威斯特摩兰提出要求则可以此作为杠杆以求得扩军,至少可以重提一个老计划——动员在越南的后备力量。威斯特摩兰倒是从不小气,手下的兵当然越多越好。惠勒花言巧语想让威斯特摩兰扩军 206000 人。他向白宫提出请求但没有说明这些军队其实并非将全部派往越南。与此同时,许多高级军官,包括惠勒,鼓吹对已经惊慌失措的敌人实施更大规模的打击。

适得其反,焦头烂额的白宫并没有深入考虑惠勒的计划。约翰逊把这一摊事交给了麦克纳马拉的继承者克拉克·克里福德。克里福德对新工作一无所知而且弄得一塌糊涂,遂决定对美国的政策作一番全盘的回顾,由五角大楼的一些文官负责这项工作。他们本来对战争心存疑虑,现在则得出结论说,接纳威斯特摩兰的要求将迫使美国国会削减 20% 到 30% 的国内开支并将对外援助减半。美国不管派去多少人,河内都可以吃掉,根本就别指望战争会结束。克里福德大感震惊,而更让他吃惊的是参谋长联席会议居然没有能力提供任何保证。在一个还可接受的时间内,投入新的部队能否改变战争结果? 如果不能的话,战争还会持续多久? 还需要多少部队? 对所有这些基本的问题,答案都模糊不清,让人无法满意。克里福德从他的研究中得出结论,惠勒的要求不能批准。

约翰逊本人很有可能同克里福德意见一致。在他看来,春节的军事胜利并不能构成扩军的理由,如同乔治·哈林所说的那样,这次胜利表明南越可以承担更多的战斗责任,并且给了美国这样一个机会,以实力为后盾同北越进行谈判。而且,尽管军事形势在好转,国内的反战运动却不断高涨。国会毫不留情地反对威斯特摩兰的提案。约翰逊也有点自身难保,差点使自己在新罕布什尔的地位受损害。但采取某些行动或许可以缓和冲突,减少人们的批评。约翰逊于是开始考虑停止轰炸。1968 年 3 月 31 日,在对全国的电视讲话中,他把这些想法的主要内容透露给大众。在结尾时则戏剧性地宣称,他既不谋求也不接受 1968 年总统大选民主党对他的提名。

约翰逊不再竞选连任的决定并不意味着他承认在越南问题上的失败。实际上,3 月 31 日后的美国政策没有任何变化。5 月开始的谈判不知所云,双方依然边打边谈。美军方面的确有大的变化——威斯特摩兰被克里顿·艾布拉姆斯取代,后者更强调安抚政策而不是"搜索—摧毁"战略,但政府仍然将轰炸进一步升级,并且发动了一次反游击的侵略行动,叫做"凤凰行动"。

在真正的意义上,春节攻势根本没有使战争结束,但战争的性质却由此确定下来。双方注定了将僵持不下直到精疲力竭。北越对美国不可能取得压倒性的胜利,但只要美国军队在南越存在,一种接近于反共产主义的政权就会在南方存在。而美国也始终没有办法构建一个民众承认的、稳定的、民主的、真正具有代表性的南越政府。

北越发动这一次攻势,实际目的是为了打破僵局。在 1965

130　第3章　越南战争和美国的外交政策

年,双方的谈判就已经开始了。没有哪一方敢于冒天下之大不韪而拒绝谈判,但也没有哪一方真正想通过谈判结束战争。因为美国政府拒绝承认民族解放阵线,这就只能同北越谈判。而北越认为谈判的基本前提是宣布美国的介入为非法并且终止美国单方面的敌对行为。在谈判桌上,他们主张给南越完全的自决权并组建包括民族解放阵线在内的联合政府。但约翰逊也不妥协。他要求全面停火,北越与美国从南越同时撤军并组建不包括民族解放阵线在内的南越政府。美方始终认为民族解放阵线是共产主义的前沿机构。而实际上,其领导人和分布在城镇地区的支持者都是一些并不信仰共产主义的民族主义者,其中还包括一些专家和经济界的中坚。

越南的持久战使华盛顿认识不到北越与其南方的支持者利益不尽一致。尽管双方关系密切,而且民族解放阵线以北越为依托,两方面仍然不是一回事。北越的目标正如胡志明所言,即便是10个越南人才能拼掉一个美国人他们也会坚持不懈,因为国家统一是他们最终的目标。而对南方民族解放阵线而言,他们中的大多数人不是共产主义分子,他们最终的目标是建立联合政府并取得一定的权力地位。从另一方面讲他们宁可要一个独立的南越政府,而不愿意为了统一使南越成为共产主义北越的附庸。这一点同华盛顿所谋求的目标基本接近。民族解放阵线所要解决的首要问题是傀儡政权问题。而对北越而言,美国是最大的敌人,他们不想同美国和解。

战争的美国化使北越与民族解放阵线的距离不断靠近。美国卷入越深,北越越有发言权,民族解放阵线也就更进一步地落入共产主义分子之手。非共产主义者不得不靠边站,虽然只有他们才能建立起一个民主的、普遍的、独立的政权。

尼克松，现实政治与战争的结束

1968 年尼克松当选总统是一个新的起点，美国将逐渐淡出越南。充满了暴力的战争显得毫无必要而且遥遥无期，如同一场悲剧，该结束了。尽管在 1968 年尼克松把自己打扮成温和派，而实质上仍是一个彻头彻尾的反共分子，并且偏好以强力的战争手段达到目的。这一点令人担心。尼克松种种相互冲突的念头，使他继续义无反顾地对北越施加军事压力，想迫使他们回到谈判桌上。他自我标榜为"沉默的大多数"的代言人，即所谓的普通市民，在越南问题上的很多作法折射出美国人的心态。要么战斗下去，要么全身而退，而尼克松两头兼顾。

尼克松并不是附和多数人的想法。相反，他对国际关系自有他的理解，而哈佛的政治学教授亨利·基辛格更使他受益匪浅。基辛格从此成为美国外交政策的主心骨。所谓现实政治，即通过精心维持的权力平衡来求得稳定，成为指导尼克松外交政策的基本思路。美国已经无法在全球各地大行其道，世界已经是这个样子，但没有人比尼克松更能承认这一点。苏联的军事力量已接近美国，中国已成为无可否认的地区性大国，美国的政策制定者只有承认这一切并在此基础上应付这个复杂化的世界才能够真正为美国利益服务。在这一观念之下，尼克松开始谋求同苏联和中国建立联系，搞所谓的"缓和"，目标不是同他们作朋友，而仅仅是为了在一个相对稳定的世界里保证美国的权力。

在尼克松与基辛格看来，越南已经不是保障美国安全的内在任务，而成了美国安全保证的障碍，它已经耗尽了美国的资源并且恶化了美国与苏联、中国的关系。如果现实中的确存在打赢这场战争的可能性，他们将不遗余力。而实际上，美国人只有两种选

132   第 3 章   越南战争和美国的外交政策

择,要么从越南"和平而不失尊严"地撤退,要么采取所有必需的步骤来维持南越的实力。究竟哪一点更重要,两个人可能并不一致。基辛格不太考虑国内政治,他更在乎美国在越南不断消耗掉的资源,因此,他更希望美国撤军。尼克松则坚持南越必须能够靠自己维持下去。这样就所谓的"和平而不失尊严",两个人的意见可能并不一致。

越南化与入侵柬埔寨

新政府开始试图依靠外交的和军事威胁的手段结束战争。尼克松使出他屡试不爽的手段,借助他反共的名声进行要挟。他相信仅此就足以使河内回到谈判桌前。在 1969 年和 1970 年他秘密轰炸了柬埔寨。在 1969 年底,他差点采取一发不可收拾的举措,幸亏他的顾问说服他,让他耐心等待。同时,他开始实施越南化的政策,美国的军队开始缓慢地撤退,把地面战争的责任交给了南越。新的安抚政策充实了村庄的防御实力,同时脚踏实地的土地改革进一步保证了对南部 85% 到 90% 的农村的控制。凤凰行动不断升级,大约有 20000 名可能和越共有染的人遭到清洗。

越南化缓和了美国国内的紧张情绪,而成功的安抚政策也使阮—阮政权获得了喘息的机会。但接下来,尼克松犯了错,而且代价惨重。在 1970 年 3 月,柬埔寨的统治者诺罗敦·西哈努克亲王落入叛乱分子之手。尽管美国并没有策划这次叛乱,但明确表示欢迎。西哈努克一直致力于搞复杂的平衡游戏以使柬埔寨在战争中保持中立;他一方面维持同美国的关系,一方面又允许北越将东柬埔寨作为军事基地使用。美国军方一直期望能够进入柬埔寨,找到臭名昭著的"共产党庇护所",破坏掉南越共产主义分子的这一军事中枢机构。尼克松将这次叛乱看作是一次机会,可以利用来为阮文绍政权赢得时间表明其强悍与强大。

对东柬埔寨的入侵驱散了"共产党庇护所"并且切断了它对民族解放阵线的支援,但好景不长。毕竟,在"共产党庇护所"的仅仅是一批人而不是一个庞大的固定的指挥中心。民族解放阵线领导人深入到柬埔寨的内部躲藏起来,在美国人撤走后又回到原来的地盘。在 4 月 30 日尼克松宣布入侵的时候,他置校园里空前的反战浪潮于不顾;学生与警察在州立肯特大学与杰克逊大学爆发冲突,酿成悲剧,他也毫不理会。一位随同庇护所流窜的民族解放阵线的领导人讲,尼克松对共产主义分子的步步进逼,实则是"做交易"。"柬埔寨的局势本来就飘摇不定,美国介入进去结局怎样谁也不知道,尼克松在国内政治上要因此授人权柄,造成严重的、长期的被动。但为了一些直接的和短期的军事收获,他连这些都不顾了。"

对柬埔寨的入侵使一年来美国在越南取得的成果变得无足轻重。入侵引发出了一系列的事件并最终将柬埔寨引向内战。河内没有被尼克松的威胁吓倒,却似乎更能体会他在国内面临的阻力,终于同意进行秘密会谈。尼克松已经触犯众怒,只好采取进一步的行动镇压不满分子并加快了撤军的进度。同时,越南化的缺陷也开始暴露出来,安抚政策仅仅取得了有限的成功。美军的士气降到了最低点,士兵在战与退之间不知所措。种族关系又恶化了。士兵们杀死或伤害军官的事不断发生,吸毒的人也越来越多。

基辛格与和平协定

基辛格决定通过改变美国的立场来取得突破。在 5 月,他阐释了美国新立场的框架,要求北越释放美国战俘,美国以撤军作为交换。北越军队不得超越北纬 17 度线而阮文绍继续掌权。既然

134 第3章 越南战争和美国的外交政策

美国难以将敌人肃清,基辛格在一定程度上承认了军事现状。他要求河内承诺,在停火之前达成政治协议。这样,美国人可以通过这一协定获得一种途径,"不失尊严"地从越南脱身。

然而,对于阮文绍而言,这些计划意味着灾难。北越部队尚留在南越,在此情形下就要实现停火将迫使他不得不去争取军事上的胜利。对他而言,基辛格的计划无异于背叛。南越的反对使基辛格不得不更多地依赖同黎德寿的秘密谈判。黎是北越的外交家,被授权在一定的大原则下不受干扰地开展工作。基辛格在他面前经受了考验。在政治上很有手腕的北越人充分证明了国家外交与个人谈判不是一回事。在前一问题上,他们头脑异常清醒,在后一问题上则固执而两面三刀。基辛格的建议使双方采取了一系列看起来颇为乐观的外交举措,但是仍然僵持不下。在阮文绍政权是否还应存在的问题上,双方谈判还是破裂了。

直到1972年3月河内又一次发起大规模的攻势,僵局才被打破。共产党以为美国已经无力再扶助国军,因为在越南的美国人只剩下95000人,而且只有一小部分是作战部队。发动东部攻势意在检验越南化政策的成效并提升河内在谈判中的地位。北越想扩大控制的领土范围,而一旦南越军队不堪一击,美国在谈判中的地位就会更加不利。它在一定程度上表明河内确实很想进行谈判。如同春节攻势一样,北越这一次也失败了;南越军队守住了领土,并且对共产党军队的伤亡率是25000比100000。

这次攻势再次激起了尼克松性格中好斗的一面。当时,美苏之间历史性的会晤即将浮出水面,他知道对越南采取行动极有可能使苏联取消会晤,但他仍然下令进行大规模的轰炸,在港口遍布水雷并封锁了越南海岸。通过这一系列激烈的行动,他迫使苏联和中国不得不反思为了支持越南而打破缓和的局面是否值得。两国的反应都是：不值得。他们尽管仍然维持了同越南的关系并公开地谴责美国的行为，但没有哪一方认为轰炸将危及他们同美国间业已发展的有些眉目的关系，并且在私下里，他们都督促越南开始正式谈判。

会谈在1972年的秋天重新开始，黎德寿与基辛格全力以赴。基辛格同意停火六天以后，南越在一个由三方组成的委员会监督下进行大选，之后，双方达成协议。在激烈的讨价还价当中，基辛格牺牲掉了阮文绍。河内害怕尼克松在11月竞选连任成功以后毁约，提出以11月份作为最后期限。而阮文绍想不到基辛格居然会出卖他，震惊之余坚持要对协议作129处修改，并拒绝成立委员会，拒绝就地停火。这倒是可以理解的。

基辛格宣布"和平在望"，但谈判结果不仅为阮文绍激烈反对，尼克松也不太满意。基辛格不得不作出调整，又跑去同黎德寿争吵。几个星期以后，也就是12月中旬，谈判再次破裂。尼克松则再次作出激烈反应，在河内—海防地区进行令人心悸的狂轰滥炸，其规模要超过整个战争中的任何一次空袭。在圣诞节前后这么搞的确不合时宜，在国际国内都触犯众怒。但它却使双方回到谈判桌上。1973年1月8日，双方再次达成一项协议，尽管它在实质上同10月的那一份几乎没有任何区别。

按照基辛格的话讲，这份和平协议是要在美国的撤退与共产党的胜利之间留出"适当的一段间隔"。毫无疑问，这正是基辛格 94 的立场。越南人也有份，一年还没有过完，南北方又重新开战。尼克松为了让阮文绍接受协定，承诺说如果河内违反协定美国会恢复援助。他相信一切还行得通，但他是否有能力兑现诺言则不得而知，因为他在不久以后就陷入水门丑闻。他辞职后，北越向南越

136   第 3 章 越南战争和美国的外交政策

发动了最后的攻势。尼克松的继承者,杰拉尔德·福特,既没有兴
趣也没有能力去挽救南越。美国所支持的政权一败涂地。美利坚
所从事的最长的战争从此结束。

第 4 章　战争中的社会史

在军事编年史上,美国在越南的战争令人难堪。一个超级大国不慎在阴沟里翻船而蒙受了暂时的苦难,尽管它的实力并没有受到严重的削弱。数不胜数的越南人在这一场非同一般的独立战争中死去,而只有大约 60000 名美国人死亡或者失踪。对于现代战争而言,美国的伤亡情况似乎还可以接受。为了理解美国人在越南战争中的复杂经历,我们转向这样一种视角。高科技带来的所谓的好处之一是大大减少了家庭破裂的情形。在很多美国人看来,战争是一件和自己没有关系的事情,只是落在了亲戚、邻居或教友的头上。那种看待战争的方式,有点像看待某种疾病、自然灾难或者暴力罪行。大多数美国人并没有被越战直接触动。1968年之前,人们普遍的心情是厌恶与冷淡,1968 年以后,也只是稍稍减弱一点。

然而正是越战,甚至不是民权运动,使 60 年代具有了它特有的含义。它反映出来的社会潮流覆盖了更为广阔的层面,而且使人们看清了它自身的模糊性与不确定性。在一个迫切渴望自由的年代,这是一场为自由而进行的战争,然而对于批评者而言,它也意味着帝国主义、种族主义与傲慢。这是那些领导者的傲慢(另外一种说法称他们为开明的人)、官僚机构理性的效率、技术与知识一起投入到战争当中;然而理智地看,这场战争却站不住脚。在南越所进行的战争据说是为了求得民主,反对这种说法则意味着失去安宁或者遭受监禁。战争暴露出的道德倾向也含糊不清,既包

138   第4章　战争中的社会史

括有国家目标,也有个人目的。很多参与者认为美国政策不讲求道德;然而,毫无疑问的是,少数人反对战争,更多的人则逃避服役,在家继续过舒服日子。谁又能说那些逃避兵役的大学生比在越南战斗的士兵更有道德? 道德问题无法解决,而它一旦成为争论的焦点,越南问题也就变成了伦理问题,不再是一个纯粹的理性问题。

有限战争与媒体

林登·约翰逊在打越战的时候,尽量避免战争影响到国内的生活。他仅仅制造了一个自美国内战以来能量最大的难题。约翰逊曾提及种种不同的动机以使战争与美国人的生活分离;悄悄地进行符合政府的政治与军事利益的战争。总统的确担心在东南亚力量铺得太开将危及他的"伟大社会"计划。承担一场有限战争,尽管战争升级是其应有之意,仍然比在老家大擂战鼓更容易为人接受。战争的策划者们还认为民主制度无力承担有限战争,因为战争将迫使个人作出必要的牺牲,而这会让人失去理智,进一步变得无法控制。战争的策划者们担心公众的情绪冲动会迫使政府做出格的事,从而缩小外交选择的余地,想来还有可能引发同中国的冲突,麦乔治·邦迪建议总统要谨慎,总统则在全面权衡以后毫无疑问地领会到了这一点。1965 年 2 月,总统为他的"雷鸣行动"作长篇大论的辩护,他说:"我们在推行我们的报复政策时,应当让公众尽量少地吵吵嚷嚷。"

政府与媒体的敌对关系

种种限制国内舆论调子的手法同在越南战争上进行的军事行动一样具有欺骗性。显然,政府必须告诉民众战争进行的情况。

但从一开始,政府就玩弄花样,讲得越少越好。

这样就产生了众所周知的"可信度差异",即非官方的消息来源对越战的说法和政府所承认的战争行为之间存在着差异。这也是政府同公共媒体产生冲突的根源。采取有限战争这一行为在美国促使两种倾向产生并作为越战的遗留后果长期地存在下来:一是公众对政府诚实性失去信心并且讽刺挖苦进而愈演愈烈;其次是形成了媒体同政府间的敌对关系,尽管它经常被夸大,但的确存在。

政府没有把越战公之于众,但它对媒体搞长时间的审查与封锁在法律上仍然是不可能的。美国媒体同军方不得不耐着性子相互周旋,其底线是那条约定俗成的双方自愿的新闻路线:媒体不得报道诸如军队行动等具有直接军事意义的事件。既然无法控制记者们说些什么,军方就一直保持警惕,并作出架势,不惜同他们对抗。同时,媒体拥有了很多过去不可能拥有的介入各种事件的自由。尽管可资相信的记者的数量并不比二战的时候多,但媒体作为一种产业比起那时候则要强大得多,而且在公众生活领域更是无所不能,当然这首先要归因于电视的普及。经由大学培训、借助印刷手段或电子媒体进行新闻报道已经成为一门正经的职业,它要求新闻工作者在批评时保持超然的、客观的态度。媒体有权力、有机会、有法律保护的自由,也有兴趣以一种前所未有的方式介入到越南问题当中。

媒体与官方的关系发展很是复杂。从前记者们愿意给人以一种斗士的形象并引以自豪,但现在不一样了。1961年《纽约时报》的戴维·哈布斯坦成为赴越南的新闻人员之一。他们那批记者当中颇有一些活跃的,具有独立见解的人,但整体上还是很合作的。很多记者满足于从官方得到的消息。在最初阶段,最有价值的新闻就是介绍美国的援助和泰勒—罗斯托领衔的顾问班子。把美国普通百姓放在越南,他们的表现同大多数新闻记者不会有什么区别。记者们只是盼着战争发生方向性的变化,而现在,记者们普遍地感到满意。

哈布斯坦、内尔·希恩以及其他几名记者比大多数人要活跃得多。"他们整天琢磨的就是这到底是怎么一回事",哈布斯坦后来这样讲,他们的视角开始包括下层军官,南越平民和丛林中的军队。哈布斯坦四处探访,写出了国内所看到的充满质疑的报道和《自掘坟墓》(1964)一书,表达他对吴庭艳政权和战争行为尖锐的批评态度。

哈布斯坦的书成为某种标志性的事件,从此媒体开始走向政府的对立面。但是如果说所有活跃一点的记者都是官方的对手,说政府对媒体愤愤不平,则未免夸大。哈布斯坦称官方新闻同"一小部分记者的报道"之间的矛盾已经成为"一场大的外交争夺",这就是夸大其辞。和所有进行实地报道的记者一样,哈布斯坦也陷入美国的冷战思维模式。在他所有的言论中,他将政府间的对抗均看作是北越的入侵,并且有这样一种信念,"越南同我们的国家利益休戚相关。"他在他的著作的结尾重申了美国的官员们每天喋喋不休的话:没有哪种选择令人满意,撤军根本就不是一种选择,因为它是对越南人民的背叛,它将危及美国的声望,它将"加剧"其他地区共产主义的压力。

约翰逊同媒体打交道

毫不奇怪,最初冲突双方的公共关系问题对林登·约翰逊而言并不难以处理。东京湾事件使他遇到来自国会的反对,却没有引起媒体的疑虑。在 8 月 4 日的记者招待会上,约翰逊宣布了这一事件以及相应的报复性的空袭行为,但没有人进行刁难或提出直指痛处的问题。相反,所有的媒体对这一事件的报道同政府的口径完全一致,称之为在中立水域对美国的无缘无故的攻击。

媒体对政府的种种说法无条件地接受,表明那种悄悄打仗的想法在实际中取得了成功。尽管如此,政府仍然明白媒体的接纳是有限度的。一种有效的处理公共关系的方案仍然是必要的。1965年这一方案的部分内容浮出水面,它强调增加军事投入是为了以和平为目的,想以此使媒体保持倾向性。例如,霍普金斯的讲话毫无新意,但他试图将"无条件谈判"阐述为一种新的方向,同时还讲5月份停止轰炸是出于对公共关系的考虑。而那年夏天,当军队大规模地介入越南时,政府却尽其所能地守口如瓶。

政府还通过种种见不得人的手段对记者们施加影响,有的时候是以利相诱,有的时候则采取强硬手段或甜言蜜语搞欺诈。约翰逊特别希望能够得到沃特·李普曼的支持,他是美国新闻界的元老。他给李普曼颁发自由奖章,请他吃饭喝酒,装模作样地让他提意见。而在其他场合,政府只把一些信息透露给亲信,不承认那些喜欢品头论足的记者们享有特权。但是这种作法,只是使那些有独立见解的记者们感到恼火。约翰逊越想左右舆论,越是引起媒体的疑虑。

无论怎样,约翰逊同媒体的关系还是要视越南战场上的情况来定。引入地面战争使原来的关系发生了改变,因为非常明显,它意味着政府在从事一场大规模的战争。美国不断死人,媒体的兴趣也不断增加。然而很多学者指出,打地面战争足以对美国政府构成威胁。在1967年底以前,最典型的对战争的描述是不厌其详地诉说美国兵的幸福与不幸,而对空战的描述则大讲特讲飞行员们的技巧和他们的高科技武器。敌人如同某种魔鬼一样,谁也不

142   第4章　战争中的社会史

知道是什么样子,从哪里来。实际上,美国人的报道充斥着对亚洲人和游击队的那种老一套的观念与印象。

电视与刊物对战争的报道

很多现场报道是由电视记者们完成的,有关越战的报道进入普通家庭,使越战成了第一场在起居室里就能看到的战争,但是效果怎样,不清楚。同刊物记者同行一样,电视记者倾向于认为自己客观公正,不会在某些方面抱有偏见,因此他们对于战争的报道更多地取决于媒介本身,而由谁来传递消息并不重要。由于受时间限制,电视对战争的报道从来都是蜻蜓点水。从越南发回的电视报道有20%是描述战斗情况,其余还包括官方声明、南部的政治形势或者是电视媒介所偏好的私人的小故事。即便是对战斗情况的报道也单调乏味。人们只能看到大兵们在丛林中跋涉并且开枪射击,但看不到敌人。而其中只有1/3才报道伤亡情况且大都采取图表的形式。这并不足以让老百姓感到牵肠挂肚,谁能说这些画面让电视观众们触目惊心? 他们可能的反应是,战争真是地狱,特别是那些经历过二战或朝鲜战争的人会这样想,其余的则是麻木,没有感觉。

但各种批评性的报道还是由一些主要期刊和电视记者源源不断地发回来。例如,1965年8月,哥伦比亚广播公司的莫利·萨福同一群海军陆战队的士兵在一起,他们刚刚同游击队打了一场持久战,正在动手摧毁一个叫做 Cam Ne 的村庄。在萨福的镜头当中,几名士兵用 Zippo 打火机点燃了一间茅草屋。电视网预料到这可能会有政治后果,但几经犹豫还是播出了,并配以不动声色的解说:"毫无疑问,美国的火力在这里取得了军事上的胜利,……但是以这种方式对付越南农民……即便是总统发话,我们也不会站在他那一边。"萨福的镜头充满戏剧性而且刻薄挑剔,解说也没有将这一事件掩饰过去的意思。果然这产生了政治性的后果。约翰逊打电话给哥伦比亚广播公司的总裁、他的朋友弗兰克·斯坦顿,抱怨说广播公司是在"搞他",后来,批评家们称是萨福导演并制造了这一幕。但是一位参与了这一事件的大兵(巧合的是,也正是他在向一间茅草屋扫射的时候差点杀死一群妇女和儿童)回忆道:"我们当时就是那样做……那也是人们花钱买 Zippo 打火机的原因。"

主流刊物的大量批评集中在《纽约时报》,它完全站在敌对的立场上对战争进行报道。在 1966 年下半年,北越宣称美国的轰炸摧毁了河内周边的平民区。《时报》的记者哈里森·索尔兹伯里就亲自去了那座城市,亲眼见到了轰炸带来的破坏。他在二战期间亲眼见到过很多血腥场面,所以并不惊讶,只是得出结论说破坏是由炸弹偏离军事目标造成的。但他仍然推测出美国的飞行员们肯定接到命令要在人口密集的地区去完成一些看似不可能的任务。因此,平民伤亡不可避免,而空袭必然要在政治上和道义上付出代价。使索尔兹伯里不解的地方在于总统和他的军事顾问在"有关空中军事力量的理论方面都颇有造诣","他们应当不会忽略某些出于国家安宁和美国利益的基本考虑。"

到了 1967 年底,媒体在对战争的报道方面更加充满怀疑。在华盛顿和越南的很多记者都得出结论说存在一个"可信度差异"。这一术语源于越南。在那里军方每天向媒体进行的军事通报被称作是一场"五点钟的讽刺剧。"约翰逊总是夸大其辞并喜欢让媒体猜来猜去,这让记者们变得什么都不相信,要么就对所有的事情讽刺挖苦。

在春节攻势期间,这种可信度差异达到了极点。有关春节攻

144 第4章 战争中的社会史

势的报道充满了争议,各媒体再也不报道政府官员怎样充满乐观地信誓旦旦,而是转向更具轰动效应的事件,比如对美国大使馆的入侵。最初的报道让人震撼,感到恐怖,而实际上第一线的记者同其他人一样吃惊不已。有爆炸性的事件可以报道,几个月来无所事事几乎耗尽热情的记者们自然不会放过袭击大使馆的事件,不会忽略西贡的骚乱,也不会从顺化的围城战役中抽身而退。对于入侵大使馆的报道生动而全面。电视镜头随同美军部队从顺化切回连续的画面,在长时间的战斗当中,镜头不离美国兵左右。在2月2日国家广播公司的电视画面上,南越国民警察总长阮武龙将一位被怀疑为越共指挥官的囚犯拉到西贡的街上,对准太阳穴开枪。那位嫌疑犯仆地而倒,血如泉涌。

在官方看来,媒体把焦点集中在这些具有煽动性的事件上,意味着对军事胜利这一大局的忽略。然而,几个星期之内,媒体充分动员并开始以相当高的准确性报告战斗结局,彼得·布雷斯特拉普和唐·奥布多弗认为公众舆论已经受伤害了。但是布瑞斯特普也说过,并没有强有力的依据证明对春节攻势的报道已负面影响了公众舆论。春节攻势之后,公众对战争手段的信心开始减弱,而实际上从1966年的骚乱就已经有这种趋势了。

伴随媒体揭示出越南战场上的真相,政府与公众间的信任关系不断恶化。出于职业上的公正性,各种媒体不可能回避一些处于政府部门的批评家之于战争的评判,而且他们的观点引人注目。报纸与媒体报道了参议院外交事务委员会的听证会;委员会的主席J.威廉·富布赖特想方设法给予这些对战争持异议的记者们以法律保障。按照威廉·S.怀特的话,萨里布利可以被称为一个叛徒,一个令人无法忍受的自私自利的唱反调的家伙。但你敢这样谈论富布赖特或沃特·李普曼吗?在整个1967年,越来越多的政府雇员对战争采取怀疑的态度,并且愿意将政府内部的分歧透露给媒体。这样在公共的讨论当中人们疑心越来越重,记者们则猜疑是否政府本身对这一场战争也没有信心。尽管新闻作家没有进行蛊惑,反战运动也没有产生什么刺激,只是随着战斗形势的恶化和美军伤亡的增加,民众还是开始怀疑打这一场战争是否值得。如一位记者所言,媒体不断增加的怀疑态度实际上是对市场作出的反应:"如果你的自然选区发生变化,你想当然地也会作出变化。"

林登·约翰逊想悄悄地打一场战争却最终搞得沸沸扬扬,这使他不得不走向前台。尽管媒体同他的关系一团糟,但却并没有使他在政治上失势。实际上,理查德·尼克松同媒体的关系比约翰逊还要糟糕,但他能够将它转化为政治上的优势。到了1968年,媒体就赢得了这样的名声——充满偏见,不合作而且以精英自居。这可以说是部分正确。媒体对战争的报道最终缓和下来并且逐渐恢复到春节攻势之前的样式,集中地报道大兵们和大谈南部的政治问题。相反,尼克松却满怀敌意地发起了对媒体的攻势。同媒体对政府的程度相比要过分得多,同正趋式微的反战运动对抗政府的程度相比,也要过分得多。

政府部门的批评家与理性的丧失

由于无法控制大量信息进入到公众生活当中,政府不得不同公共舆论开战。但战争同公共关系从来不是一回事,而是同那个变化多端的所谓公共舆论相对峙。不管美国人怎样想,吴庭艳都应当下台;不管美国每天晚上的新闻讲些什么,同西贡的士兵们统统没有关系。他们依然在丛林中跋涉。越南危机首先还是由美国冷战思维的内在缺陷造成的。无论怎样操作媒体或搞民意调查,都不能改变这一点。

146 第 4 章 战争中的社会史

战争的批评家们使人们注意到了这些缺陷,因而战争不会在毫无异议的情况下进行下去。早在 1963 年和 1964 年,一些处于政府部门的批评家们就已经开始以一种强有力的、无可争议的方式批评美国政策。富布赖特、李普曼、乔治·鲍尔、乔治·科纳和汉斯·摩根索从来没有参加过反战运动,这同他们保守的个性完全不合。他们都是彻头彻尾的显要人物,属于政策指定的制定政策的精英分子。鲍尔是史蒂文森时代的民主党人,在肯尼迪政府里作过助理国务卿。科纳同摩根索是美国国际关系领域最权威的理论家。富布赖特是罗得斯的学者,阿肯色州的参议员,肯尼迪时代国务卿的首席候选人,参议院外交事务委员会的主席。李普曼则执美国新闻界牛耳,是美国国际事务最富经验的观察家。他们不会参加华盛顿的和平纵队,也不会去焚烧征兵卡。

这些处于政府部门的批评者们从多种角度看到了美国政策的危险之处。鲍尔离政策的制定过程最近,他对于 1961 年之初美国选择介入越南就持怀疑态度。当肯尼迪就泰勒—罗斯托的政策发表谈话时,鲍尔就警告说,"在未来的五年当中,我们将会有 30 万青年因此流落在越南的水田与丛林当中,再没有出头之日。"他对于未来的把握高于肯尼迪,因为肯尼迪说过:"乔治,你荒唐得不可救药。"像很多肯尼迪时代的人,鲍尔留下来为约翰逊继续工作,而他渐渐地发现因为他对轰炸持反对态度而逐渐失去影响力。他指出"雷鸣行动"徒劳无功,原因是它赖以存在的所有假设都存在缺陷。它不可能摧垮北越人民的意志,也不会提高南越的士气,更不会改变处于南越危机核心的政治问题。"雷鸣行动"将使地面部队的介入成为必然,并诱使美国越陷越深,甚至不得不考虑动用核武器,进而威胁到中国。麦乔治·邦迪认为鲍尔的观点不值得考虑。"我预感你会听鲍尔的话,"他向约翰逊建议说,"那么,你就应该否决它。"

鲍尔作为局内人关于反对使用战争手段的批评范围要窄得多。在李普曼、科纳、摩根索看来,问题不仅仅是战争是怎样引起的,还要搞清楚为什么要打。作为理论家和讲求理性的观察家,他们从权力平衡和国家利益的角度来看待越南问题。他们认为,越南距离美国太远,保卫它是不现实的。对于美国而言,它并不具备重要的战略意义。这个尚未开化的国家没有任何特别的资源,如果谁说它具备经济上的价值,那么他肯定是个疯子。李普曼明确写道:"所谓休戚相关的利益乃是涉及一个国家安全与福祉的重大利益。而我们的安全与福祉从来与东南亚与朝鲜无关。"东南亚,无论从地理上还是从历史上讲,都属于中国,对中国具有军事与经济双重的重要性。而在越南的战争将美国拖到了一个大规模冲突的边缘。毫无疑问,这将危及这里微妙的权力平衡。肯定不会有什么好结果。

政府口头上讲,美国参加战争并不是为了一己私利,而是为了民主和南越人民的幸福。但这些批评家们则认为美国毫无必要去充当世界警察的角色。那种所谓美国要"顾全声望"的说法也不着边际:在越南失败就意味着共产主义在第三世界崛起乃是过分简单化的想法。而且,能够像一个大国那样行事,能够承认错误比之推行一条在根本上就存在缺陷的政策在脸面上要好看得多。一些总统的助理们认为政治上真正的精明在一定程度上就是要把李普曼和富布赖特的话放在心上。对于那些走极端的反对倒完全可以置之不理,"嘴上说说理解他们的想法也就够了。"约翰逊总统的朋友哈里·麦克弗森就是这种意见。总统一开始采纳过些建议,但归根到底却在于他自信他最终能够让那些政府里的批评家们明白,他,没错。

148 第4章 战争中的社会史

温和派的反战行动

在1965年变幻不定的日子里,很多颇为留心的民众将这种自信误以为是一种忍耐,觉着政府有意在国内搞一次有关越南问题的讨论。而这些讨论有可能会对一系列事件产生影响。刚刚兴起的反战运动抱着这种希望,采取了一些温和的措施。不搞反对活动,只是想让人们更加关心战争。温和派们仍然相信约翰逊是真诚的,他在1964年还呼吁要执行克制政策,他们以为总统能够听一听支持者的话。而且,那个时候,人们还没有忘掉政府里那些主张改革的人们曾经许下的诺言。尽管政策当中越来越明显的缺陷让这些温和派们也感到不安,他们仍然没有直接提出撤军,并且在言论中有意对共产主义加以指责。他们全力以赴,想让约翰逊保持他公开讲过的立场:以谈判解决争端。

他们致力于在国内搞辩论,结果形成了大辩论运动。3月,一些密歇根大学的教员们提议在夜间搞一些非正式的讲课,不久就有几千名学生和教员参加进来。其他大学闻风而动,很快他们便要求同约翰逊对话。政府依然自信能够降服这些知识分子,并且为了反驳这种批评意见,派出了85名教授到华盛顿听听他们讲些什么。同时,政府还派出一支"真理纵队"到中西部各州参加辩论。国务院则出了《北方的入侵》一书,为自己辩护。书中摆出一堆所谓秘密材料,想证明和当初的朝鲜一样,战争是由于共产主义分子赤裸裸地搞侵略引起的。

有两件事标志着这场针锋相对的运动发展到了高潮,一件事是5月中旬的一场全国性的辩论,另一件则是6月份电视直播的邦迪同摩根索之间的对质。有10多所大学的大约100000人通过电话加入辩论。组织者们希望能够形成一个具有代表性的学者团体进行"负责任的辩论",但是由于邦迪同意加入,这场非正式的讨论就转化为政府与批评者之间的直接对抗。邦迪作为政府里最圆滑和最有资历的发言人,在最后关头还是想退出。约翰逊恼怒地说他出尔反尔,反而为他安排进行辩论的日程。或许是因为他能够运用各种方式方法,邦迪还是于下月在国家电视台同摩根索进行了一场辩论。在越南进行战争是否是遏制中国的合理手段?双方围绕这一点针锋相对,摩根索出于学者的本能再三考虑的是这一事件的复杂性,而按照邦迪的话来看,美国只能僵硬地面对两种选择,从事战争或者蒙受羞辱。当摩根索试图协调双方观点的时候,邦迪开始攻击他的那种不适宜的悲观主义,然后则嘲弄摩根索的学术能力。理性的辩论就这样转变为人身攻击。

向对抗性的辩论发展

全民辩论所讲求的理性最终会堕落为对人身的侮辱和道德说教,这仅仅是一个时间问题。政府搞辩论的初衷是缓和公共关系,如果不成,则要以强迫手段,达成一致。即便是没有站得住脚的理由,他们也从未动摇过进行这次战争的决心。所以对战争进行认真的讨论注定了仅仅限在口头上,渲泄感情罢了。就辩论运动而言,尽管出发点是好的,政府仍然认为它是片面性的,缺乏理智,有时可以说是煽动性的,不讲道理的。国务卿迪恩·腊斯克在4月底充满鄙视地嘲弄说:"某些受过教育的人动辄上当,而且对一些基本事实固执地视而不见,而据说正是他们要指导我们的青年们学习,特别是学习如何思考。"他指的就是大辩论运动的那些组织者们。同时,政府所谓的"真理纵队"在某些保守的地方也遭遇到了,按照他们主席的话讲叫做是"情绪化的冲动"和充满道学气的伪善。特别是在威斯康辛大学,某些反战运动人士准备以牙还牙

150　第 4 章　战争中的社会史

地对抗政府加于他们的侮辱,将那些战争的发动者们痛斥为"傲慢,愚蠢,无能得无与伦比的家伙",这是大辩论中一位发言人的话。

同任何人一样,那些处在政府部门的批评家们也感受到这种令人不安的氛围。出于理性的判断,他们为政府那种反击方式和怀恨在心的应对措施感到难过。李普曼不仅在白宫受到冷淡,而且遭到无耻的人身攻击。鲍尔原本在政策制定过程中就遭到排挤,现在连句话也说不上了。摩根索因为同邦迪辩论也惹祸上身,收到一连串的反犹太主义的邮件,国家税务署也来查税。他相信这一切都是有人出于政治目的而有意策化的。富布赖特的境况或许最能说明问题,毕竟是他在参议院促成了"东京湾决议",而且他相信政府出发点是好的,会谨慎行动,他也这么说过。但约翰逊做的跟说的根本就不一样。富布赖特开始表示出疑虑,但不久他发现连自己也靠边站了。他确定再没有力量对白宫施加影响,于是在 1966 年和 1967 年,在参院外交事务委员会搞了一系列听证会。这成为反战运动的核心事件,令人景仰,却令政府很是尴尬。这位总是同他们做对的主席总是在倾听那些消息灵通的批评者们讲这讲那,并且让政府内部的人出席。这一切都使人们看清楚对这场战争的理解存在着多么大的谬误。

1965 年以后,政府在辩论中开始动用侮辱人格的手段,这就像毒汁,结出了意料中的恶果。很多加入到批评中的人们有着良好的愿望,但政府却怀疑他们的爱国主义立场不纯,结果政府的诚实性问题反被提出来,人们开始考虑发动越战的道德背景。即便是那些主战派的批评家们也不再将战争看作是一时的错误,而认为它存在着严重的缺陷。乔治·鲍尔得出结论说它应验了那句有关权力腐败的老话,"品行严谨方正之人不会无凭无据,妄加揣度……不会为玩弄手段、袖手旁观的兴致而丧失原则。"李普曼则更加直白:"约翰逊的美国是一个准帝国,它靠着比别人强大来为所欲为。它不再是体现智慧的典范,也不再是充满人情味的自由社会。"

富布赖特在《权力的傲慢》一书中表达了他懊丧的心情,他谴责政策制定者们那种美国应作世界警察的念头。富布赖特认为,这场战争表明即便是强大的美国,它的能力也有个尽头,尽管这叫人难堪。托马斯·鲍尔斯写道:"在对战争的讨论中,一旦辱骂成为一种武器,便再没有缓和的余地了"。温和派越来越强调道德因素。但这种政治观点并没有得到回应,如鲍尔斯所言,批评者们除了以头抢地便再也没有办法对政府施加压力。自1965年起,围绕战争进行的不再是讨论,而是对抗。结果是激进分子的力量增加。他们不仅期待着对抗的加剧,而且决定要通过反战运动使激进主义在更大的范围内赢得基础。政府倒并不害怕这种趋向,反战运动越激进,越容易遭到谴责,也越难以引起人们的同情。但是这种倾向在更为广泛的范围内产生了效果;战争问题变得不可调和,公共生活不断恶化,以致1968年的暴乱终于成为可能。

反战运动

很难说反战分子形成了一次统一的"运动"。他们由形形色色的市民组成,结成无数的团体,在战略与分析上彼此不可协调。没有一个统一的领导人,也没有一个处于支配地位的团体。只有一位长期从事和平运动的激进分子A.J.穆斯特取得了广泛的信任。那些一拥而起地加入一个或几个组织的人也是五花八门,覆盖了美国社会所有层次,所有领域,包括牧师、教员、郊区的家庭主妇、学生、工会成员和农村居民。反战运动的确同政治上的激进主义有共同之处,但 60 年代二者间有着明显的区别。在 1967 年以前,所谓"和平人士"人们已经见多不怪,不过是一些无视权威,服用迷幻药的嬉皮士。实际上,反战运动汇集了各色人等。尽管问题本身没有什么条理,但出于讨论的必要,我们将反战运动划分为五种流派,每一派对战争都有自己的看法。

运动的构成及其根源

首先是温和派。其中一些主要的反对核战争的成员来自"健全核政策全国委员会",另外还包括不同类型的社会党人。温和派认为越南问题一团混乱,应当以认真的,甚至是恭敬的态度作出评判。同其他流派不同的是,温和派从未要求美国单方面撤军,并且习惯性地以对北越的批评来平衡对美国的不满。

其二是一些传统的和平主义者,他们的思想渊源于 20 世纪美国的和平运动,其间新教徒的改良主义同激进的人文主义混为一体。尽管在 1965 年他们已经认为越南成了美国生活中的头等问题,但基于反对战争这一基本原则,他们仍然致力于实现民权运动、左翼劳工组织和传统改良派之间的联合。同样是基于这一点,大多数和平主义者同意 A.J. 穆斯特的观点:缓和已无可能,而战争暴露出这个国家的腐坏程度之深,已使非暴力的革命成为必须。

第三种流派主要是由校园里的激进分子组成,包括"争取民主社会大学生协会"(以下称"民学")这一极端激进团体的组织者。他们同和平主义者有很多共同之处,特别是都认为现状已经无可救药。但他们并不局限于非暴力,而且在批评当中态度严苛,喜欢故作庄严。但他们的基本观点不是以基督教义原则为基础,而是采取当代流行的种种观点,如个体疏离,技术统治社会之类。

第四种处于运动的边缘地带,包括"老左派"的遗老,间以年轻一代的准激进分子,后者被《城镇之声》的作家杰克·纽菲尔德称为"遗左"(左派遗留)。此外还包括一些自称的共产主义者。他们的教条色彩和宗派色彩使他们看起来更像30年代而不是60年代的人。他们在运动当中没有形成什么影响。他们将战争简单地看作是帝国主义的种族屠杀行为并且宣称他们的想法同苏联和中国的外交政策一脉相承。

到了1967年,第五种流派,也就是嬉皮士才从"民学"这些人当中浮现出来。这反映出文化的激进主义在美国左派当中不断增加的影响。在嬉皮士看来,战争体现出现行体制中的早已注定的暴力倾向。而解决的办法非常简单:每个人只好自己找乐。正如阿比·霍夫曼在其启蒙性的著作《让革命见鬼去》(1969年)一书中所鼓吹的那样。

尽管有种种差异,反战运动的兴起仍然源于和平主义作为一种力量的延续。他们在二战以后离析,在麦卡锡红色恐怖年代里引起争议,在50年代到来的反对核武器的运动当中复兴。伴随政治环境的变化,和平主义者开始恢复强调他们的存在。肯尼迪绝不是和平主义者,但他在无意间促进了这一事业。猪湾事件、柏林以及古巴导弹危机使人们日益不安,致使和平运动赢得了越来越多的选民。在核危机战战兢兢的氛围中,沉默的人们的所作所为与达格玛·威尔逊在1961年的行为几乎是一样的。他是一名儿童读物的插图画家,同几个住在华盛顿郊区的朋友一起发动妇女投入到示威活动当中。他们有这样一种基本的信念:"让世界成为一个家就是女人们的工作"。因此成立了"为和平斗争妇女组织"。教皇约翰23世也呼吁世界和平。1962年2月的学生运动使数千名学生跑到华盛顿游说,为和平行动主义要求合法地位。

154　第 4 章　战争中的社会史

最初的一些和平主义者和要求实现非武装化的积极分子构成了早期的和平运动。到 1963 年,他们对于美国的冷战思维形成了自己的看法。他们认为,美国的政策将沿着现在的方向无可逆转地走下去,即使那些迷失了方向的领导者们也无法控制,而正是他们使美国走到了这步田地,但他们既没有能力也不想阻止这一势头。冷战已成为完全失去理性的行为,美国在其中下的赌注已完全超出正常的外交游戏所需的范畴。只有那种对高科技安全的幻想执迷不悟的社会,只有那种因为表面上的富足和个体的无所事事而变得麻木的人才允许这种游戏同他们的名字联系起来。对于那些依然保持清醒的人,重新恢复道德理性并重塑在国家政策方面的理性和节制,是一种职责。

如同他们从事民权运动的同行不得不同警犬搏斗一样,参与和平行动的人不得不同军国主义抗争。每个人的行动方式同他们的身份一样各式各样,从守夜祈祷到街头对抗直到最为激烈的抗议手段——自焚。有 8 名美国人为抗议战争自焚而死。最早是在 1965 年的 11 月,有一位来自巴尔的摩的示威者贵格会教徒诺曼·莫里森在阅读了有关美国空袭越南平民的报道后,变得绝望。他步行到五角大楼,随即在身上浇满了煤油。几天以后,另外一名和平主义者,罗杰·拉波特,先在纽约参加了一次焚烧征兵卡的活动。那些站在对立面的人叫嚷:"别烧卡片,烧你自己。"据说拉波特大为震惊,而后做了他们要他做的,选择在联合国广场自焚而死。

有组织的抵制

对于整个运动而言,在 1965 年之前他们最常用的抗议手段是抵制征兵和游行示威。前者主要有这样几种方式:拒绝入伍,包围或骚扰征兵委员会和招募中心,或者逃避服役。抵制不是参加游行或者在公开信上签名,而是个人采取的对抗战争的激进手段,是年轻人同政府间面对面的对抗。这种抵制具有强烈的种族与政治意义:拒绝服役意味着拒绝履行爱国主义的义务,拒绝做所谓的好男儿。与此相应,这表明他已经做好准备去迎接周围的嘲弄与藐视,并且不得不阐明他所理解的爱国主义。

最为普遍的抵制征兵的行为是焚烧征兵卡,它常常在有组织的抗议活动中以群体为单位进行。最早的焚烧者以过时的纽伦堡法案为他们的行为辩护。按照这一法律规定,如果个体参与到政府的犯罪行为当中,同样要负责任。而他们认为这场战争正是一场犯罪行为,所以声称他们拒绝服役乃是出于普遍的道德准则与国际法。他们的行为是前所未有的行为,而最初焚烧征兵卡的人也的确并未遭到迫害,其中就有汤姆·康内尔。他是一位天主教徒,反对发展核武器。在1960年他烧掉了第一张征兵卡,接下来一连烧了10张。他估计他"创了纪录"。第一次集体的焚烧行为过后,按照某些国会议员的话讲,那些"肮脏的、低劣的、披头散发的家伙"居然对他们的政府嗤之以鼻。国会在怒火中作出决定,对那些毁坏征兵卡的人加重处罚,并搞进一步的调查检举工作。第一个被判有罪的焚烧者是戴维·米勒。他拒绝接受判决,一再拖延,但最后还是遭受了两年半的监禁。在1968年,逃避服役一般要受到37个月的监禁,而在1965年,仅仅是21个月。1972年,被揭发逃避服役的人是4906人,达到了最高点。

抵制行为可能招致监禁,这使某些人停止了对抗。即便是激进的"民学"一开始也不太敢直截了当地鼓吹抵制,转而呼吁政府采取其他的惩罚手段,如打扫街区。这当然很不现实。但是,如果全盘考虑的话,可以发现他们对征兵制度采取公开的抵制态度时

156   第 4 章　战争中的社会史

心存犹豫，因为他们知道自己的行为后果有多严重。如果有什么不同的话，只是抵制兵役的人具有相当大的勇气，而不是出于怯懦。

反战运动越来越激进，有组织的、集体的抵制行为也不断升级。到了 1965 年末，"民学"和其他组织一起喊出了反对征兵的口号，"去地狱，没门"，"要命一条，否则别想"，就在 1967 年初，一个组织收集了一堆征兵卡片在中央公园焚烧。西海岸参加行动的人们聚集起来，形成了一个组织，名字就叫做"抵制"，他们的基本观点是，即便是推迟去服役，也意味着同现行体制结成了犯罪同盟。那年秋天，"抵制"发起了收缴征兵卡运动，结果从 18 个城市收集到 1000 多张卡片。之后"健全核政策全国委员会"的领导人本杰明·斯波克博士，他是一位著名的儿科医生，与耶鲁大学的牧师威廉·斯隆·科芬连同其他三位伙伴，将这些卡片送到司法部。部里的官员拒绝接收，而他们五个人均遭到了指控，最终被判有罪，说他们阴谋破坏征兵制度。另外，天主教的牧师菲利普·贝里根连同一帮朋友闯进巴尔的摩海关，将血洒到征兵文件上，并且主动接受逮捕。而几个月以后，他的弟弟丹尼尔如法炮制，不过这回是用自制的燃烧弹来焚烧文件。

有组织的抵制活动在 1967 年 10 月中旬达到高潮，这一周被称作"停止征兵周"。在西海岸，伯克利大学一些好斗的学生、社区组织以及"抵制"组织计划强行关闭奥克兰的一所大的征兵中心。在和平主义者们非暴力的方式失败以后，那些好斗分子接过手来，指挥了一次大规模的街道游行活动，大约有 10000 人参加，其中不少人此行的目的就是打架。在向征兵中心开进的过程中，游行转化为同警察的冲突。从一个街区到另外一个街区；游行队伍尽可能地排除路障，直到警察逼近才撤退。他们骄傲地将这次行动称为"成功的游击战"。尽管奥克兰的征兵中心最终并没有关闭,倾向采取暴力行为的人的地位却得到了巩固。奥克兰的战役启发了全国的行动分子。

如果说"停止征兵周"意味着有组织的抵制活动达到了顶点,那么这种抵制运动的核心意义就已经改变,它不再是个体的拒绝合作的行为。伴随战争的升级,抵制活动也不断高涨,矛盾的是,在各种抵制方式都达到顶点的时候,焚烧征兵卡的行动却逐渐消失。到了 1970 年,抵制运动使某些州为了完成征兵的定额费尽周折。从 1969 年 9 月到 1970 年 3 月,加利福尼亚州有一半以上被征召的人拒绝露面,而为了完成 7800 名定额,他们不得不向 18000 人发出征兵通知。全国到底有多少人拒绝登记,没有确凿的数据,但至少有几十万,甚至会有两百万人。对于那些无法延期服役的人而言,等待他们的命运只有出走,去加拿大,或者欧洲。

运动中的分歧与分裂

除了抵制征兵的运动,其他反战活动仍然以正常的游行示威为主。而其组织机构往往分化为对立的两个派别。1965 年第一次重要的反战游行发生在复活节的华盛顿,有 20000 多人参加。而此时已经埋伏下不祥的兆头。"民学"是最主要的策划者,他们想将一些左翼团体,如由准共产主义分子组成的杜波斯俱乐部,哈佛激进的"5·2 行动"团体,连同一些温和派和传统的和平主义者一同包括进来。这种纳入极左团体的决定使温和派感到愤怒,他们以民权运动专家拉斯廷为首,希望能够形成自由同盟。一些资深的参与者仍然记着 30 年代因分裂而瘫痪的极左阵营和 50 年代的红色恐怖,对"民学"的政策也表示不安。和平主义者则宣称这些边缘性的团体鼓吹暴力革命,因此不是真正的和平主义者,完全应当排除在外。

"民学"的领导人和一些和平主义者,主要是戴维·麦克雷诺兹以及和平主义的《自由》杂志的编辑戴夫·德林格,宣扬将极左派排除在外会使以前那些令人厌倦的政治问题回归,招人反对。德林格为"民学"的立场辩护,"从学生的情绪来看,他们对于共产主义者和反共产主义分子都有点轻微的不屑。意识形态上的僵化由来已久,他们并不想陷进那种思维。"采取排斥政策将使运动失去信任,并且表明运动当中共产主义分子的存在依然是一个令人担心的问题。如果让温和派占据上风并主导谁能够而谁不能加入到游行队伍中来,则是一种背叛,因为温和派们仍然在制造这种假象:如果想结束战争,"同海军陆战队结盟"就行。激进派的历史学家斯托顿·林德就是这样嘲弄温和派的想法。最后,运动当中最有声望的两个人,A.J.穆斯特和老社会主义分子诺曼·托马斯加入进来,在他们的协调下,"民学"同温和派达成妥协,双方同意激进派加入。这样,参与运动的人比一般人想像的还要宽泛,"民学"的声望因此大大提升。

但是运动中的这种派性仍然非常明显。像穆斯特这些多年来一直从事运动的人,并没有把复活节游行取得的成功放在眼里。他们更关注由此暴露出的分裂倾向。穆斯特并没有幸灾乐祸,他说,"显然是时候了,应当就和平运动的指导思想、步骤、战略进行一次严肃的讨论了。"穆斯特的这些想法并非仅仅产生于游行示威中的一系列问题,其他方面也有毛病。在西海岸,有一个叫做"越南日委员会"的反战组织,它不仅无视意识形态上的差异,而且将文化上的激进分子也拉入到旋涡中来。结果在一次辩论中吵得不可开交,观点显得偏颇而且片面。"那纯粹是胡说八道",这是一名参加者的反应。而"民学"即便在一开始取得了巨大的成功,或者说也正是由于这种成功,使他们陷入到一种目标危机当中,结果搞得老成员与新成员分裂。"健全核政策全国委员会"的命运也大致相仿,尽管他们已经开始实施一项独立的计划,但围绕是否联合左派仍然发生了激烈的争吵,以致斯波克博士也退出了。

反战运动做得最好的是将各种各样的组织始终维系在周围,最早开始的是1965年底的"结束越南战争全国协调委员会。"之后,在"全体动员,结束战争"(MOBE)的旗帜下,又赢得了几次复兴。这期间,反战分子持之以恒,组织起大规模的,甚至是历史性的示威活动。只是,他们相互间协作少了点,领导则过于疏散,而参加者又有点各怀目的。

五角大楼游行

1967年10月,五角大楼游行就是一个充分的证明。在奥克兰示威活动当中,"动员策略"取得的成功显而易见。"全国协调委员会"因此受到启发,相信可以引导行动,从抗议走向抵制。杰瑞·鲁宾,他是嬉皮士运动的领导人也是奥克兰的运动领袖,受到委员会的邀请来组织这次活动,以使之成为"能够带来全盘动荡,使人们广泛地采取抵制行动并使美国社会不知所措的一件事。"这是鲁宾的话。100000人终于降临华盛顿,囊括了各派人士。他们打算使行动持续数日,搞一系列名人演讲,并向国会山进发,重头戏则是经波多马克到五角大楼的游行。从这份粗略的计划可以看出这次运动组织的情况。没有领导中心,诺曼·梅勒在《夜之军队》中对这次行动有一段著名的描写,他称人们"无依无靠无所适从"。A.J.穆斯特在2月份逝世了,游行失去了领袖。戴夫·德林格后来解释说,"种种具体的计划,没法落实",可以说这次行动是"甘地精神和游击战术"的结合,是激进主义同传统的和平主义的结合。

后来所发生的一切成为历次行动中最令人难以置信的一个章节。在 10 月 21 日,星期六的下午,参加游行的人们在林肯纪念碑前听完了几位政治和文化名流的讲演,大约有 50000 人包围了五角大楼。在那里他们上演了最为狂乱的一幕。游行的队伍按照原定的路线向北,最后同一队武装的宪兵形成对峙。然后就变得一团糟。没人领导,谁想说话,"民学"的成员就把高音喇叭交给谁。其他的运动领袖同他们的分遣队在不自觉中开始纷纷发表哗众取宠的讲话,并即兴地接受新闻采访。嬉皮士们则试图用冥想的力量使大楼悬浮起来。有一小部分人冲过警戒线进入大楼,但均遭到了逮捕。抗议者们对着军人歌唱,要他们"一起干",并把花插进枪筒里,据说"有两个或三个战士转变了立场或者说想转变立场"。"我们不得不到五角大楼来抗击那些制造战争的人,"一个参与者写道,"结果只发现那些一身军装的大兵们同我们没什么两样。"梅勒说,"空气中有种暴力的味道,但也充满滑稽。"另外一名参加者则说,"很像是场球赛,人们一窝蜂冲向球门。"这是乌托邦同地狱对峙,还占据了一时的上风。

人来人往,一直僵持到寒夜到来。有几千人打算支帐篷休息。记者们也熬得倦了,收拾了东西要回家。这时真正的行动才开始。直视前方的伞兵部队在联邦警察的簇拥下开始冲向人群。示威者采取了非暴力的方式,手挽手席地而坐决不退后。他们实在是太容易对付了,同他们这些赤手空拳的同胞们对抗让大兵们感到尴尬。但州警却完全是另外一种人。他们将示威者从人群中拖出来并用警棍狠揍。还将一些女性隔离出来,刻意污辱,让她们呼救,赶来救援的男同胞们便会横遭一阵毒打。梅勒称之为"大屠杀"。其间一位叫做加里·雷德的越战老兵抓起喇叭,以军人的口吻向军

队求救。附近一位军官想把他揪出来,就在争夺当中,雷德还 111
就越战问题进行争辩。逮捕一直持续到黎明,有大约100人被
捕。

示威者们将包围五角大楼的行动看作是一场无与伦比的成
功。他们称现存体制的暴力倾向终于暴露出来,抗议者同军队之
间则形成了默契,相互同情,多样化的思潮曾经使运动呈现多样化
的特征,现在则取得了一致,而且没有人因此牺牲原则,也没有人
是出于胆怯。官方则显得缺乏热情。总统带着他的家人在星期天
开车绕着那些滞留的示威者转了一圈,想看看"嬉皮士是啥模样",
对整个事件他置之不理。国会里的保守派将之称作是共产主义的
阴谋,这种思路或许和约翰逊本人一脉相承。而一般人对这次活
动的印象是由媒体一手造成的,他们认为反文化运动尽管未超出
范围,但它达到了极点。从此,民众对这一运动的同情心将一天天
地减弱下去。

对反战运动的评价

参与运动的人获得赞美,但是这一运动本身同美国大多数人
之间却又存在着这样大的分裂。如果说调和其间的矛盾非常困
难,那么总结一下成就感,描述一下抗议者同军队之间那种鲜为人 112
知的同盟关系,或者将他们那种革命的潜质泛泛地褒扬为一种浪
漫情怀,实在是太容易不过。倒是的确有理由表示乐观。战争已
经拖了两年多,仍然看不到尽头,即便是最顽固的鹰派也开始承认
进行这一场战争意义不大。在大辩论运动之后,邦迪就离开了政
府。国防部长麦克纳马拉透过窗户看着抗议者们包围五角大楼,
不久以后他也将递交辞呈,成为一件更为令人震惊的事。约翰逊
则越来越不愿意露面,躲在白宫里收拾他的战争机器。城市居民

的骚乱不断加剧,那年夏天达到了极点,在底特律发生了大暴乱。黑人力量开始崛起,让人感觉非洲裔的美国人想重开一次内战。反文化运动又通过一系列的爱的集会再次引起全国的注意。这使那些冒充激进的人大吃一惊,他们的父母也难以接受。战争似乎是不可能的。

但接下来仍然是老样子,改变是不可能的。革命要有民众参加,至少他们也得抱一种同情、默许的态度,但这两方面都没得指望。人们老是那么乐观,为什么? 是因为他们相信国内有力量使政府实现战略转变,换一换办事的风格。在抗议的日子里,焦点只有一个:战争。而抵制运动显得太迫切,反倒使战争的问题被忽视了,所以在很多人看来,是抵制运动自身葬送了自己。奥克兰暴乱中"动员策略"和被遣散的包围五角大楼的运动则使人们变得乐观,因为从要达到的目的来看,他们都成功了,参加运动的人逗弄警察并且试图说服士兵。"我们的存在,我们这种不合作就是一种信号。"乔治·丹尼森这样来描述五角大楼的示威活动。以行动本身作为行动的目的,乐观是想当然的。

不言而喻,约翰逊总统一直想让整个国家在不知不觉中度过战争期,抵制运动的兴起是与此相应的。其中出现的越来越尖锐的呼声正是政府不断地误导民众压制异己的反应。反战运动在无意之间恶化了公众生活。它仅仅局限于对政府行为做出反应,在政策圈子里打转,结果当尼克松决定要淡出越南的时候,运动就趋于销声匿迹了。实际上,尼克松从来没有成为反战运动指指点点的对象。他通过撤军安抚了民众,但他又维持了轰炸政策,而且一度根本不把抗议者放在眼里。

从一定意义上可以说反战运动是失败的。民权运动,同它具有相当的象征意义,却要成功得多。没有实际的证据表明政府感受到了来自这一运动的压力,也没有人因此去反思政府的政策。这令人痛心,却也是不争的事实:甚至不能说这运动对美国的政策选择有起码的影响。而从1966年的选举开始,美国就有一点右倾的味道了。约翰逊为了战争付出了自己的政治生命,但并不欠反战运动分子们什么。在美国公众眼里,他能够借助媒体和激进运动本身显出它荒谬的一面,就很不错。从这一点来看,他是对的。1967年以后,反战运动再也没有获得过公众的同情,而从那时起,它也已经不再为维护自己的形象而斗争了。

　　1968年以后,和平运动在国家政治体系中只拥有一个角落,并终于走向分裂。尼克松声称要"和平而不失尊严"地赢得战争。越南化政策减少了美军伤亡,征兵制度也进行了改革,联邦政府开始采取办法限制反战分子。尽管运动本身并没有遭受破坏,却失去了动力。查尔斯·德比尼特蒂,和平运动中起着关键作用的学生,因此得出结论说,在这场战争当中,没有真正的胜利者,无论是国内,还是国外。在战争持续的日子里仍发生了几次大规模的游行活动。在1969年4月,有十万余人再次来到华盛顿。第二年春天,由于入侵柬埔寨,全国有超过一百万的大学生罢课。校园里的骚乱导致暴力事件发生。在同示威者的混战当中,俄亥俄州州警卫队杀死了4名来自肯特州立大学的学生。在密西西比的杰克逊州立大学,州警卫队在突击搜查宿舍的时候杀死了两名学生。在1970年内,抵制服役有时则演化为一场游击战争。有一些激进分子试图炸毁联邦设备和办公机构,其中有不少还是在中央情报局的卧底或密探的怂恿下干的。在威斯康辛大学,一群身上涂满油脂的激进分子炸毁了大学的军事教学研究中心,结果引发了一系列爆炸事件,并使一名年轻的物理学家无辜丧命。在1971年4月,一个和平组织在华盛顿搞了一次最大规模的游行,有50万人

164 第4章 战争中的社会史

参加。几个星期以后,一个更为激进的团体来到华盛顿,他们想在所有的街道与建筑物上静坐,最终使整座城市瘫痪。但他们还是被警察们请了出去。这让尼克松总统颇为满意。

像戴夫·德林格这些激进的和平主义者对种种暴力行为不仅是出于原则而感到遗憾,更知道这无异于自毁前程。尼克松时代声势浩大的示威活动使人们很少注意到它们在组织上的混乱无序。没有什么新的变化,倒是政治上的控制在1968年以后变得更加严格。自由这一核心已经不复存在,而正是它使战争不致于演化成"我们同他们"的问题,而现在战争真的围绕"我们同他们"展开了。尼克松政府和激进分子都知道这一点。反战分子取得的进展仍然依靠最普通不过的方式——在国会里采取行动,而这同反战运动又不沾边。"健全核政策全国委员会"同其他几个坚持温和立场的团体开始在国会里游说,支持一些尝试着推翻东京湾决议的提案。他们想以此恢复国会对战争的控制权并迫使尼克松就美国撤军拟定具体日程。

但是,没有多少疑问,反战运动使公众始终关心着越南问题。即便是他们不想承认,这也是事实。行动主义分子使政府在发动战争的时候不得不受到起码的限制。而任何人在将越南与朝鲜进行比较后都可以得出结论说,政府无论如何也应当撤军。和平运动所取得的成功是"有限的,非常微妙的",乔治·哈林这样说。"或许最重要的是,"他继续说道,"反战运动带来的不安与产生的分化使政策制定者感到焦躁,最终促使他们寻找解决办法。"

战争与沉默的大多数

越南战争问题上的公共舆论特别复杂,难以评价,简单地讲,可以说他们认为:美国总统摇摆不定。公众们都同意,认为应当限制共产主义,但是怀疑在越南是否办得到。他们知道战争使无数人白白地死掉,但他们关心的是美国人而不是越南人。他们同意美国所采取的每一个步骤,从"雷鸣行动"直到1972年的圣诞节轰炸,但原因仅仅在于这些步骤据说可以结束冲突。舆论也起伏不定。在总统采取新的措施后,支持率一般要下降,直到新措施产生效果,才会有所变化。由于美国没有哪一步走得对,总统所面对的公共舆论一届不如一届。在1968年,很多美国人反对战争,但对反战运动也持反对态度。这种结果是多种相互斗争的因素综合作用的结果。一位父亲,儿子死在越南,可以用他的话作为总结,"我想我们要么打赢那场战争,要么退出,……我讨厌那些搞游行来要和平的人。如果能离开那个鬼地方,越快越好……"

而在地面战争开始之前,人们就已经普遍地对美国的政策持怀疑态度。只是约翰逊的个人感觉不是这样的。在肯尼迪遇刺事件以后,他就开始以他的方式领导这个国家。1964年他推动东京湾决议获得通过的时候,他同各方面的关系还好得很。这一事关重大的举措不仅在国会赢得了一致,民意调查显示的支持率也达到了85%。在戈德华特取得的压倒性的胜利使他相信民众还会给他以支持。但是人们一开始支持东京湾决议并不意味着将永远支持,而且有充分的证据证明战争策划者们也意识到了这一点。他们不害怕公众的反对会形成潮流,他们担心的是公众的耐心不够,而且有限战争如果不能解决问题则会带来普遍的挫折感,在朝鲜就是这样。约翰逊的助手哈里·麦克弗森写道,"他进退维谷","既想在公众当中唤起足够的战斗精神和决心来应付一场有限战争,但又不致于群情激昂,使他不得不在更大范围内采取措施。"公众的挫折感不久就显现出来,到1965年2月政府决定战争升级的时候,哈里斯民意测验表明有35%的人希望美国撤军,有75%的

166 第4章 战争中的社会史

人支持以谈判方式解决问题。

由于约翰逊并不想真地进行谈判,这样,除非在军事上或政治上有大的进展,公众舆论不会有什么变化。当然更谈不上向好的方向发展。搞民意测验的劳·哈里斯指出,在1966年的7月,约翰逊最后一次拥有绝对多数的支持率(42%—46%),从那以后直到春节攻势所引发的政治灾难,大约两年多的时间里,他的支持率不断下降。

115   约翰逊始终没能让公众舆论站在他那一边,但反战运动也没有。美国的中产阶级从来就不喜欢嬉皮士,而正是他们主导了这次运动。但是,更重要的是,参与运动的尽是中层与上层的白人,而在前线战场上的却绝大多数都是劳动阶级。

征兵系统与阶级偏见

是征兵系统使在前方打仗的人同在家里呆着的人具有了这种阶级上的差异,而这一系统又是官僚机构长期积累,发展的结果。自朝鲜战争以来,这一系统在征兵的广泛性上没有实质的变化,但由于它基本上是在和平时期运作,受地方征募委员会的左右,存在着不平衡性。而这些委员会在组成上,正如刘易斯·赫尔希认为的那样,是"凑在一起的一群邻居"。经过多年运作,系统内的人们越来越有办法逃避征兵任务。推迟服役并不困难。其中最为普遍的,也最能体现出阶级区别的一条是可以以大学学业为由推迟服役。这样,一个年轻人,只要需要去接受更高的教育,就可以推迟服役。还有多种可以延期的理由。任何人只要为从事防御工程的公司工作,就可以获准延期,即便他本人不从事相关工作也无妨。理论上讲,即便你仅仅是道恩化工厂的看门人,但只因为道恩搞的是化学武器,你就可以不服役。长子、父亲、丈夫都可以获准延期,这使很多人匆匆忙忙地赶快结婚。健康更是一个堂皇的理由,很多人因此搞绝食,冲自己来一枪,想出种种办法使自己有点儿残疾。有些人则找到要好的或心肠好的医生证明他们身体很差。有些人自称是同性恋者,有些人则装疯,还有一些人在智力测验中装笨蛋。由于具体的决定是由地方上作出的,所以图佩罗那地方可以获准延期的标准同托利多就可能不一样。参加和平工作团的人在纽约可以获准延期,在其他地方却不能。从事殡葬业在伊利诺伊可以延期,在其他地方则不成。某些地方委员会可以痛快地批准某些人由于宗教或道德原因不服兵役,有的则很少批准。除了延期以外,还可以以从事的各种各样的职业为由拒不去越南:如国民警卫队,海岸警卫队,甚至正从事征募工作也是理由。这样,人们在面临军队义务时,就具有了一定程度的主动性。总之,都是逃避战争的手段。

征募工作满是漏洞,戴维·苏里称它是一个"可以随意操作的系统",这说轻了。系统易于操作,这一性质难以激发爱国主义情绪却更容易招来公众批评。如果不是迫不得已就没有理由让人们中断正常的生活。一位密歇根大学的学生告诉记者说,"如果我浪费两年的时间,意味着 10000 美元的损失。我知道听起来很自私,但是,天地良心,我交了 10000 美元才得到这次受教育的机会。"并不是只有大学生想着自己。一位在德拉维尔兵工厂工作的工人说:"我薪水颇丰,每个周末还去跳跳舞,凭什么我要走?"很显然,爱国主义的消失令政府苦恼不已,而在相对激进的学生这儿,也不例外。在对征兵工作作了系统研究以后,劳伦斯·巴斯克和威廉·斯特劳斯写道,"逃避越战成了一代人共同的心态"。总共有8769000 人获准无限期地推迟服役。

正是这一操作性很强的系统,需要就它的功能作一点不太规范的描述:一个人只有在贫困、麻木、疯狂、倒霉或上述情形兼而有之的前提下,才会被丢进越南。约翰逊并不想只用劳动阶层的大兵们来打仗,而且他真诚地为那些远赴越南的人感到骄傲。但是,征兵工作仍然如巴斯克和斯特劳斯所描述的那样,是达尔文主义者的政策工具,它主要捕捉那些来自劳动阶层的 18、19 岁的青年,他们有头脑,能够完成高中学业,但是没有,没有能够,或者不想上大学。在操作当中,延期服役的制度照顾了那些有钱人的子弟。大学和研究生院里的学生可以获准延期,这本身就是充满阶级偏见的作法。除此之外,那些获准延期的人是那些消息灵通并知道怎样利用信息的人。例如,戴维·苏里就注意到了提出以健康为理由的人,由于种族和阶层不同,区别很大。洛杉矶的一位男子可以花 1000 到 2000 美元买一套整形支架以获准延期服役;1968 年,凭健康理由获准延期的白人是黑人的两倍。而后备役也是中高层青年们的避难所。即便是好些被迫出走的族群也反映出了某种阶级特权。逃避服役的一般是中产阶级,主要是由于他们延期股役(主要是通过学业获得的)到期了;而远赴他乡的,是那些无力钻空子的人,属于典型的劳动阶层。

当兵的

征兵系统使人们长时间里感到愤愤不平,但是如果那些去了越南的人不是采取赞同、支持或者默许的态度,它也无法运行。那些在越南的人一遍又一遍地解释他们走向战场不仅仅是出于保卫国家,抵抗共产主义的愿望,而且还为了响应约翰·肯尼迪全国征兵的号召。在一定程度上,这也是那种“愿意承担一切”的精神,它曾经使人们参加和平队,使人们奔赴密西西比,现在则使他们来到越南。其他人并没有什么崇高的理由,一位退役军人曾对马克·贝克讲,"我不爱国。我不是为了国家参战……我只想杀死那些坏蛋。"菲利浦·卡普托的《战争的谣言》(1977)是第一批从文化角度来探索战争的著作。但作者参加海军,"部分是由于受肯尼迪时代爱国浪潮的影响,最主要的还是厌倦了安全的、乡间的生活,不想这样一辈子。"正如肯尼迪时代的理想主义热潮使人们走上不同的道路,由富足带来的倦怠使年轻人沉溺于迷幻药,或者去当兵打仗。国内的激进分子琢磨游击战是怎么回事,并将切·格瓦拉的传单贴在宿舍的墙上,士兵们却有着实实在在的经历。其他人将服役看作是无聊的生命当中的一种附赠,让他做什么便做什么。"有关我和战争的一个清楚的决定,"另外一名退役军人回忆道,"就是,我不会为了打倒这一套系统而去搞什么欺诈活动。"另外还有一名被约翰·霍普金斯大学开除的没头脑的医科学生,他从尸体上偷卸下一条胳膊,然后在巴尔的摩环城公路上把它丢给了收费站里的收费员,"一个星期以后,我收到了要征召我入伍的通知。我就去了。"

117

无论是自愿当兵还是被迫服役,无论是出于爱国还是由于霉运当头,在越南打仗的人们还是来自于美国社会的中下层。征兵过程中就已存在的阶级差别不可避免地从伤亡情况中体现出来。主战派的记者约瑟夫·艾尔索普在 1968 年指出,只有 3 个来自于常青藤院校的毕业生死在越南战场。哈佛的毫发未损,但与之相临的南波士顿,那是一片劳动阶层的人们聚居的区域,却失去了 25 名年轻人。而它的人口总共只有 34000 人。这使南波士顿成为全国伤亡率最高的社区。因此,毫不奇怪,正是这儿第一个建起了纪念越战老兵的纪念碑。

非洲裔美国兵所占的伤亡率比他们占士兵总数的比率要大。国内的民权运动组织对此提出批评,军方于是采取措施减少他们

170   第4章   战争中的社会史

所承担的战斗责任。即便如此,基本情形还是没有改变。这要从经济不平等的角度进行解释。军队一直被认为是获得工作训练的一种不错的途径,对于来自所谓"贫困区域"的人,国防部甚至通过特别程序改变入伍条件来接纳他们。而在这种程序下入伍的人有40%以上的是黑人。征兵委员会很少接纳黑人,但招募志愿兵的官员却喜欢到内城转悠,宣扬说在美国军队里人人平等。这无非是一种动员手段,因为那些通过特别程序入伍的人一般都要参加战斗,这样能给他们留点希望。而他们所得到的技巧训练是否有价值却值得怀疑。菲利浦·卡普托在《战争的谣言》中一开始就评论道,三年的志愿兵生涯使他"随时准备死亡,要超过我对生还的渴望"。另一位退伍军人回忆道:"当他们把我弄到越南,就是让我从他妈的一无所有开始。""在野外",他获得了一种技巧,"杀死该死的黄种人。"

强烈的阶级不平等的悲愤情绪也渗透到普通美国人对战争的理解当中。处于劳动阶层的父母送别他们的儿子是因为那些有权有势的人号召他们去保卫国家。但恰恰是这些人对他们自己的儿子却一言不发。这一部分青年则往往成为反战运动分子。"我有一个儿子,最小的一个,在越南,"一个妇女向布伦丹和帕特里西亚·塞克斯顿解释说:"他没有上大学,逃不掉……我不明白为什么那些富家子弟可以逃避而我的儿子却不得不走,一不小心就要掉脑袋。"很有可能,政府是否容忍种种示威行为仅仅取决于那些"养尊处优的孩子"是否就是"抗着越共的旗子乱跑,并希望敌人获胜"的那些人。另外一位为人父母者则若有所思,"如果不是那些有背景的子弟,而是我的儿子那样做,他早就被严严实实地看起来了。"反战运动更有可能毁于抗议者与参战者之间的鸿沟,而不是毁于嬉皮士的形象问题,尽管这二者可能都起了作用。"人们想听听那些上过战场的人说什么，"一位反战分子在谈到他们的运动时说，"而不是那些耶鲁的傻瓜，他们最大的愿望就是在老爹那里撒娇。那些有权有势的人总是满怀雄心地让别人做这做那，自己却什么也不干。"

特别是这种时候，战争令美国人更加迷惑不解，或者说恍然有所悟。他们有足够的理由相信有人把他们当傻瓜使唤，迫使他们去打仗。而那些有权有势的人还要以他们的方式来赢得战争。他们这样做的目的不好说，却令那些绝无性命之忧的富家子弟嗤之以鼻。因此并不奇怪，那些来自劳动阶层的人在接受问卷调查时，既对战争抱有疑虑，又对反战运动抱有恶感。"我痛恨战争，"一位母亲说（她的儿子死在越南战场），她的话简洁却有力，"我这种恨同所有的母亲一样，当她的儿子在军队里，死在战场上。全世界都听到了那群示威者闹哄哄的声音，却没有人听到我的声音。"

战争与美国的性格

在老家，这场战争使各种力量纠结在一起。与同一时期其他大的变动相比，正是这种情形更为鲜明地反映出美国社会不断加剧的分裂，同时也使美国陷入无法摆脱的僵局，使分化变得更加难以调和。战争使美国人不得不回过头想想社会的性质，想想道德标准，想想美国性格中的强大与虚弱的方面，想想它的历史角色，想想它阳刚的一面，而这是贯穿于政治体系内的东西。这些问题太复杂而没有答案，任何一种阐释都不会有全国统一的定论。在战争留给美国的事物当中，有一样历时最长，也最具破坏性，它使同胞间产生了冲突，而且不可调和。

美国人历来坚信他们所从事的战争是正义的事业，而这也是他们总赢得战争的原因。他们不愿意承认他们纯粹是为了国家利益而战,更不愿意承认他们不是好人。美国人有关战争的神话围绕着这些信条展开,并最终让很多年轻人心甘情愿去了越南。一次又一次,越战老兵追忆当年,指出美国文化当中那种堂皇的战争概念深植于他们意愿之中。他们把自己看作是牛仔,要去同"歹徒"搏斗;而在实际当中,约翰·韦恩这位白马英雄不停地闪现在老兵就战争的叙述当中。大众文化则进一步将履行战争职责与男子汉的无畏气概作为一种美德进行强化。"自从独立革命以来,我们家族的人就参与了各次战争,"戴维·罗斯解释道,他作为一名医务兵于 1965 年至 1967 年在越南服役,"而事情一直是这样,当国家需要你,你就去。不要问太多的问题,因为国家总是正确的。"对于50 年代和 60 年代的人而言,接受军人的美德是他们成长的一部分。而那些经历过"好的战争"(比如说二战)的父母,希望他们的儿子去越南,因为这场战争属于他们的时代。一位士兵把他的处境形容得比罗斯还要简洁,"如果说我的亲人们不得不丢掉宠物狗,他们肯定会比让我走还要哭得凶。但是,我应当走,因为我是男子汉。"

尽管美国文化的风格正处于历史性转变的阵痛期,大众文化仍然强调有关美国的好斗性格的传统观点。好莱坞在这一点上作得非常成功,它根本就无视越南的存在。电影业延续了二战影片的模式,好就是好,坏就是坏,谁都能分得清楚。美国的士兵在打一场不知道值不值得的战争,好莱坞也相应地在隆隆的炮火里开战,《战地钟声》、《中途岛》、《桂河大桥》以及无数费用低廉平淡无味的影片使所有看电影的人相信,美国既是胜利者,又是好人。好莱坞对春节攻势的反应比约翰逊还要泰然。当林登·约翰逊决定不再竞选连任,好莱坞却仍有新片上市,《巴顿将军》,它描述了一名有血性而又勇敢的战士,是有政治野心的上司而不是德国兵使他陷入进退两难的境地。这是理查德·尼克松最喜爱的影片,据说他看过无数次。好莱坞惟一叙说越南的电影是约翰·韦恩的《绿色贝蕾帽》。它的主题歌取得了巨大的成功。显然,约翰·韦恩尝试着用影片为战争开脱,用意明显,显得与现实脱节。电视同电影没什么两样,它对战争的叙述源自一些有关二战的戏剧,如《正午12点》或《战斗》,或者运用一些喜剧的素材,如《麦克豪尔的海军》和晚一些的《高默·佩里》。

美国兵在丛林与稻田里与游击队周旋,而那种对战争千篇一律的演绎仍然没完没了,这显得非常不协调。两者间的差距使那些在家里呆着的人没法理解越南带给人的种种经历,同样地,那些退伍兵也搞不清他们到底是怎样走过来的。在老家,没有多少从事军事评论的人能够意识到在越南问题上已经脱离了现实,也没有多少人能够从完全的意义上把这种经历传达给世人。

毫无疑问,这场战争搅乱了这个国家那些有关战争的神话。它所宣扬的一个最重要的主题可以追溯到19世纪的西进运动,即,美国的战士与牛仔一样,是天生的独行侠,远离文明,而他们那种开拓精神与他们对正义的追求相辅相成。而这正是巴顿一再强调的观念。但是,当B-52在50000英尺的高空轰鸣着向村庄倾泻炸弹的时候,谁又能想到这些。军方与官僚们所主导的战争与传统格格不入。美国的大兵们努力地维持着这种信念,他们将敌人称作歹徒,他们称自己"在野外"。但是,坐着直升机在炮火中穿梭意味着你无法同技术脱离干系,约翰·韦恩是想让人们记住开拓边疆的英雄,但是在一定程度上,正是这一点使这部电影令人难以接受。在现实中,绿色贝蕾帽这种军事组织的产生,更多地是受到詹姆斯·邦德的精神感召,与詹姆斯·库柏却无丝毫关系。如果在这场战争中有人称得上是孤独的开拓者的话,那么就是越共。

174 第4章 战争中的社会史

战争所带来的最大挑战是它冲击了那种美国将泽被苍生的神话。很多美国人去越南是为了能够将一些水果糖塞给孩子们,是为了能够获得欢迎与爱戴,如同二战中解放西欧的美军那样。但他们不得不相信,如天主教徒查普兰·赖纳德·比弗所言,"为了一个陌生人,他将性命献出,没有比这更伟大的爱了。"而这正是在越南的美国人所做的。鹰派认为越南需要他们并且执迷不悟,其中一个原因就是如果他们认为不这样做,会使人怀疑美国太自私了。

很多来自美国乡间的士兵起初的所作所为全依着传统的信念,但当他们发现"越南人民"经常就是敌人的时候,才从那些神话里清醒。很多有关美军暴行的报道让老家的美国人觉着不可理解,他们认为美国人天性使然,做不出那种事。对于就种种暴行的指控,一般人会争辩说,美国部队所以杀死平民只是因为没有办法区分谁是敌人,谁不是。这足以构成战争的理由。但它本身则表明美国人是多余的,总是处在别人的攻击之下。在老家的美国人常常找到很多证据表明美国的确为别人做了很多。"难道在那边我们连一件像样的好事都没有做吗?"一位心神混乱的母亲这样问记者葛洛莉亚·爱默生,"孤儿院、学校、药品,这些什么都不是吗?终归是做了些什么的。"

战争对美国60年代文化的影响难以描画,主要原因在于文化样式不会简单地对直接环境的变化作出反应。回顾起来,在越南的经历非常明显地对应着,在一定程度上甚至是加强了一系列60年代文化的主题思路。在一个寻求刺激的时代,在战场上冲锋是一种极端的体验。尽管在家的人们在摩登时代的尽头越来越无法忍受僵化迂腐的生活,尽管他们开始明白这个为理性占据的社会可能孕育着疯狂,而在越南的大兵们仍然可以宣称他们生活在极度的疯狂之中,生活在约瑟夫·海勒的《第二十二条军规》(1955)之下。迈克尔·赫尔极度称赞《战报》(1968)一书,其意义不在于那些花哨的小品文和对淫欲的讽刺——要知道模仿梅勒就别想深刻——而在于它相对坦然地描述了战争的非理性的一面。

无论如何,战争对文化的影响直到 80 年代才体现出来,罗纳德·里根取得了胜利,美国保守主义所造就的环境滋养了一大批直接探讨越南问题的书籍与电影。即便是这个时候,这一结果的产生仍然经历了这样一个过程,从老一套(里根鼓吹这场战争是"高尚的事业")到打擦边球(《兰博》),到迎得尊重(奥立弗·斯通的《野战排》)到走向深刻(菲利浦·卡普托的《战争的谣言》,或者还可包括蒂姆·奥布瑞恩的《追随卡西亚多》以及一些对冲突的新闻评述)。它使人们时刻记得,战争将政治和文化上的无奈带进了家门。

第5章 红色的十年

自由主义的复兴也带来了美国左派的复兴。两者同起同落，这并非60年代所独见。在20世纪，每次自由主义革新的涌现无不与激进运动的迸发相伴随。所谓的60年代左派，不论这些激进分子自称如何痛恨自由主义者，实质上他们与自由主义的联系比与以前的左派运动的联系更为密切。新左派自然与自由主义主流的命运息息相关，因为自从1968年开始前景就不甚光明的革命烟消云散之后，新左派分子就融入了民主党，并与之共沉浮。

老左派并不老，新左派并不新

60年代的激进分子自称为新左派，其原因是想拉开同前一代激进分子的距离。所谓的"老左派"是由30年代成年的激进分子组成。对于新一代来说，他们观念陈腐，身陷过时战斗的困境之中。老左派是由工会、社会民主党人、犹太知识分子，以及马克思主义者构成的。与之相反，新左派对自己的描述是不拘教条（即左派运动的一切意识形态）、关注当前重大事物、决心从实践经验中重塑激进运动。

然而，新左派并非如其成员所想完全摒弃了过去，至少起初不是如此；而老左派也并非如此过时，新左派以其富于创新精神而自豪，但是，激进分子一般而言总是不拘教条、维护民众自由的，并且即令在他们要求实行某种近似于社会主义的制度时，他们也一直警惕政府权力扩展到个人生活之中。在这个意义上,20 世纪美国的激进运动从来就是"新"的。自从进步时代与一战以来,美国激进分子对改革派、弗洛伊德派,以及具有民主动力的和平分子的吸收已大为频繁,并且也更加坚信自己接受了革命的马克思主义。事实上,当斯大林主义者企图将共产党的路线强加于所有左翼组织时,参加过 30 年代政治斗争由老左派组成的这代人对共产主义产生了一种永无终止的憎恨。这种憎恨即使没有冷战时自由主义者的憎恨那么深,也与之不相上下。作为激进分子,老左派并不那么固守教条。

从理论上来说,憎恨教条应当导致灵活变化。但是到 50 年代,老左派激进分子却陷入一系列的困境之中。其政治根源产生于恶劣条件下的工人运动,其观点产生于资本主义不平均或不广泛分配其成果之时。他们鲜有经验能帮助自己重塑激进主义,使之成为对这个富裕社会的评论。因此,有时便难于将他们与施莱辛格—加尔布雷斯派自由主义者区别开来。"我们大部分人都不再认为自己是马克思主义者",艾尔文·豪在《异议》杂志中谈及其同事时写道:"我们逐渐坚信,要想管理好一个新的社会主义制度,即使是像马克思主义那样一度十分连贯的制度,这不仅不成熟,而且也是一个应予摒弃的幻想。"迈克尔·哈林顿在答应到民主党内工作之前,必须抛弃那些"书呆子气、毫无效果、不现实的马克思主义思想",因为大家认为这"与任何改变世界的可能成反比"。豪与他的同事只是出于固执而继续自称为社会主义者。在预测新左派的主题之时,他写道,高举社会主义旗帜"有助于说明我们并不想接受为当局的成员,而其他东西则不能产生这种作用"。

对于寻求激进理想的年轻人来说,老左派没有多大帮助。他们只得离开豪派和哈林顿派,转而倾听像 C. 莱特·米尔斯和保

178 第5章 红色的十年

罗·古德曼这些背叛了的知识分子的声音。这两位思想家都属于老左派一代,但都很怪异。古德曼总是绕着反传统诗人转,而他本人却并非其中一员;而米尔斯完全是个门外汉,一个哥伦比亚纽约人当中的德州人,学术专家中的嬉皮士似的摩托车手。用艾尔文·豪的评价来说,就是"左派中一个有文化的牛仔"。

对于雄心勃勃的年轻人来说,古德曼与米尔斯共同的优点在于:他们对资本主义的攻击,不是基于经济原因,而是在这个基础上:资本主义的最大成功所产生的文化剥夺了工作和社会所有令人满意的意义,并且与美相背。两人各以其方式认为美国的财富摧毁了一个良好社会存在的道德基础。他们将目光投向财富的后面,揭露了道德与文化的毫无成果。在某种程度上,他们所做的事与自由主义者对艾森豪威尔时期的美国及其固执的全体文化的批判不相上下。然而,自由主义者可能会对公众精神的缺乏与大众文化的空洞表示失望,而在这些问题上,激进分子却坚信这些弊端都可以直截了当地归咎于资本主义对工作墨守成规的组织、对有机社会的摧毁、对技术的不合理利用,以及资本主义将理性腐化为唯理主义、将基本快乐简化为消费需求。后来,当新左派论及社会需要"与大众利益息息相关"时,他们引用了米尔斯的话。米尔斯认为只有彻底推翻经济政治制度,才能重获这些传统。

米尔斯着重提到了当时一个具有重大意义的危机:个人由于与公众生活的大量联系而失常,以至于生活本身似乎都是浪费时间。新左派的另一灵感源泉,欧洲存在主义作家萨特和加缪对此也有提及。萨特与加缪是由于豪与《异议》杂志而从法国赴美的。但是,他们又有自己的一套不是明显属于米尔斯和古德曼观点的行为理论基础。自由主义者吹嘘普遍改善,相信要展现理性。而存在主义者对此均予以抛弃,并且反对任何鼓吹人类具有某种注定目标的声明,不管是"上帝的计划"、马克思的决定论阶级斗争,还是自由主义的进步。个人有责任在此时此地表现良好,即表现得有人性,而且能够改变自身周围的环境。从萨特和加缪那里受到启发,新激进分子认为个人对统治秩序的微弱反抗也能挑战当局。一个激进分子不必受缚于理论,受迫于共产党的路线。甚至不必确定后果。"不计后果便采取行动,"新左派领袖汤姆·海顿谈及存在主义的影响时写道:"这种道路代表着一种信心:个人于历史有作用,没有什么事是完全确定的,行为创造其自身的证据。"用海顿的同事理查德·弗兰克斯的话来说,就是一个人所能做的最合乎礼仪的事,莫过于"改变我们做为个体同他人生活和交往的实际方式"。存在主义激进分子"在任何场合都极力去增强人们影响环境的能力、成为创造力中心的能力、以及自我表现和自由的能力。"

新左派刻意摒弃"确定模式和成形理论"。他们接受米尔斯和加缪,因为这两位思想家都主张简单直接地采用伦理道德。米尔斯告诉他们什么是错的,而加缪则注重他们必须解决这些问题的原因。这类似于新激进分子开始发展其体系。除了这些显而易见的影响力之外,50 年代后期年轻的理想主义者还受到上百个其他影响力的作用。倘若他们在大学时读过米尔斯的著作,那么他们在高中时便读过《疯狂》杂志;倘若他们生活在原子弹轰炸的恐惧之中,他们是在苏联人造卫星出现之后才与其他国人一起学会为之担忧的;倘若他们从加缪那儿获得了灵感,那么这种灵感是与他们听到肯尼迪的就职演说相伴而来的。这是新左派的优点:对经验的敏感、简单的民主概念、以及对智力创造力的接受。

休伦港:新左派的第一个典型

新左派由年轻人组成。他们进大学的时候适逢民权运动的精神重新点燃了自由主义左翼者的希望。当时的校园仍有着装规则和宵禁,仍然监视男女学生(倘若招收女生的话)的聚会,并且还是实行种族隔离,所以往往一个校园是同一种族。有的人已经成家立业了。他们实现了美国梦,便去上学,比如去哈佛和密歇根这样的大学。而在 20 多年前,这些学校却不会接受他们的父母。其他人,像鲍勃·罗斯、史蒂夫·麦克斯、沙朗·杰弗瑞、米奇和理查德·弗兰克斯,都是"裹红尿布的婴儿":父母都是共产党员、积极的工会分子或社会主义分子。他们曾经被隔绝参与政治活动;有的曾因为害怕政治迫害而守在危险的家中。

大学抗议组织

新左派产生于北方大学生之中,但加速其产生的却是南方的一些事情。1960 年格林斯伯勒的静坐促使了像鲍勃·摩西那样年轻的非洲裔美国人发起民权运动。同样,这些静坐也激起了北方激进分子的早期活动。在哈佛大学,一些只稍稍参加过和平运动的学生受到静坐活动的鼓励,组织了"托克辛"(Toksin)。这个组织融革新者、"红尿布婴儿"、和平主义者、以及怀疑主义者于一体,是哈佛一个致力于公开抗议的学生组织。伯克利大学的学生组织了一个活动小组,奥伯林大学、斯沃斯摩尔大学、芝加哥大学的学生也是如此。在安阿伯(Ann Arbor)的密歇根大学,学生同情静坐活动,抵制当地的克雷斯吉和伍尔沃斯商店。密歇根大学的抗议者成为一个由激进分子构成的小组织的廉价利用品。这个组织的领导者是沙朗·杰弗瑞和艾尔·哈伯。前者的父母是汽车工人联合会的组织者,而后者是当地的一个激进分子,一直想为社会主义者的争取产生民主大学生联盟(简称民学联)组织一个大会。哈伯决定重新燃起学生的激进主义思潮。在不知不觉的理想主义的微妙迹象中,他察觉到了这一思潮日益增长的潜力。哈伯觉得时机已经成熟,但是惟一一个高于单个学校的组织却不无瑕疵。全国学生联合会(简称学联)具有广泛基础,吸收了许多真诚者,但它却是中央情报局的前沿阵地。尽管声名显赫,但"大学生非暴力协调委员会"(SNCC)一旦全国化,便会失去它作为一个组织的凝聚力。总之,当时哈伯认为民学联是进行组织的最佳途径,部分原因在于这个组织的激进历史可以追溯到一战前,而且其成员先后包括杰克·伦敦、厄普顿·辛克莱尔,以及约翰·杜威。

1960 年 6 月,工业民主联盟(简称工盟)这个上级组织决定重组民学联为"争取民主社会大学生协会"(即"民学"),并指派哈伯为校际组织者。民学很快便成为新左派的中心,但它的诞生却并不吉利:全国只有不到几十个学生参加。尽管哈伯全力以赴,而且这种组织又独一无二,但民学在头两年仍只吸收了约 250 名新成员——这当然不能算多。

哈伯有双重负担:他不仅要使一个组织从无到有,而且还要对其上级组织负责。他自始便深知年长者不会欢迎他为民学制定的进攻性策略。1961 年,哈伯大部分时间都用来虚构反共产主义,并为之辩护。他曾经辞职,但是因为工盟没有其他人来指导正在苏醒的学生运动的路线,他又被起用了。1961 年,他们没有召开全国大会。实际上,民学主要由哈伯和汤姆·海顿组成。前者得在纽约办公室的油印机下睡觉,而汤姆·海顿,这位密歇根大学的毕业生,占据了民学另外一个有报酬的职位,即"野外秘书"。

当哈伯及其同事在密歇根休伦港一个汽车工人联合会的营地里准备 1962 年年会时,新旧两代之间的分歧爆发了。工盟担心哈伯的野心,一方面是因为直接的政治活动威胁到它作为一个教育组织的免税地位,更为严重的威胁却是意识形态方面的。哈伯想把民学大会建立在一个像大学的讨论会一样广泛、公开而非正式的基础之上。当他说到这个计划时,工盟高层人员马上认为这种想法过于幼稚,不足以反共产主义。

民学与工盟之争

在休伦港,这一分歧扩大为公开的斗争。海顿,作为民学的主要知识分子,准备了一份充满"存在主义人文精神"的原则声明,公开挑战老左派。海顿谴责有组织的劳动出卖其原则。更重要的是,他认为美国对冷战负有部分责任,并提出苏联可能实际上是"一个处于守势的妄想社会现状的大国",而不是"天生的企图统治世界的扩张者"。这些学生与其前辈陈腐的政治观念不同,想致力于建立一种"分享式的民主"。

工盟元老对分享式的民主并没有什么异议。但是工盟驻休伦港的代表迈克尔·哈林顿却反对草案的其余部分。他认为,草案对共产主义的看法过于暧昧,而且对于自由主义敌意过甚,无法用来建立同盟。左派人士这场充满啤酒泡沫的老套争论持续了一整夜,由于哈林顿要赶回纽约,结果不了了之。这是哈林顿最钟爱的一种争战——啤酒加辩论,但却吓坏了学生。没有几个学生明白工盟反共之后的复杂历史。正如海顿所回忆的,"对于我这种来自中西部的单纯头脑来说,这太难于理解了。"

民学与工盟之间的关系在休伦港受到极度破坏。工盟的领导小组进行了一次审讯,以哈林顿为主检控官,用反共测试来盘问海顿和哈伯。领导小组将资金搁置起来,换掉办公室的门锁,并威胁要解散组织。民学领导讨论要解除同工盟的关系,但最终还是决定握手言和。应领导小组的要求,学生参照哈林顿的批评重写了原则声明。同时,美国社会主义运动的元老诺曼·托马斯也建议哈林顿和工盟对民学要有耐心,慢慢来。

但是破坏已经造成。托德·吉特林在回忆这件事时说,这就像是"小业主的瞎闯乱撞。他们害怕街上新来的男男女女会夺走自己的特权——而这种冲撞却正好导致这一结果"。哈林顿后来写到自己当时很傻,并承认"我们50年代的人实在太软弱,无法作为60年代新左派的起点"。与此同时,哈伯、杰弗瑞、海顿也意识到两代之间的分裂也为发动独立的学生运动创造了机会。"这种组织最完美不过,"海顿总结道,"我们正在兴起美国政治生活中的一股新生力量。而迈克尔,由于他已经年迈,而且另有所好,已经成了交接班中的障碍。"

休伦港声明

休伦港声明成为新左派的奠基文件。其中"新生力量"也得到了非常系统的解释。海顿将年轻激进派的外貌诉诸笔端。在这个声明著名的开头中描述到:"我们是这一代的人,饮食尚算可意,现住学校,不安地注视着我们所继承的这个世界。"年轻人是少数,但却热血沸腾,极具紧迫感,因为核启示的前景意味着"我们可能是体验生存的最后一代"。没有其他途径可供选择,因为"自由主义者和社会主义者对过去的鼓吹"对这一代毫无意义。

海顿及其同事决定避免一个充满"陈旧观念"的声明,因此便将它建立在自己对全国以至全世界的分析基础之上。他们发现国内有一种价值危机,政治上的愤世嫉俗的教条式的口号"取代了过

184 第5章 红色的十年

去的理想主义思考"，摧毁了进行变通的任何感觉。美国人在一片
冷漠中已失去自我,在对蝇头小利的索取中苟且度日。学生在已
成为"臃肿的"官僚机构的大学中游来荡去,而不是"新潮流的发动
者和观念的形成者"。两大全国政党的情况也令人沮丧地类似:由
于南部民主党人的存在,民主党已腐败不堪。选民机械地跑到投
票处去为自己并不能真正控制的政客投票。许多美国人,即南部
黑人和穷人,甚至没有这种受辱的权利。经济被追求剥夺工人的
股民利润的共同"遥控"所控制,而工人则觉得工作毫无意义。经
济监护人不愿采用谋求使大众富裕或把人民从"苦役"中解放出来
的技术。有组织的劳动受到"退出的承诺、自私自利的心理、以及
非激进思想"的驱使,也进入这一体制,否定旧的原则。

在国际事务上,学生们指责美国过于沉溺于核武器和超级大
国的斗争,忽视了殖民世界极为重要而且颇有希望的革命。美国
对第三世界的政策只有两个目标:保护对外投资、以及根除共产主
义。前者导致对亲资本主义政体的虚伪援助,以及对社会主义政
府的反对。这种"毫无理性的反共思想"在国内已大为有害,而当
苏联显然变得保守起来、不再到处扩张时,当它所宣称的"要领导
全世界进行一场解放全人类的运动"的意图已告失败时,这种思想
更是与国际体系的现实毫无关系了。如果有什么作用的话,美国
的对外政策"更有效地抑制了民主的发展,而不是共产主义的发
展",而且在此期间破坏了民主的魅力。

127   休伦港声明相当完整,适度左倾。海顿认为这是一个"有生命
的文件",具有灵活性,不排除改动和各种诠释。这也是时代的产
物。声明指出:新左派的第一代要深深感谢50年代后期的学术环
境和政治环境,但不一定是指老左派。同其自由派左翼前辈一样,
海顿及其伙伴避开了意识形态体系,认为民众的疏远是这个官僚

休伦港：新左派的第一个典型　　185

化的、不受个人影响的时代可以预知的产物。同前辈们一样，他们发现自己在极力对付由富裕而非贫穷所导致的社会问题。即使是他们对美国激进运动最富创新精神的贡献——对分享式民主的支持，也是主要来自约翰·杜威实验性的激进民主理论。

　　然而，因为这份声明形成于1962年春天，所以它不仅现实，而且在某个方面具有先见之明。古巴导弹危机前几个月，他们还在监视肯尼迪按在核按钮上的手指。有关美国对第三世界政策的评论要先于对越南事务的大举参与，而且具有远见地警告了战争的危险。当仅有寥寥数人（其中有记者 I.F. 斯通和历史学家威廉·艾普曼·威廉姆斯）敢于说美国与苏联一样负有责任时，学生们便形成了一条反对冷战政策的广泛路线。无论是加尔布雷斯派还是哈林顿派，他们在1962年都不敢采取这样的路线。声明还号召进行群众性的消灭贫穷运动，而当时当局的自由主义者还未认可这种运动是适当的。这份文件可说是极富胆色。

　　它也不缺乏创造力。即使是明显摘录自前辈的地方，学生们也要加以改变。新左派认为疏远和冷漠可以克服。冷漠可以通过分权的实验颠倒过来。例如：分权可能会导致工作返回到经验技巧的基础上，这样工人便能生产"完整，而非零碎"的产品。冷漠还可以通过将城市分解成"小社区"的方法来消除，这样，便将个体与公民秩序重新联系起来。"分享式民主"作为休伦港富于创见的信息的精髓以及早期新左派的响亮呼声，不仅是一个对不同的人有不同意义的模糊理想（当然它也有这个效果），它更是对这个官僚化社会各种弊端的一剂解毒药。

　　声明作者将重点放在疏远这一现象、而不是阶级统治上，并把前者视为其他所有问题之下的根本问题。这样，他们便将自己从老左派的教条中解放出来，寻求工人和工会之外的源泉来复兴激

186 第5章 红色的十年

进运动。新左派开始将一个反叛的工人阶级长期持有的信仰称为"劳动形而上学"。这种哲学是贫乏年代的产物,它忽视了工人已经变得极为保守这一事实。休伦港声明注意到民权和和平运动是更好的激进政治,更重要的是,它注意到学生是新左派的先锋。

这确实是富于创见的,声称学生处于领导地位非常理想。对于休伦港声明的作者来说,他们这一代的独特视角使他们适于领导。尽管绝大多数的其他学生与一般民众一样漠然,然而学生运动的步伐显然在加快。任何新左派运动的形成,必须达到一定要求:需要"真正的脑力技能";应当广泛分布于全国各地;应当能够把年轻人、社会主义者、以及自由主义者吸收到同一运动中来;应当产生争议,必须简化现代生活的复杂性以使其所牵涉到的事情能令人觉得"与每个人都息息相关"。要达到以上先决条件,大学校园是一个理想场所,也可能是惟一的场所。学生激进运动不能"完成一个由追求美好生活的普通民众所组成的运动",然而声明的作者却极少令人怀疑学生将会成为新激进运动的先锋。

如果说学生单靠自己便能导致任何变革的话,这很显然有点像自我辩解,带有一些富有争议的托辞。休伦港声明主要是中产阶级的年轻人激进化的启蒙文件,其本身并非缺陷。尽管没有什么原因可以解释为什么中产阶级无法成为激进主义者,然而他们的激进本质和后果却主要决定于他们的不满以及寻求补偿的方式。休伦港声明有一股浩大的自我参考的回流,因此新左派激进运动至少一部分目的是要消除学生自己的困惑,而不是消除军备竞赛和种族偏见。从一开始,新左派的政治运动便处于仅仅成为一种疗法的危险之中。倘若疗法能引导中产阶级的激进分子通过自我牺牲——比如消除贫穷计划、反战抗议——来为足以称道的事业而奋斗,那一切便皆大欢喜了。然而激进运动的重心可能会从民权运动或反战抗议转移到大学校园中来,而大学校园却并非受压迫的场所,也不大可能成为点燃全社会革命火炬的地方。从长远来看,新左派最深层的缺陷在于:倘若他们的推论成立,便会鼓励乔装成激进运动的叛变,而这只不过是虚假的激进运动,它将政治运动视为个人出风头和个人专断的工具,而非变革的途径。

休伦港与会者的真诚淹没了这一潜在的腐蚀根源。对他们而言,分享式民主就如同金科玉律,是必须存在的东西。休伦港会议本身象征了友善和庄严,是与会者持久不衰的激励。会上产生了一个特殊问题,学生们也感觉到了:这便是如何把这种精神持续下去。

一种方法便是将分享式民主具体体现于组织自身之中。在此年轻的激进分子表现出他们深受大学生非暴力协调委员会的影响,也想将不遗余力的参与和对组织的蔑视调和起来,想为民主而奋斗,证明一个组织可以实现民主。民学会议正是基于哈伯的"讨论会模式"之上,更像散漫无章的讨论,而不似正式商谈的会议。在会上任何人都有发言权,想讲多长都随便。每年都会选举高层人员,但是领导层每年都会变化,"主席"并无多大意义。像大学生非暴力协调委员会一样,民学是一种反组织,是既无领导又无阶层的一群献身于共同目标的人。用海顿的话来说,这种自谦的努力是"压制中产阶级野心的完美组织形式"。

初始精神的持续在于一个团体目标的价值,但是休伦港声明却没有阐明分享式民主在全国范围内如何能得以实现。民学必须 129
判断学生单靠自身是否能完成革命,还是只能对其他团体起催化作用。如果是后者,还得看是哪些团体。第一代新左派倾向于后一种看法:学生,不管多么独特,只能起催化作用。他们就这么认为。但是,棘手的问题在于学生活动的方向。因为正如民学人士在休伦港所宣称的那样,倘使激进运动仅限于校园,其意义便十分渺小了。

经济调查与行动计划

因此,在1963年,许多民学人士便开始对北方城市的民众组织感兴趣起来。此时沙朗·杰弗瑞已经为全国学生运动在费城的贫民窟中工作了,并且她敦促其同僚在城市里的贫民当中发动一致的努力。海顿担心民学可能会"不可避免地被指派为一个暧昧的教育角色",他表达了自己的不同见解,并希望民学能将大学生非暴力协调委员会的政治方式应用到北方。1963年8月,海顿从汽车工人联合会获得一笔资金,发动"经济调查与行动计划"(简称经济计划)。该计划成为民学点燃贫民热情的基础。时间的安排非常偶然。正当民学发动城市活动的同时,约翰逊总统宣布他决心打一场消灭贫穷的战争。学生又成了运动的前锋,认为自己是这场战争的左翼前沿,因此便计划深入九个城市,其中最令人瞩目的是芝加哥、纽瓦克和克利夫兰市。

如同校园反叛是后期新左派的象征一样,经济计划是早期新左派的象征。首先,经济计划是休伦港开创的意识形态发展的产物。哈伯在一篇与卡尔·威特曼合写的文章中称之为"贫民种族间的运动",经济计划便是要成为这样的运动。海顿和威特曼预计民权运动必须北移。在北方,通过着手解决经济不满,并与经济计划所组织的(大家这样希望)贫苦白人相联合,民权运动将取得最大的进展。海顿和威特曼承认民权运动基于种族的性质和贫苦白人"反革命"的种族歧视存在显而易见的困难,但认为完全有可能将重点放在于双方都有利的经济要求上。除此之外,两人还声称:经济计划更为重要的目的并非在于"学生对黑人运动和经济运动的直接价值",而是在于学生本身通过这种努力能有所长进;经济计划这一经验能"提高我们的工作质量,为激进的终身职业创造机会"。

两位新左派文章的后面都是一些枯燥乏味的东西——海顿称之为"笨重的文件"。然而,这些东西表明了一种向现实的激进运动发展的决心。"各种族间的贫民运动"说明学生单靠自身虽不能成为革命者,但可以成为鼓动者。此外,这篇文章有一个实事求是的经济分析。海顿和威特曼预测随着技术对工人的取代,工厂的自动化会导致失业率的急剧膨胀,因此,只能认为财富是不完全的、暂时的。新失业者如果组织起来、激进化,便具备了阶级意识运动的特质。这一分析大受老左派的欢迎。实际上,贝雅德·拉斯廷、哈林顿、A.菲利浦·伦道夫都有同样见解。经济计划除了将分享式民主作为组织方法和最终目的之外,是对劳动哲学的完全废弃。

最后,经济计划便是要帮助贫民通过克服自身疏远而自助;它也是学生克服自身疏远而自助的方法。经济计划是纯粹的存在主义激进运动。如托德·吉特林所写,告诉贫民如何组织起来"标志着将个人所关注的事与有组织的表达结合起来。融入一个运动的过程有助于产生个人的力量感,因而可能进一步采取行动"。不久以后,各城市的组织者开始对这一计划的主题产生自己不同的理解,其部分原因是为了响应贫苦白人极其不愿别人告诉他们如何自助的心理。在芝加哥,"要工作还是要收入"计划采用了海顿的路线,将阿巴拉契亚地区的大部分城区的失业居民组织起来了。克利夫兰计划发现无法聚集失业者,便开始组织一些诸如房租、警方保护、最终是福利待遇的社区事务。一次又一次,经济计划的自愿工作者发现参与者很愿意站出来,要求对与他们有切身关系的

第5章　红色的十年

某些事情进行具体变革,但这种呼声远不能称为革命。会议应当是辩论、商讨的论坛,将个人与社会重新联系起来,但是穷人却往往是来大发牢骚。分享式民主取得了效果:人们都关心对自己生活有直接影响的事情;处于某一集体之中也确实能消除疏远感,它只是没有产生休伦港会议所设想的那种效果。克利夫兰人"现在是消除垃圾还是获得收入"计划的英文首写字母缩略词是 GROIN(防波堤),似乎恰当比喻了这些困难。

对于学生们自己而言,经济项目也体现出分享式民主令人疲惫不堪。志愿者共同生活在城市的公社里,条件十分简朴。个人生活与亲密关系基本上都得避免,时间大多用于令人精疲力尽的对策略的讨论,看如何能不通过选举而达到集体一致。对沙朗·杰弗瑞和保罗·波特来说,经济项目这种努力是过"真正的生活",是从中产阶级生活的种种限制中解放出来。

经济项目自身同样也已疲惫不堪。尽管一些志愿者在其各自的城市里坚持了数年,但经济项目还是迅速消失,最终由于一些原因到 1965 年在新激进派中已毫无名气了。有一些客观问题本来很可能是不会大为改变的。大量失业工人理论上是应当加入进来的,但这并未实现,而那些参加者,保罗·波特却写道,"是一群有天壤之别的人"。经济项目还必须忍受地方官员的扰乱以及房东的威吓。穷苦白人是经济项目帮助的对象,他们往往来自阿巴拉契亚地区,固守坚忍自立的山地传统不放,他们认为,贫穷不是什么组织起来去消灭的东西,而是生活中的一个丢脸的事实。很快,各种项目完全架空了,这些贫民继续自己的生活,不服从集中的协调,这至少意味着这些项目仅仅是依靠志愿者自己的努力了。就像学生非暴力协调委员会一样,参与者的崇高理想注定迟早会耗尽。

经济项目也仅是新左派的几个可能方向之一，它不可能吸引任何完整的运动。项目最基本的问题无一例外总要归于目的问题。倘若新激进分子是来帮助穷人的，他们便会得到建议，一开始不能期望太高。但他们是来"真正地"生活，这样经济项目便不真诚、不必要，也就是暂时的了。保罗·波特认为海顿进行种族间运动的计划的主要缺陷是在于经济项目"并非我们的分析……实际上'民学'中无人知晓节省人力的作法。其次，我们对于贫穷的了解更是少而又少"。这样波特便恰当地说明了心灵的动力。波特在克利夫兰呆了两年半，因为他不认为其中产阶级的不满合法，而且其"本能感觉"促使他去找到有真正不满的人，他逐渐达成了上面的认识。经济项目基于60年代学生所指责为"有罪政治"的东西。受其"负罪感深重的自由主义者身份"的驱使，波特及其同僚找出那个叫做穷人的"古怪阶级"，献身于与过去相同的经济激进运动，其结果是"一块稍微有点变化的无数美国激进分子以前就啃过的软骨头。"

波特到克利夫兰是去求证的，但其结论是他这样做的原因华而不实。他推断道，学生应当将精力用于探求自己的想法和动机。一次又一次，波特用经济项目的原则将他所认为必要的东西做比较：一个继续休伦港会议的暧昧的、可调整思想的、属于他们自己的"意识形态"。波特认为，经济项目的问题就在于它企图将像表决这样的东西引入新左派的想法中，或至少是引入一个与他们及时发现自己的位置所不相容的具体方向。但是摒弃一种可能会形成坚定的目标感和确定方向的意识形态，这样做，他的恳求等于是要求进行集体的自我分析，这作为激进运动的基础似乎比负罪更无成效。

从抗议到抵抗

1965 年经济项目停止后,民学组织开始积聚成员了。波特的一个主要观点便是:如果原则更为灵活,民学便能接受这些新成员,让他们联合起来一起追寻整整一代人的目标。倘使激进运动的目标在于发掘学生不满的根源并以此有所行动,那大学自然而然同城市贫民区一样,是合适的革命场所——事实上,是更好的地方。正如波特所希望的,经济项目的失败将革命的衣钵又归还到学生手中,这样便使新左派又回到了休伦港的路线上来。

伯克利

许多迹象——四处的抗议、愈来愈多的校园组织、认为事情不是所应当的那样的感觉迅速增强——都表明美国大学生确实在走向反抗。1964 年 9 月"自由夏季"活动停止,加州大学伯克利分校的学生组织了大规模的抗议活动,反对校方对校园政治活动的禁令。自 30 年代以来,为了消灭校园里的共产党,大学取缔了大部分的活动形式。多年以来,学生们都是到校园边缘的电报大街进行其政治活动。随着活动步伐的加快,校方越来越关注这些街头的政治活动。在认为学生集会的街道地区属于校方之后,便对这儿的政治活动也予以禁止。学生们刚放暑假返校,有的利用暑假参与了密西西比州的大学生非暴力协调委员会的活动,而等待他们的却是禁令。一次,少数活动分子公然反抗禁令,警察便试图逮捕其中某位领导者。于是一群人围住警车,当即以此为人质,静坐了一天半,迫使校方取消了这些新规定。

校方以为妥协让步、稳住事态,抗议活动便会结束,然而与之相反,学生却以此发动了"自由言论运动",其领导层相当奇特,包括贝第纳·阿普特克,其父赫伯特·阿普特克是位著名的共产主义分子、学者,还有一个年轻的共和党人以及马里奥·撒维奥,他同海顿一样,出生于保守而不问政治的天主教家庭。后来学校放弃了妥协,试图处罚学生,于是自由言论运动便攻下了行政主楼,这标志着学生首次通过直接行动的策略来反抗自己的大学。对斯普劳尔会堂的占领也成为首次在学生自己的大学对他们的大规模逮捕。事实上,加州警察将773名学生投入了监狱,这也代表了加州有史以来最大规模的拘捕活动。

伯克利分校出现自由言论运动,尽管这是自发的,但并非偶然。左倾学生在此已组织多年,海湾地区为迎接60年代的到来曾在1960年5月在旧金山市政大厅进行了一次示威活动,当时遭到警察的暴力驱散。伯克利与格林威治村一起成为了全国后波希米亚时期的中心。伯克利首先成为"垮掉的一代"的麦加圣地而名声大噪,并逐渐成为嬉皮士、迷幻药、以及酸性摇滚乐的场所。因为威胁到反正统文化,大学便成为了"当局"的象征。根据分校校长克拉克·克尔臭名昭著的描述,伯克利分校成了"杂烩大学",是一个将调查研究学习知识同美国的公司、军队以及政府机构联系起来的中心。

因为伯克利分校的激进学生早期与反正统文化运动的联系,他们不太像民学的成员,而更接近第二代的新左派。其背景与休伦港与会者相似——都是"红尿布婴儿",许多还是犹太人。但伯克利的激进分子的注意力集中于学校本身,他们颠覆了休伦港的声明:伯克利的激进分子不是把学校做为进入社会的基地,而是寻求学校内部的创新变革。如同自由言论运动极富性格魅力的领导马里奥·撒维奥在斯普劳尔大会堂所声称的一样,伯克利与密西西比极为相近,而自由言论运动与民权运动也并无不同。"在这两个地方,同一种权利都处于险境,"撒维奥认为,"这便是作为国民进入民主社会并反抗共同敌人的权利。"

除了自由言论和对更加活跃更富人性的学校的普遍疾呼之外,伯克利的学生激进分子再没有什么统一的目标了。整个 60 年代他们一直是发动往往激烈得与处于危险中的事件的深度成反比的抗议。甚至自由言论这件事也被夸大了。这个运动起初仅是简单的民权问题,后来竟转化为要求得到绝对的自由表现。不到一年,包括支持者和反对者,大家都知道自由言论运动是"脏话运动"了。

另外,比较一下海顿和马里奥·撒维奥,便可以看到早期新左派与后期新左派之间的差异了。海顿是(或想是)学生运动的鲍勃·摩西,是一个具有榜样力量和智慧的自谦型领导。与之相反,撒维奥在各方面都表现出对名望的迷恋。他的力量就是魅力,而这却是海顿所没有的。海顿写起文章来极富说服力,而撒维奥即使是用新左派宽松的标准来衡量充其量也只有二流的大脑,但他面对人群时便智力大增。撒维奥没有海顿富于创见的理想化描述和往往不够尖锐的理论,而是使用基于学生的模糊不满的夸张辞令。他最为有名的演讲是在斯普劳尔大会堂的一个战争动员,同样表现出了这一点:"有时政府机器的运作如此令人作呕,令你从心底感到厌恶,你无法参与其中,……你就得将躯体投到齿轮上,投到轮子上、投到杠杆上、投到所有的设备上,你必须使机器停下来。你要向控制机器的人表明……除非你自由了,否则会坚决阻止机器的运行。"

这种话一点视角感都没有,撒维奥得回家继续其父的职业做一名机械师,或者进入一所没有这么"压抑"的学校。他在伯克利即将面临的命运——开除——不是入狱。但是撒维奥极好地迎合了其他学生们一时的情绪，而海顿在其"穷人间运动"中却从未做到过。撒维奥告诉学生他们并不自由，这就意味着他们必须为自己在此时此地战斗。伯克利所宣告开始的由激进活动的扩展到学校反抗的转变吸引了一代人中的大部分，他们已经到了反叛的年龄，如果不是激进运动的年龄的话。

反叛动力：越南战争

问题依然存在：为什么撒维奥以及听他演讲的学生相信自己不自由呢？研究民学的第一位历史学家柯克帕特里克·赛尔清楚地摆出了原因。他写道，"学生反叛是因为国家机构的结构在松散，由于那些掌权者特别是那些赞成进行越战的人的愚蠢，接下来的当局危机因此便更是糟糕透顶了。"在一个鼓励反抗权威的社会里，这一代学生极为独特，很适于这种反抗。25 岁以下的人比历史上任何时候都多。其中许多人的父母都是刚达到中产阶级的社会地位，他们将财富能产生的所有利益都给予了自己的孩子。当时经济与"伟大社会"的技术要求扩大了大学的规模，提高了其重要性，更多的年轻人进入大学，这些潮流持续了当时整个时代。60年代初只有 3789000 名大学生，而 60 年代末却有 7852000 名大学生，这样美国的大学生就比农民、建筑工人、矿工、或公交工人都多了。在美国，学生是一股力量，一股新兴力量。

学生运动的点火索——越战，也标志了休伦港与会者和追随其后的大学反叛者之间的分歧。1965 年民学领导了复活节和平游行，在此之前它在大学校园里几乎没有名气。这一抗议活动的胜利空前提高了该组织的名望，使之成为学生激进分子的主要呼声。与经济活动不同，对于促使学生加入到运动中来，越战是一个理想工具。这件事有一定的独立性,因为它使得新左派不必再追随学生非暴力协调委员会,也不必再追求种族间运动的梦想。除此之外,越战没有触及其他群体,却与他们息息相关。学生及其同龄人被要求去战斗,即使容易缓服兵役,战争也隐藏在大量个人决定之后,减少了许多选择机会。作为一个组织的策略,集中于战争很有效果,几乎肯定导致了民学成员的急剧增加。到 1969 年,其成员已超过十万,另外还有不可胜数的同情者。最后,关注战争与民学卫士的更替不谋而合。休伦港的宿将在经济项目中耗尽了精力,转而过着(如迪克·弗兰克斯)大致一般的生活,有的为新生力量退到了一边,成为忠实的民主党人。

有一个新成员,卡尔·奥格尔斯比,他是令民学转向战争事件的关键人物。奥格尔斯比三十来岁,已婚,有三个孩子,加入这一运动时,他有一份真正的工作,是安阿伯一个防御工事承包商的技术专家。奥格尔斯比是民学中的异类。他在心底里是个浪漫主义者,于是开始对自己的工作产生疑问。1965 年初,他开始给报社写东西,为复活节游行做准备工作。从他与民学有联系之始,他便开始关注对外政策。尽管他没有像许多新人一样同休伦港的"老卫士"们发生冲突,但他在把注意力转离经济项目上起了至关重要的作用,而当时许多老卫士已身陷其中无法自拔了。

比起老卫士来,越战对新卫士要适合得多。新卫士队伍远为壮大,因此没那么有凝聚力,需要一个公众问题来集聚成员。正如托德·吉特林对他们的形容,民学的新人来自中西部和西南部地区,很少有犹太人,很多来自工人阶级的家庭,也不特别理智——奥格尔斯比例外。他们带来了"草原"独立精神的 60 年代变体。像传统的中西部人一样,他们在心情愉快的时候只是怀疑权威,但更多的时候是完全蔑视。1964 年其父辈以选举巴里·戈德华特而表达了自己对东部政府的不信任,这意味着新左派的新人是新右派被疏远的追随者的被疏远的子女。确实,这是一个极富讽刺意味的奇特政治现象。他们的父辈认为东部的自由主义分子一心是想摧毁美国的各种机构,而他们却是教导其子女要尊重这些机构的。正如子女的一贯做法,他们以反战来回敬其父母。来自得克萨斯州的杰夫·希罗这样解释新老卫士之间的差异,"如果你是来自纽约的学生,加入了民学,这基本上就是加入了一个政治组织,再普通不过。而在德州,加入民学意味着你与家庭分裂,意味着隔离……如果你来自德州,在民学,……这意味着你是'该死的共产分子'"。这些新卫士,他们来自哈得逊以西旧金山海湾以东的某片闭塞的荒地,对于左派的政治活动毫无经验,也绝不喜欢与工人—社会主义者这些力量结成同盟,甚至分不清斯大林主义者、托洛斯基分子和一个曼哈顿艺术馆主之间的不同。

一开始,反战情绪对新卫士极有吸引力,因为这在智力上的要求不那么严格,它只是发自心底的反抗。1965 年,学生激进分子并没有将越战视为一场帝国主义战争。相反,他们认为越南人是被疏远的存在主义者,他们反对战争是因为有道德的人都必须,如新左派记者杰克·纽菲尔德所写,"向政府机器和下令杀人的军官说不。"

然而,在增强对战争的反抗过程中,新左派也加剧了对整个美国社会的攻击,并开始将自由主义者挑出来,称之为压制者。保罗·波特开始在复活节游行中制定了这一推理方式。作为当时的民学主席,波特进行了重要讲话,其中心是美国对越政策的虚伪性。他指控政府的"烦人而伪善的说教"、欺诈、暴力。在其控诉之下,休伦港成为出发点。他解释道,战争的经营者并非"极恶之人","他们自己决不会朝一个 10 岁的小孩扔汽油弹"。然而,他们在远方做出的可能无用的决定,却有这样的效果。"使'好?'人做出这种决定的是什么样的制度?"波特问道,"我们必须为这种制度命名。我们必须为之命名,加以描述、分析、理解和改变"。波特本人从未给这一制度命名,他只是暗示邦迪、腊斯克、麦克纳马拉等人必须加以制止,不管他们碰巧有多么体面。

波特讲话中的另一转折点是对这一制度的彻底谴责。该制度当然就是资本主义制度,尽管他回避了这个字眼。在接下来1965年11月的大游行中,奥格尔斯比继承了这一方向。战争的经营者"并非道德上的怪兽",相反,"他们都是自由主义者"。越战从起源到现在,"基本上是自由主义性质"。手头的任务是要说出这种在起作用的自由主义,因为很显然它与美国的革命传统毫无相似之处。奥格尔斯比挑了一个后来坚持下去了的名称:他说该制度是"共同自由主义",是一个将资本家对利益的追求、反共以及帝国主义揉为一体的制度——即"富裕与正直"的合并。奥格尔斯比既为波特的制度命了名,又引出了其含义。他声称,这种制度极为强大,自由主义者又极善于转离反抗、隐藏其力量的真正源泉,这样所有"人道主义者"都必须看到在"能影响强权"这种幻觉下发动的变革、游行和请愿都是毫无希望的。相反,惟一的希望在于"无条件的"人道主义。

战争产生了一些极佳证据,说明共同自由主义无所不在,而且也是一个引人注目的例子,表明尽管这种制度的操作者本人不是道德怪兽,可是这种制度却成了道德上的残暴。如奥格尔斯比所指控,杂烩大学对军方、防务承包商和联邦政府的关系是巴结奉承。几乎所有的重点大学都插手了军方—工业资金,只是有的多,有的少。佩恩、伯克利、哈佛都有重大项目与防务间接相关。坐落于麦迪逊的威斯康辛大学,很快成为了新左派活动的"第三个海岸"。这所学校便有一个为军方服务的资金丰厚的理论数学项目，这成为大学腐败的一个令人憎恶的象征。许多学校都有对中央情报局、联邦调查局及其他政府部门工作人员的定期招募和工作安排项目。实际上所有学校都有后备军官训练队(ROTC)项目，该项目如今被痛斥为军国主义的象征。

将自由主义者称为敌人，这对新左派有着巨大而矛盾的后果。这些分析产生自休伦港会议以来的一些极有效果的想法。倘若自由主义是敌人，那自然就不可能去欢迎自由主义者要改进的神话了。自由主义者认为富裕会永恒存在，利益集团的妥协的顺利进行会确保政治上的进步，"更大更好的福利社会"能保证平等。如托德·吉尔林在1966年所写，这些幻想都是用"阿斯匹林来治胃病"的"谬论"。波特明确地谴责了对进步的信仰，这种信仰"与人民及其需要毫无关系"。他坚持道，"进步，是我们的敌人"。

对技术与进步的评论本可以成为对美国激进运动的重大贡献的，但相反却被冷落到了一旁。大部分新左派转向了一种更僵硬的思维方式，在学生的革命事业中修改了马克思主义。这种僵硬注定了休伦港崇高理想主义的灭亡。"实用主义和实验法的早期精神，"海顿回忆道，"逐渐被取代，而采用了更激进、抽象、最终也使之瘫痪的意识形态。"随着民学的扩展，它对教条主义的左派分子也更具吸引力，他们竟开始策划要将民学接管过来。正如哈林顿和一些元老所警告的，1965年进步劳工党的成员打入了民学。该组织是一个毛泽东主义者的小党派，十分狂热，因"极左"而被轰出了共产党。民学的混乱和无政府状态可想而知，后来进步劳工党这个刻板的左翼团体终于清除出去了。好像是要表明其独立性似的，1965年民学在密歇根州基瓦丁举行的全国大会上决定要制定一个不排斥方针，这样便保证了民学同工盟的完全脱离。如吉特林所写,"谁会相信还有什么可惧之物? 我们是新左派,强有力的反权威者,纯粹的美国人,不是那帮拘泥不化的斯大林主义者的信徒。"

新激进主义

与此同时,新卫士接受了一套主要来自弗朗兹·范农和赫伯特·马尔库塞的日益抽象的激进主义。1965 年范农的《地球上的不幸者》英文版面世,当时新卫士正在为其敌人搜寻一个名字。黑豹党人接受范农是由于他对被剥夺权利者的信赖,而白人激进分子则欣赏其革命理论,特别是他宣称殖民主义使其受害者沦落到产生依赖的心理,而这是能通过暴力革命打破的。暴力是净化行为。暴力就是自由。《不幸者》一书出版之际,自由主义正在为自己的承诺而激动,而且也产生了更多的纷争。就是在这个时候,自由主义已为第三世界的暴力做了辩护,而且找到一个几乎天衣无缝的方式来说明学生激进分子就是第三世界的革命者:就是说,他们都是以心理解放的名义进行对抗的存在主义者。

同时,新左派同赫伯特·马尔库塞的关系也是充满了误解。马尔库塞的作品,特别是对新左派思想至关重要的一本书《一维人》(1964),具有新左派思想所缺乏的一种完整的复杂性。马尔库塞将弗洛伊德性欲的生命本能与自我毁灭的死之本能之间的斗争理论同马克思的剩余劳动理论揉为一体。他认为,弗氏的分类与其说是人性所固有,不如说是由社会秩序所决定的,这在发达的文明社会中至少是如此的。就是在这种文明社会中,人们被迫去生产远远超过满足生存需要的东西,这不仅是受到生产财富的欲望的驱使。而且也受到"剩余压抑"的驱使。这种压抑是社会所造成的一种要求,人们将自己对愉悦的欲望搁置一边而去做毫无意义的工作。马尔库塞认为,剩余压抑的根源是一种供不应求的社会结构,在这种社会中,人们受到欺骗,以为自己仍得不断劳动。倘若他们真的不断劳动,生活本能便消除了,"表现原则"占据支配地位。艺术和性欲两者天生就与技术秩序相疏远,并激起对它的反抗。它们一起构成了"大拒绝"。

马尔库塞在《一维人》中写道,西部人所面临的具有重大历史意义的事,就是技术社会惟有通过提供某种补偿形式才能征服性欲。这样,它便产生了一种自由不断扩大的错觉,它收买性欲,并强加彻底的支配。在其消费富裕之中,社会假装提供无限的选择以获取个人感激,但实际上却支配了所有选择。社会在消除性的禁忌,同意放纵,但是性革命却是以放荡取代性欲的。马尔库塞挖苦道,在当今社会,"性欲成了压制的畅销者的一个工具"。在这种世界里,"罪恶无处安身",然而真正的自由也是如此;"幸福意识毫无限制,但也未解放"。这种"受控的升华机制的丧失"仅仅产生了极权主义支配,这一支配无处不在,即使最乐观地看,要逃避它也是极其渺茫。真正艺术的分散表现可能会有短暂闪现,但不足以令人乐观。马尔库塞将最终解放的惟一真正希望寄托于技术本身上,认为它可能会完全废除劳动,使人们完全疏远社会进程,这样便可能重申愉悦原则。

马尔库塞不断地将对立之物配对,因此其作品不仅大受同性恋解放论者和革命者的欢迎,而且受到正人君子(他便是后者之一)和技术精英治国论者的喜爱。他是炮制刺耳辞令的高手,这些言语能给人以深刻印象。比如,他发明了一些词汇如"压制性容忍"、"不快狂喜"、"极权主义民主"。如同其他独立的哲学,马尔库塞的作品读起来非常实用,对不同的人可以有不同的含义,特别是在性的问题上。对于新左派而言,马尔库塞从马克思主义者对阶

202 第5章 红色的十年

级的强调转移到弗洛伊德派对心灵的注意上,这为任何阶级的激进分子提供了入门书,因此,正如艾伦·马图索敏锐地指出,"很好地迎合了新左派对中产阶级解放的鼓吹者"。马尔库塞在理论上使马克思与马克思主义者的阶级分析相脱离,这加深了代沟,因为支配者并非舞动皮鞭的资本家,而是宽容的父母和大学管理者。马尔库塞认为,真正的权力深藏在官僚行政机构里,奴隶们因此甚至不知道自己是奴隶。"压制性容忍"正是波特和奥格尔斯比一直以来所攻击的东西。

马尔库塞自己断定个人是无力改变社会的,而更年轻的激进分子却从他那儿汲取了两个积极反叛的策略。一个人可采取措施令自己完全疏远,越远越好。另一方面,完全的支配需要完全的革命——反政府、反大学、反家庭、反理性及反自身的革命。

到1967年,新左派将马尔库塞的理论运用到自己的一些理论行动中。因此,他们相信:首先,学生如果不是革命的先锋,那便是合法的革命团体;其次,容忍的社会是极权主义,它通过提供富裕而不是强加贫穷来实现和统治;再次,活跃的激进运动,甚至可能是暴力革命,是打破镣铐的惟一方式。加以提炼的话,马尔库塞的意思是革命不必非得是工人阶级进行的或代表工人阶级消灭贫穷的斗争。因为富裕社会使芸芸众生都上当了,所以激进运动应当留意去吸收白领工人、官僚、特别是大学生,因为他们毕竟仅在学校受到训练而进入这个新的资本主义社会。就此而言,每个人都有望能够——而且应当——发起一场个人革命,因为反富裕社会的革命是一场心理反叛,是对心理压迫和个体疏远的一场有意识的斗争。如格里格·卡尔弗特所写,革命是以"一个人不自由、受压迫的观点"而开始的。卡尔弗特开始成为新左派的主要理论家,海顿的接班人。他希望旨在对付"新资本主义"冲突的新激进运动能成为"自由论者的社会主义","将官僚化社会的权威结构以及压制性文明的禁忌视为与各地人民的健康与自由相背,视为爱、创造性和真正社会的障碍。"

由于卡尔弗特,新左派到达一个远离休伦港声明的理智的休息处。休伦港声明谴责意识形态;而卡尔弗特就是意识形态,以后也仍有一些意识形态。休伦港声明提出学生独一无二地处于充当整个社会激进运动催化剂的位置;而卡尔弗特的文章却暗示激进变革始于个人的心灵。休伦港声明展望一种接触战略,民学像民权运动一样,要在紧密坚持其原则的同时与社会民主党和自由主义者结成同盟。卡尔弗特指责"自由主义改革者"是有罪的白人自由主义分子,一心只想缓和新资本主义的种种矛盾。政治活动作为适当利用的手段与希望的目标是相适应的一个过程,即便受到摒弃。如卡尔弗特所称,当马尔库塞与法侬混在一起时,革命便成为"为一个人的自由所进行的斗争",而自由则被定义为对社会的心理压迫的拒绝。这样,个人的反叛举动带来了个体解放,但远非自私行为。个体解放"将一个人与被压迫者的斗争联系起来,因为它假定一个自由社会里的任何人都具有更为普遍的人的潜力"。

新左派所采取必然策略可想而知,就是以"抗议走向抵抗"。卡尔弗特创造这种词汇并不奇怪。新左派一直就在寻求行动,但这种公式化的"抵抗"只是为行动而行动。当新左派的抵抗对和平运动的支配地位表现出来时,它便假定手段即目的。而且它还紧紧抓住最脆弱的辩解不放:猛攻芝加哥的路障或炸掉麦迪逊的军用数学项目,这些行为是同越南人、南部佃农、"地球上的不幸者"的革命团结(是同所有人的团结,但要除去一般的美国人)。因此,这便是天生的"人类"行为。革命不必非得像陈腐的老马克思主义者所认为的那样,是"客观条件"之事。在理论上,革命一下子便可从无到有,而不仅是模糊的不满。

"你不必非得有气象预报员
才能知道风往哪吹"

到 1968 年,全世界年轻的激进分子似乎都差不多在利用不满情绪的力量来促成革命的形成。激进学生使巴黎陷入停滞,在西德和墨西哥都有游行示威。捷克斯洛伐克人对苏联人的坦克嗤之以鼻。反传统文化运动总是与激进运动紧密交织在一起,1967 年该运动又通过新时尚和象征暗示出新左派的方向。抗议音乐变成了电子音乐。新左派早期著名诗人鲍勃·迪伦和琼·贝兹如今在来自海湾地区的迷幻摇滚的对比下黯然失色。在宿舍和临时住处里,一度挂满甲壳虫乐队大幅海报的墙壁如今也赫然挂着格瓦拉、马克思和胡志明的画像。越共旗帜就像受人喜爱的衣服补丁一样挤走了和平标志。毛泽东的游击队员启蒙书——"红宝书"到处传播。民学成员听黑豹党人讲解如何将弹药装入武器。权威成了"猪猡"。在左派中极有影响但也受到普遍尊重的《纽约书评》刊登了一幅"莫洛托夫鸡尾酒"的图画及这种自制燃烧瓶的制造方法,另外还有海顿和安德鲁·科普坎德接受黑人好战分子的暴力行为的文章。"这些知识分子似乎都认为(城市)暴动只是营地里的操练而已,"工盟书记雷切尔·霍洛威茨对一位朋友这样厌恶地写道。她认为新左派的知识分子已经变成了"怪物"。许多学生对革命的即将来临坚信不疑,政府部门里有许多人也是如此。监视新左派的联邦调查员开始感到惊奇,认为这就是他们歇斯底里的局长 J. 艾德加·胡佛对他们警告多年的革命。1968 年《财富》杂志上一位作者声称"这些年轻人就是在进行革命——不是抗议、不是反叛,而是确确实实的革命。"

尽管形势这么狂热，革命在客观上来说却不可能。美国的中产阶级显然很满足于消费资本主义政体的种种舒适安逸。激进分子企图在劳动阶级的高中里进行组织，但往往受到驱逐，有时还遭毒打。胡志明很愿意为美国大学生鼓掌，但越南人往往建议其极受影响的美国朋友要节制。如同鼓吹国内革命已迫在眉睫的宣称一样，认为会出现国际革命大联合的这种宣称也与这实际上极其遥远的事实形成巨大反差。组织上的惨败一个接着一个，这表明革命联合只不过是想像之物而已。左派甚至未能及时组成一个多种族、多党派的联合来参加 1968 年的大选。1967 年举行的新政策全国大会已充分说明了这一失败。

新左派因为想像出一个独特现实，于是便在理论上和行动上都脱离实际而转向极端。托德·吉尔林认为运动受到"内爆"的影响。"内爆"确实也是惟一合适的字眼。大家越来越沉默，用政治活动来换取暴力能解放人的优点，除了自己没有别人去制止他们。言语太肤浅了，现在行动的时刻已到。

哥伦比亚大学

在 1967—1968 学年行将结束时，抵制运动从五角大楼转移到了哥伦比亚大学，这时新左派的心情便如前文所述。哥伦比亚大学计划在当时是一个街区公园的地方建一个体育馆，学校的民学大会便领导学生们罢课，反对这一计划。动工之时，双方的紧张状态达到顶点，社区的好战分子与白人黑人学生联合起来，要攻下行政大楼。白人学生不允许呆在黑人抗议者中，但他们又不想错过这一行动，于是便转向其他几座建筑物，等候可想而知的警察的指控。正如所预料的，警察的指控导致对抗议者的毒打。校方决定对学生决不妥协，但是教师们却有严重分歧。有的同情学生，有的如著名历史学家理查德·霍夫斯塔特,震惊于这些"青年极权分子"竟会进攻一所人文机构(不管它有什么错)。尽管取消了期末考试,但学校还是想举行一次毕业典礼。典礼进行中间,一批学生竟在霍夫斯塔特演讲时走出会场,而举行他们自己筹划周详的"反毕业"活动。

自从伯克利大学发生自由言论运动以来,哥伦比亚大学发生了最为激烈的学生运动,尽管其目标较之更为含糊。哥伦比亚大学民学大会被"冷酷无情"的马克·拉德所领导的"行动派"接管过来了。拉德的父亲是新泽西州一个房地产推销员,而其母则尽职地将家里做的饭送到校园去。拉德就是马里奥·撒维奥的新版,只是他没有撒维奥的演讲技巧,只能从勒鲁·琼斯的诗中窃取一句来总结他对校方的意图,"陷入绝境吧,他妈的,这就是抢劫!"海顿在抗议进行中来到了哥伦比亚大学。他发现拉德是一个"不错的、有点说话不清的新泽西郊区孩子,……一个小男孩。"拉德对讲话已非常厌烦——对思考更是如此,他认为惟有行动才有用。他将行动派的意志强加于其他学生身上,而这些学生却只是想使学校更人道。但拉德却认为这是一个"带脂粉气的、懦弱而不热烈"的目标,"暗示着向自由分子要在大学里进行自由公开调查的神话的投降"。

自然而然,这样一来呼声最高的头目吸引了媒体的关注,二来对行动的信奉也在组织好的新左派中获得了力量。1968年春,校园里开始出现新左派的暴力行动。当时报道了十起爆炸事件和纵火行为,其主要目标都是"后备军官训练队"的办公室。

芝加哥之战

政治上的夸张言语、革命正在进行的感觉以及个人解放与全世界的解放同时在展开的幻觉,这一切都被与正在进行的战争愤怒而失望地联系在一起,并导致了 1968 年 8 月芝加哥举行的民主党大会。几个组织对于在芝加哥发动抗议的事宜达成一致,从而掩盖了运动内部的混乱,因此会上的抗议倘若不是暴力的话,肯定也是一团糟。一些领导都已策划要举行声势浩大的抗议活动,但每个派系都有自己的日程安排、目标以及成功标准。嬉皮士的"易比士党"又没有组织,他们提议用"生之节日"来反击民主党的"死之传统"。海顿、伦尼·戴维斯和其他民学老同志因吉恩·麦卡锡在初选中的大放光芒而深受鼓舞,认为长达一周的反民主党的示威游行是在党内,特别是继罗伯特·肯尼迪遇刺后提高反战运动影响力的方式。戴夫·德林格希望 MOBE 能组织固定的反战演讲、游行、纠察等示威活动。MOBE 总是留意各种机会以巧妙地卷入运动,他们也出面来寻找新成员。黑豹党也计划参加。东维利杰有一个无政府组织,名称很粗俗,叫做"混账东西",他们也请求参加。麦卡锡的许多青年支持者们期望参加受人尊崇的示威活动,希望能将抗议活动紧紧局限于大会之内。

　　实际上,在芝加哥示威活动上,惟一一个犹豫不决的重要组织是民学,其领导出于一些原因对此加以反对。他们对海顿和戴维斯这些"老头"还在自愿参与组织而感到不快,他们也不甚喜欢这些对政治活动不够严肃的易比士。一些人说大会抗议只能基于这个假设上:民主党会倾听。关于芝加哥所能取得的成就,也提出了一些认真合理的担心。戴利市长发誓要把芝加哥变成一个武装营地。他是大家所必须要考虑在内的。基于以上原因,迈克尔·罗斯曼(他曾参加过自由言论运动)谴责易比士让小孩像旅鼠一样随他们参加血腥的冲突运动。易比士在犯自己认识到的惟一罪过——不诚实,因为"生之节日"根本就不会快乐。"八月的芝加哥",罗斯曼警告道,"将产生全国最浓厚的紧张恶劣气氛,随时都会突发。20万孩子挤在一块……肯定会弄糟。"

不管罗斯曼还提出了其他什么反对芝加哥示威的意见,他都应予以认真考虑。戴利及其支持者对冲突已准备就绪。易比士领导阿比·霍夫曼和杰瑞·鲁宾以其奇特的政治幽默令他们愤怒不已。易比士只是闹剧,霍夫曼和鲁宾的话几乎都只能当玩笑。但戴利对他的城市却从不开玩笑,双方就易比士要在林肯公园扎营的要求进行协商时,很显然各自的立场观点根本不同。霍夫曼宣称给他20万美元他就会离开芝加哥,此时戴利的人却以为他在要贿赂。易比士曾计划要在水源里投放致幻剂,但他们这么做却只是想说给那些打入他们会议中的卧底警察听的。报纸刊登了一些谣言,说易比士要在食物和饮料中投毒,要使下水道充满汽油,要绑架代表。这都只是开玩笑——但也是霍夫曼逗弄政府的方式,他倒不如率领一帮武装过的强盗进城。

市政府既害怕又顽固,拒绝给予组织者要求的大部分通行证,反而大大缩小了合法示威的范围。戴利宣布全体12000名警力将12小时轮班值勤,他们还能得到1000名国民警卫队员和常规部队的支援。介乎戴利的警力和联邦政府机构之间,还有数千名卧底警员。有的装成煽动者,准备涌入示威队伍中。后来据估计芝加哥每六名示威者中便有一名卧底。所有示威领导人都有警察跟梢。

市政府的诡计令霍夫曼、鲁宾、以及海顿更加坚定,决心进行对抗。他们的蔑视态度也惹火了一些同事。易比士领导艾德·桑德斯猛烈谴责霍夫曼,"怂恿人们走出去无缘无故地遭到杀害。老兄,这可无异于谋杀啊!"海顿在回忆录中提到自己在大会前夕的"阴郁心情",但他长期以来便产生了这个结论:暴力对抗即将来临,而且可能必须发生。这种心情掩饰了他对芝加哥抗议活动相对平常的政治希望。德林格看出了海顿的心情,也担心抗议活动会变成暴力行为。

战线已经明确,芝加哥示威成为走向灾难的抗议。许多的参加者也是这么认为的。只有一些最傻的人、最勇敢的人、或最忠诚的人去了。霍夫曼指望有二十万参加者,但却只聚集了不到一万人,而且仅半数是城外来的。戴利好像不是松了一口气,而是大受鼓舞,更加坚定,要教给这帮年轻人一点规矩。

冲突几乎立即便发生了。德林格的和平主义者驻扎在格兰特公园。这个公园就是在许多代表所住的希尔顿饭店的街对面。易比士去的是林肯公园。不顾警察的不断骚扰,霍夫曼和鲁宾率领生之节日朝前行进。他们指派了其总统候选人——一头他们称为"Pigasus"的猪,这时鲁宾遭到逮捕,"候选人"于是马上跑到一个畜栏里,这里比较安全。大会举行的当夜,警方宣布晚上 11 点林肯公园实行宵禁,用催泪瓦斯驱走示威者。大会第一天,警方整天都阻止霍夫曼拉一辆平板车到公园来搭台子。当一个乐队不顾警方进行演唱时,他们又截断电源。霍夫曼试图协商时,人群中有人便开始奚落警察了,诗人艾伦·金斯伯格是易比士的守护神,他也开始插手,想要缓和公园里的紧张局面。宵禁马上要开始的时候,警察进了公园。他们挑出一些人毒打,向人群回骂,用催泪瓦斯布满公园上空,强迫示威者出园。为了挫败警方,使之不能控制出园的人流,逃走的示威者分散成许多小组,各走各的路。市政府不想控制易比士们,倒更希望他们在城里遛来遛去。这令霍夫曼大为不解。他认为,这是自特洛伊木马计以来"最愚蠢的军事策略"。

接下来的两天中,同样的情况也出现在林肯公园和格兰特公园里。警察不祥地呆在示威者周围,谁落到他们手中便用警棍抽

210　第 5 章　红色的十年

打,只要可能便去骚扰示威者,一到宵禁时间便驱赶他们出园。抗议者继续发表演讲,组织纠察队。他们对警察嗤之以鼻,进行任何能够得逞的"游击"行为。这些行为主要也只不过是使用自制的臭弹或潜过警戒线进入希尔顿饭店。在星期二,抗议者为林登·约翰逊总统举行了一个"非生日晚会"。霍夫曼被指控有淫秽言语而遭逮捕:他在额头上写着"他妈的"。他解释道,这是因为他不想受到媒介的骚扰。海顿不是遭到一次拘捕,而是两次。他只得打扮得奇形怪状。有一次为了甩掉警方的跟梢,他竟带上一个橄榄球头盔。与此同时,民主党内部也产生了分歧。许多麦卡锡派的代表感觉到了自己的失败,他们开始出现在格兰特公园,同那些克制力稍弱的示威者一道受到瓦斯和梅斯毒气的袭击。当朱利安·邦德请希尔顿的代表打开自己房里的灯以示同示威者团结一致时,饭店顿时灯火通明,宛如一棵圣诞树。

　　在星期三,民主党人提名赫伯特·汉弗莱,这时对抗达到高潮。MOBE 得到允许可以于下午在格兰特公园的音乐舞台上集会(音乐舞台即在河对面希尔顿饭店的北部),但是领导者却无人能严格控制人群及其战略。中午的时候,警察冲进人群,制止一个年轻人将美国国旗倒过来。伦尼·戴维斯想进行干预,马上便遭到警棍的毒打。德林格决定率领一个非暴力的游行队伍到会场去。但当他宣布其计划后,海顿却号召大家走上街头像打游击一样在城里四处穿梭。因为得不到游行到大会堂的权力,德林格于是打算游行到希尔顿对面格兰特公园里的一个狭长地带去。

　　芝加哥之战成了德林格派、警方与国民警卫队、海顿跟随者之间的一场连续冲突。德林格率领的人走来走去,想找个方法过河,警察和国民警卫队却极力阻挠他们,而海顿的跟随者却独自走到大环(芝加哥商业中心)去了。德林格的队伍过了一座莫名其妙的竟无人看守的桥，然后沿着密歇根大道的一片狭窄区域直到希尔顿。这时正是傍晚时分，电视台的摄影机都在黄金时段现场直播这场战斗。一阵推推搡搡之后，警察取下自己的警徽，冲向人群，口中尖叫"杀，杀，杀!"前面的示威者遭到毒打浪潮的冲击，后面的人却嘲笑警察，一直大喊"全世界都在观看!"因为前线的人遭到毒打，要不便被拘捕，要不便被送去急救，其他的人便又冲上前，去承受警方的怒火。海顿化了装，他与其休伦港的同事鲍勃·罗斯和另外大概五十个人被困在希尔顿的墙边。据海顿回忆，这五十人主要是麦卡锡的支持者、记者和"普通市民"。警察围住他们，恶毒地刺激他们，喷射梅斯毒气，还用警棍打他们的屁股。当时形势十分紧张，人群挤碎饭店的玻璃窗，涌入东摇西摆的民主党人和在休息厅里乱扔饮料的心慌意乱的雇员当中。海顿险些没逃过一顿毒打，但还是往饭店里冲去。有的示威者坐在酒吧或大厅一些不显眼的地方，想避开警察，但他们在那儿就像受虐的大拇指一样引人注目。麦卡锡派的代表愤怒已极，他们把一些受伤者带到自己在15楼的总部，但结果当晚就受到警察的突袭，自己也遭到毒打。出现在全国电视上之后，强制性联邦后续委员会所称的"警察暴动"最后使街道都成为了会场，代表们相互争执、叫骂、诅咒。

示威者所言不错：全世界是在观看。毫无疑问，他们是希望国际的曝光会令戴利及民主党感到羞愧而后悔，但相反公众却是同情戴利。海顿的策略在某个层次上取得了成功：示威运动已迫使民主党人去面对越南问题。然而不幸的是，他们任命了一个支持延续战争政策的人。虽然 1968 年党内进步力量的权力有所增长，但其原因也只是因为把许多传统的民主党人赶出去了。易比士因为很乐于用闹剧的标准来衡量成功，所以在芝加哥取得了重大胜利。他们认为重要的是破坏程度和媒体曝光，在两者上他们的收

212 第5章 红色的十年

获都很大。"每个人都尽了自己的全力,"鲁宾称赞道,"真是太好了。我们要让大家看出美国并非民主国家,大会并非政治活动。一周来说明了一个信息:美国是武力统治的。这就是重大胜利。"

芝加哥示威的情况当时非常不稳定,它仅仅坚定了新左派的这一发展方向:走向自我拆台的冲突,在国家政治活动中更大边缘化。这只是这个运动的历史当中许多戏剧性时刻中的一个,据卡尔·奥格尔斯比的预测,是"未向我们展现的未来"的"一百个壮志凌云的前奏"之一。然而,就个体而言,这次大会确实标志着同美国尖锐而暂时的彻底脱离。左派中的悲观主义数年来一直在扩展,但芝加哥示威却令许多人放弃了这个国家能有所改变的任何希望。霍夫曼、鲁宾、海顿、戴维斯都准备好了为这次活动受到密谋罪的审判。1968年大会上,老左派向民学所警告过的未来通过了。一些人自发联合起来反对进步劳工党的接管,他们走出会场,这实际上就使得该组织落入了进步劳工党之手。这时,民学便不复存在了。

"气象员"地下组织

剩下来的只有"气象员"。这是由民学极端分子组织的一个小集团,其成员有马克·拉德、极富魅力的伯纳丁·多恩、凯西·威尔克森、约翰·雅各布以及另外一些为数不多的人。他们自视重视行动、漠视理论化,他们专注于一场彻底的反美革命:从控诉"一夫一妻制"到进行恐怖主义轰炸。他们的名称来自鲍勃·迪伦写的"秘密的思乡蓝调"中的一句歌词,"你不必非得有气象员才能知道风向哪边吹",这句歌词大概象征了他们对进步劳工党控制的反对。

他们对运动的一大贡献是"愤怒时期",这是他们所组织的一系列小暴动,与1969年10月对芝加哥示威的7位领导人的审判

"你不必非得有气象预报员才能知道风往哪吹" 213

同时进行。他们想组织数千名芝加哥青年暴徒,放出话来说要从林肯公园开始闹事。实际上只出现了几百名青年暴徒。受到化装得并不成功的海顿的鼓励后,他们连续几夜沿着该城著名的黄金海岸狂打滥砸、打碎商品的玻璃、猛击车子、不顾一切地与警察作战,而警方也以暴力相回击。除了徒劳地期望数万名工人阶级的孩子会加入进来之外,"愤怒时期"的惟一目标就是战斗。倘若哪个人很幸运地被枪击中或遭毒打,这对他在"气象员"中的名声来说是最有益不过了。

虽然成员只有廖廖几百人,但到1969年"气象员"地下组织由于对暴力的嗜好而成了激进运动的新象征。他们鼓舞了无数的效仿者:从1969年9月至1970年5月,至少有250次爆炸事件和火灾可能要算到新左派的头上。1970年3月初,几名"气象员"在格林威治村边的一座豪宅的地下室里制造炸弹时,炸弹突然爆炸,房子被夷为平地,三名激进分子被炸死。警方在现场发现了足以炸毁一个城区的爆炸物。最大的爆炸事件出于威斯康辛州麦迪逊县的效仿者之手。1970年8月,学校正放假,校园里比较安静。一个恐怖组织在军队数学研究中心楼下引爆了整整一车自制的爆炸物。整栋大楼几乎全被炸毁,好几个街区的玻璃窗都被震得粉碎,包括街对面的一座医院。一位有两个孩子的年轻医生被炸死,而他本人曾默默地反对越战。军队数学研究中心所在的那侧大楼所受的破坏就更不用说了。

海顿和吉特林作为民学的"老卫士",认为大体而言这些暴力行为——尤其是"气象员"——的根源应当从新左派在整个60年代一直存在的缺陷里寻找。海顿认为,民学漠视正式的结构,却热衷于"用全新的思维方式和行动方式来改变世界","气象员"正是这种漠视和热衷混合的产物。新左派由于与政府的冲突而怨愤不已,于是"在短短七年之内便成了一切对于革命运动所作的不祥的、犬儒主义的预言的牺牲品"。海顿坚决地暗示说"气象员"地下组织是芝加哥示威的产物,因此自然只会走向暴力。吉尔林的观点是:"气象员"的出现是由于意识形态的破产,该组织是"不良、抽象的政治活动以其他途径实现的延伸……在某个方面来说,他们是纯粹的新左派——自我封闭、蔑视自由主义、对第三世界的革命充满浪漫想法、组织成小分队、意志强烈、勇敢而鲁莽狂妄、急于行动,好像所有事情都是可能的。"

海顿和吉特林都没错,但是对于这个他们曾努力发动的运动的失败,他们也承担了过多的责任。对于新左派的一些具体失败,对于在一个非革命环境中发动革命的不可能性,或甚至对于在美国组建永久而实际的左派的无法超越的困难,"气象员"并没有很大的象征意义。相反,当某个时期同龄人的看法以及公开反抗父母权威对年轻人而言日益重要时,当这些发展产生于一个极端的政治时期时,我们便不难想像有些人会将政治活动视为个人邪恶的解毒剂。苏珊·斯特恩曾支持"愤怒时期",以之来反抗父亲。她形容道:"我痛恨我父亲,不仅是因为他在我生命中前二十年里折磨了我,而且因为他是资本家,成见极深"。加入"气象员"能带来一种力量感,尽管这种感觉相当有限而且是虚构的,但能给个人带来一种神秘气氛,能平息对于要得到接受的渴望。吉特林指出,"气象员""都是出身于极为富裕的家庭",他们来自比早期新左派宽裕得多的家庭。他们要向一代人证明一些东西,来标志他们与其父母及财富的距离;因为其背景,他们必须更加革命。"气象员"及其效仿者并非激进运动恶化的产物,而是产生于更广泛的美国社会的毁坏——个人权威的崩溃、孩子与父母之间固有的紧张局面的政治性恶化,文化对于极端主义的欢迎。"气象员"之所以是美国"最坏的梦魇",这仅仅是由于其组成成员是美国"最好"的孩子。

激进运动的终结

美国左派的毁灭既不是由于炸掉军方数学研究中心,也不是因为豪宅的爆炸。不管左派喜欢与否,它一开始便与自由主义交织在一起。1968 年尼克松竞选总统获胜,社会状况又恢复原状时,自由主义者和激进分子彼此的关系便更密切了。

新左派的消失产生了两大后果。曾参加过左派运动的人分散为无数方向:有的去了群居村或私人农场;有的去了一些公司的办公室工作;有一些则很可悲,他们绝望、自杀或杀人;但还有一些人则将新左派思潮带入了左翼学术生涯、公益组织、劳动团体或扩大服务的律师事务所。

1968 年之后的第二大发展是一些运动又涌现出来,进入政治活动的主流。这些运动显然受惠于新左派,但又独立于新左派。激进的女权运动和同性恋的解放运动都产生于新左派,但都有其鲜明特点。虽然其成员不断谴责纯粹的革新运动和温和的政治活动,但这些运动却日益与民主党中的自由主义分子融合起来。在纯粹的革新运动和温和的政治活动中,这些运动都延续下来了。这是因为它们抓住了主流中某块安全之石——激进的女权运动是妇女运动,而同性恋解放中则是性革命和对个人隐私的自由防卫。因为它们同其他这些发展结盟,所以才得以维持组织。这样一来,它们便成为新左派利益集团的残余。

激进的女权运动

年轻女性在新左派中自始便充当了重要角色,而激进的女权运动便是直接脱胎于新左派。提出性别压迫和性别不平等这些问题的最初尝试便是产生于新左派的激进主义及其公开性;但是激进女权运动的出现也是对大学生非暴力协调委员会和民学中男性对妇女问题的冷漠所做的反应。

尽管大学生非暴力协调委员会(以下简称非暴协)成员在妇女问题开始出现时并不急于着手解决,但他们对于玛丽·金和凯西·海顿在1965年所发表的妇女宣言基本上都怀有善意。金和海顿并不认为这是对组织的挑战,而视之为非暴协的自然产物。就在此时,非暴协正挣扎着寻找进一步的目标。这两位女性不知道会不会有人花费精力来探索妇女问题,这也是符合非暴协本质的。两者都是非暴协的忠实成员,对"最终结果"没有坚定概念;她们认为"女性应当能够以自己的方式来解释自由",只想受到这一原则的指导。"提出"妇女权益的"问题"就是要阐明"社会并没有触及其中某些最深层的问题,未就其根源展开公开讨论"。尽管新左派中的女权运动一开始便闻名遐迩,但海顿和金"那种备忘录"却纯粹是非暴协式的,其自谅式名称亦是如此。而且事实上新左派中女权运动的原始倡导者之所以致力于这一事业,其原因也更是想保持一定的新左派的初期精神,而不是因为非暴协或民学忽视了其请求。

我们必须认识到新左派有两派人,同样这种认识也有助于区别两种激进女权运动:即一种主要是政治上,而另一种主要则是文学上的。金本人心目中的运动便可能是颂扬女性的本质美德:"生死观、容忍、爱心、人类的基本道德……受雇的母亲被封闭于报酬低、无前途、无意义的工作中,得不到什么东西来照顾子女。我们对此深感不安。有的女性需要能激励人心的工作来获得成就感、满足人格的需要,对她们我们同样深深担心。"金更多的是受到艾拉·贝克而不是贝蒂·弗里丹的启发,而其精神也更接近国际主义者,而非革命者。随着新左派的初期精神日益转向反叛,这种国际主义精神也消失殆尽了。

　　比之非暴协,民学的控制者中男性更多。尽管妇女在运动中获得了实际政治经验,她们要求大会制定纲要以有组织地致力于妇女权益问题,但新左派中的白人却有计划有步骤地将她们压下去了,到1967年这种压制已非常激烈。女性在全国性的领导层中没有代表,在新左派变得注重媒体、运动中的各种力量联合起来之时更是如此。一名幻想破灭的女性激进分子写道:"只是看上去控制了某种集会……要不便扮演某种戏剧性的角色"。女性管理办公室,而男性则发表演讲。反战运动本来可能为那些相信妇女独一无二地适于和平工作的人提供了一个舞台,但它却将精力用在征兵这件事上。这个运动的口号很好地概括了其以男性为中心的本质:"男孩说不,女孩对他们说没错。"那些要大家注意男女不平等的妇女则被指责是为个人问题哭哭啼啼、或是痛恨男性、企图使运动的注意力转离真正的革命。

　　一些妇女开始将自己与民学区别开来,但这一举动相当缓慢,而且往往还带有显著的矛盾情绪。1966年之后,民学会议一般都会讨论到妇女在运动中的地位问题,有时是通过正式的小组讨论进行商讨,有时是自发的谈论,有时则是妇女与其男性同事进行激烈的唇枪舌战。民学中一些女性一直坚持认为妇女问题不如停战问题重要,所以被女权主义者讥为"职业政客"。还有的人则是两边倒,感觉自己同男性激进分子"有着同样的激进传统、言词、英

218 第5章 红色的十年

雄、重要日子、以及阶级斗争血腥的全部历史"。玛吉·皮尔斯写道:"女性激进分子很容易便能以某种更为正义的名义接受对自己的剥削,这真令人遗憾。"

当数十个派系从运动的内爆中心中脱离出来时,妇女激进组织也断定自己应当采取分裂的策略了。一个产生于新政策运动大会集中在芝加哥的组织被告之:"朝前走吧,小女孩,"舒拉米斯·费尔斯通就是在那儿尽力要达成一些决议,赋予妇女在大会上支配性的选票。许多大城市都涌现了激进组织,尤以费尔斯通和帕姆·艾伦在纽约组织的"激进女性"最负盛名。这两人都曾是民学成员。1967年11月,"激进女性"的女子代表团参加了华盛顿的和平游行。她们规劝游行者脱离政客,参加到她们反抗"传统妇女"的示威中来。次年9月,这个纽约组织举行抗议反对亚特兰大举行的美国小姐庆典活动,从而使女权激进运动引起了全国的关注。她们效仿嬉皮士的作法,将一头羊加冕为美国小姐,拍卖了一具美国小姐的模型,建了一个"自由垃圾箱",往里头扔紧身衣、乳罩、围裙、速记本等。同年秋季,一个自称为"地狱来的妇女国际恐怖阴谋组织"(英文简称witch,巫婆之意——译者)的团体对纽约股票交易市场发动突袭,离开时还留了魔咒。

虽然女权激进分子从组织上和目标上都脱离了新左派,但其运动却直接建立于后期新左派的观点之上。激进分子认为妇女是受压迫的一个群体,要获得解放只得依靠直接的革命。妇女是最受压迫的人,因为其从属地位已跨越了阶级、民族、种族、甚至历史的界限。妇女解放的必要性是如此显而易见,根本无需去进行那些不清不楚的事情。"红袜子宣言"是继承纽约"激进女性"组织的声明,它坚持:"妇女是受压迫阶级。我们的压迫是整体性的,影响到我们生活中的各个方面。我们受到剥削,被视为性工具、生育机器、家务女佣、廉价劳动力。"任何男女关系"都是阶级关系,男女之间的个体冲突都是政治冲突,只能集体解决"。

确定自己是合法的受压迫阶级之后,激进分子(仍然受惠于新左派的教条)便进一步辩称妇女是殖民地居民。这样,她们便将自己置于被压迫群体的庞大队伍中,其革命目标据称与越南人、非洲裔美国人、拉丁裔美国人等等的目标相一致。一个激进分子写道:"拥有我们肉体的人有许许多多:男人、医生、服装、化妆品生产商、广告商、教堂、学校,惟独不是我们自己"。罗宾·摩根稍后也认为:妇女的肉体是一块殖民地。像其他殖民地一样,妇女的"自然资源被采空了";如同范农对殖民地人的描写一样,妇女是"家庭中的悲剧角色",她们要不就相信自己是低人一等,要不就认为自己根本未受压迫。摩根写道,革命者必须对马尔库塞做好防备,要为一定的宽容极权主义做好准备。"一旦猛烈撞击,人们就能放宽有关法规对打胎和计划生育的限定,能使一些更有象征性的妇女得到职业。"

在这些豪言壮语之下,妇女激进运动要比新左派的传统思想走得深入得多。激进分子认为大学里妇女处于从属地位,这种观点很正确,她们对消费文化的敌意也比 60 年代后期的激进分子要强烈得多。她们视之为许多对于性的标准概念产生的根源,这一点她们也十分正确。但是,妇女激进分子却无法超越当时的政治灾难,她们在某些方面还反映了新左派一些最糟的冲动。她们认为革命正在进行,但又没有群众基础。激进分子声称 51% 的人都是受压迫的,这很合理;但她们又声称其中的一小部分人忠于其事业,这便不合逻辑了。她们在"第三世界的姐妹"从未坚持认为自己的利益与白人女权激进者的利益是一致的。激进分子可以宣称大量妇女陷入了虚假的意识,接受了自己的压迫;但不能认为激进运动的任务就是要将妇女从这种奴隶心态中唤醒。革命并非越来越近。正如新左派远远脱离了平常男性所关心的事情一样,女权激进分子也远离了平常女性所关心之事。

面对革命中无法克服的障碍,女权激进分子注定要走上一条与其男同事及整个运动相差无几的道路。她们也开始分裂。对于妇女如何看待压迫的问题——是否自己应当承担一定责任,或者由于其性别而毫无责任,涌现了一些不同的分析。其他分歧产生于这个问题上:断绝一切与男性的关系,或与他们并肩作战。选择断绝所有关系的人——有时是象征性的,有时是真正意义上的——拒绝接受现实的政治活动。其批评论者认为她们基本上是退出了革命。到1970年,女同性恋者限定为激进分子的先锋,她们将妇女赶进了一些分散的支持同性恋的阵营。被激进分子视为"所有受压迫者自相残杀的敌意"将激进妇女分裂成数十个不同的派系,每个派系都是基于性的自我定义的细微差别。一些人竭力去接受女权运动激进派的多种形式的特点,但是由于她们将压迫的根源追溯到性欲上而将之过于政治化,所以当多种形式的性欲成为政治上的试金石时,激进分子便只能承受这一恶果了。

如果说女权运动走的仍是组织起来的新左派的路子,其支持者还是给主流的妇女运动留下了深刻印象。尤其是一些更年轻、更激进的妇女使女权运动关注到一些个人事务。而这些事务是主流妇女运动为实现统一而一直决意避免的,直到全国妇女组织开始吸收左派力量,这一情况才有所改观。激进人士坚持认为"个人的就是政治的",认为倘若两性关系不发生根本性的革命,妇女的从属地位便不会有真正的答案。虽然全国妇女组织对激进女权运动的性暗示依然不安,但是个人化的政治活动为堕胎权打下了基础,而且也支持了主流运动对消费文化的批判。主流运动也能从激进运动中有所获益,因为她们为女权运动引进了直接的行动,并且当主流运动陷入了与利益集团谈判的低潮时还帮助它活跃起来。"红袜子"所发动的"意识提高"团体提供了有益的群众组织工具,有助于妇女运动彻底的民主化。主流运动运用了这些技巧,同时也为那些维持了其政治力量因此也仍会对后现代自由运动从内部产生影响的激进分子提供了一个家。

同性恋者的解放运动

女权激进分子同时也为性激进分子进入激进政治活动的领域开辟了一条道路。至少在时间上来说,在有组织的同性恋解放运动产生之前,激进女权运动便已对异性恋中的男性统治地位发动过攻击,如此一来便确立了左派性特征的合法性。同激进女权运动一样,同性恋解放运动也产生于受激进政治活动鼓舞而为其失败沮丧的人们之中;同激进的女权主义者一样,同性恋激进分子随着更大规模革命的希望破灭,也日益走上分裂的道路。同性恋解放还同激进女权运动一样在理论上以这一宣称为基础:多形态的性欲是人类固有的本性。这两个运动在实践方式上也有不少重合之处,譬如许多激进的女同性恋者既为妇女事业奋斗,又为同性恋解放运动奋斗。

尽管同性恋解放运动与新左派有着相同的感受,因而肯定也受到了 60 年代激进分子教训的激励,其根源却更多的是文化上的激进运动以及大城市里同性恋社区的发展,而不是激进的政治活动。在战后城市化所提供的默默无闻的环境中,同性恋者开始首次在一定程度上公开地集合起来。1963 年一个刚到纽约的人会万分惊诧地发现自己作为同性恋并非"惟一的性变态",而是很显然有"数百万个同性恋者"。

作为对同性恋社会公开集会的反应,全国的市政府加强了警方对同性恋集会的骚扰破坏,并在当地法规里增加了更多的反性变态的条例。即使不是在事实上,这些法律条例在精神上也与最高法院对隐私权与公众道德裁决的坚定支持背道而驰。这本身便为小说、戏剧、电影对于同性恋的描写打开了更大的空间。一部分是因为受到骚扰的程度所迫,一部分是为法庭判决和当时的时代特征所鼓舞,同性恋公民权的支持者扩大了活动。用后来的标准衡量,这些先驱主要都是温和派。脱胎于所谓的同性恋组织,女同性恋的"比利提斯之女"和男同性恋的"马塔西恩社团"的目的是要弱化警方的骚扰,使个人行为合法化,同时将同性恋者描绘成温和而平凡的人。

不管是将同性恋运动与新左派运动相比,还是与民权运动、甚至农业工人运动相比,它持续的时间都要更长一些,尽管一开始其组织相当薄弱。同性恋解放运动,即同性恋运动的激进化形式,迎来了数次相互交织的发展。首先,在纽约和旧金山的前卫社区中已扎下根来的性革命第二阶段逐渐在文化激进分子中确立了同性恋的合法性,并且减少了警方的骚扰程度,至少在纽约是如此。同激进女权主义者一样,新左派中的同性恋激进分子对运动内爆的反应是走一条与之极似的道路。这条路是以在新左派国际主义的环境中提出同性恋公民权问题为开始,以独自发展的分裂决心日盛而告终。譬如1967年卡尔·威特曼事件便是如此。女同性恋者的激进人物在同性恋聚会上开始崭露头角,她们要求举行更为激烈的活动。如同1968年之后左派的其他组织一样,同性恋社区的气氛日益夹杂着好战气息。

这便是同性恋解放运动发展的大环境。其真正诞生通常被认为是1969年的某一天。那天警察对格林威治村的"石墙"旅店发动突袭,引发了为期数天的暴动和游行。当时并没有人筹划暴动,在这个意义上"石墙"反叛是自发而成的。但在一个性革命和城市混乱的年代,这也毫不令人奇怪。"石墙"旅店本身便是反叛开始的象征。根据各种流传说法,这是一个肮脏的地下酒吧,由黑手党与警方联手经营,是一个同性恋者在纽约可以跳贴面舞而不用担心警察会突袭的地方。但6月27日警方还是发动了突袭,作为对市长选举准备的镇压之一。顾客们予以反击,将警察围在酒吧里,对他们进行猛烈的攻击,最后防暴小组只得出动来营救他们。

暴动及随之而来的游行标志了同性恋运动和同性恋解放运动 153 的分裂。同性恋解放运动活动者继续后期新左派的分裂逻辑,坚持认为自己作为一个群体受到了压迫,强调自己的独特性。"石墙"反叛之后,激进分子组织了"同性恋解放阵线",这个名称就是用来暗示其与越共的同一性。同性恋解放阵线宣布自己要致力于摧毁"肮脏、邪恶、一塌糊涂的资本家阴谋"。与激进女权分子一样,激进的同性恋分子认为自己是现行体制的另一牺牲品,以此受到世人瞩目,并且他们将自己的运动同"所有被压迫者"的运动联系起来:越南人的斗争、第三世界、黑人、工人等等。这些豪言壮语,以及他们公开宣称的要摧毁压迫人的核心家庭的目的,便使同性恋解放运动在政治上站到了左派一方。

这种广意上的认同仅仅是其他左派幻想的重复。与激进女权运动相比,同性恋解放运动使自己成为一个以阶级为基础的革命的一部分的可能性并不更大。而且从长远来看,由于同性恋在各政治压力集团中表现出极强的凝聚力,没有沦为某个革命联盟的一个部分,所以他们同妇女一样在美国社会中的地位取得了普遍提高。由于他们有着新左派剩余人士的敏感度及政治手段,因此得以进入新的政治运动中来。但是作为一个利益集团,他们又有着与生俱来的内聚力。成为一名激进分子就是要"挺身而出",将自己的命运同这个运动的政治成功联系在一起,而这反过来也保证了激进分子长久的忠诚。

激进女权运动和同性恋解放运动两者一起说明了一个事实:1968年后新左派之所以延续下来,是由于缩减了重点,而几乎仅仅关注各自分离的利益。然而,这些手段不仅使新左派得以延续,这似乎无可争议;相反,新左派所遗留下来的这两个组织都完美地迎合了其成员的目标。当新政策运动开始控制麦戈文的竞选活动并对民主党产生主导性影响时,一些组织的命运便改善了。但是,这些狭隘目标与全世界革命令人陶醉的意图已迥然不同了,这些运动正是在这一点上说明了新政治运动更多的是失败。

第6章 文化的终结

在一个富裕的年代,导致长达百年甚至一百多年的社会斗争的经济不满让位给了文化不满。这样,60年代的特色之战便是一场文化内战。它使得产生于贫乏时代的传统文化与一个更适于富裕年代的新文化处于相对立位置。正如菲利浦·斯莱特在其广为传诵的《追求孤独》一书中所说,传统文化由一组决定于需要与渴求的价值组成:自我否认、职业道德、对技术进步的信心。这是所有老一代人——大致指"三十岁以上"的人——的文化,它将政治上右派的价值作为自己的"道德参照点"。旧文化"专制、刻板、原始、信奉基要主义"、往往还使用暴力。就像控制了富裕社会的年轻一代一样,新文化反过来脱胎于富裕社会,认为公开的性欲、和平主义、平等主义都是美德。其拥护者对合乎人性的乌托邦充满渴求,而对技术进步则无动于衷。斯莱特写道:新文化不是抛弃肉体来积聚物质的人造物品,而是号召人们"抛弃人造物品,享受肉体"。

如斯莱特对美国文化的简化描写所示,年轻人已摆脱其长辈所背负的种种焦虑,而他们所领导的文化革命是一场彻底的社会变革,这已成为新文化拥护者的信条。对于斯莱特及其他新文化拥护者来说,问题在于年轻人是否能获胜,防止出现一个——用西奥多·罗斯扎克的话说——注定会成为"极权的技术专家政体"的未来。苏珊·桑泰格于1967年在《党派评论》上发表了一组以"美国发生的事情"为中心的论文,她相当悲观地写道:"有罗纳德·里根这位新表演大师在加州、约翰·韦恩在白宫嚼排骨,当今美国与蛮荒之地相差无几"。而美国一直就是这样一个地方,惟一不同的是这个国家的"野蛮和愚昧现在能致人于死地"。

新文化发现了大量证据来证明传统力量仍在扼杀美国生活。约翰·韦恩仍在拍片;《读者文摘》仍是读者极其重要的杂志;从鲍勃·霍普、帕特·布恩到"好运歌手"(尼克松所喜爱的乐队之一),广受欢迎的演员都将漠不关心、顺从习俗、尊重权威视为美国人固有的美德。在农村,手持枪支、赶牲口车的美国白人的治安文化仍然存在。传统力量对蓄长发、着彩衣的年轻人嗤之以鼻。连路旁的广告牌也对年轻人训诫:"保持美国的美丽。去理个发吧!"传统主义者继续不遗余力地在公共图书馆和学校图书馆里查禁禁书。这里的确是"蛮荒之地"。

然而,坚持认为桑泰格及其他新文化拥护者既夸大了他们所谓的传统力量,又夸大了他们与美国主流社会的实际脱离程度,这并未减少美国生活中保守面的重要性。电影、文学、音乐、艺术、以及电视的势头很明显是趋向新价值的。传统力量仍然存在的所有迹象更是其萎缩消灭的迹象。即使是约翰·韦恩"嚼"白宫排骨之时,他也在受癌症之苦,而最终也死于癌症,他的西部艺术也已过时;他同约翰逊总统(他需要一切能得到的朋友)不文雅的聚餐并不能说明在文化上的支配地位。当然,人们对于年轻人的性乱行为和反叛有一些不满,但这也不是60年代才独有的。技术的支持者不仅有五角大楼的"鹰派"分子和国际商用机器公司(IBM)的电脑奇才,而且还有拥护"将(人们)从琐事中解放出来"的有线电视和机器的嬉皮士,以及赫伯特·马尔库塞和舒拉米斯·费尔斯通之类的激进哲学家,他们也认为没有这些机器的话乌托邦便无从谈起。倘若我们对文化保守主义和政治保守主义做一个必要区分的话,便很难不同意保罗·克拉斯纳的观点。通过其讽刺杂志《现实主义者》,科拉斯纳极力要破除文化上的种种束缚限制。回顾这一动荡岁月,他惊讶于"十年来世风已大变"。我本来会发表的东西现在竟出现在《华尔街日报》上,而汤姆·海顿竟成了戴维·弗罗斯特的节目嘉宾,夹在亨尼·扬曼和泰尼·蒂姆之间。

现代主义的终结

60 年代的美国文化并不标志着对"传统"的征服,相反,除了生产和工业领域外,它是现代社会向后现代社会转换最为明显的一个年代。一战以来,现代主义的观点开始渗入纽约的先锋派、艺术、文学、音乐、批评,这些形式上的文学无一不发生了变革。现代主义的信条认为艺术家的职责就是挑战一切传统、重新给标准定义、攻击各种教条。这股与过去划清界线、公然反抗传统的决心一直保持到始于 60 年代的后现代文化,但这两个时代之间还是存在着显著差别。现代主义者对艺术超凡的重要性依然持严肃态度,他们坚持认为对伟大艺术和天赋要有全新而庄重的定义(如果这种定义不是不言而喻的话),并且他们还对市场不屑一顾。然而到了 60 年代,正如艺术评论家哈罗德·罗森堡所常说的,现代主义反叛本身也成了"新生传统",除了现代主义者对严肃和品味的忠诚之外,已无它物可供反抗了。后现代主义者甚至逐渐把这些优点也视为古板乏味的陈规陋习。他们渴求"目的明确"的艺术,而非超验的艺术。在追求文化的自由中,他们抛弃了一切,只留下最低的准则;继而他们便出卖自己了。

到 50 年代,现代主义的吸引力已逐渐消褪。詹姆斯·乔伊斯和威廉·福克纳对小说已进行了革命。乔治·格什温、阿伦·科普兰、赛缪尔·巴伯等现代派作曲家已经选定了美国民间音乐这座宝库。抽象的印象派已使绘画跳出了现实主义的老路,他们的作品铺天盖地、才华横溢,似乎已超越这门艺术所能达到的极限。艺术家和作家们开始面临一个巨大问题:一切传统几乎均已毁灭,已经没有多少东西可资反抗了。因为艺术已经走到这样的极端程度,所以要创作一点也"不落窠臼"的东西实非易事。最后一批现代派是在 40 年代末 50 年代初逐渐成熟的,他们对这一问题的处理办法便是避开 30 年代的政治气息过于浓厚的艺术。使艺术家们重新关注作品本身、提倡加强对方法和技巧的重视,这是一个健康有益的方向。抽象印象派便是一个适当的例子。他们所受的主要是罗斯福新政中"艺术为政治服务"这种方法的训练。然而,二战开始不久后,马克·罗斯科、杰克逊·波洛克、威廉·德·库宁等人便涌现出来,成为纽约先锋派中最富活力的新生力量。他们既避开各种方法手段,又避开巴黎现代主义在文化上的主导地位,完全破除形式,只是在画布的表面进行试验。譬如,波洛克打破了立体派的几何结构,使用自由的线条、"液滴",并把画布纹理活泼生动地混和起来。波洛克追求的是"有生命"的艺术,甚至是惊奇,它必须紧扣现代社会混乱喧嚣的特点。抽象印象派由追求逼真的时尚发展到对绘画本身重新进行构想。如哈罗德·罗森堡所说,他们成了"行为艺术家",认为艺术在于绘画这一行为,而不是完成的作品,而画布本身也成了"一件大事"。罗森堡写道:"新的绘画打破了艺术与生命的任何区别。"

由于破除了这一区别,抽象印象派对 60 年代的艺术家产生了一个巨大影响。60 年代的艺术家继续攻击艺术与生活之间的任何障碍以使艺术"有生命"、"有目的"。然而,这一发展也回避了一个显而易见的问题:倘若艺术就是生活,那么究竟是什么将"艺术"区别于其他生活组成部分,譬如喝果味汽水呢? 现代派有一个答案:艺术仍是严肃的艺术家的作品,他们创作时对历史极度尊重,并意图发展绘画方法的技巧。罗伯特·马瑟韦尔在1951年写道:"每个聪明的画家心中都存有现代绘画的全部文化,其真正主题就是要使其所画之物既是致敬又是批评"。他们往往只能勉强糊口,有意识地逃避20年代以来成为所有放荡不羁的现代主义者境遇的传统社会。他们依然信奉艺术至上主义,其生活和创作方式也反映了他们对严肃创作没有中断的忠诚。

因为许多原因,事实证明要把这些价值转给下一代即使不是毫无可能也是相当困难的。在一定条件下,摧毁艺术与生活之间的差别会毁灭放荡不羁者自我放逐的本性,而这种生活方式却对现代派事业的严密准确至关重要。事实上,放荡不羁者的最后一批——"垮掉的一代",是50年代文化领域中最为有名的局外人,他们曾极力去摧毁放荡不羁文化界与社会其他部分的区别。垮掉的一代认为社会充满虚伪、性压迫、服从,但他们并未因此而拒绝社会,而是力求动摇这些痼疾,使社会本身变得放荡不羁。

这样,他们便写了一些禁忌的内容:同性恋、吸毒、黑人亚文化、疯狂等等。他们吸收了许多以前的现代派的方法,依靠行动、感情、强度,而非受控制的技巧。当时最负盛名的诗是艾伦·金斯伯格的《咆哮》(1956),这个名字取得很合适。也许是预感到了休伦港声明,金斯伯格写道:"我看到疯狂毁灭了我们这一代人中最优秀的头脑",他们在大学受到蔑视,只好在"黑人区的街道"上闲逛,要不便"剃光头去疯人院作滑稽可笑的自杀演说"。杰克·克罗尔的《在路上》(1957)说的大概是同一意思,这本书也暗示了解放与行动是同一回事。《在路上》是由120页的整整一段写成,讲的是一群追求新奇的人进行的一次全国疯狂旅行,他们经过组成地下生活的各种酒吧、监狱和爵士乐地下酒吧等。他们吸毒、酗酒、

230　第6章　文化的终结

做爱,但大多数时候还是奔波,不断奔波、疯狂奔波。

《咆哮》和《在路上》都有双层含义。一方面,它们彻底摒弃所有陈规陋习,但在另一方面,还有一个明确含义便是美国应当开始欣赏其受到遗弃的天才、接受其弃儿。《咆哮》既是愤愤不平的异化,又是请求别人的接受。而《在路上》则是垮掉的一代对于无辜者在逃——逃向后现代的西方——的经典的美国式童话的再版。

垮掉的一代决定消除幻想与现实、疯狂与理智、艺术与生活之间的差距,他们也开始消除放荡不羁生活与文明之间的鸿沟,而这种消除对放荡不羁生活所造成的损害要比对社会的损害更大。仅仅是由于出了名,真正反叛者的团结便受到了损害,因为名声与地下生活很明显是相互矛盾的。画家马克·罗斯科的悲剧尖锐地证实了这个无法解决的矛盾:罗斯科是个高度严肃的艺术家,他整个一生充满曲折,最后发现名望与财富无法忍受,便自杀了。

对于垮掉的一代及其后继者波普艺术家来说,这个矛盾并没有如此尖锐。这些60年代初的艺术家之所以成名,并非由于其技巧,而是因其异化姿态再现了即将成年的青年人的心态。同垮掉的一代一起,放荡不羁的文化界与大众文化相互交叉,而人们的大量涌入——在肉体上是住进格林威治村和海湾地区,在精神上则是通过吸毒、性体验、摇滚乐——也扩大了放荡不羁的文化界,使之商业化,从而毁灭了其艺术灵魂。正如迈克尔·哈林顿对60年代的反传统文化在一篇极为犀利尖锐的文章中写的:"一个吸收了一代人中大部分人的放荡不羁文化根本就不再是放荡不羁文化。当一个时候极大部分人都处于文化的黑暗状况之中而统治者则是毫无品味的赚钱机器,艺术的聚居地便只能是极小部分被遗弃的有审美目光的优秀者的避难所,即使其中有些人已饥肠辘辘。"虽然这很残酷,但饥饿与艺术的严肃态度往往是相伴而来的。哈林顿若有所思地写道:即令是"我们的虚假也有极高的准则。我们摆出的姿态也是第一流的"。随着放荡不羁文化的消亡,现代主义便也告终结。

拒绝形式的权威

人们坚信 60 年代美国形式上的文字发展导致了现代派时期的终结,而这一发展又直接源自谜一般的现代主义者。那么反叛者是怎么遭到他人反叛的呢?

桑泰格

首先,发展一种新的美学标准极为有用。在为大部分新文化进行辩护和对品味准则进行综合的过程中,桑泰格便承担了这一任务。她摒弃了希望艺术能达到现存批评标准的期望。据她看来,这一期望迫使艺术家固守已被接受的各种形式又不依从自己的本能和天赋,因此便扼杀了创造力。桑泰格写道:批评者的专横、艺术应受到"诠释"的这种强迫性坚持之所以残暴就是在于"知识界对这个世界的报复",因为"诠释就是要使世界贫穷、枯竭"。通过将艺术变为脑力活动,诠释使艺术家无法触及任何不能理性理解的事物,即任何组成生命本身的事物:天性、冲动、渴望、疯狂、感情。"艺术作品是人生体验,而非宣言或某个问题的答案"。

为了取代这一专横残暴,桑泰格主张"艺术的性本能",不以智力只以内心为目标。艺术应将自身表现为"改造意识组织新的敏感模式的工具"。它应当摆脱形式的桎梏而醉心于感官。总之,新艺术应成为"生活的延伸……,要代表(新的)活力形式"。桑泰格认为,基于这种审美标准的文化为形式艺术的全面发展进步带来了希望,更重要的是,它为整个社会的全面改善带来了希望。一旦从诠释的专横中解放出来,艺术家便不必冒昧判断,因此再也不会认为形式(正统)艺术比流行文化优越。这样,新文化便会平等而多极化。"倘若人们认为艺术是感情的约束形式,是对感知的编排,那么罗森堡的绘画所释放的感情(或感知)可能便会与上帝所创作的歌曲的感情毫无二致"。因为桑泰格断定权威是压制感情的,因此对一个人冲动的留意便是走向文化重生的第一步。在精神上,桑泰格新的"审美标准"与现代主义者所广为接受的标准并无多大差别,所不同的也许只是她更强调性本能、更愿视流行文化与形式文化为平等的文化,而这种平等却是现代派所不齿的。她知道几十年来批评家和艺术家所说的都是同样的话。如果仅仅是为了证明政策有理,她就必须对历史视而不见,这本身便足以说明变革的可能性已不复存在了。

60 年代初,形式文化的实践者还以许多其他方式同样伴装自已能够告别现代主义,他们主要是使用现代派的策略。譬如,当时普遍存在的一个冲动就是要不断努力、继续现代派对形式的攻击,消除艺术与生活之间的差距。

艺术、文学、戏剧领域中对形式的攻击

但是,画家早早便发现了这一策略产生的成果已越来越少。贾斯帕·琼斯、罗伯特·罗森堡等人都尽力要超越抽象印象主义。与其前辈一样,为了克服他们所认为的将感情与表达一分为二的人为障碍,60 年代的画家也决心消除艺术家与艺术对象之间的区别。但是,要产生任何真正有新意的东西,可能性是令人灰心的。最后,罗森堡及其同事也仅仅在方式和形式上做了些许变革而已。作为一个群体,他们没有多少内聚力。某个批评家说,他们主要是

进行"突破散开防守区的加速奔跑。在这一奔跑中,早熟与技术才华……同方法的紊乱转换混合在一起"。

其他领域的艺术家取得了更多的成功,至少在发表挑战既成传统的作品方面是如此。譬如,作曲家约翰·凯奇仍在进行令他在50年代名声大噪后激进变革。他开始时是随意安排音符以"解除"对声音的"控制",后来便开始运用打击乐器以避免对音高的依赖,他还用掷骰子等方法完全随意安排乐音。1961年,他录了一首叫《4′33》的曲子,整个就是四分三十三秒的沉默。他的理由是令听众感到津津有味的,不是预先谱好的乐曲,而是存在于听众周围的声音。波洛克将绘画变成了随意行为,同他一样,凯奇的音乐也是自然而成,令人惊奇。

对于作家来说,因为还得依赖语言,所以摒弃形式的困难要更大。正如肯·凯西所说:"一个想像中手执红色油笔的老师控制着我们,对规章制度稍有触犯,马上便会给我们一个 A⁻。"凯西完全放弃了写作,采取了其他局限稍少的表现形式。但更多的是许多坚定的作家,他们避开了这些规章制度,而糊弄了这位"想像中的老师"。策略之一便是与众不同地使用印刷的页码,用各种不同的形状来安排单词,或者像马歇尔·麦克卢汉在其关于媒介的极有影响的著作中所做的那样打断行文。还有的人则不顾语法与标点的基本规则。由于其散文风格,汤姆·沃尔夫成为60年代流行文化最重要的记录者。一位评论家称其风格是将"感叹号、斜体字、圆点、嬉皮式押韵、以及流行习语从自动点唱机里蹦出来"的大杂烩。库尔特·冯内古特在《第五屠宰场》(1969)一开始便杂乱无章地谈论自己为什么决定写这部小说,因此这便也成了小说的一部分;他还用假广告来装饰《冠军的早餐》(1973)。对小说形式最为精密的攻击出现在托马斯·平琼的作品中,其黑暗晦涩的作品成为新文化

234　第6章　文化的终结

拥护者的标准读物。《V》(1961)在技术上是一部代表作。这本书表面上是一本神秘小说,但谈论的更多的是语言而非它物,这样,对暗示、名字、地方、及"V"字的机智运用使小说情节黯然失色。

后现代主义对形式的攻击最受人注目的,也许是60年代这一冲动的广泛感受程度。它以各种形式出现在美国的文化中。在爵士乐中,迈尔斯·戴维斯的《以沉默的方式》(1963)是仅由微妙节奏组合起来的再小不过的作品;而约翰·科尔岑的作品中则引入了非洲的影响,特别是复合节奏。在戏剧上,舞台剧院做了一些改动,试图消除艺术家与观众之间的区分,这些举动后来以"行为艺术"而闻名于世。舞台剧院之所以受到纽约先锋派的极大尊崇,这不仅是由于它在表演上的改革,而且也因为其创始人朱利安·贝克与朱迪思·马利纳均为活跃的和平主义者。1964年国内收入署关闭该团体时,两人一度轰动全国。

舞台剧院的指导方针是认为传统剧院维持着演员与观众之间的人为区分。尽管该团体表演了一大批先锋派作品,但最负盛名的是在某些表演中观众会受到各式各样的引诱、戏耍而被迫成为表演的一部分。演员与观众之间的区分一旦消除,下一步便是使表演走出场地的限制,走入真实世界。贝克和马利纳便走了这一步,他们在1968年将性问题极为明确的《现在的天堂》带到了法国阿维尼翁街头。他们宣称,自己的目的是教会城里人享受自由,"过一贫如洗的生活"、吸大麻、"衣不蔽体地去爱或生活"。一个狂热者写道:"他们根本不是真正的演员,而是一群寻找天堂的流浪者,认为天堂就是绝对的解放……其存在及功能与所谓'法律和秩序'的压迫独裁政府截然相对。"

"展现"真实生活或有意识的自发总有捏造之处,但贝克、马利纳和其他"游击戏剧"的实践者似乎从未想到过。他们依然坚信将"真实生活"改为戏剧能使艺术家直面大众,使之震惊、去除盲目自满。尽管其他涌现出的团体在戏剧冲突上有更好的表现,但"游击戏剧"却是舞台剧院的构思。例如,旧金山的"掘土派"便认为自己是表演艺术家,他们是由当地一个哑剧团发展起来的。"掘土派"在海特—阿什伯里一带声名显赫,他们做了许多事情,其中之一便是在该地开了一家"免费商店",分发从别的店里偷抢的商品——财产毕竟是罪恶。"掘土派"自认是无政府主义的艺术家,决心要证明艺术与大众皆可完全脱离政府而存在,既不需要权力也不需要金钱。

新达达主义

消除艺术与生活之间的差异旨在为审美价值的重新定义奠定基础。过去认为艺术必须"是什么",而现在的审美价值就是要对此予以摒弃。自然而然,这种审美观便发展到对艺术目的的摒弃,从而走向"新达达主义"。譬如,雕塑家罗伯特·莫里斯便是一个典型。1963 年他宣称自己的作品并没有"艺术特点及内容"。如果艺术根本就没有"内容",那人们就无从加以评判,这样文化权威便遭到彻底破坏。桑泰格正是这样设想的。艺术家想要艺术成为什么样子,艺术便能成为什么样子,而任何东西都不错。这的确是对现代主义的背离之处。

新达达主义的提倡者是安迪·沃霍尔,其代表日常事物的波普艺术使之成为当时著名的艺术家。沃霍尔以其对苏打罐、玛丽莲·梦露及其他大众文化之物用丝网印刷术进行描绘而闻名。现代派有意与大众文化疏远,而沃霍尔等波普艺术家则像金斯伯格和垮掉的一代竭力将放荡不羁文化引入主流文化中一样,他们也全身心地研究消费社会的各种事物。沃霍尔对题材的选择与他对绘画的摒弃并行不悖。其作品大部分是丝网印刷。哈罗德·罗森堡指出这使他成为一位并不从事绘画的画家。到1970年,许多著名艺术家都效法沃霍尔,摒弃"僵死的表现方式",比如雕塑和绘画,而选择环境艺术、"大地艺术"等。

新达达主义不可避免是源于现代派背叛的逻辑。倘若再也没有方法流派,倘若再也没有陈规陋习,那便一无所剩,只能抛弃艺术本身了。这种抛弃一开始很可能是诚心诚意地努力去创造新的形式。作曲家约翰·凯奇便是如此。桑泰格呼吁要颠覆理智对艺术的控制,凯奇便以此为其极简抽象艺术辩护。他告诉在朱里亚德的学生"必须停止学习音乐",而这样做学生便可能不知道自己在学校里干什么。"必须停止任何将音乐与生命分离开来的思考……最聪明的办法就是当思考还没来得及将某个声音变成什么有逻辑、象征性的抽象事物时便马上张大耳朵仔细倾听。"然而这种抛弃的惟一逻辑结果便是避开迫使艺术家有所创新的现代派指令。新达达主义就是对失败的承认,承认无法有所创新。到60年代中期,凯奇放弃了作曲,而此时画家们也正在逃避画布。凯奇写道,他"对音乐已越来越兴味索然",不仅是因为他发现"环境里的声音与喧哗比这个世界的音乐文化所创造的声音更有美学用途,而且也因为认真说来作曲家只不过是个告诉别人干什么的普通人而已"。

业余做法

新文化的拥护者只得从别处寻求一个具有观点和形式的丰富多彩的新运动。这个运动的一个潜在源泉便是大批业余艺术家和新论坛。新文化为业余做法提供了一种良好氛围。它蓬勃发展,成为一种文化事业，有着一批新面孔、大量新场所来展示其作品。剩下来的垮掉的一代创立了《先锋》杂志和针对小说、批判及诗歌的《常青藤评论》；《纽约书评》在1963年面世了，成为进行文化分析与政治分析的一大论坛；此外保罗·克拉斯纳主办的《现实主义者》和《乡村之声》融合为拥护新文化的主要呼声。《堡垒》这份平淡的出版物开始时是一份自由主义者的天主教杂志，也在革新界中变得有影响力，成为当时最好的出版物之一。当时的情况极不稳定，而主导标准又非常松懈，这样便发生了彼得·施拉格所谓的"文化越狱"；后来大家都受到诱惑，认为自己也能成为文化名人。施拉格写道："数以万计的'富于创造力'的人宣称自己是艺术家、诗人，上百万业余人士踏入文化界，只有上帝知道有多少专家、迷信者、哲人，感受能力训练小组的培训者挂牌上岗了"。从车库摇滚乐队到哑剧，业余人士都急剧发展，地下报刊发展得更是如火如荼。几乎所有重要社区都有报刊涌现，这样地下出版业便享受到了其黄金时期，对新文化价值的重创起了举足轻重的作用。一些机关报成为传奇，如《伯克利倒刺》、嬉皮士主办的《神谕》、底特律的摇滚乐报《克利姆》、纽约的《老鼠》，像《达拉斯新闻》之类的无名之辈也以其独特方式显得同样重要。甚至还有一个地下广播站——"解放通讯社"，向听众对现有电台根本不会触及的事件进行左倾的报道。

"文化越狱"中所创作的作品的质量，即便是好的，也是时好时坏，往往还骇人听闻。譬如，地下出版社的发行质量就很难令人产生怀念之情。所有地下作品都高度重视庸俗化，不太重视微妙精致。但地下出版业最令人不安的还是其十足的平庸、一种反传统文化的一致。阅读一部歌颂新价值、使用时髦的亵渎语言、疾呼革命的作品无异于通读了所有的这类作品。摇滚乐也是如此，它在当时如此重要的原因就在于业余人士也能创作。摇滚乐形式简单甚至非常原始，因此任何一群有乐器的朋友都能组成乐队。一些效果很好，一些却不太如意。施拉格认为："没有人能期望大部分乐队都很不错，甚至不能期望他们严肃认真。由于是一些盲目的开拓者在开垦一片处女地，许多东西自然会弄糟。"这样，缺少优质作品对一群以冲击传统为首要目的的人来说并非什么缺陷。追求专业的质量反而是挖自己的墙角。

如果这种业余作法在文化上等同于分享式民主，那么桑泰格宣称新文化主张平等主义就十分正确了。但是新的审美观（其意即新文化）的真正考验在于一个连贯民主的方向是否能取代文化权威。否则，那些看上去主张平等主义的事物也许也只不过是精神力量的艺术失败，是对构造更为民主的文化评判新标准的拒绝。桑泰格是警告不应视新审美观为号召摧毁一切标准的第一人，但她也仅仅提出了这个问题：那么新标准要如何构建、艺术又要如何评判呢？

艺术家明星

后现代派从未令人满意地解决好以上问题。正如哈罗德·罗森堡所称，把价值衡量标准从艺术作品移至创造艺术这种行为，意味着新审美观评判的是艺术家而非其作品，因此艺术家便成为可出售的商品。沃霍尔又是一个绝好的例子。他决定艺术是什么艺术便是什么，将一个东西变成收藏品，他所要做的仅仅就是签上大名，在任何他愿意的地方和东西上都可以。一次，他把玛丽莲·梦露的几幅画堆在一起，然后要一个朋友朝它们开一枪。后来沃霍尔的一个朋友回忆道："玛丽莲·梦露中枪后真是妙不可言，真是太漂亮了……。当然安迪把它们卖出去了。没有什么东西他不卖的。"有些人谴责波普艺术使用日常事物,从布满弹孔的画到马桶座圈无所不用。但他们忽略了这一点:东西已经毫无意义了。劳申伯格写道:"在某种程度上,艺术已无法容纳变得太重要的艺术家了"。

博物馆馆长、批评家及收藏者都接受了这些发展,因为他们也在出售新事物。他们把艺术家的感染力吹捧得越大,从展览和交易中得到的赢利便更丰厚。罗森堡写道,任何人都能从沃霍尔那里有所收获:"去美术馆的人可以得到轻松的艺术,收藏者则可以得到签名。"他使用广告商向消费者推销的相同手段,原因就是这样,但至少他不是个伪君子。

对艺术家进行吹捧不仅限于绘画界。小说家诺曼·梅勒在其处女作《裸者与死者》(1948)大受欢迎之后,被令人困惑的广泛赞美弄得晕晕乎乎,便不再写小说,转而对自己的奇特经历进行新闻式的描述,他成了自己的拥护者。《夜之军队》(1967)和《迈阿密与包围芝加哥》(1968)这些书都极为重要、很值得一读,但其中也不可否认有梅勒的自我推销成分。摇滚乐的"明星"制又是一个典型例子。明星制甚至渗入了新左派政治活动,这也说明了其普遍性。在回忆对芝加哥七名运动领导人的审判时,汤姆·海顿写到自己成为明星的不安。他悲叹道:"我们受到万人景仰,大家都把我们视为摇滚明星。"他对自己如何成为明星的描述与沃霍尔和梅勒的成名经历大致一样:"你开始垄断各种交往和合同,开始每做一次演讲便赚 1000 美元。你没有什么真正的朋友也没有真正的组织,只依赖于媒体,飘飘然地同其他'明星'四处游历。"

明星制是受市场驱使的文化动态的产物,文化本身也成为风格而没有内容。到 60 年代中期,接受流行文化已成为名流界的时尚,在文化上过贫民生活成为时髦。这当然就是令汤姆·海顿对自

240 第6章 文化的终结

己的名气如此不安的原因。当先锋派的价值日益通俗化时,信奉先锋派生活方式以及接受为更高艺术目标而异化的痛苦两者都遭到腐蚀。如果异化本身成为时尚,那便不可能异化。沃霍尔与梅勒说得更多的并非背叛,而是异化已遭到归化,这意味着先锋派在60年代已告衰竭,原因是这一尴尬现象:在美国社会中,艺术家受到了前所未有的广泛接纳。

与此同时,通俗文化的发展也仅仅是保持了其自发性。但成功的同时也毁了它。60年代末,摇滚乐在技术上已十分复杂,这种复杂性与它在音乐上与起源上的简单性根本不成比例。乐队初期花费很少,但到60年代末时就需要一大堆声乐器材及噪音效果来竞争。同绘画与小说一样,流行乐也陷入个人崇拜和"明星制"。一个观察者写道:"在这一时期,明星仅仅是存在着而已;再也没有人关心他们在干什么。"越来越多的乐队开始依赖录音室。甲壳虫乐队以巨大成功完成了这一转变,其音乐得到了改进,但1967年发行的具有开创性的"佩柏中士孤独的心灵俱乐部乐队"严格说来是录音室作品。"感谢死亡"乐队在录音上从未得到成功,因为他们无法将其著名的不拘礼节传达到一张唱片上。"感谢死亡"乐队以其失败有力地说明了流行乐技术上的日益复杂精密破坏了其自发性,而这种自发性正是业余做法的最佳之处,是其产生吸引力的根源。

这样,桑泰格的新审美观的最大缺陷就是当她极力颠覆批评家的专制时,也没有办法来抵御市场的腐蚀力。已广为接受的标准无论多么必要、多么好都必须废弃。当所有标准都被推到一边时,批判的评判——即对艺术精华所培养的一种感觉——也就仅仅成为一种"品味",相当于一个消费市场:生产商告诉消费者如何在大量无法辨别的商品中进行取舍。形式文学对评判的拒绝并不鼓励文化上的民主,而是创造出一种新的势利行为:"专家们"所代表的市场决定着什么是艺术什么不是。同时在流行文化中,有销路的也是广告商、依赖投资商的唱片生产商、以及据称拥护传统文化的公司的决定。

对理性的评论

60 年代新文化的上升产生了一系列价值观,使先锋派与主流文化融为一体,误称为"反传统文化"。尽管这些价值后来证明在政治上很暧昧,但其目的是想与美国社会的激进批评相吻合。像新左派一样,文化激进人士也谴责美国是技术专家所控制的理性化、过于官僚化的社会。人们抨击"现行政体"或"政府当局"时,他们并未谋划什么阴谋,而只是想到一个似乎蔑视人的需要、不顾人的行为的世界。各种公司掌握着经济,他们主要是通过精细的操纵从而控制工人和消费者。大学成了巨兽,其友善外表掩盖着扼杀创造力的严苛纪律。统治美国的有权有势的自由分子是其所建立的政府机构善意的俘虏。所有这一切的背后,还隐藏着炸弹和军工体系。

对美国的这种描述当中有着相当的实质内容,对理性社会的政治评论与经济评论是 60 年代最重要的脑力产物。但文化评论又是怎样的呢? 使用迷幻药、采用反传统的着装风格、东方宗教的风行、以及社区生活的出现,这些都是反抗理性世界的方式。除了这些不满方式外,我们还能找到一些或多或少有点正式的攻击。这种攻击一开始就认为仅仅因为美国遵守了一些毫无意义的严苛的制度,所以它便是一个理性社会;理性社会实际上创造了一个令人迷惑的世界。查尔斯·赖克写道:"这样,我们便似乎生活在一个

242　第 6 章　文化的终结

无人创造无人渴求的社会里"。

　　以军队为例。部队里的纪律是用来增强自律、效率、忠诚、荣誉等美德的。当这些纪律成为目的时,新文化拥护者便认为失去了理性。譬如,肯尼斯·布朗的戏剧《禁闭室》传达的就是这样的信息。《禁闭室》在 1963 年由舞台剧院上演,它审视了海军监狱里所施行的军纪的极端愚蠢。罪犯关押后,就被迫做各种毫无意义的事情:打扫地面、清洗厕所、罚站一支烟的时间,等等。而这仅仅是因为有人命令他这么做。《禁闭室》中的制度只是以纪律之名来污辱人格,它不仅毫无意义,而且从根本上来说是一种控制形式。

　　关于官僚控制的问题不仅出现在对军方的评论中,而且也广泛见于人们认为良性的机构中,例如大学和精神病院。约翰·巴思在《吉尔斯牧童》(1966)中把大学也加到了官僚技术怪兽之列。巴思笔下的新斯坦马尼大学与另一所超级大学陷入冷战,于是大学把自己置于一台超级电脑控制之下,通过一种电子脑叶维切断术将敌人和违反纪律者变成傻瓜从而保护学校,这样学校便控制了学生、老师以及行政人员的生活。同时,其他一些作品将精神病院描绘成充满机构控制的死亡营。精神病院的大夫和护士是来帮助病人的,但正如肯·凯西在《飞越疯人院》(1963)所说的那样,他们实际上是在行使权力。在这本书中,脸挂假笑的铁腕护士长统治着住满了沉默的病人的病房。她总是声称那些纪律都是为病人治疗着想而精心设置的。彼得·韦斯有一个极有影响的剧本《萨德侯爵指导的沙伦顿精神病院病人对让—保罗·马拉的迫害和谋杀》。萨德是对传统理性的猛烈批评者,而精神病院院长则力图"保护"病人使之不过度兴奋。这本书就有两人之间的不断冲突。

　　许多关注心理不稳定的作品不仅谴责这些机构,而且也谴责那些管理它们的精神病学家。自然,凯西笔下的医院职员都不是仁慈的天使。索尔·贝洛笔下的教授赫佐格发现自己的精神病医生更多的精力是用来引诱他的妻子,而不是帮他对付令他痛苦的疯狂。精神病医生最多也只不过是提供赞助而已。薇拉·伦德尔在《内室》(1964)中让一个女病人讥讽道:"我知道你是个反弗洛伊德、反对任何其他心理分析学校的人……(但是)倘若你不愿告诉我为什么我真的很想杀死我母亲(我真的这样想),那你能不能告诉我为什么缝纫室里进行职业疗法的法国妇女在丢了一根针时会大汗淋漓。"

因为关闭在象牙塔里,所以科学家们未能明白心灵听到的是理性之声以外的声音。这些坚定的理性主义者从未看出人是非常复杂的,过度冲动的驱使使之无法适应一个简单划一的世界。对理性的批判因为这个原因便不肯否定有关心理健康的种种职业,否定历史与政治学这样的学科。巴思的两部主要作品都摒弃了历史学家认为历史能整齐排列的信仰。如莫蒂斯·迪克斯坦所说,《酒鬼管家》是对整个历史的讽刺;桂冠诗人埃比尼泽·库克构想了一个宏伟壮观的马里兰州,但实际上这块殖民地只不过是一个妓女遍地、盗贼横行的脏乱之处。因此正如迪克斯坦所注意到的,约瑟夫·海勒的《第二十二条军规》和冯内古特的《第五屠宰场》也是在攻击某一段特定历史——第二次世界大战。尽管二战是以"正义之战"而著名,但在这些书中它却既不纯洁也不正义。托马斯·平琼否定了这一基本假设:历史朝某种无法抗拒的人类进步方向直线发展。《V》在时间中前后徘徊,即使是更晦涩难懂的《命运的哭泣》也坚信混乱与秩序之间的鸿沟不可弥合,从而对人类进步这一观点予以抨击。

否定理性也就是鼓励轻浮多变,即列尼·布鲁斯等讽刺家所谓的黑色幽默以及荒诞派作家对理性社会的批判。约瑟夫·海勒的

244　第6章　文化的终结

《第二十二条军规》尽管写于50年代,但由于其讽刺语气和荒诞表达,这本书成为60年代最有影响力的作品之一。海勒的这本书汇集了对"现行政体"的各种攻击。该书以二战时地中海地区的一支部队为背景,嘲弄了市政当局、基督教、资本主义以及技术。海勒笔下的军队中没有什么东西有意义,多的只是像卡吉尔上校这样的傻瓜,他是"一个靠自己奋斗成功的人,一个不将自己的失败归咎于他人的人";而梅杰·梅杰·梅杰(其父开玩笑似地为他取了这个名字)则更令人乏味了。尽管梅杰·梅杰·梅杰并不上进,但"由于一台颇具幽默感的IBM公司的机器",他自然也提升为少校了。对于米洛·明德宾得这个从梨形蕃茄到鹰嘴豆无所不卖的典型资本家来说,手头最大的事就是赢利。倘若既无敌手,又能得到宽容,他就会无比清醒地跟纳粹做买卖,或使美国轰炸自己的基地。

这里明白地传达的信息就是:理性社会精心制作的计划再也不能保证人类的进步了。韦斯的《萨德马拉》一书正是由于有力地传达了这一信息,所以才打动了美国观众。这个剧本描述的是萨德侯爵在一个精神病院里的生活,他因和病人一起为病人创作了一些剧本而为人所知。韦斯的作品将一个剧本置于另一剧本之中,不仅审视了萨德的存在主义,而且也研究了对理性的摒弃会名扬全院的原因。尽管萨德的目的是想说明自由分子理性主义的浮夸承诺不可避免地会导致政治谋杀,但萨德要病人表演的剧本关注的却是法国激进的革命者马拉的遇刺。精神治疗退化到了机构的操纵,同样,政治上的理性主义也导致暴力压制的产生。

167　　在一定程度上,这种推理同冷战时自由分子对共产主义的看法相差无几:原本大有希望的事物,如今竟会引起恐惧。考虑到有大量证据可以证明自由主义者的腐败,新文化拥护者们坚持认为冷战时期自由主义政体与独裁政体之间的区分已无法令人接受。

因此,由于一切政体都根植于头脑能够构建一个令人满意并居住其中的模型的错误信念,所以惟一一个站得住脚的立场也受到了破坏。即令是独裁政体坚定的反对者,倘若反对的决心太大,也不值得信赖。海勒剧中的主角谈到克利文格这一反纳粹的拥护者时说:"克利文格狂热地相信许许多多的事情。他真是疯子。"冷战时自由主义者谴责独裁政体是"封闭的政体",而新文化拥护者则坚持认为所有政体都是"封闭"的政体。正因为如此,他们不仅抨击监狱,而且也抨击医院、大学,甚至自由主义本身。

理性社会既狂妄又好暴力,而且还决意操纵他人,因此便忽略了生活中未精心计划的那些方面的重要性,而粉碎人们身上最美好的东西。理性社会与爱和情感水火不容。事实上,"正常"社会似乎执意要把这些美好的冲动解释为疯狂。冯内古特笔下的艾略特·罗斯沃特是一长串强盗贵族、政客、盗贼头衔的继承人。当他决定要逐步分散掉家族财产时,他的家人便把他送到了精神病院。罗斯沃特的父亲是位议员,他认为艾略特损害了"爱"这个字眼,因为他把字面上的意思奉为金科玉律。"艾略特为爱这个字所做的事相当于苏联人为民主这个词所做的事"。为了"疯狂"艾略特·罗斯沃特褪去了"正常"成人的愤世嫉俗。而在爱德华·阿尔比为詹姆斯·珀迪的《马尔科姆》(1965)一书所改编的戏剧中,主角自始就纯真、不存恶意,但却落到"正常"人的控制之中。即使是疯子们极力效仿正常社会的时期,他们也要把工作弄得一塌糊涂,因为他们既做不到冷酷无情,又不能愤世嫉俗。凯西的《飞越疯人院》一书中的病人就表现了这一点。《心灵之王》(1967)这部法国电影在美国地下社会取得了不小的成功,这部影片中从精神病院涌向街头的病人也说明了上述情况。败退的德国兵让这些病人自生自灭,而他们对周围的战争却视而不见,只做自己的事。《感觉不错有什么不

246　第6章　文化的终结

好》(1968)是一部愚蠢的美国喜剧。这个故事情节极为有害,主题离奇曲折,通常乖戾粗鲁的纽约人竟没有了敌意与挑衅。因此,城市中德高望重的元老们认为这是一大威胁,于是开始限制快乐。

批判理性的极端还有对疯狂的辩护。R.D. 莱恩指出,即使疯狂不是追求更好生活的一种方式,也应被视为精神连续体中的一部分,和"正常人"所处的位置一样合理。莱恩认为疯狂是另一种心态,他这种辩护概括在《经验策略》(1966)一书中。这一辩护将大量思想类型联合在一起,因此同诺曼·O. 布朗和桑泰格的作品一起成为新文化的主要表现。莱恩辩护道,在理想的心态里,"外部世界"的正常行为与"内心世界"的感情、幻想、感觉是和谐统一的。他认为理性化社会蓄意破坏这种和谐,使人们对其内心世界麻木不仁。比如,"正常"的儿童培育就是无情地打击孩子对冒险和玩耍的认识。由于人们无法进入自己的内心世界,于是便成了"杀手和妓女";"在过去的 50 年间,正常人也许杀了一亿其他的正常人"。

倘若大家认为正常的东西不足信赖,那么也不能认真地看待疯狂的定义。这些定义只是标记而已;最好的就是"价值观的判断",而最糟的就是"政治事件"。莱恩声称,精神分裂症患者完全不能适应正常社会,但其行为有自身逻辑,根据个人经历而产生。因为理想心态是将经历与情感、外界与内心相结合的,因此如果精神分裂症与其他产生于内心世界的心态(吸毒、宗教信仰)也造成了这种结合,那也是完全合理的。"疯狂不一定要粉碎一切,它也可以有突破",这反过来意味着"我们的疯狂不是'真'疯"。我们要从隔开两个世界的"坚墙中开出一条路来","即使要冒混乱、疯狂、死亡的危险"。这便是莱恩用模仿艺术与生活之合并的话语所做的结论。

对激烈经历的追求

新文化的拥护者认为,摒弃形式与理性的权威便能解放感官、释放本能,并提供最广泛的途径进行体验。他们不用政治术语或经济术语来解释解放,而是将它定义为释放与冲突。这样解放运动便采取了许多具体而重叠的形式:性革命、服用迷幻药、迷恋东方宗教等等。

审查法的变动

性革命的确不仅仅是一个文化上的发展。其根源多种多样,产生的条件是城市生活的日益复杂化,具体事件则是始于1960年避孕药的畅销。然而,要夸大性革命在新文化中的意义也决非易事。过去受压抑的文化中,首当其冲的便是视公开展示或讨论性欲为大忌,这些禁忌因此也是压制对手的首要目标。

对性禁忌的抨击无处不在,一个判断标准便是美国小说中这种抨击的盛行。在50年代,美国小说中露骨的性描写还刚刚出现就遭到大量的反对。等到了1960年,约翰·巴思的《醉鬼管家》这部从始至终都是调情的作品竟未遭反对就出现了,这同时也表明美国作家已广泛接受了对于性的露骨表现。到60年代末,能够被人接受的事物已发生巨大改变,甚至像菲利浦·罗斯的《波特诺伊的不满》这样一部以青少年手淫为题材的作品也成了畅销书。

新文化拥护者坚信格林威治村外到处都隐藏着严厉刻板的审查,但正像其他许许多多的先锋派事物一样,审查制的控制力相当薄弱。一系列的法庭斗争最后以"罗斯判决"而告终,最高法院确认了审查制的合宪性,但是对于淫秽言行的定义又非常暧昧,因此

248　第 6 章　文化的终结

这一判决实际上是自由言论的胜利。法院判决一味迎合"淫秽情趣"、违反"现行社会标准"的东西都是色情材料。到 60 年代中期"范妮·希尔案"之后,法院竟然判决任何作品都不能遭受查禁,除非(如法官威廉·布伦南所写)"完全没有可起补偿作用的社会价值"。倘若一部作品含有一点社会价值,那么发现它有一些必要的淫秽情趣、公然冒犯也就没有什么关系了。而证明这一点的重担就落到了审查员的肩上。

审查员并未放弃努力。地方上的学校领导不断受到保守组织连珠炮似的抱怨,他们要求从图书馆的书架上取走某些书。国会拟建立一些法律来赋予邮政部长禁止邮寄黄色资料的权力。1966 年,加州人考虑要通过一份立法提案宣布色情作品为非法。单个的艺术家因违反"社会标准"而付出代价。譬如,喜剧作家列尼·布鲁斯发动了一次反对当地淫秽法案的斗争,结果因此在 1963 年至 1964 年期间几度被捕。

面对这些压制举动,拥护言论自由的人用大量辩论迎头反击。最为普遍的策略就是指出:因为有头脑的人对色情作品会退避三舍而变态者又会千方百计加以搜寻,所以就不应当查禁色情作品。另一策略是将性革命政治化,指出:对任何种类的作品加以查禁都只会充实政治右派的武器库。作家威廉·伯勒斯便采取了这一策略。对政治压制的解决办法就是完全取消个人隐私:"如果再也没人在意,那么羞耻心便不复存在了,而我们便都能重返伊甸园。再也没有手持摄像机像私家侦探一样四处巡视的上帝了。"苏珊·桑泰格采用的是一种美学策略,她驱走了艺术作品与色情作品之间的差异。桑泰格坚持认为,色情作品的创作规则与一般艺术的创作规则一样合理,不管如何堕落,它的对象是幻想、情感、以及伤感。最后,如《纽约时报》专栏作家安东尼·刘易斯一样,大家还可以力争使法院根据专家的看法来区分艺术作品和色情作品。而刘易斯认为，这些看法应当怎样、结果会是怎样、就会是怎样的。

最后，哪一股文化力量会获胜已毫无疑问了。加州的立法提案以三比二的失败告终。1963年安东尼·刘易斯宣告："今天占主导地位的已是复杂多样的抨击之声，平庸之辈在四处奔逃。"有了这一保证，自由言论的捍卫者们便可高枕无忧了。正如艾伯特·戈德曼在一篇关于列尼·布鲁斯的见解极深的文中所写，人们可以怀疑是否还有什么受苦受难、遭到异化的艺术家。喜剧作家日益庸俗，几乎类似"受损的肌肉的抽搐"，这不仅是由于压制，而且也因为"最高法院对'淫秽'定义的解放证明了对其限制的不断放松。对于那些由于其社会贡献从而无情地指责既定价值观的人来说，这一放松产生了令之沮丧的效果。采取不断扩大的放纵来对付抗议就是拒绝去感觉其感染力……，这样便迫使不满者采取更强烈的反抗举动。"

令《罗思》成为反审查制度的胜利，更多的不是"复杂多样"的评论的发展或最高法院的发展，而是市场的发展。对于在性方面直露的东西，市场似乎展现出一种永无衰竭的兴趣。电影协会负责电影业的自我规划。电影制作人给电影协会带来巨大压力，以至于它长期实行的审查标准竟完全崩溃。杰克·维扎特在关于自己作为好莱坞审查员生涯的回忆录中写道，从20年代起这些行将灭亡的标准就只是"一点美国史料"。"这些标准再也不会出现了"。电影协会仍然允许"天主教风纪军团"拍片、推荐影片，但是即使这种一度令人害怕的意识也日益混乱。1965年，该组织谴责了《当铺老板》一片。原因是在片中的某一关键镜头中，一个在大屠杀中侥幸生还的老头遇到一个裸体妓女，竟突然抽搐，因为他想起了自己的妻子曾遭一名纳粹军官的凌辱。同时，该组织又称赞了《金手指》这部关于詹姆斯·邦德的令人浮想翩翩的影片。"天主教风纪军团"的成员中年轻的自由派神职人员日益增多。第二次梵蒂冈会议的自由化结束了天主教会任何实质性的审查权。评论员琼·迪第昂在1964年写道:"一部影片是否得到了审查规则的批准对票房并无多大影响。再也没有宵禁、再也没有大师。干什么都行。"

因为担心公众的反对会招致票房灾难,所以电影协会一直犹豫着没有设立明确的评价标准,而完全抛弃了审查规则。1968年电影分级制度正式得到采用时,电影拍摄者却知道事实正好相反:这一制度反对的是被评为最安全、最健康的影片。演员安东尼·奎因向评论员诺拉·赛尔抱怨道:"他们想看色情镜头,所以我们让他们看这些好了!"对于电影的艺术成果,奎因也同样直言不讳:"大家认为电影不是一种艺术形式,这是我们的错。"维护过去高雅规则的人所担心的事情慢慢消失了。"风纪军团"的一位领导小蒙西诺·托马斯认为裸体影片只会导致裸体画像的广泛出现。在关于《当铺老板》的争议中他担心地说道:"裸露会变得像刮一下别人的鼻子一样常见。"蒙西诺和迪第昂两人都非常正确:到60年代中期,大师没有了,干什么都可以了。

艺术中的性自由

随着各种限制的消除,一般在一定程度上出于自发的表现癖和实验论潮流出现了。1968年纽约进行了一场现场直播的裸体表演,据称这是首次。《乡村之声》认为这是一部光怪陆离的低级歌舞闹剧。参与者都因触犯了禁忌而感觉得到了解放。尤其是妇女,她们围成一圈,紧握双手,"只想体验一下会是什么感觉"。伯克利是好几个拥护性公开的组织的大本营,其中包括"性自由同盟"。该组织举行了一些广为宣传的裸体舞会。据《旧金山日报》报道,这些舞会是"十足的纵欲狂欢"。同时在戏剧中,《噢,加尔各答》成为第一部全裸戏剧,它也是 60 年代最为成功的百老汇剧目之一。

这些作品都是本着真挚的实验精神产生的,其中的发泄感震撼人心。但是,随着个体的解放,商人也开始利用性革命。休·赫夫纳建立的《花花公子》帝国在整个 60 年代得以戏剧性地发展,到 60 年代中期这份杂志便声称拥有 300 万的读者群。赫夫纳用其自圆其说的逻辑来掩盖其商业行为,宣称自己在为国人服务,以性治疗的理由为一切私利辩护。他辩解道:"我认识到,既然个人可能对性产生病态的或神经质的看法,整个社会同样对此也可能产生病态的或神经质的看法。从根本上说,我觉得美国就是这样。"他还相信性压迫在历史原因上与对妇女的压迫密切相关,这样赫夫纳便暗示自己对全国的性疗法不仅会解放性冲动,而且同时会解放妇女。赫夫纳的夜总会不付薪水给在那里工作的"兔女郎",她们只能依靠小费,毫无疑问,其理由是妇女应当从对金钱的需求中解放出来。上述怪论便是出于这么一个人物之口。

赫夫纳对性的赞美只是对 60 年代流行文化中所出现的性的夸大而已。在任何媒体上——电影、小说、通俗杂志,性与诱惑力的结合在商业中都证明是非常成功的。伊恩·弗莱明所写的詹姆斯·邦德系列小说中的信条与《花花公子》如出一辙:性伴随着全球旅行和香槟。弗莱明声名鹊起,风行一时,连约翰·肯尼迪也成为其崇拜者。60 年代惟一一位最为成功的小说家杰奎琳·苏珊便象征了多媒体的魅力。苏珊曾是选美王后和演员,她的丈夫是一位成功的电视制片人,她本人也是许多演艺界名人的朋友和知己。苏珊写了大量庸俗的畅销书,包括《玩偶谷》、《恋爱机器》、《一次是不够的》等,因此成为当时最色情的爱情小说作家。《玩偶谷》并不是一部真正的色情作品。苏珊的丈夫艾尔文·曼斯菲尔德也是她的代理人,他自称也是《花花公子》的读者。曼斯菲尔德声称:"每次有评论员或批评家说这是一部黄书时,我们便注意到其销量大增。"曼斯菲尔德绝对具有敏锐的商业头脑。当《时代》杂志谴责《玩偶谷》时,他写道:"我们鞠躬作揖,偷偷说'多谢了'。""他们惟一能伤害我们的办法就是对我们不理不睬。"

这些书籍、电影、杂志大受欢迎,这尤其强调了性革命与消费特质之间的巨大联系。两者都存在这一根本假设:无论是性方面的限制还是购买习惯的限制,这都是对否认自然本能的非正常否认,只会导致某种模糊的恐惧症。本世纪的大部分时间里性和销售都已成为消费文化的一部分,但广告商是利用性内容来销售商品的,而赫夫纳之流则反过来利用华美的包装及大众市场来倾销性内容。

性革命的两个方面

从理论上讲,性革命是能够与消费相分离的。毫无疑问,先锋派对性解放的解释与《花花公子》是不同的。不管自由主义者和激进派在多少方面是重合一致的,我们都必须将两者加以对比。同样,区分性革命的两个部分也相当必要:前一个部分主要是自由主义者对审查制度的抨击,后一部分是更为激进的抨击,反对男性的统治地位,反对一切性区别,更重要的也许是反对外部社会侵入性行为这一个人隐私的方式。

诺曼·梅勒便是前一部分的性自由者的典型。梅勒是审查制的坚决反对者。如凯特·米利特在其《性政治》(1969)这部极有影响的书中所说,他狂热地坚信男子的力量,反对任何对生活的女性化行为。梅勒认为每接受一场战斗的挑战便会获得大丈夫气概，而厌恶战斗只会丧失这种气概。他将懦弱与同性恋、倦怠与女性联系在一起——这些观念恰好为梅勒赢得了埃尔德里奇·克利弗等人的赞同。

第二类的拥护者，即性革命的激进浪潮，他们希望消除男女之间、异性恋与同性恋之间的差异。诺曼·布朗是一位温和的大学教授，他的代表作《生死之战》(1958)、《爱之躯体》(1966)在理论上为激进的性革命进行辩护。激进的先驱便是基于布朗的这些观点集合起来的。以弗洛伊德的理论为基础，布朗声称现代人总是压抑追求欢乐的本能，为"多种形态的性变态"放弃了自然欲望。其结果便是民众的病态，社会只追求权力，赞美权力的"死"之本能（自我毁灭的本能），战胜艺术性感情和性欲的"生"之本能。一个真正健全的社会不会压制本能，只会对其加以综合；这样的社会会将毁灭本能与性欲融合起来，使这些天性得以一起融入现实生活之中。布朗坚称自己对一种能调和内心冲突且超越二元论的逻辑辩论法深感兴趣。布朗谦逊地下了结论："这个伟大世界所需要的是多一点性欲、少一点纠纷"，多一点诗歌、少一点推销术，多一点哲学、少一点政治。

在某种意义上，布朗的观点只是再次呼吁社会要更有人性一点而已。在另一意义上，这与垮掉的一代的激进主义相似。他号召人类"要生活，而不是创造历史；要享受，而不是还债；要进入一种生存的状态，这种状态就是（人类）所要成为的目标。"这时，布朗听起来正像学术界的克鲁安克，在预言查尔斯·赖克的到来。

再进行一次审视的话，《生死之战》是一部严肃的作品，它是在认真研究性行为和意识是如何在与社会的接触中形成的。这本书在许多细节上与马尔库塞的《一维人》相似，与它不同的是，《生死

254 第6章 文化的终结

之战》不仅仅是谴责当时的资本主义导致了人类的种种不幸。相反,布朗将压迫之源在文化的本质中探究得远为深刻;他看到了作为个体而生存与作为社会成员而生存之间存在的根本冲突。布朗对于这一冲突能否得到解决并不乐观,但他认为调和的惟一希望就是广泛地进行多种形态的性变态行为。因为布朗将人类的冲突探究得如此深刻,所以他对关于资本主义的理论并不太感兴趣,甚至不关心政局变化。这一争战只能在文化领域中获胜,其他领域里的斗争都无关紧要。

马尔库塞和布朗的相同之点也表示出来了,性革命激进一面与新左派类似,因为性革命也是从以男性为主的对解放的要求走到更为广阔、多种多样的道路上来。激进女权主义者抨击"男孩运动",这不仅含有对男性优越地位的谴责,而且也是对新左派性解放运动的挑战。她们指责新左派基本上成了男性激进分子随意放纵的工具,这种指责非常正确。她们继续听任海顿和吉特林这些真诚的激进者们尴尬地回想到女性也在放纵自己。激进女权主义者认为,倘若油印印刷不复存在,那也不应再有"只要男人要求就发生的性行为。"正如罗宾·摩根猛烈抨击的:"再见了,这所有的一切。"她继续写道:"所谓的性革命对女性解放所起的作用类似于南部重建论对以前那些黑奴的作用——用另一个名字重新压迫。"再见了,赫夫纳,再见了,阿比·霍夫曼,再见了,保罗·克拉斯纳。

对第一种性革命浪潮的谴责导致了对多种形态的性变态的需求,这种需求主要是基于诺曼·布朗的精神,它在理论上能摧毁男子异性恋的主导地位。舒拉米斯·费尔斯通宣称:"女权革命的终极目标必须……不仅是消除男性的特权,而且要消除性别区分本身。"因此真正的性革命意味着同性恋、双性恋、"泛性恋"——简而言之便是内心冲动——会占支配地位。

对激烈经历的追求　　255

多种形态的性变态的蓬勃发展一直是性革命的一股暗流，费尔斯通在此便是在将这股暗流政治化。金斯伯格的《咆哮》并不是当时惟一一个对同性恋直言不讳的作品。约翰·戴米里奥认为，在整个60年代，无论是严肃小说还是色情作品，在同性恋题材的处理上面，都是从耸人听闻的"问题"小说转为包含"一些同性恋的角色和次要情节"。到60年代中期，格罗夫出版社出版了一些以男性同性恋为题材的书。有一个调查说1964年到1965年期间出版了348本以女性同性恋为内容的书。戴米里奥指出，这比另一个对西方2500年间的文学作品所做的调查查到的此类书籍还多。同时，"女性化"，这个男同性恋者用来宣告大众文化毫无品味的最常见的方式，不仅代表着一种同主流认同的努力，而且也代表着一种想潜入主流的努力。一些观察家认为，年轻人注意到了消除性别差异的号召，并通过身着牛仔服这样男女通用的服装以及男子留长发表现出来。桑泰格认为这是对"性别偏见"健康的"消除"。

这个时期的革命，性已被削减为它最单纯的要素，用桑泰格的话来说，便是"对快乐的深层体验以及自我了解的可能"。就像是为了赞同这些进步，诺曼·布朗1960年以《爱之躯体》一书重出江湖，这本书是要求根除性别差异最为杰出的一个呼声。布朗坚信："一切反对或对立的原型都是性行为。"他认为，人类创造这些差异是想努力对付从子宫分离出来这一根本心理问题，而我们所有人都是在矛盾中寻求回到子宫中去的。在政治权力倾轧及战争中，人类的一切差别——"房租、眼泪、派系、分歧"展现出它们最糟的一面。这些差别都是企图消除这种重新统一。"解决办法"就是摆 174 脱矛盾，"再次成为一体，统一或再次统一，这在行动上便是性欲。"重新统一意味着根除一切差别，尤其是性别差异，因为性是这个问题的中心。这样，"如果我们都在一个躯体内，那么在这一个躯体中就既无男性，又无女性。"超越障碍据称使艺术家得以更为坦诚地进行自我表白，同样，对性别差异的消除也会释放最深层的情感，最终消除虚假和不忠。布朗写道："要在我们心中产生一种全新的意识，"我们"需要对现实有一种性欲感"。在此他显然无异于桑泰格对性欲艺术的要求。

不管激进的性解放者是如何奋力挣扎以从性革命的第一股浪潮中摆脱出来，他们在根本上仍是依赖于自由派对反淫秽法的异议。尽管他们可能会指责《花花公子》或广告商强化传统的方式，但性激进者也是市场的俘虏，因为同后现代艺术家一样，由于他们除了极简单的标准外摒弃一切，故而对市场剥削不能形成真正的防御。当一切限制都因攻击言论自由而遭到抛弃时，他们便无法构造合理的证据来反对有害的色情作品、性剥削、或就此为多种形式的性变态进行辩护。他们的辩护理由只能是从心理理论上进行说明，而这又很容易求助于布朗和费尔斯通的信条。

因此，在摒弃各种形式的审查制方面，性革命的两股潮流是统一的。在性关系和审美观上，这种摒弃都导致对构造新的区分这一要求的普遍放弃。区别真爱"维护生命"的性欲和性暴力与剥削之下的"死亡本能"，这种愿望在个体层次上便有了意义，因为在这个层次上，人才能够感觉、注意到这些本能，特别是同性恋者更是如此。但是，在更大的社会层次上，这种微弱的区别就极其渺小了，根本无法抑制不甚有益的冲动。新文化的鼓吹者因为早已称颂自然冲动在道德上要优于"受压制的理性"，所以不能出尔反尔，承认性欲也有黑暗的一面。

罗宾·摩根等性解放者们不仅指责"民学"中的男性激进者，而且还指责格罗夫出版社的编辑，因为他们愿意在自己的广告和出版的书目中(还有办公室也一样)剥削妇女。摩根等人谴责"气象员"这个激进组织,因为他们的性解放为交换性伙伴和强奸辩护。性解放者们嘲笑滚石乐队的《午夜漫游者》之类的热门歌曲,因为这首歌称赞的是一个持刀强奸犯的经历。他们谴责埃尔德里奇·克利弗,因为他在《冰上的灵魂》一书中为强奸开脱,称其为政治行为。在旧金山海特—阿什伯里区这个反传统文化的放荡不羁者的圣地,他们的性革命竟包括将一名受到吸毒过量者伤害的年轻女子作为抽奖奖品。这时,性解放者便不能不皱眉了。摩根认为这种破坏性性欲其实是反革命的,她的这种主张确实正确。但这至少说明了性革命同其他大部分革命一样,也是非常混乱且容易产生破坏作用的。

有人可能会说:性革命之中所出现的破坏性冲动在一段时期后应当会消失。查尔斯·伦巴是位律师,曾为50年代后期和60年代最重大的色情案件辩护。他为自己的努力深感遗憾,因为迅速促生了"一个乱舐嘴唇、双手透湿的年代",一个醉心于他认为"反性交"的秽亵下流之事的年代 。然而,他又坚信"随着各种限制的消减,当今这种对性交的扭曲、贫瘠、自淫式的集中表现将会减少。"激进的解放者主张的理由与此相似,只是更加坚定、更加教条,他们认为性恐怖行为将随着白人男子异性恋的支配地位一起消失,因为这一支配形式是所有痛苦、压制、及当今生活中丑恶现象的根源。但各种证据却不利于这种乐观看法,这似乎说明布朗并不正确:毁灭本能和性欲不能分离;随着天使的解放,恶魔也得到了自由。

迷幻药

性行为是一种基本的强烈体验,但也不是惟一的一种。迷幻药正是能达到同样目的的另一方式。倘若毒品的广泛使用有不少

258   第6章 文化的终结

与社会问题相关的原因,譬如异化现象、来自同辈的压力、破碎的家庭生活等。那么,倡导食用 LSD(一种毒品)和大麻的人强调的则是毒品有产生一种思维开阔经历的能力。

与性革命一样,在迷幻药的鼓吹者当中,尤其是蒂莫西·利里和肯·凯西,通过扩大了的意识的自我吹捧与产生新世界的希望是混在一起的。利里是哈佛大学的一位心理学教授,一次在墨西哥旅行时发现了佩奥特掌(一种能提取致幻剂的仙人掌),回来后他便完全变了一个人。60年代初,他开始在一个有限的范围里提倡使用毒品来实现精神发展。1963年,他被视为危险人物而被逐出了哈佛大学,从此便成为独立的 LSD 鼓吹者。1965年,利里创办"精神发现会",该组织意图将科学与宗教同实验混合起来。尽管利里试图在其名言"吸毒、协调、便隐退"中捕捉到新文化的特征,但他在运动中的手段一直是自我吹捧。他利用自己当过教授的背景,将自己的观点掩饰为科学,尽管他认为其组织是一个宗教组织,信奉"迷幻庆祝"和"理智的死亡"。最后,即使在1970年他被捕后又越狱而成为一个真正的逃亡者之后,他也因过于严肃、自视过高而只吸引了很少的一批追随者。

利里的主要对手肯·凯西是迷幻药体验更为恰当的一个象征。无论是在斯坦福还是在著名的作家圈中,凯西到哪儿都是格格不入。他在早期因《飞越疯人院》一书而获得成功,后来在百老汇将该书改编上演,因为导演得相当平庸,所以不久后其早期的成功便也烟消云散了。此后他又写了一部平庸之作《有时是个好主意》(1964)。与利里不同,凯西决定同时发动运动并且狂饮作乐。1964年,他聚集了一小撮追随者——"快乐的恶作剧者",买了一辆旧校车,开始全国旅行。他们的旅行与克罗尔《在路上》一书中所描述的旅行大致相同。恶作剧者想令人们对遇到一群神智恍惚的文化叛逆者而感到震惊,从而摆脱自满情绪。汤姆·沃尔夫在他对凯西的冒险经历的描述中写道:"这些人似乎是疯子,他们的疯狂之举确实能激起人们的惊恐和模糊不清的憎恨……但在某些城镇里也有些人会从可怜的打工生活中抬起头来,某些老人、某人的速记员会抬起头来,看这辆车,表示……高兴,或纯粹只是表达受到吸引时的惊奇。"沃尔夫逐渐认识到,这次旅行"很有可能改变事情的正常秩序。"

回到旧金山附近的家中后,凯西组织了一些"迷幻药之旅",以此与其追随者一起创造出迷幻文化。迷幻药之旅是数百人参加的聚会,会上分发免费的 LSD;摇滚乐队(通常是"死亡"乐队或"杰弗逊飞船"乐队)义务表演;而且逐渐地,由于比尔·格雷厄姆等摇滚乐鼓吹者的创造,怪异的照明便成为摇滚文化的常用道具。

有的人认为凯西空话连篇、自吹自擂。他在斯坦福的一些老邻居认为他将他们融洽的放荡不羁社区变成了遵纪守法者的恶梦。有人回忆道:"那儿得开与性有关的晚会、得抽大麻,你还得以一定的方式着装、说话。"然而,由于汤姆·沃尔夫热情洋溢的《惊人的迷幻试验》(1967)一书,凯西作为新文化优点的天才拥护者的名声得以保持。凯西像《飞越疯人院》中主角 R.P. 麦克墨菲一样,天生便是个反叛者。凯西有时公开挑衅、无视法律,表现出一个失败者而且是一个想成为失败者的人的种种冲动。

宗教体验

与性和毒品相比,要获得强烈宗教体验更难,但许多人寄望于东方宗教来获得新的体验。对东方的兴趣是源于垮掉的一代的又一个文化发展,它始于艾伦·瓦茨。瓦茨曾是新教牧师,50 年代开始传播佛教中一种宽容的禅宗。他声称禅宗消除了阻止人们"真正"生活的虚假区别。基督教将日常生活与拯救、灵魂及其环境区分开来,而禅宗关心的却是"是什么"。瓦茨也寻找一个"统一"的人,这个人是"无数过程之一,而所有过程都是融洽相处"。像诺曼·布朗一样,他也认为世界一团糟,因为它被错误的心态捕获了。瓦茨声称,那些喜好"清教徒式的浮夸作风"的人,"其行为源自这种感觉:人与自然是相互对立的——要不就是人摆布自然,要不就是人受到自然的摆布。"

因此,瓦茨也以同样的理由拥护佛教。随着先锋派势力的发展,东方宗教日益受欢迎便也不足为奇了。艾伦·金斯伯格、甲壳虫乐队、以及蒂莫西·利里都进行了寻找宗教启发的旅行,他们都带回了自己所喜爱的精神装备。人们能碰巧看到金斯伯格四处跳舞、吟唱祷文、敲打手钹;沃尔夫在凯西为"地狱天使"开的一个舞会上就见到了他这个样子。曾经是学者的利里引进了他最喜爱的一本书:《西藏死者之书》,而甲壳虫乐队干脆带回了自己的精神领袖马赫什瑜伽师。马赫什显然只是想利用甲壳虫大发横财,他来到美国后,发动了"超脱禅定法运动"。到 1968 年,该运动在美国的信徒已达两万(尽管这时甲壳虫乐队已不再是其信徒了)。这种气氛促生了其他许多异教,特别是克利须那派(属印度教),而且也导致一些不太严格的修练方式的出现,譬如瑜伽术,它通过新文化的外行环境传播开来,从无数声称心态已完全改变的人当中创造出不少二流的精神领袖。

摇滚乐

在一个寻求强烈体验的文化中,如《堡垒》杂志主编华伦·欣克尔所说,迷幻药与电子乐相伴而行自然决非偶然现象。音乐,由于它比小说、绘画等精心制作的艺术更依赖于自发性,因此成为 60

年代文化中一个极其重要的成分。音乐天生便是一种感觉体验。在这一方面,摇滚乐的魅力又在于它是一种来自本能的音乐,而不是训练后产生的音乐。摇滚乐依靠的是它激发肉体反应的能力,其实现方式不仅是通过暗示性欲的歌词,而且也通过它纯粹的肉体的本质。民间音乐的政治内容更为直接明显,与之相比,摇滚乐则促使听众去跳舞,最起码也是动起来。正是电子乐中更强烈的性欲将它与民间音乐作了特别的区分。这也正是1965年对鲍勃·迪伦电吉它说唱进行抗议所象征的区别。

摇滚乐将自己掩饰成一种迷幻设备,所以取代了新文化拥护者中的其他音乐;甚至连约翰·凯奇也愿意选择摇滚乐而非爵士乐。各种乐队,比如"门",都将自己表现为典型的体验追求者。"门"的主唱吉姆·莫里森家喻户晓,因为其行为从表演LSD之旅到下流的自我暴露无所不有,他还因下流暴露而入狱。一个激动不已的评论员写到:"'门'总是很真实。莫里森……是地球上最具破坏力的家伙。他听起来无伤大雅……[然后]却突然在迈阿密、凤凰城或巴尔的摩伸出自己的生殖器。"莫里森像吉米·亨德里克斯和贾尼斯·乔普林一样,也是自我毁灭型,他代表的是体验所追求的虚无目标。理智被扔到了一边,本能继性欲和毒品之后得到发泄,此时剩下的也就只有暴力和毁灭了。1969年的伍德斯托克音乐节是一场和平的活动,产生了许多大的举动,造福了几十万人。摇滚文化确实尽力要在这个音乐节上赢得最后的喝彩;但不久以后,宣传为"西海岸伍德斯托克"的阿尔塔蒙特音乐会却失控了,发生暴力和死亡事件。"滚石"乐队以500美元的啤酒为酬金雇佣了"地狱天使"为保安,但他们在人群中横冲直撞,杀死了一个仅仅摸了摸他们的摩托车的年轻人,另外还有许多人也遭到他们的毒打,包括"杰弗逊飞船"乐队中的一个歌手。托德·吉特林写道,阿尔塔蒙特的整个"气氛就像处于死亡之中。……而不仅仅是地狱天使"。还有一些人干涉医生救助服用过多迷幻药的人,另外还有人推推搡搡,想得到更好的视角以观看台上的表演。摇滚文化因此像性革命和新左派一样走完了自己的路,它解放了感官,但未能划出一条不应跨越的界线。

关于英雄与反英雄

提到阿尔塔蒙特音乐会时,吉特林认为这是一个令人失望的终结,它结束了一个政治文化蓬勃发展、很有前途的时期。然而,阿尔塔蒙特的意义还不仅于此,它还象征着反英雄的失败,而数年来反英雄一直在进行颠覆美国文化中传统的好人的斗争。毕竟,米克·贾格尔在60年代后期将自己宣传为"撒旦陛下",而"地狱天使"则是全美臭名昭著的坏男孩,他们走到一起来是再合适不过,因为他们所代表的那部分新文化摒弃了传统英雄的益处,摒弃了那些无所不能、足智多谋、具有神话般美德之人的益处,也摒弃了好人的益处。六十年代文化的拥护者都是反英雄的人物,有的表现为愚蠢的大笨蛋,有的是理性化社会的反对者,有的则是狂热的反叛者。

英雄,就像上帝,已经死了,而且出于一些相同的原因。在这个混乱时期中,很难再相信什么英雄人物。在《毕业生》的主题歌中,西蒙和加丰克尔问道:"乔·狄马乔,你到哪里去了?"他们准确地捕捉到了这种为难的心理。美国"将孤独的双眼"转向优秀的美国人,但到处都找不到。

英雄也很乏味,杰夫·格林菲尔德是位记者,也是罗伯特·肯尼迪演讲稿的撰写者。他指出:美国最后一位真正的英雄是艾森豪威尔,但看看他后来成了什么样子。对于老一代来说,他是勇士式的国王,而对于生育高峰期出生的一代来说,他却是个"蠢货总统、一个现实中的豪迪·杜迪笔下的菲尼亚斯·T. 布拉斯皮式的人物、一个大权在握的昏庸老朽。"

更糟的是,英雄纯粹是一种危险。对许多新文化拥护者而言,英雄是以鲁莽信仰的名义为镇压抑制辩护。英雄是教条主义者,相信毫无意义的虔诚,还想让其他所有人也对此深信不疑。在骨子里,英雄比典型的精神分裂症更近于疯狂,而且因为他还想把别人也拉下水,所以更有破坏性。因此,当约翰·巴思笔下的牧童说他想成为一个英雄时,马克斯·施皮尔曼对此大吃一惊:"什么样的英雄?哪种英雄?"马克斯解释道,当一个真正的英雄当然没问题,但是专业英雄实在太多了,他们都在四处奔忙想斩虎屠龙、成就事业。"他们首先认定自己是英雄,然后去惹祸滋事加以证明;但结果往往是给自己制造麻烦……我不需要这种英雄。英雄!呸!"埃尔德里奇·克利弗看到中产阶级的年轻白人们"在抛弃白人英雄的全副盔甲……当他们看到牛仔和拓荒者们……在电影屏幕上快马奔驰,像射击可口可乐瓶子一样射杀印第安人时,他们羞愧万分地直往后退。"

英雄在各个方面都是名誉扫地,即使在那些他理应能尽一些力的地方,如在传统主义一贯控制的儿童书籍、西部片及体育运动中,到 60 年代末英雄也逐渐消失了。只有一些痕迹得以留存,譬如被汤姆·沃尔夫认为是"最后一个美国英雄"的赛车手小约翰逊,另外职业摔跤中也有。但是在连环漫画中,超人这样 50 年代及60 年代早期的英雄却让位给了古怪的暴发户蝙蝠侠。这不仅是因为超人太爱国,优秀的存在主义者根本就不会为"真理、正义、美国方式"这样的荒唐理由而战,而且也因为超人从未对洛伊斯·莱恩明显的诱惑之举上钩。他本可以按自己的意愿来对待她,但就像《奇爱博士》中疯狂的将军一样,超人也没有性欲。用60年代的信条来说,超人暗示着"死亡本能"。而蝙蝠侠则相反,他更神秘莫测,还有点像同性恋,至少他在电视上是这样子的。蝙蝠侠的敌人都是令人毛骨悚然的人,但正如朱尔斯·菲弗在《伟大的漫画英雄》一书中所述,蝙蝠侠与罗宾的关系对于一个超级英雄来说太奇怪了。富有的布鲁斯·韦恩在此与其"监护人"迪克·格雷森居住在一个近乎过于精致的环境里,除了反复无常的姨妈之外再无别的女性。一个观察者写道:"这就像是两个同居的同性恋的梦想。"

西 部 片

同时,自从1899年欧文·威斯特《弗吉尼亚人》一书出版以来,一直是美国英雄神话的典型工具的西部片,也因其陈腐过时而告失败,让位于反西部片的风格。电影制片人的确仍在继续拍摄传统的西部片,甚至还尝试拍史诗般的电影。但发人深省的却是:也许最重要的标准西部片根本就不是西部片,而是约翰·韦恩试图为越战辩护的《绿色贝蕾帽》(1968)一片。这部影片拍摄于佐治亚州,当地的秋叶创造出的背景与人们所想像的越南的亚热带气候完全不同。该片是一部陈腐的西部片,直到反抗非白人的野蛮人的围攻因装甲兵及时赶到而获胜的内容都是西部片模式。只是没有马匹而已。这部影片是一种自我嘲弄,标志着在这种乱世之中韦恩和西部片对美国人都已无话可说。韦恩本人依然坚持神话,但新文化甚至冲击到他自己的家庭:他面临离婚,而女儿艾萨又面临各种诱惑。艾莎在回忆录中写道:自己实在忍不住受到大麻、男孩以及反战运动的诱惑。

西部片为了反对其传统,也像艺术一样,成了自己的对立面。

《小巨人》是根据彼得·伯杰1964年所写的一部讽刺小说改编而成,片中印第安人获胜,而老英雄——狂野的比尔·希科克和乔治·卡斯特将军后来却被揭露出既奸诈又疯狂。过去的美国西部神话不是白人发展之地,而是如巴思关于殖民地时期的马里兰州的书中所写,是狂暴的心术不正者之家。在《麦凯布和米勒太太》(1971)中,沃伦·比蒂和朱莉·克里斯蒂打破好牛仔和纯洁的女教师这一神话,从而将性革命也带到了西部。《午夜牛郎》(1968)讲的是一个西部男孩来到大苹果(即纽约市)的现代故事,这部影片完全颠倒了传统的西部片形象,因此也可以视之为一部反西部的影片。这是一部以同性恋为题材的奥斯卡获奖影片:牛仔乔恩·沃伊特来到纽约,想尽快发财,于是便当了舞男,看有没有好运,但最终却同达斯廷·霍夫曼饰演的可怜而名字又很贴切的拉索·里佐产生了带有同性恋色彩的关系。一些电影的情节虽然仍然发生在西部,但情节对话却发生了巨大变化,山姆·佩金帕颂扬彻底的无法无天和暴力的影片《疯狂一伙》(1969)便是如此。在《屠夫卡西提与日舞小子》(1969),西部片变成了轻喜剧;而在《刷一下你的大篷车》中,则成了音乐喜剧。许多西部片都拍摄于意大利,在那里,克林特·伊斯特伍德从"无名氏"一举成名,而大量的西部片也搬到了电视屏幕上,这些都说明传统的西部片确实已声名扫地了。伊斯特伍德的许多影片都是在发挥《疯狂一伙》的主题:没有好人,只有幸存者。

体育运动

随着60年代的逐渐流逝,寻找英雄人物的传统主义者甚至都不能求助于运动。60年代初还有一些可作典范的人物,比如米奇·曼特尔。由于腿伤日益恶化,曼特尔的职业生涯实际上已结束了。吉姆·布顿曾是曼特尔的队友,在《第四球》中,他揭露出棒球联合总会中球员在性生活上的越轨行为,而且还详尽描叙了曼特尔的酗酒史,这样,布顿便证实了没有什么东西是神圣的。纽约麦兹队自称是有史以来最差劲的一个棒球队(他们也确实是),这样便大幅度削弱了扬基队独占纽约球迷的地位。他们成为1962年棒球史的反艺术形式。吉米·布雷斯林写道:"麦兹队太坏了,你不能不爱上他们。"在橄榄球方面,最耸人听闻的是乔·纳马斯,这个长发的吹牛大王是个新秀,在1969年"超级杯"赛中率领全美橄榄球联盟的纽约喷气机队战胜了地位更稳固的全国橄榄球联盟的巴尔的摩种马队,加速了两大联盟的合并,从而创下了最伟大的橄榄球神话。

在所有的运动员之中,穆罕默德·阿里成为首屈一指的反英雄人物。像卡修斯·克莱一样,阿里在1960年便获得奥林匹克运动会金牌,继而在职业拳击中以其台上技术和不受控制的大嘴而刮起一阵阵浪潮。每成功一次,他的名望便会因此而上升。早在1962年的时候,阿里便戏称自己是"最伟大的人"。他与运动的关系与沃霍尔和梅勒在各自的领域中所获得的成功一样:一个个性魅力盖过了艺术作品的艺术家,但这种个性魅力也因此大大提高了其名望。阿里有一次说道:"一个来自南方的黑人孩子,才22岁便能挣一百万美元。说我的确有点特别,我想这不是什么吹牛。"到60年代中期,运动专栏作家总是习惯地将阿里的古怪动作称为表演艺术,而《乡村之声》的作家乔·弗莱厄蒂则称之为"穆罕默德·阿里的专用剧场"。1967年阿里与厄尼·特雷尔比赛,阿里对特雷尔加以无情奚落,许多杂志将两人之战比作"残酷的戏剧"。1967年,阿里因拒服兵役而入狱,这更正式地巩固了阿里的反英雄形象。如埃尔德里奇·克利弗所写,阿里之所以惹火了当局,是因为他们认为这位重量级的冠军,这位美国男子气概的象征人物应当力量超凡而又愚蠢,极具天赋而又顺从。"一个信奉种族平等主义的黑人穆斯林重量级冠军,这种屈辱对于美国白人种族歧视分子而言确实难以下咽"。

英雄的化身

在沉溺于对传统的攻击中之后,英雄起码以三种化身重现:笨蛋、无赖、叛逆者。笨蛋是从犹太文学中发展而来,笨蛋在这种文学里是不幸的角色,由于意外的坚持而得以幸存。尽管纯粹的笨蛋形象并未广为流传,但有几分笨蛋特征的人却在不可胜数的地方出现。平琼笔下的本尼·普罗费恩(Profane,在英文中为"亵渎"之意——译者)在职业上从海军变成了一个在纽约的下水道里射杀神话般鳄鱼的人,他和冯内古特《第五屠宰场》中不负责任的验光师比利·皮尔格林(Pilgrim,是英文"朝圣者"之意——译者)两人身上都有一些笨蛋特征。达斯廷·霍夫曼在《小巨人》中扮演的杰克·克拉布自吹是"开荒者、印第安人的侦察员、枪手、野牛猎人、被领养的夏延人(北美一个印第安人部落——译者)",但他的生活实际上充满了不幸。克拉布小时候被印第安人绑架,后来被一个并不纯洁的传教士领养,最后在小比格霍恩之战中为乔治·卡斯特将军作向导,侥幸得以在这一战役中存活下来。

笨蛋和精神分裂症者都没有恶意,也许只对自己会有所伤害,在这一点上,两者颇为相似。同样无赖也没有恶意,只是相当世故、有些玩世不恭。笨蛋因为过于无害因而不会自私,而无赖则将自私变成了一种存在主义者的美德。无赖的信条是:倘若坚定的信仰是基于不真实的理性之上,那么最好还是根本就不要有信仰。自私最起码也是一种诚实。而且,它也更有意思。无赖喜欢像汤姆·琼斯一样嬉耍调情。汤姆·琼斯是约翰·奥斯本在1963年的同名影片中的角色,他在英国乡村里一路狂饮,一路作乐。在《第二十二条军规》中的意大利妓院里,一个老头与年轻的美国人内特利聊天。老头认为爱国主义荒诞不经,便采取了无赖的形式。他问道:"什么是国家? 国家就是四面八方都有疆界环绕的一片土地,而这些疆界往往都非自然形成……现在有五六十个国家卷入了这场战争。这么多国家,肯定不是每一个都值得为之献身的。"当内特利坚持认为有些事情是值得献身时,老头又道:"任何值得为之献身的东西就值得为之而生存。"这意味着比起理想来,人们更应小心自己的生命。最后的真正赢家不会是英勇的国家,而是被征服的国家。"意大利确实又穷又弱,但这正是我们这么强大的原因。意大利士兵不再流血牺牲了,而美国兵、德国兵却还要这样。我认为这真是干得棒极了。"

笨蛋和无赖都不会给主流社会造成很大的威胁,但是反英雄的发展却产生了一种文化类型,其手法就是进行暴力冲突,叛逆者简直就是传统英雄的翻版。典型的英雄总是太好而不容于社会,因此孤傲冷淡;而叛逆者根据那些令他们对自己所走的道路信心百倍的陈腐理由,也是"被异化"的角色,他们猛烈抨击这个拒绝养育自己的社会。英雄的崇高事业是其进行暴力行为的理由,而叛逆者的理由则是被牺牲感。

182   在一定程度上,阿里正是这种类型。但更重要的是,这里还有克利弗和黑豹党人对于白人自由主义者和激进分子的吸引力。黑豹党人是种族上非正义行为的受害者,所以他们那些自由主义的辩护者理所当然地认为他们会有暴力行为了。克利弗及其同事显然很清楚其同盟希望将他们视为现代的罗宾汉。黑豹党人成为其白人追随者又一获得激烈体验的方式,而克利弗的作品则在主流知识分子中大受欢迎,基本原因也一样——因为"真实"、"感人肺腑"。

对于"地狱天使"的崇拜也基本上是同一种特征。这帮加州的摩托车手在旧金山先锋派的外围游荡。因为"地狱天使"比其他团伙都更肮脏,醉得更厉害,也更加暴力,所以便成为主流报社束手无策的对象。这反之也意味着他们成了新文化中的一股吸引力,在 1966 年嬉皮士记者亨特·S. 汤普森写了一本详述其习性的书之后,他们的吸引力就更大了。他们在文明社会中激起的焦虑更多,其名望便更高。他们与肯·凯西的快乐恶作剧者成为天然盟友。如汤姆·沃尔夫所述,凯西是没有畏惧、没有神经兮兮的傲慢态度却接受"地狱天使"的第一人,而"地狱天使"反过来也强化了恶作剧者的体验。凯西使"地狱天使"成为城里新文化界中的热门人物。一个观察员写道:他们成了"伯克利嬉皮士聚会的客人名单上必须写上的人物,年轻的社会学教师摩拳擦掌,争相询问这些从'伟大社会'计划中退出的人关于'异化'的问题。"沃尔夫认为,"知识分子总抱有这种感觉:他们不会要去应付现实生活……。而现在'地狱天使'就是现实生活,没有比这更真实的现实生活了。"

"地狱天使"并不象征异化的年轻人,他们根本就不在乎。叛逆者是战士,不是失落的灵魂。最终,叛逆者还是有政治意义的,因为他拒绝去寻求接受。这又是黑豹党的吸引力所在,但更好的政治化的反英雄例子也许是游击队员。游击队员不仅引起了文化上的共鸣,而且也象征了反对政府当局的政治斗争。游击队员不可调和、危险而又高效。对切·格瓦拉的崇拜就充分说明了这一形象有多大的杀伤力。格瓦拉曾是卡斯特罗的联络员,这就足以令他成为美国自由人士政府的敌人,最后将他暗杀。格瓦拉不仅是名游击队员,而且也是位殉难者,因此也就成为一份包括胡志明、卡斯特罗、毛泽东、里吉斯·德布雷、弗朗兹·范农的名单上的一位主要的反英雄人物。

尽管叛逆者深受左派的吸引,但他们也会转向其他政治方向。这种政治上的暧昧态度在克林特·伊斯特伍德的电影中最为明显。不管是将狂热的暴力掺入《正午》而成的《高原流浪者》,还是《肮脏的哈里·卡拉汉》系列电影都是如此。伊斯特伍德将反英雄变成传统的维护者,利用广泛存在的对公众无序状况的强烈反对而维护传统。在此最终可以看出新文化在政治上并非明确无疑,因为伊斯特伍德的"肮脏哈里"这个反英雄形象既鄙视虚假同情的自由主义者,也鄙视被宠坏的小孩似的激进分子,以及在政治上左倾的其他代表人物,而他们正是十年来一直鼓励反英雄的人。

对文化政治的说明

就像地狱天使在阿尔塔蒙特音乐会上所做的一样,伊斯特伍德也说明了反英雄正如不忠于女人的社会现状一样,也不忠于革命事业。在此意义上,他们通过文化上的反叛强调了激进变革运动中的基本缺陷。因为健康与肮脏、理性与疯狂之间的差异如此之小,新文化因此没有其他方法来抵制人类行为中最坏的那些成分,而只能善意而无用地请求人们要彼此爱护。

对统一的个性和统一的艺术的追求竟缓和了新文化的激进运动,这实在是一种悖理。而事实上对文化上的激进运动的要求最强烈的时候,政治上的努力便会减弱一些。诺曼·O.布朗否认了他的政治目的,只愿相信文化变革会令政治变革毫无必要。许多文化上的激进分子非常喜爱这种政治上的冷漠态度,尤其是嬉皮士。这个由在文化上抵制现实生活的人组成的松散的组织在60

年代中期因为其多姿多彩的生活、公开的性生活、吸毒而大受关注。嬉皮士流入各个中心，比如旧金山的海特—阿什伯里、格林威治村，也流入各大城市突然涌现的模仿这些中心的稍小的聚居地。对于主流新闻界来说，他们象征了新文化，生动表达了人们对美国生活的普遍不满。报社对嬉皮士的注意过于热衷，以至嬉皮士们对自己在新文化中的领先地位都迷惑不解。琼·迪第昂写道，情况已经达到这种程度："海特街上来自《生活》杂志、《瞭望》杂志和哥伦比亚广播公司的观察员不可胜数，以至于他们大多都只能彼此观察。"

当然，主流新闻界越为嬉皮士焦虑，年轻人便越会想方设法超越他们。在许多文化倡导者投入精力之后，嬉皮士成为标新立异者。正如托德·吉特林所写，他们的"风格"一下子成为"整个文化气候"。男人留长发蓄胡子，女人则不施粉黛又不做发型，他们都意味着"从平直转为弯曲、从紧张转为松弛、从受限转为自由……。衣服就是各种穿戴的大杂烩，比如包括"印度的珠子、印第安人的束发带、牛仔风格的靴子和皮革、老花眼镜、长裙、工人阶级的牛仔服和法兰绒衣服；更具挑逗性的是军装"。吉特林称嬉皮风格为"反制服"，这个名称确实很贴切。可如今这种风格不仅成了放荡不羁者圣地的标准服装，而且也慢慢成了堪萨斯州、俄亥俄州、北卡罗来纳州——实际上是全国——的标准服装。

如果说构成嬉皮文化的大部分人都是有意识地决定要当激进分子，这还令人怀疑。许多政治上的激进人士视之为对抗权威之举因而加以欢迎，但对美国其他年轻人来说，嬉皮生活更多的不是一种文化宣言，而是一种暂时的逃避或是永久的慰藉。他们也许在拒绝社会，但很可能这些都是对个人的拒绝，是对父母、过去的社会关系、没有成果的过去的摒弃。考虑到海特这类地方的人员

272　第6章　文化的终结

流动性和整体的不稳定性,琼·迪第昂对嬉皮士的描述似乎最有见地。她认为:"我们看到为数不多、毫无装备、令人可怜的孩子们绝望地要在一个社会真空里创造出一个社区……。与其说他们在反叛社会,不如说他们对社会一无所知。他们只能反馈某些最广为人知的自我怀疑、越南、赛纶外衣、服用药物和原子弹。"

　　保留文化反叛与政治激进之间的联盟,这似乎仍然相当自然,而嬉皮风格是将两者连接到一起的天然工具。这至少是杰瑞·鲁宾和阿比·霍夫曼的期望。两人都对公开的愚蠢行为深感兴趣,于是便成为流行的激进运动中的合作者。鲁宾来自辛辛那提,后来辗转来到伯克利。一部分是受到卡斯特罗和格瓦拉的启发,一部分是受到嬉皮生活的启发(虽然不是非常乐意),鲁宾加入到了激进的政治运动中。鲁宾回忆道:"伯克利的激进人士认为嬉皮士脱离了政治,而嬉皮士则认为激进人士是神经过敏的政客。我却认为嬉皮士是政治上对于富裕社会崩溃的真正表现。"

　　1967年,鲁宾对将两者结合起来的期望达到顶峰,首先是1月在金门公园举行的"人类集会",这次集会在许多方面都是西海岸地区反传统文化运动的高潮。利里到了会场,大肆宣扬迷幻药的荣耀之处,金斯伯格则率领群众大诵佛经,"感谢死亡"和"杰弗逊飞船"等摇滚乐队也到场表演;"地狱天使"充当保安人员,最后是刚刚出狱的鲁宾,他准备大讲政治。尽管鲁宾认为自己受到"冷遇",但起码也在某些方面将政治与文化联系起来了。旧金山《神谕》杂志总结道,这次集会是"一次以前被绝对教条和标志兜售分离开来的爱心与行动的大联合"。

　　霍夫曼在纽约也取得了类似的进展,同他一起,鲁宾将这两股潮流一起合入政治舞台之中。两人对媒体都非常了解,本能地感觉到新闻是滑稽者和无耻者制造的,因此媒体是可以加以控制的。

1966年鲁宾出现在非美活动调查委员会中。这个麦卡锡时期追查赤色人士的委员会是民权自由论者的灾星。而此刻鲁宾身着独立战争时期的军装,扮演着汤姆·佩因的角色。安全人员将他扔出去时,他还大叫:"我要发表声明!"1967年8月,霍夫曼和鲁宾对纽约股票交易所发起攻击,他们将美元乱扔在地上,引起一片混乱,然后又焚烧美元,吸引记者的注意力。这两人都是无法控制的媒体天才,他们总能找到自己的目标。1968年,他们成立了易比士党,采用了"抛弃卑躬屈膝的笨蛋"这句标语,并打算在即将举行的芝加哥民主全国大会中领导示威者。

鲁宾和霍夫曼的第一个希望——组织荒诞不经的场面——成功了。这样,他们将文化激进运动引入政治活动之中,但他们从未有过什么严肃的念头。譬如,他们选择"易比士"这个名字,只是因为它听起来傻傻的。"你能设想总统会警告国民警惕'易比士'的危险吗?"鲁宾问道,"没有人会把易比士当真,否则整个国家都成了一个大笑话。"像波普艺术一样,易比士是想以促使当局紧张不安为代价来换取一个比较不错的时期。

这一目标是基于这个广为接受的假设之上:文化反叛变成了政治上的激进运动,变成了一个更好的世界。基本理由就是新文化标志着发生变革的转折点,其重要性与19世纪的工业革命和20世纪早期的公司管理革命不相上下。这一点西奥多·罗斯扎克、菲利浦·斯莱特和查尔斯·赖克都在各自的书中提炼出来了。与另一社会经济转变期——富裕时期——联系在一起,文化转变是美国社会所发生的深刻变革不可分割的一部分。这些变革改变美国的政治场景只是时间上的问题。如赖克所写,即将到来的革命"将始于个体、始于文化,只会在最后一举中改变政治结构……。它最终会创造出一种全新而持久的统一和美——人与自己、与他人、与社会、自然、土地之间的一种重新开始的关系。"

声称新文化是一种充满爱、同情和"统一"的文化,这是一篇具有坚定信仰的文章。正如19世纪那种贪婪的文化反映了当时对利润毫无约束的追求,富裕社会也会鼓励无需贪婪与暴力的多元心理的存在。在赖克奔放的想像中,新的心态——他称之为"第三意识"——会重视温情、诚实、合作以及忍耐。他幻想道:"具有第三意识的年轻人当中没有'硬汉',想搭便车的人迎着驶来的汽车微笑,人们在街上微笑致意,人类重新发现彼此间对对方的需要。"在这个新世界里,"所有的人都属于同一个家庭,而不论他们是否曾经相遇。一切就这么简单。"

毫无疑问,消费品充裕的社会破坏了传统对于性欲和贪婪冲动的各种限制,但无人知晓为什么这会导致赖克想到这种乌托邦的社会。罗斯扎克、赖克、斯莱特在60年代末都出版了他们对新文化所作的辩护,而当时这些宣称都显然已极为夸张,以至于大家都不知道他们到底想什么。这确实是个奇特现象。也许他们本应在阿尔塔蒙特与托德·吉特林站在一起。吉特林离开了这种新文化面,得出这个远为现实的结论。"数十万个被宠坏的、渴望成为明星的'孤独人群'中的孩子会是一个良好社会的先驱,谁还会有这种幻觉?"也许他们疏忽了,没有注意到查尔斯·曼森这个不能自制的杀人狂是如何紧守"第三意识"的价值观不放的。也许赖克谈论的并非"气象员"。他们学伯纳丁·多恩的样子用三个手指致意,以颂扬一个曼森式的小子插入一个怀孕的受害者腹中的叉子。

将文化反叛与政治变革混为一谈的人误解了两者的本质,尤其是误解了美国的消费文化是如何轻而易举地利用了先锋派最基本的环境的。如果认为一个国家的政治和经济机构的权力在于对文化的压制,因此一旦这种压制一扫而光之时,这种权力便会转到其他人的手中,甚至会改变其本质,那就大错特错了。因为性和摇滚乐都是大有市场的东西,所以美国现存社会最终会接受文化革命。特别是在这个国家奇特的政治文化中,有权势的人物很容易便会利用新文化的主题来实现个人目标。约翰·肯尼迪不仅是"肯尼迪王朝"的国王,而且是个硬鼻子的爱尔兰人,其性生活中的越轨行为并不是什么秘密。理查德·尼克松这个天生的失败者自视是反英雄的,他更想要权力,而不是尊严与体面。设想在罗恩和马丁"嘲讽"这个新文化的喜剧节目里,其他总统如果说"不要对我客气"会是什么情形呢? 在这一点上,回忆一下这个年代的结束方式会有所帮助:尼克松卷入水门丑闻之中,他想找一种能暂时消遣的方式,于是坐下来,特意观看了克林特·伊斯特伍德的电影《巨力》。

第7章　城市危机

1967年7月23日是星期天。这天清晨,底特律一个警察缉捕队扫荡了位于"全城最脏的"第十二大街上的一个深夜非法出售烈酒的"盲猪"酒吧。在炎热而潮湿的晚上,大约85个人聚集在一起,都是黑人,其中约一半是妇女,为当地的士兵们敬酒。虽然星期天的凌晨三点警力最少,但值班警官还是决定逮捕所有的狂欢者。警察们花了整整一个多小时才把所有的人拖入警车。同时,还有两百来人在旁观。人群由各种各样的人组成:正去上班的老百姓、"酒鬼和流浪汉"、赌徒、妓女,还有一些愤怒的年轻人,他们在一边进行煽动。有一个年轻人号召大家动手:"黑人权力。不要让他们带走我们的人……。我们要用砖头和瓶子打击他们。"当警方将最后一辆警车装满并开走后,人们觉得自己将警察赶出了这个社区,于是大胆起来,开始了为期一周的暴乱。在暴乱中有43人丧生,7200人被捕,造成4500万美元的损失。

底特律的暴动虽然令人瞩目,但也并非惟一的一次。在60年代,美国各城市一片沸腾,暴力事件、"民众骚乱"层出不穷。以1965年洛杉矶瓦茨暴乱为始直至1968年7月,有一百多个城市都出现暴乱。据"政府行动计划国会小组委员会"所汇集的调查数据,共有189人被杀,7614人受伤,59257人入狱,财产损失将近16000万美元。这些暴动正是在民权运动步履维艰之时突然爆发的,而主要又仅限于北方诸市的黑人聚居区,真是对马丁·路德·金取消种族隔离这种希望的莫大讽刺。

美国种族歧视这一余毒只是导致这些暴乱发生的部分原因。二战后的数年中,美国各城市无一例外都经历了一段滑坡期,城市中各种不幸也随之积聚,这些暴乱更是这些不断聚积的不幸所产生的恶果。一些地区急需新的建筑物,而二战后却在郊区大规模建房,将这些新的建筑物引向它处,使中等收入和上等收入的家庭搬离市中心。高雅得体的住宅越来越匮乏,城市的税收随之也下降。20 世纪初企业都是吸引劳动力到城里来,如今企业由于自动化作业而对无技术劳动力的依赖性减小,因此即使是在 60 年代这样的蓬勃发展期也无需扩招蓝领职工。各公司都开始将新工厂安置在提供税额优惠的郊区或是地处南部和西南部"阳光地带"的城市,那里既有未加入工会的劳动力,又有税额优惠。正如传统的政治机器臣服于杂乱的利益集团一样,市政府也成为骗子的玩物。不管存在着多少缺陷,政府机器都成为将移民融入美国主流社会的工具。没有这些重要工具,城市便无法容纳战后数百万的移民,其中大多是来自南部农村的黑人,但也有来自阿巴拉契亚地区的白人、墨西哥人和波多黎各人。严格说来,城市危机就是城市未能履行其传统职能和实现其传统承诺,一位作家在形容 60 年代时说道:在这个"后城市"时代,对于美国那些多余的人、穷人、少数民族、老人、无能者、病态者来说,城市这片土地残酷狰狞,令人生畏。

城市化、住房以及实行
种族隔离的城市

在一定程度上,即使其他所有事情都相当理想,美国也会面临 60 年代的种种城市问题。经济萧条和战争大大减少了城市里的建筑计划;住房储备既不足又都已老化;写字楼和公共建筑都日

278 第 7 章 城市危机

显破旧。日趋老化的城市还得负担各种额外开支、污染问题以及交通阻塞,这些问题都随着美国对汽车浪费性的依赖而产生。匹兹堡污染问题异常严重,建筑师弗兰克·洛伊德·赖特曾建议二战后就将它废弃;而旧金山的空气质量早已臭名昭著。其他像俄亥俄的代顿、亚利桑那的凤凰城,这些从未有过污染问题的城市,到1960 年也被迫实行烟雾警戒;辛辛那提则采用了"污水指数",当人们将洗好的衣物挂到户外去晒不甚妥当时,就以此项指数来进行警告。

然而这些问题并未阻止美国农村居民源源不断地涌入城市。到 1960 年,美国近四分之三的人口都居住在大城市地区(据统计这类城市有 25 万以上人口)。城市化过程在黑人中最为显著,到1960 年,这群传统上住在南部和农村的人口的 73%成了城市居民;到 1967 年,近一半黑人居住在北部。1940 年到 1960 年之间,275 万黑人出于各种想法和目的都离开了南部来到城市。在这 20年中,纽约的黑人人口增加了两倍半,费城增加了一倍,底特律则增加了两倍。到 1960 年,芝加哥黑人人口达到 89 万。

在从亚特兰大到洛杉矶这个所谓的"阳光地带",大城市的人口迅速激增。从 1940 年到 1980 年,该地区的人口增加了112.3%;其中 12 个社区由中等城市变成主要的大城市。凤凰城的人口由 1940 年的 65414 人增加到 1970 年的 584303 人,而休斯189 敦在此期间人口扩大一倍,达到近 100 万人。尽管温暖的气候、廉价的劳动力使"阳光地带"受到老板们的青睐,但该地区发展的真正动力却是联邦政府。联邦政府对这一地区极为照顾,注入特别多的国防投资、修建国家宇航局、修建高速公路,此外还有许多其他的慷慨之举。

如果将这些数据仔细检查,便能发现它们说明了战后社会史最重要的两大发展:郊区的发展以及种族和阶级隔离的发展。从1950年到1960年,75%的大城市发展是在郊区发生,郊区的人口增长要比其所包围的城市地区快五倍。城市人口实际上仅增加了1.5%,考虑到人口增长的整体速度,这根本就不能算是增长。事实上,东北地区有41座城市人口都下降了,其中14座人口流失超过10%。离开城市的主要是白人、中产阶级以及社会地位向上流动的人,他们在城市的位置便由战后的移民所取代。考虑到南部乡村的黑人大量涌入中心城市,郊区发展预示着一个日益为种族和阶级所隔离的社会正在形成。

住　房

城市中显著的隔离现象既不是纯粹的偶然,也不是选择的结果。联邦政府的全国住房工作计划刚刚出笼,便马上率先提倡种族隔离。在30年代后期,联邦住房管理局这个发放低息抵押贷款和建房贷款的机构,竟建议估价人降低评测得分,甚至建议他们拒绝给某些家庭贷款,因为这些家庭所在的社区由"极不和谐的种族和民族"杂居在一起。联邦住房管理局的政策鼓励在抵押贷款中使用有限制性的合约,防止房主将白人社区的住房卖给那些"不和谐团体"的人。

最高法院在"谢利诉克雷默"案中裁断这类合约非法,此后政府在住房上的直接歧视现象消失了。然而,此时联邦住房管理局已经为私人房产市场定下了这种基调,并继续鼓励房产市场进一步发展种族隔离。联邦住房管理局继续设定各种指导方针,决定什么是合适的建筑,这些方针显然偏向新的住房建筑。这样,直到60年代,联邦住房管理局担保的贷款极大部分都流入了郊区。他们鼓励建筑商对中心城市和低收入的市场不予理睬,因此可以预

280 第7章 城市危机

见,中产阶级白人的反应是搬到郊区的住房,因为这些住房由于政府的贷款因而承保价格要便宜一些。在为低风险抵押借款设定指导方针时,联邦政府鼓励实行"划红线拒贷",即私人贷款商拒绝向地图上标有红线的地区贷款。1968年伊利诺伊州议员保罗·道格拉斯任城市问题全国委员会主席时发现:"即使是在中心城市的中产阶级的住宅区也是可疑地区,因为随着黑人和白人穷人不断涌入城市,随着上等和中等阶级的白人不断搬离城市,它们也总是有可能乱套的。"

190　　在民权运动的压力下,各种各样关于住房开放的法规都出笼了。到1970年,共约有370条关于住房开放的地方法规。但这些法规并没有多少帮助,因为它们并未取消地方上的分区法规。这些地方分区法规使郊区能够阻止在小块地区内修建多户单元或平房,而这两种建筑都能提供低成本的住房。

肯尼迪与约翰逊的自由主义者政府奏响了改善美国住房形势的序曲。肯尼迪本人就是来自城市,因此对城市问题有一种本能的兴趣,他在1960年的竞选中经常谈及住房危机的问题。尽管他花了一年多才"大笔一挥",使公共住房中的隔离行为成为非法行为,肯尼迪确实改善了联邦政策。他第一个举动就是指派罗伯特·韦弗来主管联邦住房财政处。韦弗是位极受尊敬的经济学家,自30年代以来他便为少数民族公共住房的合适待遇而努力。作为一位消除种族隔离的坚决拥护者,韦弗试图向中等和下等收入的买主提供只需极少定金的抵押贷款,利用联邦政府刺激长远的建设以限制郊区的无计划发展,并发展公园及娱乐场所的土地使用计划。1961年的政府《住房法》改善了低收入买主的抵押贷款条件,但1962年至1963年间所建的适于单个家庭、低收入的单元房却少于13000套;而且在那些急需新住房的地区,供应也完全不足。联邦住房管理局从1966年便开始十分认真努力地进行新住房的翻新,向少数民族的购房者提供抵押贷款,但即使是这些措施也未能使形势得到缓和。历史学家肯尼斯·杰克逊写道:事实上,联邦住房管理局这一放宽了的政策所产生的"主要影响,就是白人家庭更容易得到经济上的援助,以离开发生种族变化的地区。"

考虑到自己那些具有破坏性的政策对城市所造成的损失,联邦政府本应加以改变,积极推进城市住房计划,或拒绝向郊区的建房贷款。但是,撤回联邦住房管理局对郊区的投入,支持这种作法的人并未日益增多。即使是在60年代自由主义的鼎盛时期,联邦政府的官员也非常谨慎,不去干涉私人企业,尽管其早期的干涉助长了种族隔离。一些项目将联邦政府的资金散布到尽可能多的使用者,有的则处理的是市场所忽略的地方,所以将这些项目继续下去要安全得多。这样,联邦政府努力方向便主要是致力于城市更新问题和公共住房问题。

城市更新

城市更新列在1949年《住房法》的第一款。第一款的目的是要成为一项复兴计划,向地方社区提供资金,清理贫民窟,修建新的住房。市政府的任务就是组织土地开发事务所来确定地点、进行清理和修建计划、接受投标,并向联邦政府申请资金。50年代初第一款收效甚微,但此后完成的项目开始增加,其中部分原因是政府在1961年《住房法》中增加了用于第一款的资金。到1963年为止,有588个项目都在不同程度的进行之中,而大部分主要城市都运用了第一款。

尽管城市更新计划有其原始目标,但这一计划却导致城市的住房情况更加恶化。这个计划中没有内容将新的建筑限制在低成本住房之中:24％的新建筑是市政工程,比如引起争议的纽约林肯中心;只有56％的新建筑是住房,而其中大部分又是豪华公寓。市政府需要从昂贵的新建筑所能收到的税收,私人房地产开发商对于涉足低成本的住房也兴趣不大,而土地开发事务处的领导,尤其是纽约的罗伯特·摩西,中意的往往是热门项目,而不是实用的计划。一些地区以贫民窟的名义被清理掉,而这只是城市规划者自己的定义而已。因赫伯特·甘斯的著作《都市乡村》而闻名的波士顿西头就是社区遭毁的最好例证,仅仅因为其居民都是工人阶级因此这个地方便被清理掉了。正如简·雅各布在其对城市政策的辛辣批评《美国大都会的生与死》(1963)一书中所说,城市的规划者宁可进行"枯燥、统一得出奇的适于中产阶级的住房项目",也不要团结而充满活力的少数民族聚居区。

城市更新措施本来是要努力为美国的城市贫民保证可以居住的住房,但实际上却减少了可利用的低收入私人住房,而使其本想帮助的对象流离失所。城市更新摧毁了14万座低收入者住房,而只补充了4万座新单元房,其中低收入居民买得起的还只有5％。不仅低成本单元房减少了,而且由于供应下降,所有住房的成本都上升了。据估计,到1963年,被迫搬迁的居民达609000人。按照联邦政府的指导方针,市政府应当为他们的重新安家提供援助,但是总到最后才筹划这种援助,而且实施也最不力。只有约一半的搬迁者得到了搬迁费用的补偿,找新居时得到帮助的人可能就更少了。在许多重新安置的事宜上,公众事务处并未据此采取相应措施,因此搬迁者的命运也就千差万别了。到1968年为止,联邦政府官员列举数据来说明重新安置几乎已完全成功,他们声称93％的搬迁者已成功地安置到标准住房里,而这一宣称却与其他绝大部分调查结果严重分歧。譬如,在60年代中期,彼得·马里斯推测搬进标准住房者应当在15%到50%之间,而搬进公共住房者大概少到只有10%。马里斯认为,尽管搬迁会产生种种麻烦,但搬迁者搬家后所付的房租大概会增加17%到25%。因为五分之四的搬迁者都不是白人,所以民权运动的领导人称该项目为"黑人搬迁[①]"。搬迁者即使最后有了更好的住房,也都苦苦想念自己"失去的家园"。一些观察者注意到了这种因分离而产生的悲痛的真正痛苦。同时,一些社区的消失在整个内城也产生了连锁反应,因为这导致其他地方人口过多、形势恶化。第十二大街是底特律暴乱爆发的地方,这一带就成了这样的社区:贫穷但很受尊敬,因此便挤满了底特律更新项目所产生的搬迁户。纽约的更新项目的带头人罗伯特·摩西对人们关于城市搬迁的批评不置可否,他讥讽道:"等着瞧吧! 十年后你们就会把这些人忘得一干二净,还会感谢我实行了这一项目。"

没有多少人相信城市更新是解决住房问题的灵丹妙药,而城市更新一直是与其他策略一道进行的,尤其是公共住房与房租补助的措施。在1965年出笼的《住房与城市发展法》中,约翰逊政府力图纳入一项计划,向那些低收入但又不够资格得到公共住房的人——尤其是城市里的工人阶级——提供房租补贴。国会则将补贴限制在已经够资格得到公共住房的人身上,也就是说,补贴只是提供给那些已得到补贴的人。罗伯特·韦弗继续为工人阶级的补贴而努力,其理由是政府所定义的贫穷与在任何大城市里居住所需的花费之间存在着明显的差距。1965年,韦弗在国会举行听证会,他宣称大部分因城市更新而搬迁的人年收入在3000至6000

---

① "搬迁"在英文中又有消除、清除之意,此处一语双关,意为该项目是要从社区中"清除黑人"。——译者

美元之间,这意味着他们生活艰辛,但又未穷到足以达到联邦政府的援助水平(3000 美元的年收入)。但是国会中的共和党人却反对提供房租补贴,表面上是因为这有"社会主义"之嫌,而主要原因是因为他们担心这个项目会使一些劳动者得以迁进老郊区——换言之,就是住在他们附近。

这样,联邦政府惟一积极的市场只能是为那些真正的穷人修建公共住房,而这个市场正是私人建筑商所避之唯恐不及的。约翰逊特别指出,大量增加这样的住房修建极有必要。1965 年《住房法》要求在以后的四年内每年修建 20 万个新单元房,但即使是1967 年这个建房最多的一年也仅完成 23660 套,这仅是当年供多户家庭居住的住房起始目标的 5%,显然没有达到 1949 年住房法所规定的 135000 套。

考虑到许多公共住房长期存在的恶劣条件、所受到的古怪规划,而且住房问题上的权威也没有能力对各种项目进行监督,因此所建的这些单元房至多也只能令人喜忧参半。从某些方面来说,这是改善。圣·路易斯市普鲁厄特—艾戈项目里的许多居民对社会学家李·雷恩沃特说,他们很感谢有了可靠的供热系统,能够得到例行维修,以及针对随着项目中的住房修建而来的大麻烟蒂和老鼠进行的定期治理整顿。伊莱恩·布朗是黑豹党后期的一个领导人,她回忆她家从北菲利的一个老贫民区搬进一个新房项目,在那儿她母亲至少可以将老鼠和烟蒂关在门外,不管公共住房有什么样的缺陷,低收入者还是因此而得以逃离了 60 年代的祸根:贫民窟的房东。

另一方面,住房工程未能重新创造出贫困社区所普遍存在的街道生活,虽然这种生活并不总是有利。由于利用高层建筑的优势,在小小的地皮得以塞进更多的单元房,因此许多工程都是大型建筑。这使得父母无法照看正在玩耍的孩子，而顽皮的小孩就有了许许多多做坏事的地方——电梯、楼梯、楼道等。如简·雅各布斯所说，设计这种建筑的专家有这样一个幻想：不管这些建筑里住的是什么人，公园、宽敞的人行道等等都会培养一种正常、有益的环境。然而，在那些变坏的建筑区，户外往往成为青少年暴力犯罪之地，年纪稍长者和年幼者都只得逃离。许多工程有各种条例和出入规定的管理，其质量往往在于这些准则的实施情况。芝加哥有两个臭名远扬的工程：北边的卡布里尼—格林以及南边的罗伯特·泰勒住宅区。尼古拉斯·莱曼认为，这两处本来都是市民合适的居住区，但由于市政府管理住房的官员急于让空房住满，没有进行居民的筛选程序，或者就是忽略了这一程序，才变得没法居住的。这两个地方都成了现实中的恶梦，充满毒品、帮派暴力，而且日益贫穷。一个评论员写道，罗伯特·泰勒住宅区成了一个"一千七百万美元建成的贫民窟"，居民们则给它取了个绰号叫"刚果的希尔顿"。詹姆斯·鲍德温在《无人知我名》(1964)中不无讽刺地写道："有一条法律规定……大众化的住房应当像监狱一样毫无乐趣，这样，这些工程当然可憎。"鲍德温以其惯有的洞察力继续写道："哈勒姆工程几乎就像警察一样受到憎恨，这就说明了很多情况。"雷恩沃特所进行的圣·路易斯调查表明：这些工程使那些最稳定、最体面的家庭成为自己房子的囚犯。公共住房成了城市贫民的大型拘留所，不加区分地将苦苦拼搏的劳动者与罪犯、吸毒者和无能者关在一起。

城 市 的 终 结

中产阶级纷纷离开城市中心，这给城市带来很大的难题，其中

286 第7章 城市危机

最直接的就是税收的减少,这随之也减少了城市里的各种服务、减少了学校的资金,而城市便被迫增加对那些留下来的人课税——因而将更多的人赶出城市。波士顿就是最引人注目的一个例子。这个城市在50年代流失了13%的人口,这样使得它在1960年的计税基础要比大萧条前还要低25%。城市里的财政状况如此之差,其债券地位也因此下跌。纽约即使是在1969年进行金融改革之后,也还是有5亿美元的赤字。城市仅征收到所有税收中极小的一部分,其中大部分来自财产税和收入税这些最直接最费事的课税形式。由于通货膨胀,生活标准日益下降,增加的税收对于劳动阶层而言也随之日益成为沉重的负担,而他们往往会将城市里的金融困境归咎于穷人。由于这种循环,城市课税基础的恶化对于60年代中期的种族紧张局势与阶级紧张局势起了不小的作用。

政治机器的消亡

由于政治权力与市府权力的分裂本质,对付大城市财政问题和社会问题的困难更加不可估量。尽管抽象意义上的"城市"包括一个整体的都市社区,但平均而言,一个大城市中有87个独立单位掌管市政府。在60年代,仅芝加哥这一个大城市就有1060个社区。1972年统计局调查到全美有78218个不同的地方政府。在城市之内,分裂日益成为惯例。事实上,当时一个很少有人关注但是最显著的城市发展就是庞大的政治组织的衰亡现象。到60年代后期,几乎所有大的政治组织都分崩离析了。波士顿市的詹姆斯·迈克尔·柯利领导的爱尔兰人组织、巴尔的摩市的托马斯·达历山德罗领导的组织、以及堪萨斯城的彭德格斯特领导的组织都纷纷下台。纽约的民主党历来是与坦慕尼派礼堂总部联系在一起的,如今也同室操戈。在许多城市,比如费城和密尔瓦基,这些政治组织都被政府里一些不错的改革者所取代。底特律也选举了一位施行改革的市长杰罗姆·P. 卡瓦纳。与过去的政治组织不同，这些施行改革的政府必须依赖临时且不稳定的联合，譬如，将城市里的专业人士与黑人联合起来以反对政治组织的种族联合。在处于阳光地带的城市，过去的种族隔离主义分子都——大部分都是悄悄地——屈服于那些讲究实际的稳健派势力。

其间出现了两个令人瞩目的特例，但它们也仅仅证实了上述惯例而已。芝加哥的理查德·戴利和洛杉矶的山姆·约蒂都是传统的政客，虽然后者程度稍小，然而他们都是这一垂死类型的末代人物。戴利的性格很传统，他吹嘘自己仅出身于中等阶级的爱尔兰家庭，而戴利也从未舍弃这一背景。成年后，他终其一生都住在同一个爱尔兰工人阶层社区中的一座朴素的房子里，戴利一周要去好几次教堂。1955 年，由于与"南方派"黑人联合，他当选为市长。1963 年，戴利再一次需要得到他们的援助。但是，戴利从未认真地重视过芝加哥的黑人，忽视了他们对选举日益增长的影响力，最终导致他陷入困境。戴利允许，甚至助长种族分离，对改善黑人区学校条件的要求充耳不闻，并坚持黑人要按他的条件来参与政治，这一切都不可避免地使他与独立的黑人领袖发生冲突，而这种冲突便始于 1966 年马丁·路德·金在芝加哥的活动。在 60 年代后期，倘若戴利作为美国白人抵制黑人的象征而幸存下来，那么这种象征也不能保证这种政治组织的幸存。一种政治组织倘若辜负了一个占人口四分之一多的集团，便不可能长久存在。由于失去黑人的支持，民主党领导核心在 70 年代早期便逐渐平淡下去。

戴利不愿公正地对待黑人，因此也无法为其领导核心的丧失而悲哀了。但是摧毁政治组织并未带来形势的改善，也未产生正义。到 60 年代末，城市里的黑人开始在大多数城市建立自己的政

288　第 7 章　城市危机

治力量,而且随着理查德·哈彻在印第安纳州的加里当选、卡尔·
B. 斯托克斯在克利夫兰当选,黑人也在一些大城市取得了合法权
力。然而,城市危机极其复杂深刻,并不是几个黑人选举成功就能
轻易解决的。而且,传统的政党组织也有一些其继任者所缺乏的
优点。前文已经提及,它们是移民融入城市生活的重要手段,其衰
亡的同时也带走了城市黑人可能从它们那里得到的一些工作机会
以及其他的慷慨之举。其次,不管大家喜不喜欢,这些政党组织使
市政府在管理上达成一致性(当然不一定很诚实),这样大家至少
能知道怎样可以做成一件事,若未做成又该追究谁的责任。

　　由于这些政党组织未能履行其义务,各利益集团相互竞争,因
此城市也变化无常,其后果就是不论好坏,市政当局都很难凝聚起
来。瓦茨暴乱之后,在国会听证会上,洛杉矶市长萨姆·约蒂面对
罗伯特·肯尼迪时,责怪自己在暴乱之前和暴乱期间未能对分裂的
地方行政部门采取行动。他这样自责确实有正确性。市政府的分
195 裂也对黑人政治家形成障碍。黑人的竞选后成功未能转化为城市
黑人贫民境况的飞速改善,这是一大重要原因。当选是一回事,但
由于权力分散在许许多多不同的人手中,因此要有所成就则完全
是另一回事了。

分裂:所提出的解决方法

　　对分裂政府的合理解决方法就是建立大城市政府,如 1957 年
迈阿密所组成的政府,或是建立哲学家刘易斯·芒福德在 60 年代
所推荐的那种更大的区域政府。但尽管出现了区域筹划委员会和
类似的综合政府形式,然而大都市地区一个也没有效法迈阿密的。
郊区向城市政府低头的动力也极小,尤其是如果它们有自己足够
的课程基础来提供市政服务,它们就更不会低头。城市问题愈恶

化,郊区便愈顽固地坚守自治,使自己免除衰退、贫穷以及暴力,虽然这是白费力气。大城市政府是一种解决途径,但罗伯特·韦弗在1965年不无遗憾地说,这种解决途径只对"研究城市问题的专业学生"有吸引力。

解决分裂问题的另一方法就是让联邦政府采取管辖大城市的政策。肯尼迪政府希望倘若能建立内阁层的官僚机构,城市的政策便会得到更好的协调,于是在1961年推出住房法的同时还提议成立住房和城市发展部(简称发展部)。国会淘汰了发展部,部分原因是郊区与城市的议员都看出了发展部的本质:一个以中心城市谋利为主要任务的官僚机构。同时,南部的国会议员也反对发展部计划,因为他们推断肯尼迪会任命韦弗为首任部长。到1965年,南部的反对有所减弱,国会里的反对者的注意力又集中到房租补贴的事情上,因此发展部作为林登·约翰逊的城市项目内容之一也就得以成立。约翰逊总统马上任命韦弗为第一任发展部部长,使之成为第一位进入内阁的黑人。韦弗极有才干,这对于大城市政策的合理化有所帮助,但发展部依然无法自始至终地压倒地方的自治机构。

城市危机的根源

在相当程度上,城市危机是住房结构所产生的后果。这种结构因种族偏见和阶级偏见而形成,然后受到私人市场的确定,最后因联邦政府的政策而成型。然而,从更大的历史意义来说,城市危机是与社会的发展交织在一起的。这个社会被社会学家丹尼尔·贝尔称为"后工业社会"。贝尔指出,资本主义在技术发展上已达到这一阶段:与商品生产相比,它更多的是依赖智囊和服务业。在《后工业社会的到来》(1967)一书中,贝尔像约翰·肯尼斯·加尔布雷思一样论述道:现代资本主义已走过贫乏年代,后工业世界中的工作可能会集中于脑力劳动,尤其是应用科学中的脑力工作、政府部门中的管理工作、消费部门或"服务"业的工作。尽管贝尔主要证明的是资本主义到达这一阶段的原因以及后工业社会的主宰者,但是他所要求人们加以注意的那些发展却已使大城市的面貌发生了改观,而且还决定着美国人的生活。

后工业社会摧毁了现代城市历史的经济和文化目标。一个不再以工业为基础的社会便不再需要城市来作工业中心。因为后工业经济不再依赖没有技术的移民劳动力,城市也不再是种族同化的大熔炉。

后工业社会的本质产生了有关富裕的悖论,因为倘若以发展、收入、就业的整体数据衡量,60 年代的经济是相当繁荣的。1961年肯尼迪继承的是一个疲软的经济局面,他将税收降低,尽管这也许能刺激大量经济活动,开始一个长期的发展,但真正的经济加速是随着与越战发展有关的军事投入而产生的。从 1965 年至 1967年,据估计战争为私人企业增加了 100 万个工作机会。肯尼迪上台时失业率超过 6%,但 1966 年大部分时间都降到 4% 以下,而且直到 1969 年一直保持了这一水平。60 年代的富足经济创下了工作人数的最高纪录,而且是对于所有人的最高纪录,包括技术工与没有技术的人、白人与黑人、男性与女性。即使是工业领域也雇佣了有史以来最多的员工,而且从 1960 年到 1966 年还取得了相当令人瞩目的生产率。此外,至少在那些工人加入了工会的工厂都会定期增加工资。底特律发达的汽车工业协助将白人的失业率减少到1.6%,黑人的失业率减少到 3.4%,这实际上意味着零失业率。

然而,城市的命运是与所产生的工作类型联系在一起的,以下这些数据就说明了后工业社会的前景。制造业的雇员从 1950 年的 1524.1 万人增加到 1970 年的 1956.4 万人。在制造业内,这一上升从整个就业来看主要是白领工作的增加;从 1953 年到 1965 年,制造业中的白领工作增加了一百多万个,而蓝领生产工作则减少了 100 万。同时,制造业中的劳动力比率下降了,而服务业中的劳动力比率则上升到 60%。

蓝领就业机会的减少与工人生产力的稳步上升同时存在,这说明美国工业在 50 年代初开始进行的技术发展已经生效。自动化作业使工业所需工人减少。尽管一些工业由于自动化作业而大幅度削减雇员,如铁路部门、炼钢、采煤及石油产业,但所产生的财富也导致服务部门对劳动力的极大需求,这就使那些被解雇的人得以找到其他工作。如 1965 年那样的消费需求很大的好年景,工业部门既能保持自动化的生产力,同时又能保留大量工人,比如汽车工业。但自动化仍然限制了对非技术劳动力的需求,因此他们便被迫进入服务业:零售业、私人服务业、旅游业、娱乐业、清洁工作、维修工作,最后是保健业。

尽管对劳动力的需求量很大,服务业仍比制造业的工资增长更快,特别是那些受工会领导的服务工作,这些发展对于这些已经建立的城市都影响重大。"阳光地带"的城市拥有充足的与国防相关的生产工作机会,这样,东部与中西部地区的制造业劳动力市场的工人阶级便减少了。更重要的是,自动化使制造业得以与中产阶级一起离开城市。因为制造业不再需要大量的非技术工,所以便根据新的原因来安置厂址。郊区提供了令人心动的税收额和廉价的土地。另外,多数大城市都效法波士顿,修建了外环高速公路,这样交通也便利了。一些企业的领导也希望自己的工作地点就在家附近。毫无疑问,有些企业在 60 年代感觉自己是被赶出了城市,成了逃离犯罪活动、野蛮破坏行为以及日益滑坡的服务业的

292 第 7 章 城市危机

难民。1971 年《总统关于劳动力的报告》下结论道:还有一些人搬到郊区仅仅是因为其他人已经搬了。不论动机是什么,这种趋势都很令人瞩目。从 1960 年到 1965 年期间,美国 62% 的新工业建筑都建在中心城市之外,因此大部分新工业的就业机会也随之而去,虽然这些就业机会并不怎么好。

制造业的迁移与制造业就业发展的一起下降,恰好与令旧城区惊恐万状的农村居民的大批涌入同时发生。那些最需要体面又没有技术要求工作的人所居住的地区附近又最不可能有这样的工作。反工业化的全部过程对旧城区穷人所造成的负担最重,而黑人由于在这一阶层中并未享有其应有的代表性,因此更加苦涩地感觉到这些后果。二战后黑人确实在经济上取得重大收获,黑人的收入在战后比白人的收入上升要快得多,他们在职业上也有收获。在整个 60 年代,黑人在技术行业相对的收益要比白人多,黑人妇女在专业工作、文书工作及管理工作上都取得了更大进展。黑人的整体失业率在 60 年代中期降到 8% 以下。

但这些进展也伴有各种后退的迹象。黑人纷纷迁离条件恶劣的南部乡村,而上述进展仅是这一事实所产生的数据奇迹。尽管黑人的收入增加了,但他们在国民收入中的份额并未发生显著变化。与白人相比,从 50 年代中期到 60 年代中期改为白领的黑人比率实际上是下降了。黑人的失业率几乎一直是白人的两倍。在黑人中的某些年龄段,特别是 15 岁到 24 岁的年轻人,失业率高达 25%;这在 40 年代末期确实低于同龄白人的失业率。但不久之后,这种暗淡形势显然令许多年轻人十分沮丧,因为在 60 年代初,30 岁以下的黑人在劳动力中所占比例在很长一段时间内都在减少。显然,许多人就是放弃了,而那些继续奋斗的人绝大部分都是从事最低等的工作,如清洁工、佣人,这些工作根本就没有真正晋升的希望。

在60年代之前的城市里,这类事情也许不会引起如此之多的关注。其他移民群体也是从最底层开始。但是,早期移民所依赖的阶层如今有的已搬到郊区,有的则消失得无影无踪了。因此,对于黑人的晋升,教育绝对是关键;但旧城区的黑人小孩通常都是被迫进入最差的学校。在各移民群体中,黑人是惟一一个进城时正处于工业就业消失时期的群体。贝雅德·拉斯廷巧妙地将此问题总结如下:"在二战期间黑人进入北部和西部城市的移民高峰期,工厂里的工作很好找,而且工资也还不错。但随着先进技术的到来许多半技术与无技术要求的工作被淘汰,随着工厂从中心城市向郊区的迁移……,城市里的黑人失业率也日益上升,或者只能找到一些低报酬的服务性工作。"

拉斯廷声称黑人所面临的处境在根本上不同于早期移民的处境,但有些观察员却不认同。一些学者散布了一系列理由,陈述城市危机是一些浪漫的知识分子的虚构之物。爱德华·班菲尔德是哈佛—麻省理工学院城市问题联合中心最有成果的学者之一,他竟然到了这种地步:认为城市危机根本就不存在。因为他的这种观点,哈佛的"青年极权主义者"便将他赶下了台。班菲尔德坚持认为当时的住房比以前任何时候都好,也更容易得到;而与城市危机相关的种种问题——贫穷、文盲、饥饿等等——在美国乡村比城市要更为普遍;而且这些问题也仅仅影响到城市居民中的极小部分。至于这个"极小部分"中的大部分人是黑人或波多黎各人也就不必大惊小怪了。他们之所以穷,主要原因就在于他们是最晚进入城市的移民群体,没有技术、未受教育、也无资金,因此也将是奋力进入主流社会的最后群体。班菲尔德只能下这样的结论:城市危机虽然不过尔尔,但却产生于无法实现的过高期望。"我们的情况确实是越来越好，"班菲尔德写道，"但是因为我们的标准和期望都超过表现的情况，所以这些问题永远也无法接近解决……。我们面临这样一个危险：急于将失败误认为进展，就像急于希望失败会有所进展一样。"

这一群怀疑论者还包括赫伯特·甘斯、罗杰·斯塔尔、内森·格莱泽、丹尼尔·帕特里克·莫伊尼汉等人，班菲尔德只是其中之一而已。在 60 年代末，这群人有个绰号叫"新保守派"。尽管他们是消灭贫穷之战的批评者，但这个称号用来描述他们并不恰当，与其说他们保守，不如说是自满或乐观，他们认为时下的城市问题既非新问题，相对而言又不严重。在尼克松政府中任职的斯塔尔论述到自由市场，特别是住房问题上的自由市场，比任何自由主义政府所能梦想到的方法都更能缓解城市问题、帮助边缘群体。甘斯在开始为郊区辩护的时候，便确定其反自由主义思维的主题。对于绝大部分人来说，"郊区意味着以更少的钱买到更多的住房空间，意味着有一个后院和一个新型社区，这一切都会极大地减少养育孩子的难度。""这种对郊区生活的渴望，"斯塔尔评论道，"不仅限于中产阶级……。穷人倘若有足够的钱也会离开城市。"乐观主义者认为：就像自由市场和对一种正常家庭环境这种无害的渴望一样，各种作用力也是不可阻挡的；不管知识分子多么焦虑、自由主义者多么内疚、好斗分子发起多少暴力事件，大城市的发展道路也不可更改。"尽管抗议活动轰轰烈烈，"班菲尔德的一位同事雷蒙特·弗农写道，"绝大部分美国人都令人惊奇地并未被煽动起来。他们每年都会买几十万块观景窗，培植几十万个草坪。他们根本就不大关心中心城市的衰落。"

这些争论的意义在于这一假设——将早先移民同化，使之进入美国主流社会——的自然过程对黑人也仍将起作用。乐观的论辩其缺陷在于：在技术性疏散这个大背景下，郊区化所象征的并非一种良性适应，而是如 60 年代初某位作家所说是"城市的枯萎"。后工业市场是新保守派推断会使城市复兴的力量，如今却正是这一市场在削弱城市的经济效用。"现代城市，"唐·马丁代尔写道，"正在丧失其外部及形式结构。在本质上，城市处于衰退状态，而全国各地的新社区却意味着以此为代价的发展。城市时代似乎走向终结。"

反 城 市

我们可以说城市不仅在枯萎，而且后现代社会对真正的城市生活也是反对的。哲学家及建筑评论家刘易斯·芒福德认为，后现代社会正在构建"反城市"：一块充满水泥、沥青、大型购物中心以及将一座座城市的完整性弄得模糊不清的巨大无比的空间。芒福德写道，反城市正是美国对汽车、自由市场及技术的富足不加考虑地接受所产生的结果。城市的分散所导致的并非幸福社区的复兴和人与土地的重新联系，而是对人际关系的逃避和真正的城市天然需要的相互依赖性的毁灭。出现的反城市是"一个没有凝聚力、没有目的、像城市一样的虚构之所，在已被破坏的景观上空飘来飘去"，"每座现代城市都在忘却其自身的功能和意义，去运用现代技术，结果只是下降到一个原始的社会层次，这时，'反城市'就是这些城市青睐的形式"。

芒福德选择"反城市"一词是非常谨慎的，其意就是要使之表达这两者的内在相似性：在美国物质存在的经历与充作高层文化的反艺术。芒福德察觉到，年轻建筑师和设计师从当时的艺术中得出了这一观点："随意、意外、变形……的价值规则与功能、目的、完整、健康、道德品质以及美学设计一样。"反城市反映了先锋派的

296　第 7 章　城市危机

这种感觉:"惟一可能的秩序就是随心所欲的无序……。倘若一只黑猩猩、一个疯子和一个古董级的画家都同样能完成'现代'画,那么现在将城市残骸在这片景观上四处喷洒的力量便无疑足以产生城市的'现代'形式。"60 年代的艺术家破坏了文化权威的完整性;60 年代的房地产开发商则在破坏社区的完整性,而在艺术世界,这种破坏却产生了一种无形的自由,将真正的权力交给了市场。这样,城市危机是美国全国性无节制状态的又一内容。芒福德坚信,对此惟一的解决办法不仅是要支持某种政治策略或经济公平,而且还要支持道德意志的恢复。

城市与消灭贫穷

　　城市危机并未导致芒福德心中的道德重申,而是引起自由主义者消灭贫穷的战争,这当然是这个最奇特的时代中最奇特的事件之一。因为坚信旧城区代表了惟一一个最为重大的国内问题,所以 60 年代的自由主义者继而构建了一个计划,避免常识性的解决办法,而偏向社会实验。他们决意要无条件地战胜贫穷,于是决定采取游击战似的作战原则,不与敌人发生正面冲突。开门见山地说,就是 60 年代的自由主义者认为贫穷主要不是经济上的,而是文化和政治上的。因为逐渐认识到所有的城市问题都是顽固守旧的社会拒绝少数民族和穷人分享富裕社会所造成的恶果,他们设计了一个用来攻击当权者的计划,但结果却只是使他们意识到自己就是当权者。在试图解决城市危机的努力中,他们激起民众对他们不可战胜的信心,鼓励政治上的不满者,说他们不可摧毁,还造成 1968 年民主党的危机,而自己的问题却几乎什么都未解决。

一想起肯尼迪和约翰逊都是一流的政治家,自由主义者的消灭贫穷之战的自我毁灭性就更难理解了。但是,公开的政治动机对于这一计划的产生也并未起主导作用。肯尼迪认为自己"大笔一挥",便已对民权运动尽职尽责。当肯尼迪政府核心成员开始规划一个消灭贫穷的计划时,马丁·路德·金还未将注意力转到北方。"新边疆"政策的支持者显然以为大城市的市长们会抓住这个机会从联邦政府获取更多的资金,但只有一位市长——底特律市市长杰罗姆·卡瓦纳——对这一计划表现出热心。

"新边疆"消灭贫穷的动机

消灭贫穷计划的起源必须追溯到政治外的原因。我们已经知道,肯尼迪自己作为一个城里长大的孩子对城市问题非常关注。肯尼迪兄弟真心实意地关心城市贫民,这是毫无疑问的。即使不是其他东西,这个计划也是他们同情局外人、嘲笑白人上流社会体制的又一途径。不管消灭贫穷计划中存在什么样的动机,肯尼迪政府都有行善的明确本意。亚当·亚莫林斯基是肯尼迪政府国内小组的主要成员,后来成为罗伯特·肯尼迪的亲信顾问之一,他回忆当时的动机"99.44%是出于崇高的职责……。'因为我们是好人,所以必须做这件事',事情完全就是如此"。

如果像亚莫林斯基所称,他们真心关心城市里的受压迫者,那这些"新边疆"政策的拥护者们也并未认为贫穷是一个严重的问题。可以想像,他们将贫穷视为一种挑战,运用正确的技巧、最新的观点,贫穷便能克服。我们可以很有把握地说,他们开始时对这一问题的理解是来自加尔布雷思的《富裕社会》一书。因为加尔布雷思令肯尼迪相信贫穷只不过是某些地区特有的"耻辱",所以肯尼迪很可能对自己原先在 1961 年和 1962 年推行的众多社会项目颇为满意。这些项目包括：最低工资法、青少年犯罪项目、旨在缓和技术失业的工作培养法以及加速的城市更新项目等。只要贫穷被理解为在国家停滞的"死水"中腐臭了的一部分，其解决方法自然便是1961年地区重新发展法案之类的方案，这个法案的目的是将商业贷款和其他援助引向贫穷地区。

在熟读迈克尔·哈林顿更富批判性的《另一个美国》(1963)一书后，肯尼迪得出这个结论：贫穷这个问题比加尔布雷思所想的要更加紧迫。美国的贫穷只限于局部地区，在这一点上哈林顿同意加尔布雷思的观点，但他认为贫困的地区很广，美国人中多达三分之一的人都是穷人。从这个假设出发，肯尼迪总统鼓励其国内政策小组想出解决办法。与贫穷作战的人来自行政部门几个不同的地方：有的是"新边疆"的步兵，有的来自预算局，有的来自经济顾问委员会、劳工部，最重要的是，还有的来自青少年犯罪办公室（以下简称青犯办）。来自最后这个地方的人最有意思，其后他们的影响也最大。在规划贫穷计划时，青犯办中无人与该计划有重大的政治上的利害关系。他们的动机（如果有的话），也是知识分子似的；他们已经接受，或是与青犯办洛伊德·奥林事件中一样已经下了很大功夫去宣传当时盛行的关于种族、贫穷、社会无序状态的社会科学理论。他们都是政府部门中的知识分子，信奉自己的观念，鄙视官僚，忠于社会改革事业。他们正是那种决不会令官僚们安心的人，这也正是肯尼迪兄弟喜欢他们的原因。

贫穷是文化的产物，这是消灭贫穷计划所依据的理论。人类学家奥斯卡·刘易斯在研究墨西哥穷人时杜撰了"贫穷文化"一词，来描述穷人生活中普遍存在的大量表面上反社会的习俗、行为及观点。犯罪、暴力、吸毒、酗酒、虐待配偶和子女、不关心工作和教育，这些即非暂时的现象，也非自然现象，它们都是亚文化的一部分,因种种贫穷局势而产生并得以维持;不管是一种多么降级的形式,它们都规定了人类交流的规则,甚至给予精神上的安全感。构成贫穷文化的行为使穷人很难融入主流社会,即使机会出现在眼前也是如此。

刘易斯发明的更是一个口号,而不是什么概念,因为这些观点在美国的社会科学中极为常见,而且也以简化形式被政治上的自由派普遍接受。城市里的黑人似乎日益贫穷,而美国的主流社会却正经历着前所未有的富裕时期。在习惯上,贫穷文化成了解释这一现象的简便方式。保守派指责穷人成了自己的挥霍、无能或腐败的牺牲品,自由派则不愿认同这种指责,而贫穷文化为反对这种论调呐喊助威。为什么政府应当行动起来,而非穷人应当被忽略,穷人的"病态"状况提供了理由,因此也为国家的行为提供了依据。

贫穷文化这个概念之所以令人感兴趣,而且力量也极大,另外一个原因在于它对贫穷的定义是基于某一类人的抽象行为,甚至是刻板的、亚文化的行为。将贫穷定义为一种文化状况而非经济状况,这导致对贫穷定义的扩大。当时每一位认真的观察者都认识到美国的贫穷是相对的。但是倘若贫穷是一种文化上的失调,那么城市黑人、青少年罪犯、阿巴拉契亚山区居民、拉美移民,以及实际上最易受城市危机中最严峻部分影响的任何人都可称为穷人,需要得到帮助。部分是由于这个原因,这个概念对"新边疆"拥护者最有吸引力,他们的兴趣超出了常规的社会计划、住房、就业等等,这便使之有理由来扩展自己所喜爱的计划。

没有急迫的政治需要,又知道了将贫穷定义为文化问题而非经济问题这一社会科学概念,因此在某种意义上,城市贫穷计划是策划出来的。马丁·赖因曾经形容这个计划为:"一个寻求政治上的拥护者的计划"。肯尼迪等自由派已深知如此,因此也相当谨慎,只是展望以一种有节制的努力来补充而非取代政府部门中其他的社会计划。

青犯办的作用

前面所发生的一切都有助于解释青少年犯罪办公室在消灭贫穷之战中所起的作用。正是这个办公室,而非在传统上与城市问题关系更密切的其他官僚机构,首先为这个消灭贫穷的计划提供了动力,并制定出独特的策略方针。像贫穷计划本身一样,青犯办也并不属于任何已经确定的官僚机构。作为这个计划的领导,戴维·哈克特在回忆往事时说:"没有选民问题,没有压力,除了职业组织之外,对犯罪也没有兴趣。"哈克特本人便是青犯办的象征。他曾是白人特权阶层主办的米尔顿学院的预备学生,在谁都不会对罗伯特·肯尼迪友善之时他却视之为友,而肯尼迪后来也将老友带入政府,期望他将特权阶层的白人推翻。哈克特对青少年犯罪并无任何专门知识,对政府中的其他事情也是如此。他真诚、忠实、工作努力,对充斥于政府部门中的愚蠢官僚们没有什么耐心。

他是肯尼迪出色的下属,也是同样出色地进行自己的工作。首先,他发掘出青少年犯罪领域里的主要专家,以及他们所要表达的观点。工作最认真严肃的是来自芝加哥大学社会学系的一群叛逆者,特别是洛伊德·奥林和理查德·克洛德。在《犯罪与机遇》(1960)一书中,两位作者论道:作为对各种规则的触犯,犯罪并不是现存社会所认定的那么错误;他们指出,这是"一种违背了在传统上得到赞许的那些社会期望的行为"。对于那些陷入贫穷循环中而得不到合法发泄和机遇的人来说,最重要的"规则"是他们贫民窟的亚文化所设定的规则。犯罪者都是明白事理的年轻人,他们在自己的团伙或同龄人中进行一种离经叛道式的提升地位的行动。奥林和克洛德的这本著作的要旨在于：少年犯罪是一股被误导的能量，只要有机遇，这股能量便能导入正途。发生作用的还有一个假设，虽然没有点明，但激进分子都了然于心，而且实际上也以此联系在一起。这个假设就是：青少年犯罪在根本上是与贫穷交织在一起的，具体到黑人就是与城市中的贫穷交织在一起的。

哈克特以 210 万美元的菲薄预算开始了青少年计划，这是肯尼迪总统 1962 年 5 月与奥林会晤了十分钟后宣布的。哈克特这个计划的规模表明了其实验的特点，但是他以其热心和能力从政府中挤出了更多的资金，而且奥林和克洛德的论述也提出了基本定义，这一切都赋予这一计划以生命。哈克特知道自己的资金持续不了多久，而国会又不会给他更多的钱。于是他将这一计划的工作人员安插在联邦政府各个官僚机构中，这样他们都要为青少年犯罪计划从这些机构中吸取资金。他们自称是"哈克特的游击队员"，用丹尼尔·帕特里克·莫伊尼汉的话来说，他们基本上都是"反官僚"，"以行政分野为生，官僚机构中的敌人看不到他们，而他自己却对此熟知，……顺手拿走业已积累于各部门中的财富。"

像绝大部分的游击战一样，哈克特的游击战所产生的结果也不规律，而所取得的成功也仅能维护对青少年犯罪所做的努力。他发动了一系列小型而慎重的计划，想检测对这个问题的各种解决方法。这些计划在 16 个不同的城市中展开，它们都是基于奥林和克洛沃德的这一论点：穷人之所以贫穷，是因为他们缺乏政治常识以获取机遇。换言之，贫穷主要是政治和文化问题，而不是经济问题。这种观点所产生的后果极为重要。首先，它假设地方机构——福利机构、传统的社会工作部门、学校、市政府等——的利益与穷人的利益相互冲突，穷人只有组织起来才能维护自己的利益。

302　第 7 章　城市危机

这就是青犯办"社区行动"计划之后的想法。

1963 年秋，民权运动开始将注意力从种族隔离转移到就业与住房这些大众问题上来，这时肯尼迪决定发展一个全面消灭贫穷的计划，他希望到 1964 年大选时这个计划可以就位。但他遇到官场中的勾心斗角，而且其劳工部长、卫生部长、教育部长、福利部长，甚至加尔布雷思都明显对此毫无兴趣。由于官僚们不冷不热的反应，所以肯尼迪的主要经济顾问沃尔特·海勒只好与哈克特的游击队员进行讨论。他们是政府中惟一对城市贫穷问题做了一些具体工作的人，且十分愿意提供帮助。不管是有意还是无意，这些行动主义者发现自己在战略上已处于一个规划任何新法规的关键位置。

"伟大社会"的贫穷计划

正当政府开始解决贫穷问题时，肯尼迪总统遇刺，于是贫穷计划成为林登·约翰逊总统"伟大社会"政策的中心问题。事实上，宣布"对贫穷开战"的正是约翰逊。在与黑勒第 23 次会晤时（见第 1 章），约翰逊宣布自己忠于自由主义，此时他不仅接受了这一计划，且继续将之加以扩大。1964 年 1 月，约翰逊接受了黑勒的经济顾问委员会的一份报告，该报告称贫穷是一个惊人的问题，并督促增加十亿美元的开支。因为希望利用肯尼迪遇刺后的神秘气氛，约翰逊指派萨金特·施赖弗来规划一个雄心勃勃的城市政策。施赖弗是肯尼迪的姻亲，也是极为成功的和平队的队长。后来，约翰逊又任命他来管理执行贫穷计划的官僚机构。在做这些事情的同时，就像哈克特的游击队员所一直策划的那样，约翰逊大幅度地改变了这个计划的实验性质。

对施赖弗的特别工作组的委任既无重点，又十分广泛。施赖弗意识到新总统想做的事情一方面雄心勃勃、令人眩目,同时在政治上又要畅销、有助于大选,其总体目的是要做一些关于城市危机的事情,特别是关于旧城区贫民窟的事情。根据各种流行说法,约翰逊心中有一个 30 年代他在得克萨斯施行的像罗斯福新政一样的计划,这是一种新的全国青年管理局,向生活艰难的社区提供一些工作机会。另外,倘若贫民窟的焦躁状况得到缓和,或者城市的支持者能设法得到一些资金,这个计划便不会有什么害处。约翰逊对施赖弗惟一一个严厉的指示就是要保持这个计划的纯洁性——用他的话来说,就是不要让"罪犯、共产主义分子和同性恋者"混进来。

社区行动

然而,惟一运转的计划就只有青犯办的社区行动计划———种将穷人组织起来加入政治活动的努力。黑勒早已接受社区行动,而施赖弗尽管认为这个行动"决不会腾飞"(他对亚莫林斯基就是这样说的),但他是个商人,不论行动主义者给他什么货色,他都愿意兜售。因此,1964 年经济机会法案的条文中便包括了一项社区行动内容:该法案呼吁各城市组织自己的地方机构,直接服务于当地穷人的具体需要。此外,在决策过程中,地方机构中还要有穷人的代表;用当时著名的话来说,穷人要保证得到"最大可能的参与"。在掺杂了该法案的扩张性之后,社区行动马上便成为城市政治活动的一部分。正如艾伦·马图索所写:"约翰逊一举便将社区行动从一个向贫困开战的实验性计划提升为这一战争本身。"社区行动有其优势:开销不大;跨越了已牢牢确立的各官僚机构;可作为一种对南部黑人的授权手段进行推销;而且还具有肯尼迪的吸引力。因为这个行动并不直接把钱给穷人,所以用萨金特·施赖弗的话来说,该行动被辩解为"一种拖延,而非施舍"。当 1964 年 8 月经济机会法案通过时,约翰逊正是以这些理由为这个计划辩解的。"我们美国对贫穷的解决方法,"他宣称,"不是让穷人在其贫困生活中稍稍安定一些,而是要深入最根本的原因,帮助他们自我奋斗,摆脱习惯的贫穷生活……。我国领救济金者的日子屈指可数了。"沃伦·C. 哈格斯顿是锡拉丘兹大学社会工作方面的教授,当时管理着另一个更富争议的计划。然而即使是像哈格斯顿这样有着雄心勃勃的计划的人,也为社会行动辩护,认为这个行动毫无害处,而且完全是美国式的解决贫穷问题的方式。哈格斯顿解释道:"我们用的是一种自助哲学。"

但是,社区行动自然也有其隐患。没有人会费心去解释何为"最大可能的参与",尽管施赖弗在被逼无奈时,曾暗示过组成任何机构三分之一左右的应当是穷人的代表。但谁代表穷人?没有人希望举行地方选举,因为由于赤贫而够资格的选民会选举他们自己的领导。这些问题仅仅掩饰了法案内深藏的激进观点。大家推断穷人会抵制业已确立的各种机构,实际上,这主要是指民主党的地方政府。以这种方式,华盛顿的民主党政府使自己置于这样的境地中:煽动对自身权力基础的有组织的反对。

因为约翰逊一直未弄懂这个计划的逻辑关系,而且一些行动者希望组织起来的穷人会与民主党的市长们联合起来,而不是进行抵抗,所以上述奇特事态继续发展。还有些像理查德·邦妮这样的权威人士,他们同情的是穷人而非民主党,因此他们希望的正是这种相互冲突的结果。同时,林登·约翰逊这样一个在政治上最合拍的人竟会赞助这种计划,市长们对此也百思不得其解。但是,当经济机会办公室(以下简称经机办)基金所支持的社区组织者在 1965 年开始突然来到他们的社区时,市长们便马上做出了激烈的反应。旧金山民主党市长约翰·F. 谢利坚信社区行动"破坏了地方政府的统一"。锡拉丘兹市政府也同样指责当地的社区行动计划将当时名气最大的城市激进分子索尔·阿林斯基的才干与锡拉丘兹大学的福特基金会结合起来,只是在进行马克思主义革命。

毫无疑问,"经机办"与城市政府最大的冲突发生在芝加哥。戴利市长决定倘若联邦政府要在他的城市使用政治资金,那这笔资金必须经过他的同意。总统对这位权势极大的市长很是关心,而施赖弗因为希望竞选伊利诺伊州的国会议员或州长,因此也得罪戴利不起。戴利于是肆无忌惮,控制了这个计划,但是这也引起各方的批评,经机办活动者温和地请戴利允许他们真正地参与这个计划。于是戴利在 1965 年全国市长大会上与一群怒气冲天的市长们一起谴责社区行动是在"助长阶级斗争"。只有到这个时候,约翰逊才开始意识到社区行动的意义。为了尽量控制损失,他派遣副总统汉弗莱去安抚这些市长。

然而现在防止损失为时已晚,因为行动计划已经激起了激进分子、好斗分子、反现行社会机制的社会工作者以及一些城市穷人的期望。施赖弗不断受到攻击,地方激进分子和以前的活动者都痛斥他在出卖这一计划。对索尔·阿林斯基而言,社区行动已成了一种"政治色情活动",所花销的资金是"一种政治资助"。阿林斯基指责道,贫穷基金都用来"扼杀激进的独立领导",而最大可能的参与这个概念已成为一场"骗局"。城市政府部门越是拒绝遵守"最大可能的参与"这个原则,越多的计划便会与黑人民族主义联系起来,或受其渗透。在奥克兰市,黑豹党人撤出了其党魁鲍比·希尔曾工作过的社区行动办公室;在哈勒姆,权势很大的议员亚当·克莱顿·鲍威尔任命了自己一个不甚能干的密友来管理贫穷计划机构,最后这个机构在管理上一团糟,只好用钱来收买那些极端

306　第7章　城市危机

的激进分子,使之不要去干扰似乎已经奏效的各种项目。在旧金山,好战分子猛攻市长办公室,为夏季青年就业问题敲诈出45000美元。不管将处于把华府与城市联接起来的政治焦点的穷人组织起来是出于何种意愿,由于黑人好战分子的渗入,到1966年社区行动计划以失败告终。

但此时仍可为这个计划做一个合理的辩解。毫无疑问,活动者认为黑人穷人的利益与市政府的利益相互抵制,确实如此。真正的改变必然需要对城市政权的分配进行某些变动。并且,激进运动为什么不能追求这样的目标? 尽管毫无疑问有一些管理不善的例子,但这是一个新的计划,预算庞大,管辖权又模糊,错误自然在所难免。可是在这个计划还没有多少机会来证明自己的时候,国会便将它粉碎了。

社区行动的真正失败不是破坏了现状,而是刻意去极力忽视城市危机的基本根源——城市人口逃离到郊区、住房的种族隔离、对工业的削减等等。通过建议组织穷人去进行分散而又不具体的政治活动来消灭贫穷,不管怎样猜测,这都是一个古怪的策略。由于政府部门内自由派对贫穷文化的激进化理解,所以他们希望政治活动在本质上对穷人会产生净化作用,使他们活跃起来,引导他们摆脱绝望心理而去过富有成效的生活——如果真正的问题确实是缺少正当工作和在购买能力之内的住房,那结果的确会如此。穷人自己也有同感,因为众所周知,他们对社区行动所做的各种努力都十分冷淡。

207　解释贫穷中产生的问题

在这个问题上,并不是没有什么资料。相反,社区行动计划只是相对当时对贫穷已有的了解不予理睬而言。在这个计划开始之初,研究这个问题的学者并不多;事实上,施赖弗特别工作组的名单还不到两页。1964 年后,对贫穷问题的研究成为学者、专家、决策者们一个生气勃勃的发展专题研究,用于出版、调查、会议上的钱甚至都可以在消灭贫穷上取得一些进展。这些大量的工作得出了这个并不令人惊奇的结论:贫穷是一个经济问题——也就是说,许多美国人,也许超过 300 万,没有足够的钱买到好的住房、食物、支付教育费用。

经济顾问委员会(以下简称经顾委)计算出一个四口人的城市家庭至少需要 3000 美金的年收入才能维持生活,这样他们得出了上面提到的数据。经顾委的贫困线是基于对开支的合理估算,但这个数据还是存在疑问。生活费用在每个城市都不同;任何年收入为 3001 美元的人都被法定为脱贫;而一些处于这个标准之下的人,大部分是靠社会保险金生活的老人,他们有房,有其他财产,这当然意味着他们并不穷。贫困线这个概念有严重缺陷,因此显然会引起对贫穷只是相对的这一观点的反对。美国真正的赤贫很少,倘若某地某时出现了赤贫,这肯定也是一种个人现象,不是系统性的现象。正如保守派乐于指出的那样,美国的穷人一般都开着汽车、看着电视、按时用餐。此外,研究贫穷问题的专家反复指出:70% 的穷人都是白人,而且虽然黑人的贫穷率要更高,但 40% 的黑人都超过了这个标准,而且大部分黑人穷人都住在南方,而不是在北方的贫民窟里。

相反,倘若对贫穷的刻板定义不能解释为什么现代美国穷人相对而言比过去任何时期极度困苦的穷人都要过得舒适,那么它也不能注意到有多少年收入超过 3000 美金但还远远不够富足的美国人仍在艰苦度日。譬如,到 1968 年,劳动统计局估测一个四口之家的城市家庭需要 9376 美元才能过上体面的生活。但 69%

308 第 7 章 城市危机

这样的家庭能挣的钱都少于这个数;只有 9％ 的美国人所挣的钱达到 15000 美金以上。

工作方案

倘若这就是贫穷的本质,那么对它惟一合理的解决方法就是通过循序渐进的税收计划和公共工程计划来重新分配社会财富,而这个解决办法是遭到肯尼迪和约翰逊两人绝对反对的。这种办法也许能提供急需的收入、取代日益枯竭的工业工作、并避免社区行动明显的种族特色,但是经济机会法案的全部重心都集中在城市黑人身上,而他们客观利益需要的不是政治组织,而是好的住房、体面的学校以及受人尊重的工作。经济机会法案却背道而驰,并没有多少制造经济机会的内容。

既然一切证据、政治上的深思熟虑以及正义的客观要求都欢迎一个产生工作机会的计划,那为什么自由派没有规划这样的计划呢? 新边疆的拥护者就个人而言,推断经济发展会解决存在的任何问题。亚当·亚莫林斯基认为,施赖弗的人马作了一个"战术决定",强调社区行动高于工作法,因为他们预计 1964 年的减税会产生新的工作,只要穷人有所准备,他们便能得到这些工作。但是,对于制定一个彻底的工作法,最得力的支持者还是劳工部长威拉德·沃茨,一个喜怒无常、属于保守政体的人,他没有任何必要的政治手腕来利用这种计划出卖约翰逊。1964 年 1 月,施赖弗和沃茨都犯下这个错误:提出实行一个以增加营业税为基础的大规模的工作计划。但结果只是令约翰逊对他们完全不理不睬。

惟一一个已经发动的与工作有关的计划也破产了,这就是施赖弗本人坚持要开展下去的"职业训练团"计划。作为肯尼迪家族里的"家庭共产主义分子",施赖弗想为职业训练团做他曾为和平团所做的一切。尽管职业训练团所受的启发来自罗斯福新政时的民众保护团,但它在理论上还是符合约翰逊关于一个好计划的观点。这个计划预计要把贫民窟中的贫困青年带出来,在一个健康、有纪律的环境中教给他们具体的职业技能。施赖弗力图在第一年征召 10000 名年轻成人,到 1966 年要征召到 45000 人。但是,由于管理上的极度混乱、候选人筛选极不充分、监督不力、社区关系恶劣,这个努力受到阻碍。经证明,有些应征者很难控制,而暴乱、偷盗行为以及不良性行为都破坏了这个计划的公众声誉。批评者算出每年训练团在每个应征者身上的开销(1967 年是 8000 美金)比送一个人去哈佛念书的花费还大。议员们沾沾自喜,开始将这种训练营地称为"青少年罪犯乡村俱乐部"。训练团的领导指出:他们处理的是特别不同的年轻人,如果期望这样的学员在短期内掌握很多东西,那很不公平。他们这样说确实没错。训练团一位前任领导愿意个人出资为能被哈佛接受的任何一个职业训练团应征者付学费,但在这个挑战上他一分钱也没花出去。训练团的慷慨之举背后大多存在着同样的管理不善,领导层由于自身的无能而受到损害,根本无法与国会抵抗,来为自己的高开支辩护。

60 年代覆盖面最广、最雄心勃勃的职业计划的提出者并不是政府内的权威人士,而是贝雅德·拉斯廷、A. 菲利浦·伦道夫以及工业民主联盟,他们都在寻求巩固其"联合"运动的方式。在 1965 年首度提出"自由预算",呼吁约翰逊政府致力于实现零失业率,而不是消灭贫穷之战中的政治策略和文化策略。他们写道,政府的政策"倾向于过度强调穷人的个人特点",还存在这一危险:"由于使人们期望增加的速度比实现速度要快得多,因此会引起憎恶与抵制"。与之相反,他们推荐了一个大规模的公共工程计划:首先投入 1000 亿美元,到 1975 年增加到 3000 到 4000 亿美元,这样从低成本住房修建到教育和社会保健服务各方面都会提供就业机会。零失业率意味着1967年要产生460万个新工作、1970年930万个、到1975年则达1660万个——工作如此之多，每个地区每个人都会受益。倡议者强调自由预算所产生的利益不仅广泛而且普遍，但拉斯廷在其他情况下谈到这个计划对黑人所产生的利益时，联系的却是极为正确的历史背景。"从19世纪末直到我们的上一代，"他写道，"美国吸收了数千万的移民并给予了他们经济机遇。"但是，从南部加入到"黑人大移民"中的人"所面临的经济对无技术劳动力的需求越来越少，他们根本就无法与过去的移民相比。那些挤满新移民的经济公寓都是实现希望途中的小站；而今日的贫民区成了绝望的尽头。"

自由预算不仅在华府受到极度冷遇，而且也遭到黑人好战分子的反对，这确实是时代的标志。黑人好战分子根本不予认真考虑，只认为这是又一个"改革"而已，一个由"卧车服务生"制定的政策，埃尔德里奇·克利弗便是这样轻蔑地称呼伦道夫的。约翰逊政府认为考虑到不断上升的越战开支，拉斯廷要的钱也太多了。

尼克松对贫穷问题的政策

最终，在重新分配财富这件事上，尼克松倒是比前两位自由派总统走得更近。一部分是因为他自己在智力和文化上有不安全感，尼克松将持不同政见的自由主义者丹尼尔·莫伊尼汉请进了其政府。莫伊尼汉在60年代后期所倾心的计划就是有保障的年收入，也就是一种负收入税，根据收入向市民提供现金补助。考虑到消减贫穷的真正办法，1967年莫伊尼汉向里比科夫委员会解释道："收入维持"开销较少，却比零失业率和长期培训更有效。"我们是全世界惟——一个没有家庭补贴和儿童津贴的工业民主国家，也是惟一一个每年夏季街上便充满暴动者的工业民主国家。我们似乎无法认识到这一点：关于贫穷最重要的并不是没有足够的钱。"

尼克松的白宫政府并不把保证收入计划当一回事，其原因与帮助穷人的愿望并无多大关系。这个计划很诱人（这一点从尼古拉斯·莱曼身上也表现出来了），因为它会缩减甚至取代福利制度，而且无须处理种族融合这个棘手的事。莫伊尼汉可能曾希望这个计划会从南部着手遏制黑人的移民潮，因为这样便可消除这一迁移所隐藏的经济刺激。尼克松对政府发动社会行动并无兴趣，但保证收入计划使他有了一张王牌来反抗其假想敌：那些把他视为乡巴佬的不知天高地厚的自由主义者。实际上，当该计划因为南方人和福利权益组织联手反对而两度未能在国会通过时，尼克松也毫不伤心。

燃烧，宝贝，燃烧

像自由预算这样的提议很可能会解决贫穷问题、遏制住城市的大量损失，并缓和种族紧张局势。可能它不会怎么缓和大城市的种族隔离现象，但黑人严重缺乏的东西——工作和住房——会得到一定的解决。同时，即使是政府最好的计划，也很难看出它能怎样拯救城市，使之免于丧失传统功能。对于家境富裕的美国人，反城市并未使他们产生任何紧迫的政治或经济必要感去支持"伟大社会"计划，即使是最小的计划也是如此，更遑论那些最好的计划了。

事实上，城市能轻易贬值、不受注意，这倘若不是 60 年代全部城市生活的教训的话，那也是旧城区黑人区此起彼伏的暴乱的教训。与政府各审核委员会千篇一律的结论相反,这些暴乱并非简单的因果事件。它们是所有城市危机以及由于城市跌跌撞撞的衰落所引起的突发暴力而产生的形形色色的多方面的结果。认为暴乱产生于种族歧视和贫穷问题,这种简单解释经不起这个明显证据的推敲:发动暴乱的城市并不是最贫困或种族歧视最严重的城市。相反,其原则应包括下列一切因素:从失业到种族歧视、到社区的人口拥挤、贫民区无法逃避的肮脏、一直到被称为"新聚居区居民"的神秘陌生人。

关于暴乱的期望上升理论

对这种动荡形势最完整的解释是这样的:"伟大社会"和民权运动使城市黑人的期望日益升高,一旦这些期望不断受挫破灭(特别是年轻人的期望),局势便会紧张起来。这种解释有充分的证据,虽然这些证据也很一般。暴乱发生在客观上并非处境最困难的地方,暴乱者也并非处境最困难的人,这些证据对此做出了解释。譬如,洛杉矶喜欢吹嘘自己是全国最适于黑人生活的城市,如果我们看一下该城市广大的黑人中产阶级,我们便知道这种宣称并非毫无根据。底特律市政府是全国最支持改革的政府,他们在消灭贫穷上动用了大笔资金,而且经济也呈上升趋势。新泽西州的普兰菲尔德市;纽约州的布法罗市;马里兰州的坎布里奇市;俄亥俄州的代顿市:这些城市无一是贫穷和种族歧视最严重的地方,但它们都发生了严重的暴乱。有一个研究发现:最易发生暴乱的地区倾向于那些处于"日渐空荡的古老聚居区中心"和一般社区之间的地带,这些地区的居民是"带有很高期望的人,相对的贫富差距应当缩小的时候,他们却发现这一差距反而扩大了。"

期望上升理论不仅能解释为什么相对而言尚好的地区会发生

暴乱,还能对个人的动机做出解释。许多观察者认为,最常见的暴乱分子是被称为"新聚居区居民"的社区人。相对来说他们很年轻,比许多邻居所受的教育要好,一般都有工作,而且新聚居区居民的父辈就住在聚居区,而不是来自南部乡村的移民。克纳委员会最终接受了新聚居区居民这一理论,以该委员会名义所做的一个研究发现:底特律和纽瓦克74%的暴乱者都是在北方长大的。这比他们那些没有参加暴乱的邻居中间北方人的比率还稍高。这些城市的暴乱者90%以上都受过高中教育,这又比未参加暴乱者的比率高。他们中间的失业率也要稍低。新聚居区居民听过自由主义者对社会正义的承诺,但却没有看到多少可贵的变化。克纳委员会作出这一结论:"新聚居区居民"强烈觉得自己应当有更好的工作;对自己的种族深感自豪……;他们比那些没有卷入暴乱的黑人见闻要广得多"。正是一个典型的"新聚居区居民"向罗伯特·科尔斯解释道,他的姨妈是迁到波士顿的移民,她养育了他,他也深爱姨妈,但他再也无法认同她的价值观。他说:"我姨妈老是说:要乖一点,要做个真正的乖孩子。你知道她是什么意思吗? 她会去做那些人让你做的任何事,那些白人教师、白人警察、白人房东、还有白人店主。黑人是住在这里,但控制我们的都是白人。除非我们加以制止,否则他们会一直控制我们——而这就意味着我们必须反抗。"

这些年轻人的遭遇证实了聚居区生活最为人所道的一个现实。聚居区居民并不拿自己和其他穷人相比,既不与以前的穷人相比也不与其他地方的穷人相比,在把自己的处境与父母在种族隔离的南方所处的环境相比时,年轻的聚居区居民也没有找到什么安慰。肯尼斯·克拉克在其名作《黑暗的聚居区》(1963)一开始便描述了他们的愤怒想法,他坚持认为"聚居区的居民并非对聚居

314 第 7 章 城市危机

区之外的现实生活视而不见。他们看到别人过的生活更好,知道这一点后,他们既产生了敌意和绝望,又燃起了希望……。现实与梦想之间的差距深深地进入了他们的意识。"黑人在考虑自己的住房、工作、教育情况时,往往把自己的命运和那些过着中产阶级生活的人相比。他们在暴乱中所发泄的不满就证实了这些相对的被剥夺感。

对于这种深刻的不公平感,"伟大社会"承诺要进行某些抚慰,但又没有实现,这毫无疑问引起更大的失望。每次暴乱都带有某种政治优势,一些参与者会决定将暴力事件发展成反叛,抵抗白人政府。纽瓦克的暴乱尤其表现出典型的暴民暴力行为的政治特点。暴民们放过了黑人所有的企业,也没有纵火,但在其他一些暴乱里,一些黑人居民的房子却被烧毁了。同时,瓦茨地区还有一些阶级对抗的因素,这种对抗存在于聚居区居民和处于上升期的黑人之间;暴民们粗暴地对待那些要求和平的无可争议的黑人领袖,包括马丁·路德·金。

但是,尽管期望上升理论是一种根本性的解释,但也无法解释城市暴力所隐藏的复杂情况。首先,这个理论无法解释为什么有的人参加了暴乱,而有的人却没有——这对于这一现象的理解十分重要,即使是在最大的暴动中,大部分的社区居民还是没有参与。最后,暴乱者和未参加者的处境基本相似;而且许多研究都是基于对被捕者的调查,而他们中的大部分都是因为触犯宵禁这样的小罪而被捕,并不是因为有什么暴力行为。

暴乱产生的其他原因

就像暴乱者一样,一个人是否参与暴乱的决定因素也是形形色色的。年轻男性比年轻女性参与的比例要高得多,起主要作用的自然也是年轻的男性积极分子。悉尼·法恩在他对底特律的全面研究中指出:许多暴乱者只是为当时的热烈气氛所吸引,他们参加暴乱只是为了"开心"。还有一些调查更加谨慎,也更有节制;与克纳委员会相反,这些调查发现暴乱者的被剥夺感并不特别强烈。正如法恩所说:"尽管被捕者认为自己的整体情况不尽如人意……,但总的说来,他们这批人并不感到绝望。"聚居区的情况也不能对真正的暴动作出解释,因为这些地区许许多多的居民都躲在紧闭的大门之后,担心自己的安全;他们对遵纪守法这种观点的赞同,也许会令乔治·华莱士脸红。法恩的结论是:底特律暴乱是自发的、偶然的,其主要原因是警察与第十二街居民之间关系普遍紧张。

此外,导致暴乱的还有日益增长的普遍不满感:包括种族上的不满、对经济不满、对政治不满以及对城市危机的不满。不管相对来说有益与否,从底特律到坎布里奇各大城市都经历了一个城市解体的过程。譬如,在洛杉矶,从 50 年代中期到 1965 年的大冲突期间,旧城区地带日益拥挤,种族隔离现象也日益严重。瓦茨市90%的居民都是黑人,邻近的阿瓦朗则高达 96%。毫无疑问,种族隔离现象源自大量的"划红线拒贷"政策:在一个具有 18 万潜在住房的市场里,联邦住房管理局在洛杉矶却只为少数民族社区的1200 个买房者提供了贷款。1950 年到 1960 年底特律的大城区修建了 33 万间新单元房,但其中黑人能获得的仅有 3%。虽然没有一个将黑人隔离在白人工人阶级社区四周的大型计划,但是代顿市的黑人社区被限制在西部城区。布法罗大力致力于清理贫民窟,但是在 1967 年暴乱发生前的十年里,还有 2000 个单元没有清理完毕。尽管在经济繁荣期暴乱也会自然发生,但暴乱地区的失业率却很高,像瓦茨就高达 34%。在失业率极低的底特律,黑人的绝大多数工作都对技术要求很低。市政府与州政府以及汽车生产厂家联手组织了模范职业培训计划,这个计划被誉为全世界最好的计划,而且主要还是为黑人服务。但即使是在一个表面上职业基础稳定的城市,对劳动力的需求也不能完全吸收那些接受过职业培训的人:在暴乱期间,44％的失业者都参加过某种培训计划。

暴乱爆发的时候,往往是对某个具体事件或具体不满的反应。引发暴乱的惟一一个最重要、最常见、也最臭名昭著的导火线就是地方警察的行动。哈勒姆、瓦茨、纽瓦克以及底特律的暴乱都是由某个具体的警察行动引发的。克纳委员会认为:旧城区警察的行为导致了黑人最强烈的不满情绪。民意测验也表明:黑人完全同白人一样关心"法律和秩序",只是他们的关注比郊区居民的多疑症更加真实。旧城区的警察很可能人手不够、工作过度,他们在满足黑人的需要上效率总是极低,但同时又不断骚扰他人,有时还残酷地对待黑人。很不幸的是要找出一些令人毛骨悚然的例子实在太容易了:洛杉矶一个八岁男孩遭到枪击;底特律一个顽固拒捕的妓女被打死——每个社区都能讲出这样一个故事。在传统上,警察部门是下层白人少数民族的就业手段,他们这种人在经济上极不稳定,因此极端地种族歧视。而且,不进行反抗,警察就决不会放弃其权力。每次公众普遍组建民众复审委员会时,通常都会遭到警察联合会和政治上的夸夸其谈者之流的反对,即使旧城区的这类要求合理而又有节制。

政府以白人警察的形式侵扰旧城区,这些暴乱在某种程度上也是对这种侵扰的抵制。因为这个原因,许多分析者不愿视之为暴乱,而视为"叛乱",是一种有明确政治目的、有意识的暴力行为的爆发。黑人好战分子和白人激进分子把这些暴乱作为证据,证明聚居区有着"殖民地"的本质。按照这种比喻,聚居区与白人社会的关系便同殖民地与帝国的关系一样:他们是廉价、可受剥削的劳动力;他们拥有的资源都为了造福现状而被榨取殆尽;最后,他们还被剥夺了政治上的所有独立性。

这种观点有时十分盛行,尤其是在对反政府游击队员的崇拜和左翼对第三世界的感情达到顶点的时候,黑人好战分子的黑人权力思想的主要来源是黑人穆斯林分裂主义观点,这些好战分子自视为第三世界革命中坚。白人激进分子对越战非常关注,如汤姆·海顿所说,他们很容易认为"美国的对外政策本质上与对内殖民政策没有多少差异"。黑人与白人的激进分子都接受了这种比喻,乐观地期望聚居区居民会像古巴和越南革命一样大获成功。甚至克纳委员会也在其冗长乏味而广为人知的报告中,接受了这种观点的净化形式。这个报告充斥了大量的数据、政治象征、道德借口以及自由派的自我鞭笞,本身就是一个奇怪的大杂烩。"美国白人从未彻底理解——而黑人却从未忘却——的事实就是:白人社会同聚居区的关系十分密切。白人机构修建了聚居区,并加以维持,白人社会也容忍了聚居区的存在。"这个报告的"基本结论"是"我们的国家正走向两个社会:一个是黑人社会,一个是白人社会——两个彼此分离而不平等的社会。"

得出这样的结论,这可不是什么小小的功劳,这需要委员们对他们那些由大量数据所证实的众多城市问题视而不见。虽然美国的种族歧视现象确实与城市危机有关,但这种现象可以通过明智的改革加以解决,比如联邦住房政策;而其他的只有通过对财富进行更加公平的分配才能解决。

聚居区是将现实完全过于简单化的"白人机构"维持下来的,自由主义者和激进分子都同意这种假设。聚居区居民抱怨要为不

318 第7章 城市危机

够标准的住房支付高额房租,抱怨食品商在价格上进行敲诈,这都很合理,但贫民区住房的房东往往并不是"白人机构"的代表。他们更多的是像曼尼·格尔德一样庸俗的人。格尔德是理查·埃尔曼在《济贫院》(1966)一书中描写的一个典型的东区房东。聚居区的食品杂货商都是极其独立的小商人,不管在哪个地方,他们所花费的成本都要高,而且由于保险费高,在聚居区里做生意因偷窃较多也有损失,所以他们的价格就又提上去了。埃尔曼发现:聚居区的杂货商之所以生存下来,惟一的原因就是他们首先会允许赊账,然后为了从欠债的顾客那里收到钱,他们就与福利机构周旋。埃尔曼写道,一些杂货商因为"生活极为穷困",只好让妻子接受福利救济。

克纳委员会把种族歧视单挑出来作为城市危机的根源,这样他们抓住了一个令人注目的主题,但却把危机深植于种族关系这种背景中,而这虽然最有可能激起强烈的感情,但也最不可能产生真正的解决办法。克纳委员会的报告和激进分子将旧城区视为殖民地的观点都没有把握住城市危机的本质特点。后现代的经济原理使各公司不必剥削无技术劳动力便能把生意做下去,因为它们对这些劳动力的需求越来越小。汤姆·海顿以一种世界末日般的悲观想像驱走了这种异议,他的想像很有后期新左派的特色:"在过去的殖民主义体制里,暴行虽然存在,但不会导致种族屠杀,因为殖民者需要奴隶来进行生产;但在奴隶们毫无经济意义的新殖民体系中,当奴隶的要求激怒了殖民者时,有什么东西可以防止种族屠杀的发生呢?"

回首往事,即使是一个愤世嫉俗的结论,也会认为这种种族屠杀论显然太小题大作了。克纳报告自以为是地谴责白人的种族歧视现象,但它完全未能抓住60年代的聚居区区别于以前的聚居区的地方:聚居区远非主流社会贫穷的附加物,而是这个社会经济中被遗弃者的聚集之处,它日益与外界隔离,处于成为一个独立世界的边缘。城市危机所固有的道德罪过不是种族歧视分子的剥削,而只是他们的冷漠;除了导致大量的政府审查委员会的产生、让大量社会科学家有事可做之外,暴乱并没有什么其他成就。这些暴乱如此不起作用,这就说明了这种冷漠心理。

第8章 大熔炉之外

总体而言,郊区化过程和城市危机扩展了社区生活,同时也削弱了社区生活。为了抵制对社区的摧毁,同时适应后现代社会,美国人开始自认为属于某个民族性社区,这种社区并不基于地域上的邻近,也不基于相互依赖性,而是基于一种自我认同感。这些新社区为群体发展提供了一些途径;而且它们在文化上也应当很独立,因此能保护其居民,使之不会成为消费社会中毫无区别的芸芸众生中的一员。

作为群体性自卫方式,基于种族意识的运动首先在工人阶级及穷人中萌芽——例如,黑人穆斯林和西泽·查维斯领导的墨西哥裔农场工人的运动。但是由于群体认同感是卷入自由主义者的利益集团政治活动的关键所在,所以种族意识经证明对于组织和宣传中产阶级也极有价值。到60年代后期,不论是非洲人、意大利人、波兰人甚至印第安人,只要是文化上的民族主义者,都趋向于成为中产阶级、专业人士或渴望成为这类人。对某些人来说,政治组织实际上就是进入中产阶级的一个途径。"不可融合的种族的兴起"产生了一种微妙的矛盾。那些最招摇地声明自己在文化上独立的人,那些最喧嚣地宣称自己拒绝"融合"的人,往往是已完全投入政治与经济同化这一过程中来的中产阶级。与此相反,自觉的文化民族主义对那些依然深深扎根于老社区的人却没有多大影响。这些老社区绝大部分都是少数民族工人阶级聚居地,依然保存着某些真正的文化独立性。

白人新教徒特权阶层衰落了吗？

　　1960年大选以约翰·肯尼迪的当选认可了美国少数民族的多样性现实。在一个据称由盎格鲁—撒克逊裔新教徒控制的政治体制中,肯尼迪克服了作为一个爱尔兰天主教徒的障碍,但他之所以成功,这只是因为他放弃了政治上对教会的效忠。与之相反的是,其少数民族传统却并未成为多大的一个障碍。如果说天主教徒是少数派,他们的规模却也不小。他们定期进行选举,也不会因为肯尼迪宣布脱离梵蒂冈而泄气。虽然肯尼迪减少了对天主教的信仰,但并未试图减少自己的爱尔兰人特征和移民特征。

　　在50年代,许多国会议员都致力于推翻自1924年以来根据国籍配额的美国移民限制法,而肯尼迪实际上便是其中之一。在为一项新政策提供理由时,肯尼迪指责与己极不协调的那一套移民管理法。他还指出,盎格鲁—撒克逊后裔极力想维持其作为主流民族的地位,而国籍政策正是立足于此的。这种解释当然十分准确,但有意思的是它居然出自一位想竞选总统的人。

　　尽管肯尼迪象征着复兴的理想主义,他还是掀起了一股种族觉醒浪潮,这股浪潮不仅拒绝把民族大熔炉作为一个国家理想,而且还否认盎格鲁—撒克逊白人新教徒在文化和道德上的权威地位。事实上,自一开始人们对文化权威的拒绝接受就有一些少数民族成分。过去的文化标准在崩溃,白人新教徒的优越地位也以同样的方式在衰落。作为一种文化形象,白人新教徒到1960年已变得极度的不光彩。不知不觉中他们已经老了,而且也不怎么体面了;60年代一旦受到冲击,他们的文化权威便消失殆尽。他们自称代表着公众生活的理性和成熟,其传统权威也一直以此为基

322　第8章　大熔炉之外

础,但60年代的文化并不认为理性与成熟是美德,因此将两者都推下了台。他们的权威是建立在对某些道德标准的接受之上,但他们自己的子女(更精确地说可能是孙儿辈)都反抗这些标准。他们挚爱艺术,是艺术家的赞助者,但艺术家却看不起他们的品味,反而寻求外行人的赞助(尽管在他们死后,博物馆会争夺其收藏品)。在形式上他们信奉宗教,但上帝已经死了。他们喜欢标榜自己在种族问题上十分开明,还想帮助黑人,但黑人民族主义者却令他们困惑,而马尔科姆X又使他们害怕。最令他们束手无策的是,最后一批忠于白人新教徒关于工作和自律的道德规范的人似乎都是属于工人阶级和中下层的白人。这种情况简直令白人新教徒尴尬难堪,于是他们以一种报复心理将工人阶级煽动起来,困惑不解的工人阶级便转向了煽动家们。

　　白人新教徒的衰落似乎相当明显,许多观察者因此认为这是当时社会动荡的主要原因。"白人新教徒是美国文化的房东,"记者彼得·施拉格写道,"几乎毫无例外,其价值观就是那些成为美国文化的价值观:勤劳、锲而不舍、依靠自我、新教主义、传教士精神以及抽象的法律原则。"这种优势地位在60年代告终,施拉格认为部分原因是因为"美国生活中起同化作用的主要道德标准,即西部拓荒者的开拓式的道德标准,已经消失了。越南本有希望成为美国最后一次传教士式的成就,但正是越战标志着这一消失,因为它摧毁了白人新教徒认为美国对人类负有特殊使命这个幻觉。民权运动、黑人分裂主义、波士顿南部觉醒的爱尔兰天主教徒以及抛弃其传统的白人新教徒子女,这一切都明确无疑地说明白人新教徒已不再是这个国家的文化主宰。他们甚至无法阻拦大学课程里从种族研究中取消西方文明这一课。白人新教徒胆小懦弱,他们的自信心和主宰感日益下降,这更加削弱了其社会权威地位。

白人新教徒这个词竟然会被人使用,这就足以表明美国传统 218
上层人士的影响力已遭到巨大削弱,因为这暗示着他们也不过是
另外一个民族群体而已。在 60 年代末,这个词通常已不用大写
(英文本是大写)。迪格比·巴尔杰是第一个于 1964 年在其作品
《新教徒当权派》中使用 这个词的人。在书中,巴尔杰提到了美国
传统统治阶层,他认为这个阶层正面临着某种衰落,因为它拒绝吸
收新鲜血液。巴尔杰认为,新教徒当权派仍然在其俱乐部、董事会
以及政府机关里聚会,但因为他们排斥犹太人和黑人,所以面临着
一个"道德危机"。巴尔杰写道,为了适应"我们这个快速变化的多
样化世界,当权派也必须包括各种成分的人。"

不可否认,彼得·施拉格对美国主要道德规范及文化转变的看
法是正确的。但是,问题是这种"白人新教徒的衰落"是否不仅是
一种道德标准和价值观的转变,美国传统统治阶层是否丧失了其
真正权势。尽管文化发生了明显的巨大改变,但能证明白人新教
徒丧失了经济地位的证据却寥寥无几。譬如,在《财富》杂志 1970
年对美国前 500 家大型公司的调查中,就有资料发现白人新教徒
的统治地位依然牢固。这些公司的主要领导几乎 80% 都是新教
徒。《财富》还报道其中有 35% 毕业于常青藤大学(指美国东北部
哈佛、哥伦比亚、耶鲁、普林斯顿等八所名牌大学),40% 多的人来
自其他私立大学。尽管其中的许多人在 1964 年都没有投巴里·戈
德华特一票,但绝大部分仍认为自己是共和党人。他们绝大多数
都来自"生活安逸的中层及中上层"家庭,几乎一半人的父辈本身
就曾是企业的领导。

同时,白人新教徒仍然控制着其他部门。譬如,尽管由于艺术
传统的毁灭他们可能正受到排挤,但他们仍经营着博物馆。他们
主管着大学(只有一所非宗教性重点大学的校长是天主教徒),而

且校园里的动荡也没有动摇他们的控制地位。他们还主持着各类慈善基金会。

白人新教徒因为丧失了政治及文化上的主导地位,因此也不再是真正的统治阶层。但是,G. 威廉·多姆霍夫在60年代后期对美国的权力问题作了一个调查,他在调查中下了这样一个结论:白人新教徒除依然控制着美国的社会公共机构之外,还控制着"美国绝大多数的财富"。这种现象就更加有趣了。考虑到他们这种持久性,不禁令人想知道关于白人新教徒的衰落的所有谈论是否未能掩盖他们在经济领域和公共机构里的权力,反而使这种权力得以维持下去。

白人新教徒这个词因为关系到的是文化和种族地位,而非经济状况,所以便日益变得模糊了。巴尔杰使用白人新教徒这个词作为统治阶层的同义词,这也是惟一有真正含义的用法。而这个词的意义随着时间的流逝也在发生变化。白人新教徒一度被视为假正经的势利小人,但到60年代中期,白人新教徒则被描绘成一种文化上的帝国主义者,要求所有其他美国人卸下自己的种族传统而接受他们的传统。根据这种定义,白人新教徒几乎成了人民公敌,从祖籍东欧的知识分子到黑人民族主义者无不视之为敌。几年后,由于关于种族地位的政治活动加剧,盎格鲁—撒克逊白人新教徒便逐渐指代任何美国白人新教徒。但是白人新教徒从来就没有作为一个民族的凝聚力。他们可能从前是北欧人或西欧人(这意味着他们是波士顿的北方佬),也可能是瑞典人、苏格兰人、芬兰人、威尔士人或斯堪的纳维亚人。他们可能是新教徒(其中彬彬有礼的纽约圣公会教徒最为显赫),也可能是开明的长老会教徒、保守的浸礼会教徒、与世隔绝的严谨派信徒,也可能是孤僻的摩门教徒。对于一个忽视了新英格兰的白人统治阶层和伯明翰分裂主义者之间的地域差异和历史区别的词语,根本就没有符合逻辑的准确性可言。把白人新教徒重新定义为一种民族类型,这实在是过于草率了,因此当自由主义激进分子发现阿巴拉契亚地区一贫如洗的山民实际上都是英裔美国人时,他们大为惊诧,只好尽力使自己同情的这些对象相信自己实际上是受压迫者,是独立的"少数民族"。知道经济上的白人新教徒上层人士在 19 世纪的大部分时间都压迫着属于工人阶级的白人新教徒时,其他人更是大吃一惊。正如一位观察员所说:由于这种伪装,白人新教徒"并不是一个明确目标,也更不是替罪羊"。

黑人民族主义和对社区控制权的争夺

因此,我们不能把种族意识的上升解释为其出现是为了填补由于特权白人的衰落而留下来的空白。种族意识最强烈的表现都产生于以阶级为基础的运动,而且也更是对经济困境和社会动乱的反应,而不是对文化变化的反应。

工人阶级一心想在聚居区生活中建立一个稳定而且受人尊重的社会,黑人民族主义的雏形便萌芽于他们之中。在黑人民族主义的发展过程中,我们最能清楚地看到少数民族政治活动与经济条件之间的联系。在城市环境中,黑人工人阶级早已进入"大熔炉"。因为没有合法的种族分离政策,所以那些最容易受到大社会的灾难(失业、就业不足、由市场控制的各种歧视)影响的人有了一个小小的安慰。他们有自己的教室、自己的"地盘"以及社区的其他表象,但是在城市里,这些黑人工人阶级并没有控制自己的学校,没有独立的经济基础,对自己的社区也根本没有什么控制权。

326　第 8 章　大熔炉之外

装扮成各种形式的黑人民族主义运动正是萌发于这种情况。在这种环境下,黑人民族主义的种族自豪原则和地方控制原则为社区生活的重建提供了一个潜在基础。

伊斯兰民族

从阶级基础、旧城区特色以及吸引力来说,"伊斯兰民族"应当说是黑人民族主义运动最好的例子。尽管"伊斯兰民族"运动发生于 60 年代之前,但它在 60 年代名气还是非常大(如果说实际规模不大的话)。这些穆斯林首先是在大萧条时期在底特律组织起来的,他们与北部城市里的黑人关系相当密切。穆斯林们彻底否定白人是优越种族的说法,他们号召信徒们放弃"聚居区生活方式",因为他们认为黑人是被骗而采取这种生活方式的;他们号召去换取一种父权家庭的自立更生的简朴生活、避开毒品、烈酒以及婚前性行为,并可赊购商品。他们提倡一种带有种族意识的美国传统劳动道德,这导致一些观察员评价他们为"比美国任何其他小群体都更像'旧式美国白人'"。其追随者一开始都是农村移民,但二战后城市信徒的比例稳定上升;如 C. 埃里克·林肯的描述,他们都是"佣人、工厂工人、普通劳动者",他们大部分都是青年男子,即最边缘化的聚居区居民。这些人逐渐成为聚居区的象征,穆斯林便从中吸收成员。虽然穆斯林的刻板生活肯定限制了他们所产生的吸引力,但是到 1960 年为止他们还是在二十七座城市组织了 69 次集会。

林肯写到,1960 年以后,伊斯兰民族运动"时起时伏",即使是顶峰期规模也不是很大。但穆斯林还是在心理上无形地鼓舞了黑人工人阶级。林肯认为,人们加入穆斯林的最大原因是获取一种共同感,但是即使是那些从未加入的人也从穆斯林那里学会了去尊重自己的种族。这个运动坚持一种严格而长幼有序的父权家庭生活——在臭名昭著的莫伊尼汉报告描写到家庭破裂的开始之前,他们就已深知聚居区对黑人及黑人家庭的影响,而且还提供了一种令黑人重获价值感的手段。这些长处加在一起,所以穆斯林成为旧城区生活中一个举足轻重的角色。

穆斯林的最大名望来自马尔科姆 X,这位哈莱姆第七清真寺的阿訇。他出生时名叫小马尔科姆,在密歇根的兰辛(其首府)长大,十几岁时搬到波士顿,后来来到哈莱姆,以偷窃行骗为生。他证实了克洛德·奥林关于青少年犯罪的理论:由于得不到合法的机会,于是他学会了去创造最非法的机会。他在八年级时就结束了正规教育,但他很聪明、精力充沛,而且绝不妥协——他在因盗窃罪坐牢时皈依伊斯兰教,这些品质便是经伊斯兰教磨炼而形成的。他是少数真正了解其拥护者的人,因此是位非常得力的传教士。"聚居区的人都知道我在精神上从未离开过聚居区,"他在其《自传》中写道,"也只有在迫不得已时我的躯体会离开它。我有一种聚居区的本能……,我能讲聚居区的语言,也能完全理解这种语言"。传媒中心的纽约给他提供了一个他所需要的论坛来扩大他无情攻击白人社会的名气,而这也没有损害他的实力。

1959 年迈克·华莱士在电视上放了一个纪录片《仇恨产生的仇恨》,特别是在这个纪录片中露面之后,马尔科姆 X 发现宣传也有正负效应。它带来了名气,但也带来敌人;它传播了他的观点,但往往又歪曲了这些观点。含蓄从来就不是他的优点,于是马尔科姆对主流社会大发雷霆,嘲笑中产阶级的黑人是汤姆大叔,民权运动中的自由主义者是伪君子,而白人普遍都是"蓝眼睛的魔鬼"。最令自由主义者不知所措的是,马尔科姆 X 反对种族融合,认为这是一个诡计:白人让一些"疯狂地要同化的黑人"来烦扰他们的

328　第 8 章　大熔炉之外

乡村俱乐部、住在他们的社区里,以此来获得良心上的安宁。马尔科姆 X 反对种族同化,主张"美国的黑人必须集中一切力量建立自己的企业,为自己修建体面的住房"。基于个体劳动道德观的经济自主并不是什么危险的激进计划,但是媒体却把马尔科姆 X 和马丁·路德·金进行对比,因此对他的言论比他的言论方式要关注得多。

　　虽然马尔科姆仍是最著名的早期黑人民族主义者,但他在 1963 年与穆斯林民族运动领袖伊莱贾·穆罕默德的关系破裂,然后到麦加进行了一次有名的朝圣,这些都促使马尔科姆日益产生一种普救论。故事经过是这样的:马尔科姆发现东方的伊斯兰教是一种超越民族的信仰,它包括了各种种族各种国籍的信徒。这次旅行标志着马尔科姆的成熟,标志着他意识到除哈莱姆之外还有一个世界,这里伊斯兰教的普适性经证明十分强大,足以用一种和谐的共同信仰将不同的文化聚合起来。他注意到"外表相似的人团结在一起,大部分时间他们还在一起生活。这完全是出于自愿;再没有其他原因"。他决定"回国后要把这个观察告诉美国人,当所有肤色的人种之间存在着真正的友爱时,当没有人觉得自己受到隔离时,当没有'优越'情结、没有'自卑'情绪时,那么很自然的,同一种人便会自觉地感到自己因共同拥有的东西而团结在一起"。

　　将这些观察结果加以利用,为马尔科姆的追随者们带来了实际变化,关键在于这种变化更多的是经济和政治上的变化,而不是文化上的。如果说马尔科姆的信仰有所缓和,那么其策略还是基本未变。1964 年夏他成立"黑人联合组织"(以下简称"黑联")时,马尔科姆将其实用重点与经济激进主义结合起来了。"黑联"成立的理由之一就是要建立一个独立的黑人政治组织,这个组织要像传统的利益集团一样运作。马尔科姆写道:"控制美国政治的是特殊利益和游说",每个人都削尖脑袋挤到华盛顿以获取优惠;一些人(比如农民)甚至有了自己的部门。"应当有一个国防部大小的政府部门来处理黑人问题中的所有环节,"但是很显然黑人得通过自己的努力来增加压力。"黑人游说各种要求的声音应当进入每一位有表决权的立法者耳中。""黑人游说"不会是主张取消种族隔离,也不会遭到同化。对于那些迫切希望加入到黑人政治组织中来的白人,马尔科姆继续抱以怀疑态度;他们使他回想起那些溜到哈莱姆居住区非法作乐的白人。与之相反,马尔科姆认为诚心诚意的白人会独自努力,这样和黑人"实际上就是在一起努力"。

黑人权力

1964 年马尔科姆 X 遇刺身亡时,黑人民族主义者普遍推断他正要宣布建立一个黑人美国的系统计划。然而,当时的黑人民族主义者无法确定他们所需要的东西,也无法确定得到这些东西的途径,这种推测正是产生于这种情况之下的一个具有浪漫色彩的希望。民族主义运动——黑人权力——在马尔科姆 X 逝世后出现,把自己表现为一个取代马丁·路德·金的运动的运动,但从一开始这个运动在政治上就产生了分裂,而且目标模糊,因而受到这些问题的困扰。民族主义者把自己表现为广大黑人群众的捍卫者,但是令人不安的事实是:黑人民族主义最吸引中层黑人的不是伊斯兰民族运动,而是其他大部分形式。在这个意义上,这是种族融合的另一个方面,而不是与它真正对立。

1967 年斯托克利·卡迈克尔和查尔斯·V.汉密尔顿试图确定一个民族主义者的策略,从中可以看出策划一个计划的种种难处。在《黑人权力》(1967)一书中,两人认为:尽管白人穷人和黑人建立联合战线最终不是不可能,但黑人必须拒绝融入白人中产阶级,要远离自由主义者的联合,而且还要通过文化复兴和发掘历史来重新自我评价。只有这时,他们才能充满自信地进入一个"开放社会"。和马尔科姆 X 一样,卡迈克尔和汉密尔顿都坚信心理解放是黑人权力的首要任务,接下来应当是来自群众的运动,因为这种运动还在酝酿之中,所以还不能明确地予以说明。他们所能尽力做到的就是指出一些似乎前景很好的例子:纽约的家长要求对学校进行"社区控制"、芝加哥的选民结成种族同盟,从市长戴利手中争夺其选区的控制权。

文化上的民族主义

卡迈克尔和汉密尔顿避开了为黑人民族主义运动设计一幅蓝图,这并非一种批评,只是当时的运动急需一些观点来保持其文化组织和经济组织的正常关系。到 60 年代后期,文化民族主义中的分裂观点开始掩盖谈论经济改变的重要性,部分原因在于非洲人的社会习俗太容易受到影响了。文化激进主义成为激进主义的潮流,许多渴求名望和权势的人都试图要超过其竞争者。罗恩·卡伦加这个矮小的南加州人就是以这种心情发起了一个回归非洲的运动,这正迎合了黑人对斯瓦希里语(一种东非语言)日益增长的兴趣,该运动还引入了许多事物,如提出将"宽扎节"(美国黑人在新年前 7 天的节日)作为一种传统的非洲节日。作为对学生要求的反应,或者由于害怕这些要求,研究黑人的科目开始在大学校园里出现,这些科目一般都包括非洲人历史课程和语言课程。非洲人的服装和自然发型成为时尚,普遍受到欢迎,这可以媲美年轻白人在着装风格上的随意化。正如一个激进分子所写:"黑人在街上相遇时,彼此称呼'兄弟';'黑人食品'商品成为社区的骄傲;'黑人历史'成为一个令人废寝忘食的主题;而马尔科姆 X 则成了最大的权威。连 7 岁大的黑人小孩好像都懂一两句斯瓦希里语。"

可以认为这种对文化独立的追求导致了美国历史上具有种族意识的艺术作品的最大的一次涌现,这甚至比哈莱姆复兴中所产生的这类艺术还要伟大。而且,黑人民族主义运动所启发的黑人文学运动与诗歌运动代表着自 19 世纪超验主义者以来最为连贯的一批作品。尽管一些作家(特别是拉尔夫·埃里森、理查德·赖特、詹姆斯·鲍德温)都曾是现代民权运动不可或缺的一部分,但在60 年代后期还出现了一批极具才华、坚信民族主义的年轻人。勒鲁·琼斯改名为伊玛目·阿米里·巴拉卡并从哈莱姆迁至纽瓦克,在此建立了一个黑人的文化中心;另一位以《黑人感受、黑人言论、黑人判断》(1970)这部诗集一举成名的诗人尼基·乔万尼既热衷于表现种族意识,又热衷于使用激烈词汇。伊什梅尔·里德开始频繁使用其讽刺加评论的独特风格,而托尼·莫里森出了一本中篇小说《卢拉》(1973),开始了她引人注目的出版生涯。文化民族主义运动对黑人艺术家的鼓舞再怎么高估也不过分,部分原因在于作家的民族主义运动通过反对白人在文化领域的统治地位,为怎样民主地重新评价新文化提供了一个绝好的例子。

然而,作为一个文化运动,民族主义还存在着巨大的缺陷。与非洲认同,这几乎没有考虑到非洲和非洲裔美国人(即美国黑人)无论在历史上还是在现实所存在的巨大差异。泛非主义,即全世界黑人的大联合,其成功只停留在语言的水平上。卡伦加的运动有利于人们对非洲的了解,但他们首先都所知寥寥,这所表明的不是"文化屠杀",而仅仅是时间和空间的影响。"回归非洲"是一种精神和心理上的安慰,但正如艾伯特·默里在《一切美国人》这本60 年代出现的最切合实际的文化评论中所说,它忽视了大部分真正独特的美国文化形式都是黑人创造的,特别是爵士乐,随着商业

332 第8章 大熔炉之外

化性质日益上涨,其声誉也受到影响。

文化民族主义在政治上最多也只是态度暧昧,对阶级问题相当冷漠,甚至怀有敌意。卡伦加本人就坚持认为"种族排除了经济,因为白人不只是资本家,他们还是种族歧视者",这种论证使企业家们摆脱了束缚,从文化民族主义运动中发了横财。这个运动特别易受资本家的吸引。第一次重大的黑人权力大会于1967年7月仅在大暴乱数天之后在纽瓦克举行,这个大会就有许多大公司赞助。它由一位黑人共和党人组织,在一家高档的白人开的酒店里举行。第二年在费城,克莱罗公司是大会的赞助者之一。处于这种形势下的黑人权力远没有危胁到白人的权力结构,甚至尼克松都能对它产生好感。"近来黑人好战分子的大部分言论,"尼克松在1968年宣称,"明确说来实际上远比30年代福利主义者的信条要接近于自由经营的信条……。绝大部分好战分子所要求的不是分裂,而是融入——不是作为哀求者,而是作为拥有者、作为企业家来融入,来分享财富、分担行动。"到1970年,发饰、服装、音乐、香烟、酒以及无数其他产品都直接瞄准了黑人顾客。

不管民族主义运动本来有什么样的激进内容,这些内容都逐渐消失了,因为运动的本质就使之易受到非激进分子在政治上的挪用。譬如,当黑人在城市中的影响力日益增长、黑人候选人开始在选举中获胜时,激进分子发现号召种族联合这种行为也可被人利用来反对他们,而且事实上使民族主义者和其他黑人领导发生冲突。"克利夫兰之战"就带有这种特点。1968年8月,一群民族主义者对一些城市警察发动伏击,一阵交火之后,三名警察和七名激进分子丧命。这件事本会成为连续不断的城市暴力事件中的又一起事故,但当时克利夫兰的市长是卡尔·斯托克斯。他几乎让所有最好斗的黑人领导负责维持城市的安定,以此防止城市聚居区进一步发生暴力事件,这样就使激进的民族主义者处于防守地位,来保护自己的社区。激进分子朱利叶斯·莱斯特观察道:"这是一着妙棋,它利用的是基于黑人这种种族的团结号召,而不是基于阶级和意识形态的团结号召……"在黑人联合的外表之下,黑人社区实际上正在被人分割。斯托克斯认为发动冲突的好战分子都是江湖骗子,他坚信利用黑人来管辖黑人社区既是得体之举,而且对于维持和平来说也相当必要。即使是此时,这也"意味着卡尔·斯托克斯的英雄史结束了"。

当然,斯托克斯无法对狂热的激进分子表现得"安定从容",但同时倘若民族主义者谴责斯托克斯或其他更有节制的黑人政治家,他们便会前后矛盾。首先说与白人公司套交情正当有理,然后又指责黑人选举的官员耍主流政治手腕,这毫无意义。

但是,上述合作肯定会不利于黑人在政治上的独立。正如通往经济独立与文化自主的道路似乎不可避免会导致种族同化一样,争取政治权力的斗争也会如此。1972年3月全国黑人政治大会在加里举行,黑人权力达到高潮,这也适逢其时。这次大会是美国历史上规模最大的全部由黑人政治家参加的大会,全国各社区的12000名活动分子齐聚一堂,他们当时以一种种族团结的心情联合在一起,决定要为黑人当选政府官员尽心尽力。加里大会既是民族主义运动的高潮,又是其终点,因为他们献身于选举政治的同时,也就献身给了民主党。这远远不是渴求政治独立的呼声。正如文森特·哈丁所写,加里大会之后,活动者们"回到了平常的政治,避开了符合自身利益的要求,迷失到模糊不清因而也必然孤独的道路之上,寻求自己对新时代的最佳反应。"

民族主义者所面临的险境以其自身条件是无法克服的。除了资本主义策略,很难看出他们还能怎样达到经济独立,而资本主义策略不可避免又意味着工商企业的发展,同样也不可避免地意味着黑人中产阶级的崛起。工商企业因为是通过对消费者的剥削而得以发展的,所以也意味着融入大众文化,意味着真正的文化自主的毁灭。在这种条件下,美国的黑人民族主义运动就注定了是一次经济与政治上的同化过程,只是表面上镀上了一层人为的、夸张的、怀旧的文化表现。

对比有助于我们注意到黑豹党人对文化民族主义运动的敌意。他们认为,真正的革命是以包括多个种族的阶级为基础的。而文化民族主义者,特别是卡伦加,用休伊·P. 牛顿带着嘲笑语气的话来说,他们实行的是"猪排民族主义"(猪排在美俚中又指担任低等职位的黑人——译者)因为除非这个制度发生改变,否则它便会用黑人压迫者取代大众的白人压迫者。文化民族主义者都是种族主义分子,鲍比·希尔写道,他们堕落"到了卑劣下流的三 K 党水平"。尽管黑豹党组织上相当松懈,无法将文化民族主义者完全排出党外,但是该党的政策一直是反对文化民族主义的。"我们认为,这是一场发生在广大无产工人阶级和极少数统治阶级之间的阶级斗争。所有肤色的工人阶级都必须联合起来,一起反抗剥削、压迫的统治阶级,"希尔坚持认为,"我们相信我们的斗争是一场阶级斗争,而不是种族斗争。"

觉醒的少数民族

尽管黑人民族主义运动在本质上具有不连贯性,但它唤醒了形形色色各种群体文化上的认同感和政治上的不满情绪。特别是土著美国人和拉丁裔美国人,在某些方面他们的历史条件与黑人极为相似,60 年代为他们强调自身的要求、重新评价自己的地位提供了一个机会。这两个群体中种族意识的上升以不同方式说明了同化与隔绝之间的抗力。一个群体怎样可以以文化认同为基础（即使这种认同感也是人为的）建立一种全国性的势力，这一点上，拉丁裔美国人种族意识的崛起比黑人民族主义表现得更为清楚。同时，印第安人说明了要实现文化上的独立，只有通过完全抛弃大众文化，而这种行为又没有几个群体愿意实行。

拉丁裔美国人

如果将波多黎各人、墨西哥裔美国人以及其他拉美人作为一个协调的种族群体，那么拉丁裔美国人相对来说比黑人还要穷。譬如，60 年代后期纽约的波多黎各人平均年收入是 4000 美元，比非白种人的平均年收入低 1000 美元；新墨西哥一半以上的拉丁裔美国人都生活在贫困线以下；洛杉矶的奇卡诺人（即西班牙裔美国人或讲西班牙语的拉美人后裔——译者）失业率比黑人还高。在西南地区，拉丁裔美国人经常与将他们纳入城市地区的劳动力大移民联系在一起，特别是洛杉矶这个城市，到 1970 年已有一个将近一百万人的墨西哥裔美国人的社区；在整个加州，85％以上的拉丁裔美国人住在城市。

在西南诸市拉丁语居民的聚居区里，他们要忍受城市危机和种族歧视的双重负担。这些聚居区原本是农业劳动者的社区，后来卷入了"阳光地带"城市的发展之中。就像南部分隔开来的黑人社区一样，这些社区在文化上也很有凝聚力。但是因为它们是通过住房隔离措施才得以维持的，所以这些聚居区暴露出城市少数民族聚居区的许多问题，特别是失业问题、就业不足问题以及警察的残暴行为。"外部受到反墨西哥的种族歧视传统的层层包围，内部则用种族意识所产生的文化自豪感进行建设，"斯坦·斯坦纳写道,"这些聚居区是贫穷和力量的矛盾体。这种情况直到城市更新计划带来了州际公路,或是像洛杉矶一样,为该城一个新的棒球联合总会的棒球队建了一座棒球馆。

"阳光地带"拉丁裔美国人是在种族分离的学校受的教育,这些学校都采取积极的措施以消除其种族传统。从得克萨斯到加利福尼亚,因说西班牙语而惩罚孩子都是司空见惯的事;有时是嘲笑、有时是体罚、有时是"西班牙式拘禁"。语言超越阶级和国籍将拉丁裔美国人联合在一起,而且使他们的不满情绪上涨,最后促成了1965年的初级和中级教育法案,该法案规定西班牙语在公立学校里"可以接受",而且联邦政府还要向地区提供资金以发展双语教育计划。就像这个法案的其他内容一样,双语教育在理论上很好,但实行起来却并非如此。尽管这个法案通过之后的数年中数百个地区都申请了西班牙语的教育资金,但是只有几个地区得到了已被挪用的一部分非薄资金,而且并非所有得到了资金的地区都合理地利用了这些资金。一部分原因就是由于对这个法案的失败感到沮丧,1968年3月大约有15000名学生举行罢课,反抗洛杉矶的学校。

拉丁裔美国人中出现了西泽·查维斯和瑞斯·提杰里纳这样像马丁·路德·金和马尔科姆 X 似的领导,虽然这样将他们相提并论过于简单化。查维斯和马丁·路德·金一样,也非常虔诚,就是在金最后领导的这群人中长大,而且献身于一个无可置疑的正义事业。而提杰里纳则像马尔拉姆 X,在一个贫穷的大家庭里长大,然后领导了一个以毫不妥协的文化民族主义为基础的小型暴乱。

查维斯由于领导了一个非暴力运动将加州的农业工人组织起来,因此得到广泛的同情和关注。奇卡诺农业工人一般是以小时计酬,再加上计件工资率,这些报酬加起来一天也只略高于 10 美元,一年只有 1300 美元。他们的工作条件和生活条件都非常恶劣,既不卫生,又十分拥挤。而且他们也没有组织起来。产业工会联合会未能将农业工人组织起来,部分原因在于这些工人都是临时工,极不稳定,而且也由于在西南部乡村建立产业工会这种官僚机构很不合适。由于国会在 1964 年未拒绝延长墨西哥短期合同工制,农业工人最终才得以组织起来。作为一项征召劳动力的计划,墨西哥短期合同工制允许美国种植业主在联邦政府的保护之下从墨西哥输入季节工,这样他们就能稳定地得到报酬低廉而且顺从的劳动力。这一制度的终结恰好为查维斯提供了足够的劳动力短缺,他数年来正想组织这样一种短缺情况来制造压力,进而影响种植业主。1965 年 5 月,查维斯领导的全美农业工人联合会(简称农联)试图在加州富庶的中心区域的心脏地带进行组织。他们首先举行罢工,反对德拉诺最大的几个种植业主。在其后的五年之中,农联断断续续地组织了一些暴力事件,又在国际上掀起一股抵制加州产品的运动,因为受到卡车司机、汽车司机、仓库工人和佣工国际工人兄弟会的挑战,农联与劳联进行了一个必要的合并,后来查维斯又举行了一次为时不短的绝食斗争,可以说农联只取得了一部分的胜利。

查维斯所发动的运动完全是靠有效地运用种族团结和宗教统一。当两者与劳工联合加在一起时,用一名活动分子的话来说,就成了"三重引力"。农联的游行都伴随着祈祷者、牧师以及圣母玛丽亚的象征。工人们集合时一边用西班牙语大呼"罢工",并在旗帜上画一只阿兹特克雄鹰。"查维斯的秘诀",一个种植业主觉察到:"就是他有墨西哥裔工人的绝对效忠。"农联不是"工会,他们是种族和宗教组织"。一个参与者写道:"德拉诺的暴乱不仅是劳工斗争,而且还有一种渴望:处于一个新世界的种族渴望调停其 500

年历史中的种种争端。"查维斯甚至利用白人的老套模式。尽管查维斯温和平静，不像一个煽动者，但是其外表经证明确实是进行组织的有效辅助：如果反对他，就很难令自己看上去不是反对基督教，而且他的外表也容易让敌对者低估他的能力。另一个种植业主就看到了这一点，他说："我们最大的错误就是以为查维斯只不过又是一个'愚钝的墨西哥人'。"

查维斯甚至还了解时代的特征。他理解了马丁·路德·金和罗伯特·肯尼迪的想象，并把他们的同情成功地利用为有效的公共关系来进行组织。他玩弄自由主义者的政策，小心翼翼避免煽动性行为，而且也不明确地指责别人有这种行为。从天主教自由主义者到大学生非暴力协调委员会，从争取种族平等大会的工人到激进学生，查维斯都利用其反现行体制的形象来争取无数活跃集团的援助。从学生非暴力协调委员会在"自由夏季"的策略中吸取经验，查维斯对来自伯克利和其他地方的"夏季志愿者"的援助大表欢迎，尽管如约翰·格雷戈里·邓恩所写，这些学生志愿者后来证明对这一地区和当地人民"令人瞠目结舌地无知"。

像马丁·路德·金一样，我们不能脱离其种族亚文化来理解查维斯，但是他从未接受民族主义，将它作为一个目标。这与瑞斯·提杰里纳不同。提杰里纳曾当过福音传教士。他在 1967 年，为了要回 19 世纪英国人从墨西哥人手中夺走的土地（这些土地大部分据称在美国林业局手中），提杰里纳成立了政府赠地全国联合会。1967 年 6 月，为了反抗警方骚扰，提杰里纳的一群拥护者在新墨西哥州一个北部小城铁拉阿马里亚突袭了当地法院，然后逃到群山中。警方动用了 2000 名执法人员才将他们全部捕获，包括提杰里纳。在这起事件中他获得了全国的关注。在审判中，提杰里纳受到绑架罪、侵犯人身罪等 150 多个指控，但是他自己为自己进行辩护,最后被无罪释放,因此被拉丁裔美国人誉为"新墨西哥的罗宾汉"。

提杰里纳认为,要回土地对新墨西哥一些家徒四壁的奇卡诺人来说意味着经济独立。这些人中许多都住在毗邻国家森林的小镇里,整天无所事事,靠福利救济度日。从他们的角度来讲,让他们和土地都闲置不用,这根本就说不过去,况且他们还可以对这些土地提出一些历史上的所有权要求。土地问题不仅有经济意义,而且还更为深刻。要回土地是一种文化上的补偿行为;土地的拥有者被一代又一代的英裔强盗压榨得两手空空,要回土地是恢复这些拥有者辉煌富裕的骄傲历史。尽管英裔美国人掠走了大部分新墨西哥地区,但提杰里纳对此还是进行了大量的神化。但是,这并不重要,因为在其追随者(据《纽约时报》估计其人数在 300 到 3 万之间)眼中,提杰里纳就是先知。其目的只不过是要找回"我的人民失落了的身份"。对于那些不追随提杰里纳的人来说,他不是令人惊慌,便是令人鼓舞。提杰里纳鄙视中产阶级的融合策略,他鄙视那些"太苦大叔"(仿汤姆大叔,指千方百计跻身于白人社会的墨西哥裔美国人——译者),指责他们抛弃了自己的传统。一些当权者对他的看法各不相同。有的认为他是共产党的帮手,有的则认为他是一个流氓,在利用穷人的愚昧无知。新墨西哥州的民主党议员约瑟夫·蒙托亚认为提杰里纳是一个"剥削者、毫无信誉的骗子、冒名顶替者、种族分子"。看到提杰里纳紧紧抓住英裔不放,没有几个墨西哥裔中产阶级会真的介意,但是种族意识的上升对于他们自身的同化也提出了一些难题。"你知道提杰里纳那个混蛋对我有什么影响?"一个人向斯坦·斯坦纳解释道,"他向我的整个一生提出了质疑。我一直在对自己否认我是个墨西哥人,我的一生就建立在这个基础之上。我的一生就是否认我的本来面目。

340 第8章 大熔炉之外

但现在我得决定我有没有对自己撒谎。现在我有两面,我得决定我到底是哪一面。""我恨那个混蛋,"他继续说道,"是谁指派他来做我的良心?"

倘若提杰里纳没有直接受到马尔科姆 X 的影响,那么他至少也受到了黑人民族主义者的影响,他与他们有交往。他在演讲中经常提到黑人政治家的策略,表达同样的抱负:"黑人都在期望这个伟大变革。因此他们一跃而起,打破障碍,大声疾呼,对挡住道路的任何事物毫不客气。"像黑人民族主义者一样,提杰里纳逐渐超脱了狭隘的地方观念,对自己的运动和美国的社会情况都采取了一种国际观。他在自己原来的政府赠地全国联合会之外进行组织,帮助成立了人民联合,这个组织的目的是想成为一个像马尔科姆的黑人联合组织一样的少数民族利益集团。提杰里纳经常向大学生宣传自己的民族主义观点,1968 年他率领了一个代表队参加了直入华盛顿的"穷人游行"。他的成功纪录与马尔科姆极为相似:他很少有明确无疑的成功经历,但他在人们精神上的影响却难以衡量,特别是对于拉丁裔的美国年轻人。他直接启发鼓舞了当地大学的学生活动分子;"布朗·贝雷特运动"这个松散的民族主义运动也视之为灵感之源。

像黑人民族主义者一样,拉丁裔活动分子也追求种族自觉意识的极大复苏。正如布朗·贝雷特所说:"我们没有在大熔炉这种东西里,奇卡诺人不会融合。"然而,尽管他们在争取褐色人权力,拉丁裔美国人都在融合,而"拉丁裔美国人"一词的发明本身就是民族同化的标志。至少,这标志着为了实现在全国的政治影响力,他们试图将有着相同祖先的人组织起来。但是,什么是拉丁裔美国人呢? 拉丁裔群体之间有着巨大差异。例如,洛杉矶的墨西哥裔美国人和得克萨斯州南部的墨西哥裔美国人之间、迈阿密的古巴人和纽约的波多黎各人之间,甚至提杰里纳的乡村土地要求者和城市中产阶级之间,都存在着天渊之别。第五代墨西哥裔在圣·安东尼奥、奥斯丁或圣地亚哥都住了很长很久的时间,他们和穿梭于边界寻找工作的移民工人之间有着巨大差异。但是与黑人民族主义运动相似,拉丁裔美国人的运动还混淆了阶级差别。像黑人民族主义运动一样,他们的运动也安顿下来,成了一种常规化、官僚化的利益集团政治形式,获益者更多的是中产阶级的专业人士,而不是农村的穷人和四处飘零的移民,也不是城市里的年轻人。

土著美国人

拉丁裔美国人和非洲裔美国人都说明了基于种族路线的政治组织是为这些群体的成员获取影响力的有效途径,只是这要以同化为代价。只有土著美国人,他们在美国有着其他种族民族主义者表面上都渴求的独立存在。像其他少数民族一样,土著美国人发现自己在与贫穷、种族歧视和疾病抗争。但自从19世纪末以来,土著的生活一直就是条件恶劣、充满痛苦的,这么多年之后土著美国人竟开始重申自己的权力,这就表明了60年代的风气确实极大地鼓舞了有组织、有群体意识的不满情绪的产生。土著美国人尽管对美国的白人主流社会无动于衷,但是他们与上一代人也有冲突。他们首先是二战服役归来的军人,后来是受过大学教育的年轻人,他们要求在政治上反抗"战斧大叔"(即坚持白人社会准则的土著人——译者。),因为他们沾沾自喜地代表了土著美国人。他们受到鼓舞,组织了许多活动:举行"捕鱼示威"、"狩猎示威",于1968年占领了旧金山海湾被废弃的阿尔卡特拉斯监狱;1973年袭击了印第安人事务局;所有这一切都是在要求"红种人权力"的口号下组织起来的。他们还重写历史,最显著的是迪·布朗著名的修

342 第8章 大熔炉之外

正派著作《把我的心埋在翁迪德尼》(1970)；他们对现民族主义知识分子的看法正与瓦因·德罗里亚相同。

如果单单不满情绪就足以鼓动人们进行反叛，那么土著美国人会成为反叛最多的人。瓦因·德罗里亚常常指出，他们是"惟一有过受到联邦政府不公正待遇的历史的人"。到1960年，土著美国人成为所有少数民族中最贫穷的一个。当时美国家庭平均年收入是1500美元，但38万居住在居留地的土著美国人却要低得多，居留地的失业率高达45%到98%。据估计四分之三的居留地居民住在不够标准的住房里。婴儿死亡率比全国婴儿的平均死亡率高两至三倍，预期寿命只有46岁。这些情况对人格都是莫大侮辱，实际上所有标准的解决方法——如工作机会、新房等——都对此毫无作用。这些方法对那些逃到城里的人帮助不大，而对于那些留在居留地的人来说就更加无效了。

不管怎样，印第安人应当自救，而不要依靠联邦政府。这对他们还是有意义的。像提杰里纳及其追随者一样，他们把重点放在要回曾经合法属于他们的土地，否则就只是苟且活下去而已。在经济上生存下去意味着到禁区去狩猎或捕鱼。60年代中期数千名印第安人在太平洋西北水域发起捕鱼示威，他们示威时也知道会被捕。捕鱼示威的领导将自己比作民权运动中的活动者，他们坚持认为"如果问题存在，那么惟一的解决办法就是采取直接行动"，即使这意味着"将印第安人塞满监狱"。当印第安人正想这样做的时候，其要求最终诉诸于最高法院。最高法院在受到司法部的督促之后，有限地承认了印第安部落的权力。捕鱼示威运动后来大受欢迎，最终参与者还包括了佛罗里达州的赛米诺尔人、内布拉斯加州的温纳贝戈人、达科他州的苏人及其他，这时，正如一个发言人所称，捕鱼示威已成为"自从印第安人在小大角之役中击败卡斯特将军以来首次彻底的部落间行动"。而当联邦政府也支持他们时,这似乎就更表明了团结的重要性。

除了这些行动之外,土著美国人的当前利益和长远利益都直接与美国这个福利政府所提供的标准解决方案针锋相对。接受福利救济、职业培训、低收益住房,这就是接受同化,因此也就是对进一步毁灭其传统的默许。反叛的印第安民族主义运动不仅是对美国的失败所做的一种反应,而且是一种拒绝,拒绝接受这个国家所提出的承诺——承诺经济发展、保护社会安全网。印第安民族主义者坚持认为土著美国人不想"发展",而只希望不受干预、自生自灭。联邦政府曾极力想解决居留区的住房问题,于是修建了一些低收益的花园套房和连片房屋,但结果印第安人根本就拒绝迁入,因为这些住宅是"非印第安式样"。这件事便充分体现了他们上述的那种愿望。在一个又一个的居留地里,当印第安人看到政府修建的房屋时,他们一边大笑不止,一边大摇其头,表示怀疑。因为习惯了散居,所以他们看不出一个人住在另一个人的头上这算什么改进。瓦因·德罗里亚嘲笑道:"如果我们想住这种房子,我们完全可以去芝加哥。"往往只有那些从城里回来的人才会住这种套房。其他人都看到了这种荒谬性:买一套这样的房子他们要付给承包商 25000 美元,而他们建一栋自己喜欢的房子却要便宜得多。一个青年激进分子在达科他北部的奇珀瓦龟山居留地的湖边花1500 美元就为自己建了一座小房子,以此为例来说明如果印第安人得到建筑基金所能取得的成果。有人告诉他,政府并不是给印第安人钱让他们自己去建房。

比其他少数民族更甚,土著美国人彻底批判大众社会,他们认为惟有通过经受在文化上的隔绝之苦,才能实现真正的民族特征。印第安人青年从大学回来,担任起居留地激进活动分子的角色,其中的一个主要原因就是他们已经见识过主流社会，并且得出了这样一个结论：这个主流社会已告破产。"他们看看主流社会，看到了什么了呢？"德罗里亚问道，"冰淇淋店、心脏病、精神病、除臭剂、在郊区早上六点起床去修整草坪。"土著美国人是最先批判主流社会、大众人、"现行社会体制"的人。德罗里亚解释道："你远离居留地的时候，便会发现没有身份的人正是城里人。"

德罗里亚的民族主义宣言《卡斯特因你的罪而死》(1968)一书，是60年代对同化问题批判最为尖锐的作品之一。在该书中，德罗里亚十分清楚印第安人为了建立一个统一的政治阵线应当做些什么事情。德罗里亚认为，在这个印第安人正在力争重新评价自我的时候，白种人却仍坚持自己依然代表着西部传说中的印第安人。最爱管闲事的白人是那些社会学家，他们每年夏天都要到居留地来对"印第安人问题"做"应用调查"，但德罗里亚却怀疑他们的真实目的只不过是想促进其学术事业而已。德罗里亚将受过教育的印第安人称为"车间印第安人"，这些人相当于黑人权力提倡者中的黑人中产阶级。不幸的是，许多这样的印第安人和联邦政府的决策者都会听取这些科学家的意见，所以在每一个"干扰印第安人的项目背后……，都站着一个人类学者"。这些专家总倾向于将"印第安人问题"归咎于他们的某种文化失调，德罗里亚对此大感惊诧。人类学家不是关注贫穷问题或当局对印第安人自治要求的拒绝，而是将注意力集中在受挫的"勇士传统"之类的因素上，一个对奥格拉拉的苏人所做的调查得出的结论就是这样的。德罗里亚观察到："对于居留地中真正与人有关的问题，他们都认为这只是一个勇士民族被驯服、失败而导致的副产品而已。"这种调查结果肯定会产生的自由主义者的计划自然在意料之中，为了讽刺这些计划，"一些印第安人……建议政府资助一队马车队，让他们每天早晨 9 点经过居留地,然后居留地印第安人发动袭击,并因此 232 得到最低工资。"

德罗里亚写道,土著美国人所真正希望得到的是"一个不要管我的文化协议。"他希望通过"美国印第安人全国大会"实现的印第安人的统一,并利用这一组织为各群体之间的合作获得长期的经济稳定。

但是,德罗里亚的组织却为更年轻更激进的印第安人所超越。1968 年期间,一群对少年管教所和监狱有透彻了解的年轻人在明尼阿波利斯仿效黑豹党人成立了一个自卫组织,以保护印第安人,反抗警察的残暴行为。这些激进分子自称为"美国印第安人运动",他们迅速在北部和西部有印第安人大型社区的各个城市发展分支。1969 年,他们突发奇想,要占领从西海岸到华盛顿特区联邦政府没有使用的土地,即与在边远地区安家落户背道而驰。11月,他们开始占领了荒置的阿尔卡特拉斯岛监狱,宣布要把它改成一座全部是印第安人的大学。联邦政府没有理睬他们,最后他们便逐渐撤离了这个小岛。这个运动于 1972 年秋季在华盛顿告终,"美国印第安人运动"的支持者们占领了印第安人事务局,造成200 万美元的损失,并偷走了印第安人事务局的文件,据说这些文件体现了机构内官僚们的欺诈行为和利益冲突。尼克松政府一直有这种错觉:认为重组印第安人事务局、鼓励印第安人独立自主就已改善了政府与印第安人之间的关系。因为对这次占领大为震怒,尼克松政府在偷偷付给占领者们回程旅费之后,便下令联邦执法机构谋划摧毁美国印第安人运动。

尼克松政府总是易于大开杀戒,其实他们也许根本就无需谋划去毁灭这个运动,因为它很快就走进了自己设置的死胡同。美国印第安人运动最大的不满之一就是:印第安人事务局与政府同意的部落政府狼狈为奸继续将印第安人的土地权和矿产权卖给大型天然气公司、煤矿公司、化学公司。这种开发,再加上部落政府在尼克松政府民族自决政策下扩大了的权力,增加了部落控制的危险,也使印第安人彼此对立。美国印第安人运动中最为著名的占领事件是1973年对翁迪德尼为期71天的围攻。这次事件主要便是源于美国印第安人运动成员和达科他南部的派恩岭居留地的部落政府之间的冲突。在这个居留地里,美国印第安人运动组织了一个团体,其成员的利益经常与部落首领的利益发生冲突。这个首领名叫迪克·威尔逊,是个游手好闲之人,他认为"印第安人惟一的主要问题就是美国印第安人运动……。他们只是一帮懒汉而已,千方百计想把自己的照片登在报上。"2月下旬,在翁迪德尼山村这个1890年对印第安人最后一次大屠杀的现场,美国印第安人运动攻占了该地不大的印第安人事务局办公室,拘留了11名人质,坚决要求恢复印第安人的权力。像在阿尔卡特拉斯一样,联邦政府决定按兵不动,静候印第安人运动分子撤出。这一策略削弱了他们的"今天正是死亡之日"的正面冲突策略的有效性。翁迪德尼成为新闻媒体的一大拙劣噱头;人质结果竟是参与者,他们"自愿"被城市里长大的印第安人扣留。这些印第安人声称要恢复自治以复兴印第安人的传统,但基本上他们似乎都是在为自己寻根。

不可融合的少数民族的崛起

少数民族一般来说会经常得到这些人的支持:信奉"位高则任重"的白人新教徒政治家、宣扬一种新的社会行为准则的白人新教牧师以及追求个人真实自我和政治正义的白人新教徒大学生。但是,同样是这些人,对于那些也有着悲惨历史的爱尔兰人、波兰人以及其他少数民族,他们却没有这么富于同情。白种人少数民族不是穷人中最穷的,他们一般也不想得到自由主义者的同情。许多人还是天主教徒,因此很容易为新教徒忽视。他们庆祝自己的民族特征的地点是教堂、家中或社区,这自然远远没有聚居区或居留地奇特。

当权者开始对被剥夺权利者表示同情的同时,他们将自己的偏见与歧视转向了白种人中的少数民族,属于工人阶级的白种人发现自己成了某个观察员所称的"体面的偏见"对象。关于黑人的笑话已经过时,关于白种人少数民族的笑话取而代之:"一只粉红色'火烈鸟'(其英文发音同某个常见意大利人名——译者)买到房子后做的第一件事是什么? 他在前院里竖一根'杆子'(发音同英文中的'波兰人')"。1969 年,纽约市属于白人新教徒阶层中精英人士的市长约翰·林塞正与意大利裔保守党人马里昂·普罗卡西诺进行一场胜负难分的角逐。在为林塞举行的一个晚会上,演员伍迪·艾伦挖苦道,林塞的意裔对手正呆在家里,"穿着汗衫,一边喝着啤酒,一边观察电视上的劳伦斯·韦尔克。"林塞派的笑话是:如果普罗卡西诺获选,他会用油毡换下格雷西官邸的毛皮地毯。当纽黑文(耶鲁大学所在地)一个意裔保守党人宣布他要竞选市长时,有报导说一位耶鲁大学的教授就餐时对人说:"如果意大利人真的不是最劣等的种族,那么就我所见,他们是模仿得最惟妙惟肖的一个。"

无论是道德上还是政治上,体面的偏见都有其用途。当权者由于不再是劳工雇主,因此可以装出一副随和宽容的道德姿态,因为这对他们来说毫无代价,迈克尔·勒纳观察到:"上层阶级已到达一种安全可靠的稳定状态,其自由主义—激进主义派认为他们可以一边取笑警察和屠夫的手腕,轻视其抱负,同时还能在两者留下

348 第 8 章 大熔炉之外

的空间里过着高雅的生活。"特权者因此还有理由来责怪自身之外的其他人导致了改革的失败。阿瑟·施莱辛格自己虽然不是白人新教徒,但他道出许多这类人的心声:他推断改革主义与保守主义之间的显著分歧实质上是这两者之间的分歧,即"未受教育的穷人,他们容易成为保守主义最冲动、最基本的支持者"和"受到良好教育的生活富足者……,(他们)容易关注自己的身份、改革以及进步。"

由于"大熔炉"理想的破灭,少数民族也坚持自己的权利,再加上白人新教徒和少数民族都强烈谴责白人工人阶级,所以白种美国人也许不可避免地会以民族路线来坚持自己的权力。事实上,罗伯特·科尔斯认为工人阶级的潜在恨意不仅是忌妒少数民族所得到的关注。他写道:"他们还忌妒黑人,因为他们成功地找到了一种既坚持下来又得到一定关注的抗议运动。他们也需要一种这样的抗议运动。"对于他们是否知道如何来发动一个这样的运动,科尔斯心存怀疑,但"这样一种运动"确实出现了,尽管这个运动逐渐变得随意、虚伪而且没有效果。到 60 年代末,少数民族组织纷纷出现,如意裔美国人组织、斯洛伐克天主教徒第一联盟,甚至还出现了犹太人防卫同盟。少数民族的知识分子一马当先,为"白种少数民族"辩护,呼吁要进行"一场旨在创造一种全新多元文化的有意识而平静的革命",而且他们对"民族新特征"的表现表示赞许。

作为白人种族意识的明证,民族新特征的提倡者指出了两大标志:一是从巴尔的摩到波士顿到芝加哥的大部分老城区仍能发现的少数民族大社区;二是少数民族对于选举习俗的坚持。赫伯特·甘斯、内森·格雷泽、丹尼尔·莫伊尼汉等城市学者在 60 年代初出版了一些相当重要的作品,为对各少数民族的研究奠定了基调。

在《大熔炉之外》(1963)一书中,格雷泽和莫伊尼汉断定种族意识正在上升——至少体现在纽约市的政治中。他们写道,"在1963年,在欧洲人进入这个国度的大规模移民近四十年后,民族风格还如此强烈",这实在令人瞩目。对于犹太人来说,大屠杀和以色列的出现使他们对自己的传统有了更深的依恋,也加强了他们处处警惕的民族防卫心理。由于犹太人比大多数群体都更愿同化,因此他们的团结增强就更令人瞩目了。黑人也达到有史以来最大的团结,天主教徒也联合起来,支持教会坚决反共,并且在校园里进行祈祷。尽管格雷泽和莫伊尼汉错误地估计白人新教徒会加强自身的团结感来迎接少数民族的挑战,但他们使人对60年代后期的纽约有了一个大致了解:不仅白人与黑人之间关系高度紧张,而且黑人与犹太人之间也有激战,60年代后期还有在纽约市民主党覆灭之后崛起的马里昂·普罗卡西诺,而约翰·林塞的控制力却不堪一击。

对于格雷泽和莫伊尼汉对纽约市局势的发掘,其他学者发现其适用范围要广得多。政治学家和政治历史学家等开始根据种族而非地域或阶级等其他因素来估测选举情况和政治忠诚。雷蒙德·E. 沃尔芬格在60年代初期对少数民族政治的一项调查中发现:少数民族中第二代和第三代移民的投票风格要比第一代移民坚定,这显然表明第一代移民的同化冲动要较其后代强烈。社会流动性一度被认为有巨大的一元化作用,但沃尔芬格认为,它很可能反而激发了少数民族进行更广泛的认同,因为投票者更没有理由来根据阶级路线进行投票。如果沃尔芬格所说不错,那么这个富裕社会更可能夸大少数民族的差异,而不是消除这些差异。

不论导致种族新特征的根本原因何在,这种特征更是中产阶级知识分子的创造,而不是老百姓对于其种族传统的一种发自内

350　第8章　大熔炉之外

心的重申和庆祝。安德鲁·格里利、指导华盛顿一个少数民族智囊团的博学的爱尔兰裔天主教牧师吉诺·巴伦尼、关于就种族特征最富争议一书的作者——哲学家兼神学家迈克尔·诺瓦克，这些作家都是进入了学术界的第二代移民。他们正是在大熔炉神话失去其容纳力时作为学者参与进来的；这样，为自己的种族背景辩护，这不仅合情合理，而且成为一种潮流。

235　　如果说格里利是种族新特征最多产的拥护者，那么诺瓦克是最激动的一位。作为第二代斯洛伐克移民，诺瓦克的作品代表着"PIG"的利益。"PIG"即波兰人、意大利人、希腊人和斯洛伐克人，这些人被白人自由主义者和黑人民族主义者指责为种族主义分子。诺瓦克的《不可融合的种族的崛起》(1972)一书是各种不满情绪的大汇合——不满历史、不满自由主义者、不满主流知识分子、不满黑人、甚至不满诺瓦克似乎正在从事的带有种族特征的政治活动。诺瓦克认为，种族特征仍然对少数民族身份的丧失起到一种缓冲作用，而且使白人少数民族得以坚持他们所珍视的价值观，如勤劳、信教、爱国等。白人新特权抛弃了这些价值观，却使少数民族发生了兴趣；少数民族一边受到要求要放弃自己的种族特征，同时又有人告诉他们要抛弃这些他们一直认为成为美国人所必须具备的价值观。

　　可以预见，诺瓦克这本书引起群情愤慨，许多书评主要是指责他在拐弯抹角地宣扬种族歧视。记者格雷·威尔斯称之为一本"道德败坏之作"。艾格尼斯·莫兰·杰克逊对人们的虚伪迷惑不解，他们几十年来一直接受大熔炉的理想，但当黑人和其他少数民族开始赢得认可时，结果他们却对白人新教徒加以痛斥。如果对诺瓦克进行更实质性的批评，那么可以说种族新特征只是中产阶级知识分子的杜撰而已，其目的是为了调节他们自身失去身份的感觉。

它并不是工人阶级现实的真实写照,而更是一种随意思考的产物。种族新特征的某些方面很明显都是人为地想去再现已经失去的历史。诺瓦克充满感情地回忆起祖母具有民族特色的烹调,而鲁道夫·维科里则把他的意大利父亲理想化为一个抵制大熔炉的人,因为他自己种菜、自己酿酒。对于许多人而言,种族特征是一种周末时的放纵,如记者尼古拉斯·派尔吉所写,是通过周六从长岛骑车到"小意大利"城来分享的东西。派尔吉笔下的"周六意大利人"不仅是为面包、苦涩的小洋葱、大量蜗牛面包、活鳗鱼、风干的鳕鱼而到意大利城的,而且也为了在周末享受一下自己的传统,因为他们受的教育、金发的妻子以及英语都已开始拒绝接受这些传统。在此意义上,种族特征成了方便时便可享受的商品。

诺瓦克的部分目的是想让大家适度地注意到自由主义者对白种工人的评论中存在的根深蒂固的阶级偏见,但他把重点放在种族特征上,这主要只是掩盖了他书中有意义的那部分内容。倘若所谓的白人少数民族可以表示什么真正的不满的话,这种不满也只能基于阶级原因而非种族原因。诺瓦克和其他代言人都错在推断工人阶级的白人特别地觉得有一种种族恨意;他们发现自己说得最多的就是工人阶级,而原因仅仅是因为工人阶级相对来说不受大众一元化的影响,所以种族特征也就保持得更为完整。

60年代的"普通人"

诺瓦克极力想描述白人工人阶级的特征,但与之相反,他们自己对经济命运和政治命运却强烈地觉得无能为力,对种族问题也不会特别敏感。他们认为白人新教徒似乎违背了一个长期的社会契约。这个契约可以说是这样的:少数民族会得到稳定的工作和

352　第 8 章　大熔炉之外

表示尊重的承认,条件就是接受白人新教徒的统治及他们的一些
价值观。工人阶级有两大对手:一是少数民族,特别是黑人,他们
认为黑人所得到的成就是他们自己所未能获得的;另一个是自由
主义者,就是他们在分发这些成就。有人曾对罗伯特·科尔斯说:
"他们想得到一切他们所能得到的东西——无代价的获得,他们不
想劳动……。他们似乎觉得自己有权从我们这些人手中有所收
获。"但是谁是罪魁祸首呢?"那些住在郊外的高尚住宅区的富人,
他们就是罪魁祸首。这些装腔作势的伪君子,总是亲密地拍拍别
人的头,说你如何了不起,我如何爱你。"

工人阶级的不满

　　工人阶级的失意感在整个 60 年代不时地流露出来,比如马
丁·路德·金计划在芝加哥举行一次到西塞罗的示威游行时,他们
就流露出了这种失意感。芝加哥存在能引起种族间紧张局势的所
有因素。芝加哥的郊区绝大部分都是少数民族,如西西里人、波兰
人、斯洛伐克人等等,而且许多居民都是在西部电气公司庞大无比
的霍索恩工厂上班。西塞罗这个社区的居民都是私房屋主,但这
也就是全镇人所能称为富足的东西。马丁·路德·金此时已将西边
的聚居区作为自己的家,当聚居区偷偷向西塞罗慢慢扩张并最后
吞并朗代尔工人阶级社区时,西塞罗居民一直在观望。1966 年马
丁·路德·金及其他示威者受到种族主义分子的攻击,这些攻击尽
管相当丑陋,但应当视为一种争取社区控制权的努力,而社区控制
权正是其他种族的民族主义者所要求的东西。在西塞罗事件中,
黑人合理的不满与白人少数民族合理的担忧发生了冲突,正如一
个观察员所注意到的:"这种情况真正令人悲伤的是它并不容易得
到解决……。事实上,不理不睬、种族歧视、拙劣的社会政策,这些

牌洗来洗去已经洗了五十多年了,西塞罗事件总是处理得很蹩脚。"因为忽视了西塞罗的情况,媒体、自由主义政治家以及马丁·路德·金本人都受到激烈的反对。

许多时事评论员把西塞罗作为证据,来说明工人阶级的行为产生的主要动机就是因为种族问题。但是,具体的种族不满给白人工人阶级带来的好处是否比黑人或拉丁裔美国人更多,这一点很令人怀疑。如果有人声称自己的过去和黑人和土著美国人一样受到残酷压迫,那都值得怀疑。但是,白人少数民族可以用经济上的原因来提出合理的不满。从定义上讲,白人工人阶级并不穷,他们的收入高达5000甚至1万美元左右。当然,获得较高收入的都是技术工人和加入了工会的人,如汽车工人。对于其他大部分人来说,以这种收入水平,一个家庭必须有是双职工才够,而此时中产阶级家庭还未认同这种家庭是一种进步的婚姻。尽管当权者对于这些工人的普遍印象都是"蓝领贵族",有自己的船、汽车、镶有木板的地下室、后院还有烤肉架,但事实是大多数人除了自己的房子外一无所有,所以他们会竭尽全力来保护自己的房产。一名爱尔兰裔妇女向罗伯特·科尔斯承认:"黑人说他们一无所有。没错,我们拥有的比他们多,这没错……但是,即使什么都不缺,要活下去也够艰难的了。如今这世道,要想心情宁静,你非得拥有什么东西不可,要不就必须是专家。""像他们的黑人同龄人一样,白人工人阶级也知道他们绝对过不上富足生活。"安德鲁·莱文森(其父斯坦利曾是马丁·路德·金的密友兼顾问)写道,"在汽车装配线上工作的工人只有一辆二手雪佛兰车。他们每天花八、九个小时,最多十个小时就能造一辆卡迪拉克或托里诺汽车,但他们永远也买不起这种车……。对这些人来说,社会不平等并非什么抽象概念,而是实实在在、看得到的事实。"

除了对经济上的不稳定心存担忧之外,白人工人阶级还有大量政治上及道德上的不满。"白人种族运动第一夫人"芭芭拉·米库尔斯基在她 1970 年写的"失意书"中确切地总结了这些不满。米库尔斯基是来自巴尔的摩市的一个波兰裔天主教徒,其父是一个小杂货店主。她发起了一个以寻根为目的、追求真实性的调查。米库尔斯基一开始是一位社工,因激烈地为属于工人阶级的少数民族辩护而名声大振。她宣布:"美国的少数民族讨厌被那些虚伪的自由主义白人、假冒的黑人激进分子以及屈尊俯就似的官僚俗套地认为是种族主义者。政府每每有大计划出笼,他们都会支付经费,但回报却极少,甚至毫无回报。而政治言辞又使人产生一种错觉,以为这些经费都用在了以黑人为目的的社会项目上,由于受到这些言辞的欺骗,于是他们便将愤怒转向了种族——而他们自己却是阶级偏见的受害者"。对于美国的少数民族而言,大熔炉实际上是"一口咝咝作响的大锅,他们觉得自己在政治上受到政府和私人企业双方的引诱,同时又受到他们的合法敲诈"。

乔治·华莱士

米库尔斯基"失意书"的详细内容在白人中引起强烈反应。乔治·华莱士作为一名需要认真对付的人物,一出现便促进并象征了这种反应。作为一名一流的煽动家,华莱士十分细致地研究了政治上的仇恨,并以此来决定自己的职业生涯。他在种族问题上曾是温和派,在阿拉巴马州后布朗时期的政治气氛中失势后,他下定决心要把种族问题玩得比任何人都要好。他以种族问题为诱饵,于 1962 年成为阿拉巴马州州长。在阿拉巴马,他因哗众取宠地反对阿拉巴马大学的种族融合而闻名遐迩:"现在是种族隔离,明天还是种族隔离,永远都是种族隔离!"

华莱士如果不是野心勃勃,不是第一个断定种族问题不同于其他问题的政客的话,那么他也就是一个普普通通的南方政客而已。NBC(美国全国广播公司)记者道格拉斯·基克若有所思地说:"就好像在某个地方,在此之前的某个时刻,华莱士突然清醒,产生了一个令人难于理解的反动观点:他们都恨黑人,所有的人……。他们都是南方人!而整个美国就是南方!"因为受到了这样的启发,华莱士决定尝试一下1964年民主党的预选。他提出了一个肤浅浮夸的咨文,将对民权法的反对、州权纲领以及反共思想掺杂在一起。华莱士令许多观察家大吃一惊,他们甚至都吓坏了:华莱士真正下过功夫的地区为数不多,但在这些地区他的表现却极为出色。他在钢铁工业城加里表现良好;他在威斯康辛的预选中获得了近三分之一的选票;在马里兰州,他在巴尔的摩东部和南部的工人阶级地区一举获胜,几乎赢得该州预选的大胜。

两大主要政党都注意到了华莱士的力量,并于1968年策划要限制其力量。两党进入提名的主要竞争者都以为华莱士的力量纯粹而且仅仅在于他利用了种族歧视的吸引力,于是他们都竭力去安抚南方的当权派。华莱士深知自己在两党中都无前途可言,因此便组建了自己的政党——美国独立党(简称独立党)。华莱士是这样想的:以第三党的候选人来参加大选,胜算是不大,但若试图以常规渠道来获得提名,胜算肯定更小。而且,第三党的候选人身份也有其长处:他不必在预选中浪费资金和精力,还可以用自己的方式进行竞选活动,这意味着他选定阿拉巴马州提供资金和人员的这种富于创新的筹款方式能得以保持。1968年夏末的民意测验结果表明华莱士能获得20%之多的选票,他抢到的选票更多的是民主党人的票,而不是很有可能成为共和党提名候选人尼克松的票。华莱士的竞选主题自1964年以来便更为尖锐了,现在更多的是依赖自由主义者的吸引力,而非种族的吸引力,并且对联邦政府对于国内事务的横加干预和在越南问题上的愚蠢无能进行的难以自圆其说的指责加以批评。这些题目一直相当有效,直到华莱士提名柯蒂斯·勒梅为其副总统候选人。勒梅曾经是位将军,而且是个忠诚的"鹰派"人物。获得提名后他马上便宣称自己支持对越南北部进行核攻击,这样便证实了新闻界对华莱士的所有传闻。至此以后,华莱士的魅力遽减,选民们开始用长远的目光来看待他,另外两位候选人也推出了自己的观点,而工会和其他组织则发起了反华莱士的运动。作为一名第三党的候选人,华莱士的表现还是十分出色的。他在四个州(全在南方)获得胜利,几乎得到一千万张选票,这个数字达到了全部选票的13%。这样,尼克松因获得相对多数票而获胜。

专家们很容易便会把华莱士和蓝领中的突出者联系在一起,认为他们狼狈为奸,进行种族歧视的政治活动。正如一位作家所说,华莱士身上有"一股匆忙和发油的气味",完全"和人群中最低等的人毫无二致"。皮特·哈米尔写道,华莱士证实了这一点:"一般大众,那些出租车司机、美容师、炼钢工人、钢铁厂工人、建筑工人,他们被一代又一代不切实际的社会主义者完美地理想化,但实际上只是一群丑陋之众。若说乔治·华莱士的竞选有其丑陋之处、有种族歧视之处,这只是因为华莱士就是这帮丑陋之众的产物。"

但是,华莱士选民的概况与其他候选人选民的概况并无任何显著不同。华莱士的选民中农村人、南方人、工人阶级要倾向于稍多一点,他们在对外政策上比较保守,还有点种族歧视,但这些都并不显著。乔迪·卡尔森一项详细彻底的调查表明,他们的一个共同特点在于:他们不选举大党的候选人,而是对形势表现出一种无力感。他们对强制性种族融合的抵制就是这一特点的象征。颇具讽刺意味的是,在一个异化政治应当受到欢迎、而且也合法的年代里,他们却属于最被视为异端的人。华莱士本人毫无疑问是种族主义者,但这并不是说支持他的人就是因此才支持他的。对于许多工人阶级的选民而言,华莱士的魅力在于他与"尖头知识分子笨蛋"和"自行车都停放不好"的自由主义官僚进行富有民间特色的交锋。华莱士是惟一一位谈到民众对自由主义改革人士抱不信任态度的候选人,也是惟一一位对广泛存在的不平等感予以重视的候选人。那些尖头(指知识分子)决策者"全部来自免除了数百万美元税收的基金会⋯⋯。他们利用税收漏洞大发其财,而小人物则为了交付税金而急得撞墙"。那些将华莱士的选民推断为种族歧视的反动者的人,必须置这一事实不顾:就是这些选民,他们在肯尼迪遇刺之前也曾受到肯尼迪的吸引,因为与华莱士一样,肯尼迪也曾站在"小人物"一边。明尼苏达州一名华莱士派的地方领导对记者解释道,肯尼迪的遇刺,"加上马丁·路德·金的遇刺,向我表明了这个国家是何其病态"。爱德华·肯尼迪在极力为民主党赢回支持时也注意到:华莱士的选民"觉得业已确立的体制并不体谅他们在日常生活中遇到的困难,而且大体上自己也没做错",对此,肯尼迪也深表同情。

黑人观点与白人观点的会合

大体而言,华莱士选民的情况和工人阶级白人的情况相差无几。工人阶级与长期以来强加其身的形象并不相符,60 年代后期进行的所有重大民意调查几乎都得出了这一结论。这些调查无一例外都认为:黑人是美国社会中命运最为艰辛的群体;而且也无一例外地同意这一观点:黑人并不要求进行过快的变革。80% 以上非南方人的蓝领调查对象都同意:学校应当进行种族融合;黑人应

358 第8章 大熔炉之外

当可以随意搬家,只要他们可以负担其费用;只要黑人合格,便可以担任任何工作。布伦·塞克斯顿写道,民意测验结果表明:白人工人与那些受到更好教育、更加富裕的白人相比,"显得稍稍支持革新一点"。塞克斯顿指出:这些结果都不难理解。蓝领白人在很大程度上更愿意与黑人并肩作战,并在平等的基础上以多种其他方式相互影响,而不愿与任何中产阶级白人或当权白人进行合作。

有了这种理解,白人工人阶级的观点在所有群体中便与黑人中产工人阶级的观点最为相同。以普通黑人为调查对象的民意测验揭示出他们普遍不信任白人自由主义者、厌恶黑人的暴力行为,而且有一种种族中心主义的愿望,希望不受人打扰——这些与白人的一般观点都相差无几。大致而言,绝大部分黑人都将马丁·路德·金和全国有色人种促进会这样的主流机构视为其领袖,并且坚信黑人这个种族的情况正在改善。一些民意调查数据表明,他们极大部分都赞同在学校和居住区进行种族融合——尽管其种族融合的信仰部分取决于这些问题提出的方式与时间。在60年代中期的一项调查中,加里·马克斯发现黑人赞成种族融合的比例有所不同:伯明翰是79%,而纽约则是96%。稍后,在关于强制性用公车接送学生(指美国学校为平衡不同种族学生比例而用车接送外区儿童上学——译者)之事的争论结束之后进行的民意调查中,卢·哈里斯发现支持种族融合的黑人少多了;事实上,半数稍多的人还持反对态度。种族融合这一问题很重要,而时间选择也很重要。

这些结果似乎反映了大量矛盾态度的存在,但是,仔细审视他们的言论之后,又可得出另一结论。就他们争取种族融合的程度而言,黑人工人阶级之所以如此是因为他们视之为白人社会对种族平等的一个明确承认,而并非视之为进入中产阶级的一种方式。

正因为如此,他们强烈反对媒体对黑人的叙述方式,尤其憎恨许多白人自由主义者向他们倾泻的愚蠢同情。他们理解民族主义,而且也部分赞同,但就像马丁·路德·金一样,他们将种族隔离视为对种族平等的阻碍,而非其实现途径。

马尔科姆 X 称黑人民众并不想融入白人中产阶级,他说得一点也不错;他们要的是"人权。人应有的尊重!""我不想与一个白人为邻",费城一个黑人对彼得·宾曾说:"我只要平等的权力。"李·雷恩沃特曾采访过居住在普鲁厄特—艾戈的年轻人托马斯·库利奇,他也表达了这种感受。雷恩沃特写道,库利奇仿效民族主义者和穆斯林,但他也希望有机会来发挥自己的技能,过上体面的生活。雷恩沃特的结论是:库利奇想"找到一个家,做一个真正的人,找出自我表现的合法方式"。从罗伯特·科尔斯在波士顿黑人工人阶级中进行的采访中,这些观点表现得最为清晰。有个人的话相当坦率:"他们叫我黑人。先生,事实上我在工厂工作,有妻子,有三个小孩……我们并不想与白人住在一起,同自己人住在一起我们很幸福,这并不是说我们是非洲美国人或赞同黑人权力之类的东西。真见鬼,我同白人一起工作,也希望我的孩子与他们一起上学……我只是个普通老百姓——这座城市这个城区像我这样的人成千上万。为什么大家不谈谈像我这样的人呢?"

自由主义者、激进分子以及种族主义者声称要加深种族分裂,而包括白人和黑人的工人阶级观点的会合则对此予以了反驳。然而,由于在美国政治文化中种族认同极为有效,因此这种会合被掩盖起来了。而那些极其严密地进行了组织的人,他们的声音却被听到了。黑人和白人的工人阶级的观点如此一致,但未能超越民族主义者的叫嚣,其主要原因不仅在于跨越种族界限的组织微乎其微,而且削弱这种一致性也能为种族激进分子的政治利益服务。

组织阿巴拉契亚人的尝试

人们也许甚至会说,不以种族界限进行组织,到 60 年代后期便会被剥夺公民权。这种说法符合所谓的白人少数民族,但若将此观点运用到迁入城市的阿巴拉契亚人身上,便能得到更为有力的说明了。从二战到 1965 年期间,由于采煤业的机械化,再加上其他的经济压力,大量白人贫民——他们没有得到很好的教育,以城市工业标准来说大部分都没有一技之长——受到鼓舞,进行搬迁,使得阿巴拉契亚山区的人口大减。搬迁的具体数字无法确知,因为阿巴拉契亚人的特点是流动性极大,经常往返于城市与故居之间。但是,根据一些估测,在 70 年代后期,有六百万出生于阿巴拉契亚山区或父母出生于该地区的人搬迁出去了。不管是去匹兹堡、底特律、芝加哥,还是代顿,他们都是去找一份工业工作的;有的找到了,但有许多人却没有。那些没有找到工作的人,由于准备严重不足,因此无法适应城市生活,也无法接受迫使城市生活适应他们所必要的政治策略。由于其生活与主流社会完全隔绝,因此他们形成了自己的历史,形成了极端独立的文化。他们整个群体都憎恨去接受社会福利;社会福利会衍生依赖性、不光彩,还会使家庭破裂。他们憎恨别人说他们是穷人;他们知道自己很穷,根本就无需社会工作者或攻读哲学博士的学生来告诉他们。许多活动家、社会工作者以及学者发现他们极端宿命;无一例外,他们一方面令人怜悯,另一方面确实又非常骄傲。

事实上,许多致力于帮助阿巴拉契亚人的社会工作者都认为,他们这么骄傲,这对他们自身并无益处。他们不接受为他们提供的社会福利,反而彼此依赖、依靠同样在城里的亲戚或旧邻。"他们所要的就是工作,"有位社工对罗伯特·科尔斯说,"他们所要的就是一个独立机会,凭自己在这个世界上生存。"奇怪的是,这位社工却认为这种决心并非什么美德。由于这些山民拒绝帮助,他已经心灰意冷。"那些需要钱来养活孩子的父母却拒绝这笔钱,他们是受到什么样的骄傲的鼓舞呢?"她推断,这也许是一种"近乎有悖常情的诚实。"

同样的,产生这种"有悖常情的诚实"的性格,还使他们极难组织。也有一些短暂的成功,譬如学生争取民主联合会在芝加哥城外住宅区将阿巴拉契亚人组织起来的社区行动组织。许多学者和活动家都极力要使阿巴拉契亚人将自己视为一个独特的少数民族群体,这样便可能"增大其力量,作为一个群体来争夺城市所分配的商品和服务"。"我尽力在每个关键之处都提醒他们:他们是一个政治性群体,"另一位活动家对科尔斯说,"提醒他们是阿巴拉契亚的白人,像黑人、奇卡诺人、印第安人以及迁入城市的农民一样,他们要把自己组织起来,成为一股力量,做自己的支持者和游说者,就像这个社会中其他群体所学会的那样去做。"问题是他们接下来依然是把自己视为"山民",而非少数派:"一代又一代,他们都是这种看法;'山民'这个词,就像鸦片。"

在这些活动者之间,并不存在白人与城市黑人接触时所特有的自由主义傲慢态度。他们都致力于帮助阿巴拉契亚人学会如何自我帮助。组织者的责怪也不无道理:把他们联合成一个少数派群体,这很可能会"提高其竞争力"。山民们确实未能看到自己的日常问题其实从属于剥削这个大问题。科尔斯手下一名组织者解释道:"我极力要使他们更加意识到存在的种种政治问题,意识到自己在美国生活中的阶级地位。"在此,真正的悲剧性在于:为了达到这一目的,为了采取缓和这一剥削的必要措施、缓和其"阶级地位",山民们必须放弃一些品质,而首先使他们与众不同的,正是这

362 第 8 章 大熔炉之外

些品质。对于他们,不可能有真正的正义,因为根据任何有意义的解释,正义既会给人们带来经济上的改善,又会尊重其价值观。这样,缠绕着黑人民族主义者的同样无法解决的困境又摆在了阿巴拉契亚人面前。

　　60 年代种族政治活动以压制大部分人而告终。这些人并非种族主义者,他们要承受美国社会中的种种不公,他们对于接受消费文化并不十分热衷,并且奋力保持一些富于争议的价值观——独立、勤劳、爱国以及自尊。60 年代没有代言人的是那些循规蹈矩的人、普通美国老百姓、白人、黑人、拉美裔、阿巴拉契亚人,或者是这些人:他们忠于职业道德、看穿了自由主义者的虚伪和激进分子的吹嘘,他们只想拥有一个生存的空间。尽管好战分子、自由主义者、种族主义者、激进分子获得了极大的名气,但“普通人”对美国的看法却很可能与亨利·罗林斯相同。罗林斯是这样对罗伯特·科尔斯说的:“我是个穷光蛋,这我知道。我是个黑人,或者说是黑鬼,我才不管他们喜欢哪个称呼、要怎么叫我。他们对我什么都叫,但让这些都见鬼去吧!我就是亨利·罗林斯,这就是我的名字,这就是我。”

第9章 权威的危机

60年代生活的暧昧性最显著之处莫过于"权威危机"。不管是好还是坏,大家都普遍觉得在美国生活中,无论是公众领域还是私人领域,各种形式的权威都已失去其实用性、有效性以及合法性。遭到攻击的权威既有政府官员,又有父母,还有道德上的权威。权威危机或是一件必要的好事,或是对毫无疑问的服从的一种良性拒绝,或是由于人们责任心日益减少而国民意志又日益下降而产生的一种不幸的祸害,这些都取决于读者或听众接触到的是哪位评论员。

即令是回顾起来,我们也很难估量这一危机所产生的后果。许许多多形式的权威都已证明彻底失败。60年代初,毋庸多言,许多美国人都认为政府绝不会错、永远不要对政府质疑。到1974年,在越战和水门丑闻之后,就是这些美国人,他们中有许多人(如果不是大部分的话)都不再相信自己有一个诚实的政府。60年代给将来留下的最大馈赠是这个教训:民主政体需要持怀疑态度的民众。这个教训只有通过巨大冲突才能得到。

许多公共机构,如教堂、家庭、学校,他们长期以来就在政府和公民之间进行斡旋,也感觉到了权威危机的巨大冲击。这些调解机构之所以受到冲击,部分原因在于人们对文化权威和道德权威发起的是一种普遍的攻击。思想自由的人主要(虽然不是全部)是中产阶级,他们猛烈拒绝传统宗教、拒绝核心家庭、拒绝旧式教育,就像他们痛斥审查制度、蔑视白人新教徒一样。他们认为对公共

364 第9章 权威的危机

机构的摒弃就会带来解放。然而,对于下层阶级而言,这些调解机构则会带来精神食粮、稳定以及提升社会地位的希望。工人阶级和穷人认为,教堂、家庭、学校是体面生活的必需品。但是,自由主义新价值观也渗入到了工人阶级的社会,改变了社会行为的基本准则。

调解机构衰落了,但其原因并非是中产阶级将其自由生活观念强加在工人阶级身上。美国最为脆弱的人口所处的经济环境和社会环境,这才是更加重要的因素。特别是家庭和学校的贫穷,这是城市普遍发生危机的又一后果。倘若权威危机有何持久教训的话,这个教训就是:家庭、居民区、以及地方社区和组织严密的社区,尽管这些机构的弹性极大,但都很脆弱,需要稳定的环境。倘若失去了稳定的环境,最脆弱者就会付出最昂贵的代价。对我们而言,这些昂贵代价就是社区衰落、家庭破裂、犯罪和吸毒。

上帝的死亡

1966 年《时代周刊》上有一个封面故事。主编称,在该刊"四十三年的发行史"中,这个故事比起其他所有故事来,"都经过了更多的思考"。《时代周刊》问道:"上帝死了吗?"

但是这是为什么呢? 在西方社会中,美国人长期以来就是最虔诚的教徒,而且肯定还会如此。在《时代周刊》的民意测验中,97%的调查对象称自己信仰上帝,1.2 亿美国人声称自己有某种宗教信仰,而44%的人每周都去教堂。似乎很难说美国人缺乏宗教信仰。但是,根据《时代周刊》自己得到的数据,在这个一度人人信教的社会中,定期去做礼拜的人不到一半。刚过半数的人声称自己有宗教信仰,而其中约有三分之一的人都是罗马天主教徒。

而几乎人人都相信上帝,如果把这两个情况联系在一起,死亡的似乎并非上帝,而是有组织的宗教。

在这个对公共机构的实用性质疑的年代,有组织的宗教注定会招致批评和怀疑。从某个角度来看,上帝的死亡便是断言当时人们有这些需要:公共机构要设法满足人们显而易见的需求、要"真心实意"、洗去其虚伪性,并要帮助人们找到解决种种社会问题的方法。人们发现有组织的宗教日益失去其意义。一个十来岁的小姑娘这样解释:"我爱上帝⋯⋯,但又恨教堂。"面对这种幻想破灭的形势,宗教机构的领袖们承认有一种无能感,并且怀疑自己是否有所作用。对《时代周刊》说自己"不知上帝为何物"的,正是美国大教堂的圣公会教长。

许多观察者认为,这种困惑正是对机构危机所能产生的最为健康的反应。一些自由派神学家认为,在一个摆脱了迷信偏见的文明社会,有组织的宗教完全可能失去其存在的空间。譬如,哈维·考克斯在其颇具影响的《世俗之城》(1965年)一书中声称,有组织的宗教是城市化过程中一个奇特损失,并不必对此感到过分痛心。现代神学家自40年代以来便一直在问这个问题:"没有宗教,何谈上帝?"考克斯运用人们对机构自由主义的传统观点来回答这一问题。他暗示,最佳途径就是用与战后知识分子看待意识形态基本相同的方式来理解宗教。宗教是一个不甚先进的黑暗年代的残渣,最好是弃之身后,因为若将宗教与现代技术掺合起来,宗教便会有破坏性。城市居民沉浸在都市文化之中,根本就无需宗教。考克斯认为,城市人并非反宗教,而是比上帝更加成熟。教会的作用与自由政体的作用相差无几。教会的工作就是避开传统,成为"耶稣的先锋";它应当通过"文化驱魔"来消除偏见;它有责任去帮助城里的受压迫者。上帝一旦脱离顽固不化的教会,似乎就成了一个自由主义者。

对于那些为美国社会的动荡忧心忡忡的人而言,考克斯提供了一剂镇定药,缓和了各种各样的焦虑。一些人希望做一个基督徒的同时,也做一个开明的现代人,他们现在可以看到这并非不可能。一些人担心上帝死了,如今他们可以看到基督教将会生存下去。而害怕基督教的人则可以高枕无忧了,因为基督教对社会进步毫无威胁。总而言之,宗教既能符合当时的口号,又能保存其意义。

有些人想承认自己是有宗教信仰的,但即使是他们,也倾向于接受考克斯对信仰的世俗化。尽管许许多多的美国人承认自己自始至终都会相信上帝,但当众承认这种信仰已日益令人尴尬。在上流社会,那些极度虔诚的人很明显会受到鄙视。基督教的原教旨主义者被排挤出、或被强迫离开各主要教派机构,只能呆在自己的组织里。当纽约的传统主义犹太人开始坚持自己的权力、反对美国犹太人日益增长的世俗化和所谓的该市黑人民族主义者的反犹太主义时,他们遭到市中心的白人新教徒居高临下的蔑视,还受到在市中心业已同化的犹太人的发难。天主教会忠于美国的冷战政策,并且一直反对堕胎和节育,这些都令其显得是一个真正的反动堡垒。

与此相反,自由主义者的同情更多的是倾注到进行改革的无神论者身上,其中在 60 年代最为有名的是麦德林·默里·奥海尔。奥海尔是巴尔的摩市一位心理医生。她有一个儿子,才十来岁,总抱怨在其公立学校里要被迫看圣经。据她说,她当时觉得必须支持自己的儿子,因为一直以来她都教儿子要维护自己的原则。因此,奥海尔接下来便对马里兰州要求进行强制性祷告的州法律提出异议,1963 年她打赢了这场官司。因为所做的这些努力,她遭到其他巴尔的摩人的斥责和骚扰,最后还被逐出这座城市。但不久之后,她便予以回击,发动了一场旨在取消宗教组织免税地位的运动。与此同时,法庭对强制性祷告的质疑适逢最高法院的开明倾向而日益明显,再加上取消审查制的判决,这给传统权威带来又一打击。有个调查表明,在短短三年之内,公立学校里读圣经的现象便已属罕见了;到 1970 年,全美仍在坚持这类活动的学校已不足 5%。但南部是个例外,尽管法庭裁决禁止在学校读圣经,但仍有一半公立学校坚持这一活动。

面对世俗化所带来的压力,主流教会的反应是放宽其规则及信条。在这个方面,罗马天主教会一马当先,从 1962 年到 1963 年整整两年期间,第二次梵蒂冈会议对教会进行了改革,对美国 4300 万天主教徒产生了翻天覆地的影响。尽管怀疑者挖苦第二次梵蒂冈会议将天主教会带回了 17 世纪,但会议改写了其指导法则和个人道德标准,对和平、人权、种族主义以及民族主义采取了更为进步的新立场,并且还接受了教会本身存在多种神学理论的观点。教会取消了用拉丁语来做弥撒的惯例——对于那些被迫用一种已经死亡的语言来熟记教会仪式的年轻天主教徒而言,这确是一个惊人变革,牧师和修女们甚至开始用宗教服装来换取世俗衣服。

对于美国的教会而言,第二次梵蒂冈会议既是一次改革,又是对现实的一种正确认识。教会因为素来与政治上的右派有染,所以丧失了它对于许多支持改革的天主教徒的合法性。迈克尔·诺瓦克在因《不可融合的少数民族之崛起》一书而一举成名之前,是一名谦逊的教授,从事宗教研究。他对宗教信仰的官僚式僵滞进行了批判,认为宗教信仰控制在一小撮知名主教手中。从诺瓦克的身上可以看到哈维·考克斯的影子,他认为,天主教徒不愿变革,这只会使他们完全用世俗词汇来表达自己对城市危机和种族不公的关注。诺瓦克写道,"最大的讽刺"在于"最敏感好奇的年轻天主教徒不久便会发现:美国现实主义所代表的精神价值比天主教教权机构的精神观更令人信服。"这样,梵蒂冈会议便"向美国自由的阳光和美国现实之风屈服了"。从在德拉诺与查威斯一起游行的修女、在塞尔玛与马丁·路德·金并肩示威的修女,到贝里根兄弟会和巴尔的摩的激进和平主义者,第二次梵蒂冈会议都对忠实教徒的这股社会活动浪潮予以了鼓励。

对于这些变革,政治上的进步人士通过世俗刊物和《堡垒》这样的左翼天主教刊物表示了赞许。教会正在迈出急促的步伐,以走向现代,这毫无疑问。但是,基督教的上帝却正走向后现代,用模仿文化批判的神学术语来说,这就是说上帝正如《时代周刊》所称,已经死了。追求宗教主旨,不管是通过天主教的改革,还是通过考克斯对世俗之城的接受,都救不了上帝。

事实上,60年代基督教神学中意义最大的发展便是"上帝之死"运动。这是一个"后基督徒"思潮团体,它宣称超然的上帝的死亡是一种解放方式,将基督徒从对死后生活令人分心的关注、对循规蹈矩的迷醉以及对人类已经堕落的信仰中解放出来。接受上帝的死亡,就是激活一个人今生的基督教道德。托马斯·奥尔希哲和威廉·汉密尔顿这两位激进神学领袖写道:"我们不要求上帝为我们做这个世界所能做的事"。"我们相信的是这个世界,而非上帝"。据奥尔希哲的描述,"无神论的基督教徒"都是信仰存在主义的基督徒,"摆脱了对这个超然的神圣上帝的所有忠诚。"

显而易见,奥尔希哲和汉密尔顿希望将人们解放出来,使之马上行动,其精神实质与新左派类似。但是,其智谋策略却接近于苏珊·桑泰格对文化权威的否定摒弃。通过对超然上帝的抛弃,他们推断自己是在解放基督徒。然而,与文化激进主义运动相似,宗教激进主义运动要维持下去,就必须有反抗对象。麦德林·默里·奥海尔对校园祷告的异议之所以具有如此重大的意义,其原因便是因为她要面对其四邻的激烈反对。一旦神学家宣布上帝已死,一旦全国的教派领袖承认自己再也无法确知谁是上帝,那么即令基督教还有威力,人们也无法对它提出质疑。奥尔希哲认为基督徒信仰无神论就意味着大不敬。他没有看到,只有神圣之物存在,作为其对立面,才有可能不敬:若无物为神圣,则无物可谓不敬。这样,宣布上帝已死实际上就是杀死了他,但是,上帝之死又使对宗教权威的挑战失去意义,这样,激进神学要创造一种实用宗教的企图就变得毫无意义了。

关于代沟的一些说明

部分而言,主流基督教出现危机,其中心内容便是臭名昭著的代沟。很明显,代沟是教会机构危机的核心所在。年轻人无法忍受仪式与权威,他们寻求对终极问题的直接答案。诺瓦克在以赞同的态度引用一个 14 岁孩子的话时,就表明了这种意思。这个女孩走进一个祈祷会,但对自己的发现大失所望:"他们都在谈论圣经和礼拜仪式。但我到这儿来的目的是要找出上帝是否存在。"

在 60 年代,这种代沟在公众意识中普遍存在,但往往只被归于是生育高峰的自然结果。毋庸置疑,生育高峰使美国人口在 60 年代变得十分年轻化。自 1942 年始,美国人口出生率扭转了百年来的持续下降局面,到 1957 年达到顶点,出生率近 123‰。到 60 年代末,美国人口恰好有半数在 30 岁以下,而 2400 万人在 18 岁到 24 岁之间。越来越多的人结婚年龄提早,生育高峰主要便是这

370 第 9 章 权威的危机

一现象的直接结果。部分原因(但并非全部原因)是为了适应战时的动乱社会,这股潮流一直延续到二战之后,而且经常被用来作为一种解释,来说明美国人在经历了二十年的萧条与战争之后,迫切寻求回归到稳定的生活中去。生育高峰是富裕年代的内容之一,因此,它便与郊区、汽车、电视——这些都受控于传统的核心家庭——联系在一起。

生育高峰似乎使传统家庭得以复兴。在这样的家庭中,父亲工作,母亲则持家。许多妇女进入战时的劳动大军后又回归到家庭,年轻女性在高中毕业或大学毕业后马上便结婚——有的甚至还在上学时便结婚了。大众文化、政治辞令和社会科学等等,都号召成年人不仅将核心家庭视为实现个人幸福的最佳途径,而且视之为对国家安乐的重大贡献。一本提供建议的书声称:"家庭是一个人生活的中心。若非如此的话,那这个人迷途已远。"人们鼓动妇女忘却事业,否则,她们就是自甘堕落、白费力气、想变得"男性化"。男人也受到号召,要把家庭这份协议坚持下去。对于任何成人,如果他们逃避婚姻,这就等于自找批评,被人影射是同性恋或发育不全。1957 年戴维·里斯曼对常青藤大学学生的采访便证实了他们对各种规范的信奉。"我想有个人呆在家里,照看孩子",一个年轻人对里斯曼谈起自己的假想妻子时说:"但是,另一方面我又想有个人在智力上能和我相当。我不知道这些是否相容。如果一个女孩子去拉德克列夫大学经济学,她便学不会如何去养育孩子。"各方面的数据都讲述了一段服从的历史:离婚率下降了,普通家庭人口多了,美国人的结婚人数创下历史最高纪录。

倘使这就是 60 年代年轻人的成长环境,那么他们的反叛也就不足为奇了。各种迹象表明:代沟正在迅速扩大。代沟刚开始受到注意时,人们认为这是由于 50 年代后期"异化青年"的出现而产生的一个独特"问题"。"异化青年"是社会学家在开始探索代沟问题数年前大众文化的一个时髦焦点。资本家作为积极的探险者，正是他们在选择年轻人市场这一丰富源泉的过程中首先发现代沟的存在的。越来越多的年轻人享受到中产阶级的舒适生活，其数量之大使一个市场环节得以形成，到 1960 年，这个市场环节据估计年消费额达 95 亿美元，超过了通用公司的年销售额。1970 年，年龄在 18 岁至 24 岁的年轻人消费了 400 亿美元。广告商和生产商相互竞争，要分一杯羹，与此同时，美国的大众文化中对年轻人具有吸引力的东西泛滥成灾。结果导致广告泛滥，年轻人在文化上的总体重要性受到夸大。这种发展接下来便将青年自由主张的自然过程带入公众生活之中，事实上还使之成为一种商品。青年文化带上一个众所周知、普遍性、全国性纷争的性质，原因便在于其商业化。摇滚乐即是大众文化给年轻人准备的摸彩。袋中有最显著也最有威力的商品，其他商品还有大量的反英雄人物，如詹姆斯·迪恩、马龙·白兰度以及猫王艾尔维斯·普莱斯利等等。

60 年代的孩子们大肆反叛，并被一种异化感紧紧缠住，其原因绝不完全在于市场的种种诱惑。在 60 年代一本名为《荒谬的成长》的书中，保罗·古德曼奇怪为什么在美国长大的年轻人就是无法疏远。古德曼声称，在以往社会中，年轻人有各种人生中的礼仪用以检验其勇气，通过这样走入成熟。而在现代美国，年轻人没有任何有价值的事物来进行自我检验，于是(古德曼这本书是关于年轻人的男子气概的)不知如何引导自己的精力，进行有建设性的追求。反之，他们被"异化"了。

异化这个概念在新左派存在主义奠基人的心中最为重要。一方面其意义相当模糊，同时又极易于运用，因此便成了对年轻人各种行为的解释。早在 1960 年，肯尼斯·凯尼斯顿等社会学者便认

372　第9章　权威的危机

为,代沟在现代社会中已根深蒂固,某种程度的异化是无可避免的。与过去相比,年轻一代被迫呆在自家附近的时间要长,但又受到来自消费文化的巨大压力,要求他们听从自己的冲动,这样他们自然会对父母的控制产生不满。有位学者写道,在这种环境下,美国已成为“人类史上子女抵触的极端典型之一。”另外一些调查者没有如此激动,但他们同样也确信:一个青少年的亚文化在60年代初已经出现。这些调查者有许多都投身于对青少年的研究之中,声称这是社会化过程中的决定性时刻。

到60年代中期,异化问题——以及与之相伴的代沟——已成为一个政治问题。古德曼和凯尼斯顿这些早期同情者像和蔼可亲的家长一样对待年轻人,而后来的支持者却将异化青年视为世界的拯救者,这样便无异于煽风点火,夸大了实际的代沟。反叛一旦在政治上成为一种时尚,美国学术界便大肆恭维异化青年,不仅对大名鼎鼎的掘土派嬉皮士赞美有加,而且称颂反主流文化的那些散兵游勇。知识分子就好像是如饥似渴地希望得到间接的刺激。知名人类学家玛格丽特·米德在其最后一部著作《文化与承诺》(1970)中声称:年轻人的反叛史无前例。年轻的文化叛逆正在设立文化基调、重塑价值标准,甚至其父母不久后便会发现自己也在信奉这些标准。不管上一代人信奉与否,米德认为:由于分隔子女与其父母是一座鸿沟,因此年轻人只会这样想:“在这个我是年轻人的世界里,你们永远也年轻不了。”异化现象一旦被视为一个紧迫问题、象征着社会的某种深层故障,便会受到称颂,认为是一种美德,是对一个失去理性的非法世界的有益反应。人们应当赞美异化问题,而不要去加以治疗。好莱坞1967年的一部影片《毕业生》便对异化大肆吹捧。片中达斯廷·霍夫曼饰演一个异化的年轻人。这个年轻人除了时间之外一无所有,他拒绝了父亲的朋友要他从事"整形外科"的建议,反而与一个比他年长许多岁的女子发生了关系。

在谈论代沟和年轻人的异化时,有些问题是固有的。首先,两者并不一定同时存在;其次,两者都仅适用于极小部分的年轻人。肯尼斯·凯尼斯顿的专题著作《激进青年》(1967)即使没有受到一致称赞,也被广为流传。本书描写了1967年组织了"越南夏日"的学生激进分子。凯尼斯顿在书中推断:无力感以及生活意义的迷失,甚至还有令人痛苦的青春期,这的确是学生激进分子的特点。然而,在凯尼斯顿笔下的激进分子与其父母之间,似乎没有什么可以称之为代沟的东西。激进分子基本上都不是反叛专制家庭的孩子。大部分人的成长经历都相当正常。其父母的政治观点十分温和,往往很开明;他们对子女的教育和利益十分关心。大致而言,凯尼斯顿书中的激进分子的家庭关系和睦融洽。

对于不同时代的人,观点自然会有所不同。但即使这样,对代沟所做的最系统化的研究也表明:我们最好是把这些不同之处理解为一个统一体的局部,而不要视之为突如其来的破裂。譬如孩子的抚养问题,60年代的父母受到了斯波克博士的谆谆教导,他们比以前的父母已宽容多了。他们的子女,即所谓的叛逆青年,则意欲比他们更宽容。与其父母相比,大学生很可能更能容忍离婚、性开放、吸大麻,但也只能就事论事。学生这代人并不十分虔诚,但其父母也是如此。

毫无疑问,生育高峰期出生的这代人独一无二,他们继承的是一个动荡不安的独特世界。他们不仅在物质条件上比其父母优越,而且是有史以来教育程度最高的一代人。他们这代人最先接触到电视,也最先卷入家庭技术之中。他们还是转而相信大众文化的第一代。大众文化使孩子们更快地了解到性问题和以前的种种禁忌,并引入了各种新的行为标准,鼓励年轻人支持其同龄人,而不要去支持家庭、工会和社区。由于独立的少数民族社区土崩瓦解,民族界限扩大了的少数民族群体得以形成。与此相同,年轻人也集聚到自己的类别中。詹姆斯·S.科尔曼在对60年代初的研究中指出:随着中产阶级抛弃了自己长期信奉的大部分标准,高中生反而更倾向于支持其同龄人群体,而无视父母的指令。孩子们日益复杂、乐于支持同龄人,这些都使他们有了与父母谈判的资本。由于孩子们装备精良,两代人之间的谈判便将家庭变成了战场。正如一位专门对两代人之间的问题提供咨询的牧师所写,在这个战场上,战争"一直会持续下去,直到双方都只有防守之力,伤痕累累,才会终止",而此时基本上已没有什么"有意义的交流"了。

这种战争无疑令人痛苦,但尽管如此,它比其他方式要光荣。为了避免战争,有的父母干脆甘拜下风,而这却使家庭关系丧失了意义;而有的则对战争置之不理,拒绝妥协。十分令人奇怪的是,尽管人们强烈体会到代沟的存在,但这种强烈感受与家庭战争的激烈程度并无多大关联。那些向孩子们缴械投降的父母似乎与那些战斗到底的父母一样,也常常离家不归。毕竟,倘若没有必要,为什么非得呆在家里呢?

社会学家收集到的大部分证据表明:代沟取决于这个孩子卷入大众文化程度的深浅。中产阶级的孩子成长的环境相对舒适,接触到大量的电视节目和流行音乐,因此远比工人阶级的孩子更易于受到"异化"之害。凯尼斯顿以前的"异化青年"是常青藤名校的学生,与此相同,现在他书中的激进青年全是来自中、上层阶级。科尔曼也发现,中产阶级的家庭更愿意"解放"其子女,让他们进入"青春期文化",这一现象至少在城市和郊区是如此。这种"解放"的一大后果便是:到1972年,据估计每年离家出走的孩子达到50

万到 100 万,其中大部分都是"辍学的中产阶级子女"。一个这样的女孩对作家克里斯廷·查普曼说,她之所以离家出走,是因为"我不喜欢住在郊区。那里无事可干,也没有谈话对象。我哥走了,我和父母从不交流……。可能最后我又得去看心理医生了。"

60 年代的家庭

代沟在 60 年代急遽扩大,这一现象表明:大众文化已使成年这一人人都会经历的自然过程成为了一件公众事物,事实上,它已被卷入生产与消费这个过程之中。成熟成为一件待售的商品。这样,此时的代沟说明:至少自 19 世纪初以来,甚至可能更早,家庭作为一种公共机构已丧失其原始功能:在一种脱离生产与商业过程的私人环境中养育孩子。

评论家注意到了家庭养育孩子这一能力的下降,他们从许许多多的不同角度来说明这个公共机构已不再有用,如今只可能导致紧张局势、引发心理病症,并且使年轻人失调。他们不是把两代人之间的紧张局势视为大众文化入侵私人空间的明证,正好相反,他们以之来证明:家庭自身没有理由去阻碍人们正确地培养孩子,它导致深层的精神痛苦,在根本上是一个压迫机构。

50 年代的家庭

60 年代对家庭的批评风起云涌,同时谴责父权制家庭,这与对白人新教徒和清教主义的文化批评极为类似。但是,父权制家庭的统治者是铁腕父亲,他要求妻子与子女对他恭敬服从,在表面上他并不强过审察员。一战后父权制家庭逐渐消失,在生育高峰期这个核心家庭的黄金时期,这一趋势也未逆转,这是一种进步。

376　第9章　权威的危机

50年代对家庭的迷信并非真是19世纪对家庭生活的崇拜死灰复燃:在19世纪,妇女找到成功的途径是屈从于丈夫的意愿;而在50年代,妇女的成功是通过孩子的发展间接获得。到1960年,人们只能如此断定:"父权制家庭已经死亡。"罗伯特·O.布拉德与唐纳德·M.沃尔夫在其影响颇大的著作《丈夫与妻子》(1960)一书中便做了这种断言。

到50年代,中产阶级的婚姻有了很大变化,被社会学者称为"友爱"典范。友爱婚姻中的男女共同点很多,通常有同样的宗教信仰,属于同一个经济阶层,而且大致还有相同的教育背景。这种夫妇建立的家庭不再是丈夫处于支配地位的城堡,而是一份共同事业。在这份事业中,男人和女人既是丈夫和妻子,又是朋友、情人。1958年,流行乐手帕特·邦妮满不在乎地说,现代婚姻是件"对半的交易"。

人们对儿童培养这个问题的兴趣日益增强,这同样也是对中产阶级的旧式准则进行改变,而且这种增强的兴趣正与友爱婚姻典范相辅相成。父权制旧式家庭旨在用严格的道德标准来教育子女,培养其性格,而"子权制"家庭关心的却是要使子女幸福。社会学对郊区的中产阶级家庭有这种老套看法:他们从一个城郊搬到另一个城郊,虽然其搬迁频率令人瞠目结舌,但他们总在拥有儿童活动中心、学校、舞蹈班等等设备的地方安家,这样便使孩子相信:自己是宇宙的中心。与父权制的铁腕手段完全相反,子权制对孩子放纵溺爱,其首要理论家并非圣保罗,而是斯波克博士。

如此一来,50年代所信奉的以子女为中心的家庭与友爱婚姻极为相似:两者都是夸张行为,想在一个专横冷漠的世界中挽救亲密的关系。换而言之,两者都被建议为异化的解毒药。然而,由于没有能给予支持的社区,家庭只好独自承担将其成员与大众文化隔绝开来的巨大重担。

中产阶级家庭根本无法实现这一目标,这自然是显而易见的事。正好相反,属于中产阶级的家长甚至自己都十分矛盾。他们的家庭受到郊区和公司式美国的限制,但正是这些家庭对子女教育的兴趣最大。关于子女教育的最新方法都指导家长对孩子要宽容迁就。许多家长接受了这些方法,试图调和自己性格上的矛盾冲突。但这种策略不啻于自毁长城:因为,倘若家庭的存在目的就是保护个体免遭外部世界的危害,那么以局外人的建议来指导家庭便毫无意义。诚然,许许多多的中产阶级家长也许是没有可靠选择,所以他们采用的正是这种策略。社会学家梅尔文·科恩写道,"中产阶级家长似乎比工人阶级家长对子女教育问题看得更加严重",这也就不足为奇了。同样不足为奇的是:中产阶级家庭的子女将父母的监督视为不切实际的伪善之举,而弃之惟恐不及。中产阶级家庭由于自身的妥协而力量削弱,处于一种令人痛心的状况,但又值得加以批评。

妇女运动对家庭的批评

主流妇女运动对家庭的批评可以说最卓有成效。贝蒂·弗里丹的著作《女性的奥秘》(1963)如一座里程碑,是这个方面最为重要的作品。该书没有将当时的家庭与旧式父权制畸形家庭混为一谈。恰恰相反,它认为与过去任何时代相比,中产阶级女性都要更加舒适、享有更多的表面自由。她们根本不是铁腕压迫下的受害者,而是"受到全世界妇女的忌妒……。她们美丽健康、富有教养,只关心自己的丈夫、孩子和家庭……。作为一名母亲和家庭主妇,她受到尊重,被丈夫视为自己的世界中一位独立而平等的合作伙伴……。她们拥有女性所梦想的一切。"可这些都只是表面的自

378　第9章　权威的危机

由。令人痛苦的真相是:中产阶级妇女在家中确实是得到了更多的舒适和自由,但事实上她们的社会作用却随之日益减小。

到最后,中产阶级家庭主妇的困境与其子女所面临的难题大同小异:她们也被异化了。就像保罗·古德曼笔下的青少年一样,当时的妇女无法运用自己的技能,也被剥夺了检测其能力的所有途径。"无名的问题"困扰着女性,使其情感受到创伤。而她们往往还不知道自己在性方面到底如何反常,可是专家们总是将模糊的不满情绪归咎于性问题。中产阶级家庭成了"舒适的集中营",妇女在此"逐渐丧失人性"。当时的家庭妇女都"不独立、被动、孩子气"。由于受缚于"毫无回报的枯燥"家务和子女教育工作,"她们放弃了自己业已成熟的基准体系,而过着只求温饱的这种低水平的生活。"不仅妇女本人在这种情况下会精神失常,而且被迫由这样的妇女抚养的孩子也会日益丧失人性,这些都加剧了如此之多的人蒙受折磨和侮辱的可怕性。弗里丹在暗示:母亲,乃是当时的社会用以将异化汇聚于家庭的工具。

但是解决办法何在?"我们必须彻底重塑女性的文化形象,"她写道,"使之得以在实现性满足的同时,也能实现其自身的成熟、维护个性、臻于完善,这两者不会冲突。"这意味着这样一种文化:它不会将妇女的合格形象局限于傻傻的家庭主妇;意味着这样的教育工作者:他们会扩展其女学生的视野,而不是强迫她们学习家政;也意味着这样的女性:她们认识到自己理所应当要拓宽眼界。

弗里丹温和地请求女性要担负一种令人满意的社会职责,但这回避了一个显而易见的问题:若说异化在家庭中已根深蒂固、受缚于强加在女性身上的种种限制,那为何不对家庭进行重新审视、或者干脆完全抛弃呢? 60年代后期的激进女权主义者便瞄准了这一问题。弗里丹坚持认为女性要拥有一种社会生活,尽管激进分子对此心有戚戚,但她们认为:"女性压迫的核心问题是其生育问题与生育职责。"舒拉米斯·费尔斯通在其对家庭的卓越批评中论道:大众媒体,即 50 年代的文化,仅仅部分表现了这些在根本上就具有压迫性的职责。女性承受着具有重大历史意义的压迫,其根源应在于性与生育这两个生物功能。费尔斯通写道:"在一系列'原始'社会组织中,父权制家庭仅是其中出现年代最晚的一个"。由于女性"独一无二的生育能力",父权制家庭便缩小了她们的作用。核心家庭尽管已经丧失其存在的经济原因与政治原因,但力量依然强大,所以它"加剧了生物家庭的心理痛苦"。因此,革命的最终目的就是要"运用一切可能的办法"使女性摆脱其生活规律。如果这一目的得以实现,不堪一击的核心家庭便会随之萎缩。

但生物功能并非轻而易举便能消除。所有可供采用的解放形式暗示:如果女性完全摒弃男性,她们将不得不依赖人工授精和其他新技术,这便使人怀疑如此解放到底有多民主、意义又有多深远。只要某种技术源自公司资本主义,它就会受到费尔斯通的提防。考虑到避孕药事件,费尔斯通的谨慎态度也是合情合理。避孕药是企业科学家与药品公司数十年合作的产物。它在 60 年代初被投入市场后受到热烈欢迎,被认为的的确确是万无一失的避孕良方,为此后的性革命提供了大量动力。由于其研制避孕药的工作为禁忌所不容,这些合作者难以对避孕药进行检测,于是他们以波多黎各低收入住宅区的女性居民为对象,进行了为数不多的一系列并不十分充分的调查研究。瑟尔药品公司深知等待它的将是一个庞大市场,于是匆匆忙忙便将避孕药投入生产,而不顾对健康的长远影响。而 20 年后,人们证明确实存在这方面的影响。

家庭的替代机构

除了技术提出的种种问题之外,还存在着这个问题:如果有机构可以将家庭取而代之,那这是什么样的机构呢? 在对核心家庭进行激烈批评的人士所提出的替代机构中,听上去最激动人心的就是群居村。到 1970 年,据估计美国北部已有 4000 个群居村。据其倡导者声称,群居村有几大优点:大家分担家务劳动和子女培养工作;权力和统治与性别无关,因为群居村没有统治者;群居村消除了女性的神秘性,因为她们不必通过子女来间接生活,而子女因为有了许多的行为榜样也能获益良多;家庭将不再是战场。一名倡导者指出,因为当"母亲之外的成人也是这些孩子的重要榜样"时,"我们发现自己成了'代理家长',于是便形成了一种家庭式的群居区,大家彼此信任。生气的小孩、受到伤害、感到厌烦的小孩(甚至成人)都可以来到这里,而不会有离家之苦。"

有些人相当保守,不想尝试一下群居村的生活。对他们,还有这个选择:"开放婚姻"。因为婚姻对纵欲有约束作用,所以许多评论者断定:它便是造成性解放时代极大焦虑局面的根源。婚姻使人成为罪犯和骗子,而原因仅仅是因为他们服从了自己的生理冲动。传统婚姻在本质上就具有虚伪性。而性也并非是这种婚姻对生活造成了破坏的惟一方面。正如尼娜和乔治·奥尼尔夫妇在《开放的婚姻》(1972)一书中所称,"封闭式家庭的法令强制规定了严格死板的角色行为。这些行为的破坏力与限制力"与传统的性行为"毫无二致"。男人觉得必须要符合其男性角色,而女人则对人们期望自己具备标准的女性品质深感不满。于是她们步步为营,小心防范,"她们把自己与一切发展机会隔绝开来,这样便也将自己与其潜在自我隔绝开来,而最终便会彼此隔绝。"

奥尼尔夫妇认为,取代这种可悲事态的最佳途径就是"开放婚姻"。在这种地位平等的关系之中,"共同爱好与相互信任"取代了"控制与服从",并为每个伴侣提供了"足够的心灵空间……以成为一个个体。"与封闭式婚姻的"圈套"大相径庭,这种解放了的关系允许每个伴侣进行试用,致力于个体的"发展"。最根本的是,伴侣双方都不会将婚姻视为要投入一切的生活面。那些把自己的一切都押在婚姻上的人只是在可悲地追求一种安全感,而一个人实现潜质的惟一途径就是为"此时此刻"而活。试用极其重要,尤其是在性行为这件事上。"尽管我们有限制爱情的传统,但这种情况也完全有可能:一个人爱他们的婚姻伴侣,而且这种爱还极有意义、不断加深,但与此同时,这个人还始终不渝地深爱着另一个人,甚至另一些人。"换言之,如果夫妇达成"非约束性义务"的协议,那么这完全可能。很显然,不少美国人便采用了奥尼尔的观点。1970年,《今日心理》对读者进行了一项调查,发现其中5%的人有集体换妻性行为,而另外还有1/3的人对此表示有兴趣。

不言而喻,奥尼尔夫妇是60年代的产物。从存在主义关系到公开宣称无爱的性交是一件好事,其观点显然源自当时的社会环境。然而,"开放婚姻运动"不仅仅是用于讨伐父权制家庭之战中的一些观点而已。奥尼尔夫妇作品的主要目标不仅是父权制,更是个体义务。而这事实上也是大部分其他对传统婚姻的攻击所瞄准的目标。尽管奥尼尔夫妇的纲领似乎是号召人们拓展各种关系,但实际上他们是在建议大家减少自己对他人的依赖、首先要照料好自己,其理由是"一个人公开献出爱情这种能力"的基础在于充分发挥其潜能。50年代的"子权制"家庭与世隔绝,将精力专注于家庭的孤立关系中,而开放婚姻则是建议在这种孤立基础之上再进一步,甚至使个体脱离家庭义务。奥尼尔在书中绝少提及孩

382　第9章　权威的危机

子,这既富有启发性,又令人惊诧。"倘若你正好有孩子",那么孩子也可能由于父母爱的能力扩大而受益。孩子深切需要有可预知感、安全感以及亲生父母的深切感情,这种可能性——总而言之即成人发展的所有限制——显然无关紧要。这实际上成了资本主义家庭的终结。

离 婚 潮

自然,激进分子对家庭的批判、后现代的群居村成员以及开放婚姻的支持者,他们都未能把家庭摧毁,正如第二次性革命的鼓吹者未能推毁异性恋一样。美国的绝大部分成人仍然与从前相差无几,继续成家立业。

但是,不管用何种传统标准进行衡量,变化依然处于酝酿之中。离婚率继续攀升:到60年代中期,据估计25%到30%的婚姻以离异告终。这里,60年代家庭的情况同样又属于一份历时漫长的遗产;自19世纪后期以来,离婚率便一直在持续上升。然而,高离婚率在与60年代的文化动荡相混合之后,便标志着人们的观点和法律的重大转变。在一些地区,人们称赞离婚,认为这是件好事,是对"封闭式婚姻"的合法解毒药。而在大部分地区,人们也日益容忍并接受离婚。在这个自由的年代,"为了孩子",并不幸福的夫妇应当将婚姻持续下去,这种老调几乎不再重弹。

一个开明的社会应当接受婚姻的尝试本质以及对"灵活性"的需求。基于这种理由,美国人改革了对离婚问题的全部态度,将曾被用来放松传统对其他领域的控制的合法策略也运用到婚姻问题上。像反淫秽法一样,美国的离婚法也被认为是十足的原始、粗糙。"美国法律中很少有地方存在一组戒律,"一个自由离婚的支持者在1966年写道,"会比我们的离婚法更不合理、更不能反映现实的道德观念、更不受尊重、不被奉行的。"这个指控确实没错。纽约的离婚法名声就最臭。直到 1966 年,在天主教会和自由主义者之间的漫长争战以改革告终之时,纽约的法律还只允许人们以通奸为理由离婚。这部法律原来是在 1787 年由亚历山大·汉密尔顿制定,当时还是相当开明。但到 20 世纪 60 年代,这与时下的做法已格格不入。想要离婚的夫妇往往作伪证,承认通奸。而有钱的人则离开该州——纳尔逊·洛克菲勒太太 1962 年与纽约州长离婚时便是如此。与此同时,许多州也仅允许因除通奸之外的寥寥几个理由而离婚。

就像反淫秽法一样,限制性的离婚法也被一扫而光。加州的州长就是保守派罗纳德·里根。里根本人便是一名离过婚的演员,决不会阻碍改革。他在 1970 年率先制定了无过失离婚的法律。衣阿华州并不以道德涣散闻名,但马上便效仿加州。四年之内,约有半数的州都采用了无过失离婚法。若说离婚改革是热忱的改革者对地位稳固的法规进行孤军奋战的结果,不如说这是对民众的感情——也可说是婚姻市场——的一种承认。在纽约,离婚法频频受到蔑视,成为一个令人尴尬的笑话。至于天主教会,在第二次梵蒂冈会议之后,便失去了抵制改革的热情。在加州,人们早已纷纷走向离婚,无过失离婚法只是使之产生的痛苦更小而已。正如一名改革派所说:"在加州离婚早已容易得不可能更容易了。"

工人阶级家庭

60 年代家庭的重要之处远非它与过去的资本主义家庭的关联方式,而在于它如何为此后数年中家庭处于无可争议的贫穷之中这一事实设定基调。美国家庭中所发生的"沉默革命"是一种价值观的转变,其实现一部分是通过女权主义运动,一部分是通过有

384 第 9 章 权威的危机

关性的限制的放松,还有一部分则基于这种假定:在夫妻忠贞这种体制之下,个体幸福必会受阻。随着广泛的文化转变,这种价值观的变化也出现在中产阶级身上。并且在一定程度上,对核心家庭的批判成为反对工人阶级这个秘密战争的另一前线。在许多观察者的眼中,工人阶级对传统家庭关系的信奉类似其种族歧视。在二战之前,自由派和激进派对工人阶级家庭都采取了相当宽容的看法,认为其压迫性没有中产阶级家庭那么大。在二战结束后的数年中,这种陈腐观念转到了非洲裔美国人(即黑人)身上。当时人们认为他们对婚外情更加随便,更不会喜欢受约束——总而言之,他们好色。此后,工人阶级白人家庭便被断定为是充满暴力和酗酒的场所,有着专横的父亲、受到恐吓的妇女和儿童。

根据几乎所有的流行说法,工人阶级家庭都既懒于接受新观念,又不大会受到大众文化的影响。譬如,在子女教育的问题上,专家频频宣称属于工人阶级的家长十分落伍。1963 年梅尔文·L.科恩认为,即使受到种族联系和宗教联系的控制,"来自实际经验的证据也明确表明:处于体力劳动者与非体力劳动者的分界线的哪一边,这对一个人培养子女的方法有着重大影响。""工人阶级家长落后于"中产阶级,不愿接受宽容放纵的方法。他们更可能采用体罚,坚持孩子对任何形式的成人权威要绝对服从,却不关心孩子产生错误行为的动机何在。米拉·科马拉夫斯基写道,工人阶级"对人类行为保留着一份弗洛伊德出现前的无知",将不良行为视为管教不足的表现,而子女教育的种种目标则"表现在道德条款之中"。科马拉夫斯基是位社会学家,她在 60 年代对工人阶级的价值标准做了最为全面、彻底的调查。她写道,她对这些家长的采访直把她往过去推,"从 20 世纪这个世界——就好像坐上了威尔斯笔下的时间机器——回到了一个久远的年代。"在此,科马拉夫斯基也暴露出了自己的偏见。

大部分调查人员断定:子女培育方面的阶级差异源自工人阶级的隔绝生活。工人阶级的家长对儿童教育专家的建议不理不睬。科恩写道,中产阶级家长"与工人阶级家长相比,远要愿意同朋友、邻居谈论子女的教育问题,更愿意就这些问题向医生请教、参加家长—教师联会、同教师讨论孩子的行为。"科马拉夫斯基认为,工人阶级家长只想把孩子培养成正派人:"他们从不谈及'情感上的安全'、'创造力'、'发展能力',也不说起'与他人联系'。"这些家长"对时下的各种思潮一无所知",对于中产阶级从"大学课程和儿童心理学家"那里吸收到的各种观点,他们更是闻所未闻。除此之外,美国的工人阶级就是比别人保守。他们在经济上过上一定程度的舒适生活之后,便再也不把外界的权威视为阶级敌人。科恩认为:"他们为了获得安全、获得尊重,心甘情愿地去尊重权威,"并且他们就是如此教育孩子的。

没有道出的臆断便是:中产阶级培养子女的方式要优越。他们没有谈论到这种可能:中产阶级家长正处于教导其子女要发展自我关注的过程之中;没有谈到对孩子的这种放纵教育使他们认为:家庭就是自己"成长"的障碍;也没有谈及这种可能:中产阶级家长正在教育人们如何把各种亲密关系减少到"非约束性承诺"。海伦是波士顿人,她在开明的坎布里奇地区的家庭中做女佣。海伦对这样的教育之道便不以为然。她的雇主认为,教育孩子要尊重权威就是要使之成为社会现状的奴隶,而海伦认为,在纵容家庭中长大的孩子永远也学不到相互尊重的美德。"在那家里",她对罗伯特·科尔斯和简·科尔斯说:"小孩对父母顶嘴、冒失放肆、蛮横无礼。看到这些调皮鬼讲起话来好像无所不知一样,有时我都想放声大叫。"

386 第9章 权威的危机

　　在不同阶级对婚姻的独特看法之间，也存在类似的鸿沟。科马拉夫斯基发现工人阶级极难进行采访，因为与中产阶级采访对象不同，他们拒绝进行自我分析。她以其素有的直率描述了蓝领工人的婚姻观，她的结论是：这是一种"原始"婚姻。但是，从严格意义上来说，她所描述的婚姻并非是父权制婚姻。她发现：只要夫妻双方都认为妻子的位置就是在家庭里、而丈夫在任何关系中应当处于支配地位，那么她就会称之为"父权制"观点。然而，根据她自己的定义，在她的调查中有45%的婚姻中的丈夫处于支配地位，而妻子是21%，还有27%的婚姻双方权力平分。

　　同时，在工人阶级中仍然占据主导地位的传统观点距确切的父权制状况还存在"巨大差距"。越来越多的主妇外出工作，其目的主要是为购买消费品而多挣一份收入，但也有走出家庭的目的。与中产阶级的母亲相比，蓝领女性对工作表现出负罪感的可能性要小。大部分家务劳动依然落在妻子头上，但半数以上的丈夫也经常会照看孩子。男人不太喜欢做家务，但更讨厌妻子坚持要他们去做这些琐事。科马拉夫斯基发现，他们之所以拒绝洗碗擦地，并非由于这些家务"不是男人做的"，他们只是不想屈服于妻子的要求。尽管我们必须说科马拉夫斯基的女性调查对象中有一大部分都认为自己在家里比丈夫辛苦，但不管怎样，工人阶级的男性做的家务很可能要比中产阶级的男性多。至于性的问题，蓝领夫妻既不故作正经，也不像人们所抱的成见那样：丈夫大喊大叫，满口脏话，而妻子则受苦受难。在科马拉夫斯基的调查对象中，包括男女双方，绝大多数都理所当然地认为双方的满足相当重要，而且性也有益健康。

　　因此，在许多方面，蓝领婚姻与中产阶级家庭基本相同，在某些方面甚至还稍稍"文明"一点。科马拉夫斯基称其"原始"之时，她可能只是说蓝领夫妇丧失了享受文化教育的权力。这些妻子与她们的母亲依然很贴心,她们对家庭生活的大部分看法就是来自母亲。妻子对"家务"表现出一种"平静的接受",科马拉夫斯基对此的解释是:她们"没有接触到某些价值观",因而处于不利地位。丈夫依然同朋友们很亲近,倘若他们社会化了的话,他们是与其朋友一起社会化的。"友爱婚姻"在工人阶级中极为少见,他们不是为了成为朋友而结婚。婚姻不是一种发展途径,而是进入成人世界的运动形式,它本身就是一个终结。中产阶级夫妻深信公开交流对于健康的关系至关重要,但科马拉夫斯基的调查对象对此却往往避而不谈。他们由于"被训练过不能分享"而处于不利地位。科马拉夫斯基的结论是:[工人阶级]家庭所处的排外环境和低等的文化水平妨碍了子女的发展,最终还阻挠了所有旨在帮助工人阶级在"文化及物质上"赶上"高薪中产阶级"的行动。

科马拉夫斯基所调查的蓝领婚姻显然相似于一些更富同情心的观察者在其他研究中所发现的工人阶级文化,这真是令人惊奇。她的调查对象完全可以适应波士顿的西区,同赫伯特·甘斯笔下的"城市村民"住在一起。在这个意义上,对工人阶级家庭的攻击是一种文化上的城市更新,因为与性行为、婚姻以及子女教育有关的各种价值观念的变化又是一个实例,显示出中产阶级对其曾坚持要工人阶级实现的一贯信仰予以摒弃。60年代提倡解放的中产阶级不是傲慢地将工人阶级视为受冲动驱使、需要自控的"原始人"(19世纪的卫道士便是如此),而是谴责这些美国工人阶级"原始"地忠于行为准则,接受权威以及过分拘谨地拒绝听从自己的冲动。

毫不奇怪,美国的工人阶级听到说自己"原始"的评论会大感不快,他们在这种蔑视中也不难看出中产阶级的伪善。至少,科马

388 第9章 权威的危机

拉夫斯基及其他观察者本应承认对所谓的传统价值观的合理诠释中所存在的模棱两可及其范围。对婚姻、性节制以及工作道德的忠诚——所有这些价值观都可视为令人窒息，但对于工人阶级来说，它们往往不仅对于其自尊心而且对于实际独立的事实都至关重要。母亲留在家中而不外出工作，这不仅是表明父亲具备美德，而且也证明这个家庭至少在经济上没有陷入灾难。工人阶级家庭就是适于提高主要工资收入者的效率，以此维持整体的团结，其中家庭是一个功能单位。许多外出工作的工人阶级妇女对那些没有出去工作的同龄人羡慕不已。其羡慕原因更多的是由于她们长期接触不如人意的繁重工作，而非"没有接触到某些价值观念"。

中产阶级对于贫穷家庭的另一错误看法是：美国工人阶级尽管显然是试图保持隔绝，但他们正在被带入后现代社会。对消费品的欲望不仅在那些有购买力的人当中很强烈，而且在所有美国人中都相当强烈。正如李·雷恩沃特和其他一些人的观察结果，对消费品的追求往往"鼓励人们去接受大众传媒所宣传的社会榜样，并将媒介权威接受为一个"成功"的美国人所能获得的社会商品、文化商品以及物质商品的提供者。并且，与中产阶级的遭遇大致相同，大众文化似乎导致了那些接受了新观念的美国工人阶级与人隔绝。因此，科马拉夫斯基发现人们在文化上隔绝孤立，而其他观察者则发现人们封闭在"普遍的焦虑心理"之中进行"补偿性消费"，即通过商品的获得以弥补受阻的向上流动性。帕特里夏·塞克斯顿坚持认为工人阶级主妇对家庭的经济地位深感不满，当"她对一切的品味变得'现代'时"，钱包"留给她的印象却是只能去逛一下打折商店。她坚决反对以分期付款的方式购买商品，但又别无他法。"塞克斯顿采访的妇女中有三分之二都称自己欠了债，而且对此有负罪感。"工人的妻子"在传统文化与大众文化之间苦苦挣扎;其焦虑和隔绝据称是由于处于进退两难的境地。雷恩沃特在对工人阶级妇女的消费形式进行的一份调查中写道:她们"先前所受的全部教育构建于对于如何生活的一个不同理解之上。"她们就是"不能自动地接受新的习俗。"

不论大众文化是严重损害了工人阶级家庭还是极大解放了他们,在决定其命运的事情上,其经济地位最终就远为重要。倘若妻子们生活在焦虑之中,这很可能是源于经济上的不安全感。即便是在生育高峰期,她们对于经济情况的态度也远比中产阶级妇女悲观。应女权运动的要求,工作场所开放了,但这并未给她们带来多少希望,当时的经济气氛减少了对不熟练工和半熟练工的需求。进入劳动力大军意味着从事服务性工作或报酬最少的产业工作,其中只有很少组成了工会。不论其阶级地位,妇女们不可阻挡地进入了劳动大军,这样到 1970 年她们构成了整个劳动力中的三分之一强。但到 1968 年,有几个新发展明显出现了。更多的母亲,包括有幼儿的母亲,都外出工作了;年收入在 3000 美金到 6999 美金的工人阶级主妇比那些收入高于她们或低于她们的人工作更频繁;另外,这些妇女中上全天班的人也多了。

这些发展可以有两种解释,两者都表明工人阶级家庭不再隔绝在一个"前弗洛伊德"的社会中。考虑到人们日益接受妇女参加工作,这件事既受到联邦法律的认可又得到妇女运动的保护,而工人阶级妇女进入劳动力大军的部分原因是获得个人独立,并补充家庭收入,以使其家庭加入到消费社会之中去。但是,贫困可能也是一个同等重要的原因,尤其是对于那些住在物价高、开始通货膨胀的城市的家庭。当初这似乎是工人阶级家庭摆脱其父权制陈规陋习的良性转变,但现在回想起来却只是抵挡贫困的一种努力。

390   第9章   权威的危机

莫伊尼汉报告

在一个接受了新价值观念的富裕社会,经济困难强加在家庭上的损害极少会受到注意,这为所谓的莫伊尼汉报告所引起的抗议浪潮所证实。该报告详述了黑人中出现妇女当家的单亲家庭这一日益严重的问题,其根源是关于伟大社会计划的官僚地盘之战。1965年春,为了从经济机会办公室替"消灭贫穷之战"挤出一些资金,劳工部副部长丹尼尔·莫伊尼汉准备了一份内部文件。该文件设定了即将举行的全美民权大会的背景,并为劳工部管理一个工作项目提供依据。

由于各种原因,莫伊尼汉报告不会声名狼藉,也不会杰出显赫。其主要目的不仅不全面,最终也未能对官僚和政策产生重大影响。莫伊尼汉的论点相当简单:美国城市的根本问题就是黑人家庭的破裂。城市黑人妇女中约有四分之一没有同丈夫一起生活,由妇女当家的家庭大致也是这个比例。1963年私生子女的比率是23.6%,而且明显呈上升趋势,只有一小部分黑人子女同父母一起生活到18岁。莫伊尼汉写道:"大量证据都支持这一结论:黑人的社会结构,特别是黑人家庭,受到种族歧视、不公正待遇以及背井离乡的连连冲击和骚扰,处于最深层的灾难之中。虽然许多年轻黑人正在迈向前所未有的成功水平,但更多的人却越来越落在后面。"在寻找原因时,莫伊尼汉指向了奴隶制对待家庭的粗暴、种族歧视下黑人男子的软弱、突然从农村生活转变到城市生活这个过程中的种种困难以及"依然折磨着我们的种族主义毒素"。黑人仍然要为扛起这一历史重担而付出代价。这个重担现在的形式是家庭破裂、依靠福利救济、犯罪、教育问题以及缺乏男性的行动榜样。考虑到这些广泛含义,城市黑人家庭的危机因此"是当今美国城市惟一一个最为重要的社会事实"。

　　这份文件刚在"消灭贫穷之战"计划的官员中传阅,便马上让人感觉到了它的存在。在6月份霍华德大学发表的一份重要演讲中,约翰逊总统建议即将召开的国会会议要将重点放在黑人家庭的问题上。此后,这份报告的细节逐渐泄露。民权运动的领导听说到这份备忘录之后疑心大起。据某些消息称,这份备忘录将黑人的经济困境归咎于其道德失败,早在秋季大会举行之前,这些民权运动的领导早已勃然大怒,他们警告当局不要听信任何声称黑人堕落的胡说八道。到大会举行之时,民权运动领导已经对政府当局施加了巨大压力,足以将莫伊尼汉扫除出去。大会主席伯尔·伯恩哈特安慰与会者道,他已经"得到可靠消息,并不存在丹尼尔·莫伊尼汉其人"。这时,莫伊尼汉的驱逐正式为人所知。

　　与莫伊尼汉报告本身的内容相比,这份报告更为广泛的意义在于人们对它的反应。纽约心理学家威廉·雷恩所领导的主流白人自由主义者指责莫伊尼汉犯下了一连串不可饶恕的罪行:"怪罪于受害者"、置白人的种族歧视于不顾以及呼吁个人责任。而事实上这些事莫伊尼汉一件也不曾做过。争取种族平等大会主席詹姆斯·法尔默攻击了莫伊尼汉对黑人家庭的描述,称之陷在"一堆乱糟糟的病症之中"。法尔默指责莫伊尼汉为一种"新的种族歧视"添油加醋,并"暗示黑人的精神健康应当是民权革命中的头等大事。"而莫伊尼汉却从未做过这种暗示。还有一些评论员谴责莫伊尼汉是文化上的帝国主义者,执意要将中产阶级白人的价值观强加到下层黑人家庭的头上。还有一些人认为:母权制家庭是西非习俗的一种延续,应当受到尊重,成为少数民族亚文化的合法部分。但是,最令人莫名奇妙的评论还是来自这些人:基本上是类似于克洛德和奥林关于青少年犯罪的论点,他们提出了这种可能性:

392　第9章　权威的危机

母权制家庭是对贫民窟环境一种可以预知而且很可能相当健康的适应。贝雅德·拉斯廷还没有弄明白其朋友莫伊尼汉的意图就写道:"对白人中产阶级似乎是灾难的东西,对下层黑人来说可能是一种健康的适应。"

当然,对莫伊尼汉报告的合理评论也有发表。举例说,莫伊尼汉对"病症"的关注就太过于与导致了社区行动这一灾难的当局中的贫穷文化思潮流派保持一致。法尔默的夸大其辞退到一边后,便有人正确地指出莫伊尼汉很可能少报了白人中私生子女的数量,也未能解释中产阶级白人妇女为何能得到更多的避孕和流产机会。同时,安德鲁·比林斯利也说家庭破裂显然与收入水平有关。倘若年收入逾三千美元,家庭破裂比率则下降到只有7%,这尽管仍然要高于类似情况中白人的比率,但几乎已不再是一种全国性的危机了。然而,在贫困线以下的比率则升至36%。比林斯利辩解道,莫伊尼汉报告是基于对黑人生活一种刻板的泛化推断,未能注意在考虑到收入因素时黑人家庭结构和白人家庭结构相似的趋势。

整件事情最令人奇怪的一个方面是:这份报告由于将重点放在最富争议的种族和文化上,因此增强了对核心家庭的攻击,并且它还使这种攻击带上了一种辩论的尖刻,但若采取其他方式,它便不会有这种尖刻。那些无法以镇定自若的态度对待白人工人阶级家庭的白人自由主义者,迅速在贫民窟家庭的极度困窘中看到了进行文化解放的典型。可以说,这正与白人激进分子手忙脚乱地跟在黑豹党人后面去捕捉真正的生活大致相同。

当时及其后的文化辩论掩盖了莫伊尼汉报告的真实面目。这份报告讲的并不是黑人家庭历史性的错误发展,它不是对当时的危机的一个可靠研究,而是对将来的一种预言。尼古拉斯·莱曼后来回顾时痛心地写道:"它的不祥预言都成为了事实。"可见,莫伊尼汉报告不仅是对黑人聚居区家庭不可避免的崩溃的预言,而且是对所有城市工人阶级家庭在道德上、社会上以及经济上的潜在贫困的预言。

"我们的孩子们的负担"

在60年代,关于家族核心的争辩并未关注到孩子,而激进分子对美国学校中的孩子所倾注的精力则正与此成反比。思想开明的人士似乎理所当然地认为公立学校会承担起儿童教育的重任。对教育质量或缺乏教育质量进行评论的人士,即使有,也很少有人做出这种宣称。但是,许多有关公共教育的文章将许多支配着子权式家庭的情感转移到了学校。

美国人总是把自己最为急迫的问题归咎于公共教育,这几乎是一个不可更改的规则。因此,教育上的激进分子推举以孩子为中心的教育方式为解放城市危机以及种族隔离问题的途径,这就不足为奇了。记者彼得·施拉格写道:"城市将来的负担就是城市学校的负担……。在城市这个可能充满一切活力的现代事物的中心,公共教育往往依然只是另外一个年代停滞的遗产。"

1967年乔纳森·科佐尔出版了《夭折》一书。这本书慷慨激昂,为激进人士对城市学校的批判设定了基调。他将拙劣的教育等同为死亡,贴切地表达了其令人痛苦的观点,1964年,科佐尔开始在波士顿的旧城区担任为期半年的代课老师,这里实际上还处于中世纪的条件中。教师和管理人员都以殴打孩子为乐,他们不仅接受体罚,而且将之磨砺成一种讳莫如深的技巧。这些教师绝大部分都是白人,他们要不便是由于能力不够而被赶到贫民窟中

394 第 9 章 权威的危机

的学校,要不便是在等待更好的职位。毫无疑问他们都有些偏执,
一律都将自己照看的孩子称为"畜牲",学校则是"动物园"。教科
书对这个世界上的人们的描绘是先进、高级的,除了非洲人。他们
便是以此来进行教育。非洲人的形象是"半裸……,敲着鼓、皱着
嘴,看上去真的很怪。"几乎所有的教师似乎都相信课本。有些具
体设备即使还算安全,也已破烂不堪。其他的则已经十分危险:窗
子从墙上掉下来,黑板在学生旁边坠落。科佐尔将改变这种情况
归为己任,他开始在这个地带进行各种尝试,让学生们学习兰斯
顿·休斯的诗集《地主抒情歌谣集》。由于所作的这些努力,科佐尔
被解雇了,但他的作品唤起其他许多人对"残暴教育"进行抨击。

科佐尔的评论尽管比大部分的其他评论更为猛烈,但也属于
激进分子对于教育的典型看法,因为他将大部分过错都归于两大
主要罪魁祸首:官僚政治和种族歧视。教育评论员认为,城市学校
系统已成为特权与无能的堡垒。在某些城市,学校行政系统成了
通往政治生活的垫脚石,因此便吸引了一些人,他们对在立场明确
的争议中支持胜方的兴趣比对教育事业的兴趣更大。纽约就是一
个典型。用戴维·罗杰斯的话来说,纽约的学校系统已成为"官僚
病症之典范"。在纽约,没有人因为无能而被解雇,掌权的是资格
老的年长者,权力集中,整个系统与其服务对象相脱离。专业官
僚、针对教师和校长颁布了多如牛毛的规章制度,但与学校本身却
并无多少联系。这样改革不仅难以进行,而且势必破坏这些规则,
从而危及改革者的事业。罗杰斯说:"一些专业人士构思了新课
程。却不能把资料带进教室,即使带进去了也会受到骚扰。这种
事例数不胜数。"

权力下放

对于官僚机制的合理解决办法就是权力下放,这种下放是以多种形式进行的。例如,底特律是最早在大区内建立半自治街区的几个城市之一,其目的是希望将学校与社区及家长更紧密地联系起来。从"反学校"到蒙特梭利计划、到针对问题青少年的特别计划,60年代中期涌现了大量有关学校组织和教育方式的新观点。

权力的下放通常与课程的取消和进步教育策略相伴而来。底特律还是最先设立"不分年级的学校"的几大城市之一,在这种学校里,学生们理想而轻松自在地学习,不必受到年级的评判。在乔治·丹尼森对纽约东部一所"自由学校"富有浪漫色彩的描述中,他和其他几位勇敢的教师教了二十四个问题学生,他们给这些学生提供了一种分解了的课程,该课程的主要对象是"孩子们现在的生活"。上课的主要内容是校外考察旅行、跨城区的散步以及无人监管的游戏。丹尼森希望自由学校能建立起负责照管的成人与贫困儿童之间的关系,并以此打破使儿童无法融入主流社会的由于贫穷而引起的可怕的隔绝状态。

丹尼森的《儿童的生活》一部分是叙述故事,一部分概述了进步教育,但同时也极端地反官僚。他认为,标准化教育过程的本质同学习是极度不相容的,因为它凌驾于个人之上:学生将教师视为"体制"的代表,而不是可以与之产生一种有意义的关系的人。孩子们逐渐认为即便是观点,也是学校体制的财产,而不是自己可以掌握、可以予以发挥的东西。在这种体制下,"学童的精力主要就是用于自卫,反抗周围环境。"教师约翰·霍尔特在其《儿童是如何失败的》(1964)和《儿童是如何学习的》(1967)两书中也阐发了这

396 第9章 权威的危机

种观点。

作为一种教学手段,权力下放了的学校采取的进步教育带来了无可争议的希望。较低的师生比例并不可取,对此无人会有异议,也无人会不赞同在师生之间建立人道关系的看法。这些要在全国实施可能不易,但将之贯彻乃是众望所归。另外,权力下放是惟一一个考虑到了家庭和社区在教育过程中的重要性的关于学校组织的观点。

然而,作为一种通向开明目标的方式,权力下放也有不足之处,虽然它有益于丹尼森的学生。但这也是南部种族分离主义者可以最后依赖的一种策略。在下东区,权力下放了的学校可能是人道主义教育的典范,但是在下密西西比,或在更典型的市中心地区,这些学校就可能是实现种族特权的堡垒。

1968年纽约爆发的教师罢工十分激烈,这也是极具60年代特色的几件混乱异常的事件之一。在这次罢工中,权力下放的暧昧性就是围绕上述对立目标表现出来的。纽约市两位最著名的白人新教徒——市长约翰·林塞与麦乔治·邦迪(邦迪离职时担任美国安全顾问,管理福特基金会)联手,支持黑人激进分子的要求,反对组成了工会的教师(其中55%为犹太人)。林塞在全美的声望达至顶峰,而邦迪不再在越南为反对社区控制而战,而是在纽约为社区控制之战筹资。教师罢工事件造成全市的分歧,使黑人与犹太人对立、犹太工人阶级与上层犹太人对立、黑人激进分子与一些黑人教师对立,在黑人社区里,他们则可能是与许多黑人教师对立。

学校危机的根源在于这个过分官僚化体制所产生的种种问题。学校的官僚机制一度感应性十分迟钝,因此很难对它进行过分的批判。在罢工之前的五年中,这个体制在6万名教师队伍中开除的人数不到 50 名,毫无热情、冷漠无能、具有种族偏见的教师都受到这个体制的保护。所有学校都与其所处社区分离。在哈莱姆暴乱后的 1964 和 1965 年,几个主要代表中产阶级黑人家长的组织和社区激进人士开始向学校施压,要求解除种族隔离。学校体系一次又一次都假装相当关心,但结果都是对这些要求置之不理。在一个 75% 的学生都不是白人的体系中实现种族融合并非易事,但造成对立的原因却是校方对合理要求的轻率对待。

1966 年,黑人激进分子阻止地方教育董事会在哈莱姆新建一座中学,并要求替换白人教工。董事会屈从于他们的要求,接下来还考虑要将学校行政管理机构进一步权力下放。对于许多人来说,权力下放都是一个吸引人的想法。几乎所有人都承认管理系统这个庞然大物需要改革;激进人士视之为实现真正的社区控制的大好机会;约翰·林塞则视之为道德上的必要措施。但正如查尔斯·莫里斯在对 60 年代纽约政治的研究中所注意到的,学校的权力下放与"最大可能的参与"太相似了:听起来很好,但无人知道其意义。林塞求助于邦迪和福特基金会去研究并推荐权力下放的各个程序。

教师会,即教师联合会,对权力下放怀有极度的兴趣。管理部门的任何变动马上便能影响教师的工作条件,尤其是那些处理调职和提升的人,因为这些事并非全部受到书面协议的约束。教师会里犹太人的比例极大,它帮助犹太工人阶级将学校系统变成实现经济安全的一种途径。自由主义者的工会运动中就有其传统:其成员喜欢自视为全美最进步的联盟之一;他们向密西西比自由学校派遣自愿者,派人参加孟菲斯的公共卫生罢工游行,并在"穷人大游行"时派遣一支小分队去了雷苏雷克申城。教师会主席艾伯特·尚克是争取种族平等大会的早期成员,曾与贝雅德·拉斯廷

398 第9章 权威的危机

共事。但是与所有白人少数民族一样,犹太工人阶级对于身边所发生的纷繁事件也日益担忧。这些事不仅包括犯罪率的上升、城市服务的恶化,而且还有与中东地区的"六日战争"有关的各方面,这些方面范围广阔,甚至具有国际性。一听说激进黑人痛斥白鬼,他们都会怀疑到其中有反犹太人的成分。

教师会一开始并不反对权力下放。教师会代表预计自己对学校会获得更大的控制权,于是曾帮助一些家长进行组织。试举一例:一位曾参加过争取种族平等大会的教师会成员,帮助一些家长获得了福特基金会一笔不大不小的补助,用以补偿组织开支。教师会这个组织希望控制从大洋山到布朗斯维尔之间的学校。用某位作家的话来说,这个地区只是"一小片有碍市容的地方",夹在布鲁克两大贫民窟——贝德福德—斯泰弗森特和布朗斯维尔——之间。"这是处于两片无主地带之间的无主地带。"在教师会的帮助下,大洋山的家长在 1967 年夏成立了地方学校董事会,罗迪·麦科伊这位离休教师当选为董事长。18 年来,麦科伊孜孜以求,希望爬上高位,但最终却一无所获,只在一所青少犯专门学校捞取了代理校长一职。他曾与哈莱姆几位胸怀大志的黑人民族主义者为友,其中就有马尔科姆 X。后者对大洋山的邀请欣然从命,希望黑人可以控制该地的机构组织。马尔科姆 X 的最终目标是希望将大洋山全区控制在黑人手中,包括当地的社区大学。

1967 年 9 月,麦科伊和家长们开始依据这些希望行事。教师会已决定在全市学校举行罢课,其原因与权力下放并无瓜葛。尚克曾亲自要求麦科伊支持这次罢课。但麦科伊在校董事会上却发言道:"谁不上课,谁就是承认受到其他人的支配……。这是我们的学校,做什么都是我们自己决定。"在为期两周的罢课期间,麦科伊都让学校照常开放,为此他雇用了数百名代课老师,其中多数是想逃避兵役的大学毕业生。他指派了新校长,但却是按照校董事会自己的程序选择的,而非选自经教师会同意了的潜在候选人名单。新校长中有赫尔曼·弗格森,他是一名民族主义者,当时正因密谋刺杀全国有色人种促进会主席罗伊·威尔金斯和城市联盟主席惠特尼·扬而受到起诉。

自此以后,教师会与校董事会的关系恶化。教师会一些成员迁往别处,而后教师会游说州政府立法全面阻碍权力下放。1968年5月,校董事会未举行听证会就裁定19位分区教师不称职,并予以驱逐。林塞和邦迪一如既往地支持大洋山。1967年夏季邦迪执掌的委员会在公布其报告时,呼吁将纽约的学校彻底权力下放,分为60个左右的分区,使社区有最大可能的参与。曼哈顿和大洋山的激进派联合之后,尚克决定对整个教育体制发动进攻。

从8月到11月中旬,纽约的校董事会解除了大洋山校董事会的大部分权力。在此期间,全市学校停课,进行一场激烈异常的争论。这场争论表明:两个组织的合理目标水火不容。麦科伊全力以赴,埋头苦干:参观教室、雇用数百名当地居民作教师助手、争取继续任教的黑人教师和犹太教师的忠诚。对于教师会的教师们而言,套用迈克尔·哈林顿为自己辩护说的一句话,事情已经简化为工作安全的问题,不仅是当时争议中的工作安全,而且是集体谈判权益这个更大意义上的工作安全。这正是教师职位中的问题。一些评论员认为:对教师会来说,这次争议只是行会大战中的一场小战而已,而于分区而言,这是一场关乎社区存亡的战斗。有些人谴责教师就像"管道工一样",其行为举止"令人想起爱尔兰码头工人或波兰和捷克的钢铁工人和汽车工人"。但是一位教师会成员质问道:"他们应当有怎样的举止呢? 像传教士一样吗? 帕特里克·哈尼特写道:"该市公共学校的教师主体属于'中下层阶级'。倘若

400　第9章　权威的危机

他们不得不像电工工会成员那样举止……，他们也会这样做的。"

随着冲突的慢慢发展，其种族性日益明显。而这种冲突一旦变成种族冲突，人们进行理性思考的希望就微乎其微了。极端者因得到媒体的关注而倍受鼓舞，因而也益发显著。双方都声称自己得到了黑人教师的拥护，但证据却表明黑人教师的态度是暧昧的。这也可以理解：运动可能造福其种族，而教师会则造福其阶级，他们却被迫要在两者之间做一个抉择。白人教师也有退出教师会的，其理由是教师会舍弃了自己对儿童的责任和改革的原则。正如一位教师会逃兵的解释，在这种情况下，"行会的传统概念已不再重要"。

在这种紧张气氛中，权力下放很难成为改善教育状况的途径。即使在理想中，权力下放也只是令黑人前途有望的一种不甚完善的途径，而事实上它更是掩盖了黑人社区更为根本的需要。正如迈克尔·哈林顿所称，权力下放"逃避了一个令人不快的关键：必须有数十亿的社会投资，以改善物质设施、更新设备，尤其是以合适的住房取代经济公寓。"他认为，正因为权力下放既逃避了社会正义问题，又逃避了集体谈判问题，所以"白人新教徒阶层"予以大力支持。如此一来，权力下放仅仅产生了这个结果："黑人控制了黑人的痛苦，而白人则控制了全国的财富。"

种族融合

此外，权力下放与自由派对教育的另一迫切希望——校园种族融合——针锋相对。这两个目标根本无法取得一致。尽管受到种族隔离分子和黑人民族主义者的厌恶，取消种族隔离的正义性在自由派看来却是不容置疑的。种族融合不仅符合民权运动精神，而且已有的证据也表明：种族融合提高了少数民族学生在学习上的表现。1966 年卫生、教育与福利部的詹姆斯·S. 科尔曼等人的报告发现:插入白人学校的少数民族学生的表现有所提高,而取消了种族隔离的白人学校中的白人学生则没有变化。一般说来,少数民族学生与白人学生相比,前者在学习上的表现与学校质量关系更大。倘若事实就是这样,那么取消校园种族隔离又有一可取之处:无人会受到损害,还有人能得到帮助。

科尔曼报告并不令人鼓舞,也没有明确号召取消种族隔离。哈佛教授克里斯托弗·詹克斯将它喻为"农业部一份关于肥料的公告。"这份报告没有任何引人注目的发现,有些发现还必定会引起自由派的苦恼。该报告发现,学生的学习成就与其花销并无根本联系。这意味着对学校投入更多资金并无多大帮助。更麻烦也更频繁地受到忽视的是,有证据表明:社会经济地位比种族更能决定一个学生的表现。如果事实果真如此,那么只有让旧城区学生与富裕学生(这样的学生在郊区日益增加)一起上学,种族融合才能奏效。那么自然而然,任何种族融合计划也应当将穷困白人学生包括在内。而且,詹克斯在别处也指出,有证据表明"黑人穷人与黑人中产阶级同学与白人中产阶级同学将获益相当"。科尔曼报告尽管不冷不热,却为后来的研究和科尔斯之类的观察者们抱负不大的调查所印证。他们发现:"改善了条件的学校对儿童生活确实能产生有益影响。"

但是,对于权力下放与种族融合之间存在的矛盾,这份报告却没有提出任何解决办法。正如彼得·施拉格指出的,就这份报告中的确凿内容而言,它暗示着纽约的权力下放计划"是后退的一步"。报告表明,鼓吹权力下放的人对政治权力的兴趣要大于对教育事业的兴趣。因此施拉格认为:"进入权力下放了的学校的儿童,他们所学到的阅读与数学知识可能还不及其父母所(幸运的)学到的

402　第 9 章　权威的危机

政治行为和学校管理知识。"而且种族融合似乎也没有提高这些儿童的在校表现。所有这一切考虑在内,取消学校的种族隔离只能基于一个未被证明的希望进行辩护:只要实行种族融合,就好像施了魔法一样,一切都会好起来的。种族融合"在道德上相当重要,"施拉格坚持认为,"种族融合之外的其他办法尽管立即便能吸引人,但都不能予以考虑。"

校车问题

　　显然,自由派陷入了一个死胡同。如果放弃对种族融合的希望"不能予以考虑",那么接下来的问题就是如何可以取消种族隔离。尤其是在一个狂热追求社区控制的政治气氛中,人们必须面对这种可能:种族融合只能强迫实行。而除了拼命防止其子女受到贫民窟亚文化腐蚀的中产阶级黑人家长之外,几乎人人都反对强制取消种族隔离。许许多多思想开明的家长,对除了自己孩子就读的学校之外的其他学校计划取消种族隔离拍手称赞,以调和自己对强制的惧意和对种族正义的渴求。詹克斯之类思想激进的人士支持权力下放,或用他的话来说,支持选择的自由。他认为,强制性取消种族隔离是基于这样一个种族主义的含蓄假定:黑人不能管理自己的学校,黑人学校"就其定义而言要低人一等"。不管这些困难是多么令人恼火,法院的解决办法就是强制各学校系统进行合并,实现种族平衡,如有必要,就强迫用校车接送学童。对富于人道精神(浪漫地说)的以学生为中心的学校提出异议是件难事,同样,要对法院的理由吹毛求疵也并非易事,尽管法院下令用校车接送学童会对城市学校系统造成巨大损失,而且又是以一种本质上反民主的方式执行的,另外,还完全忽略了阶级与种族相比其重要性要大得多。自由派随大流,但这次却并不容易。

法院下令用公车接送学童,其动力源自南方对浅肤色黑人的长期抵制,联邦法院因此被迫态度强硬地裁令要取消种族隔离。倘若白人不是太固执,法院绝不会考虑用校车接送的问题。但是,直到1965年,南方仍仅有7.5%的有黑人学童就读的学校取消了种族隔离。其后几年间,各学区仍以选择自由的名义掩盖种族隔离的事实。但与此同时,一些联邦巡回法院法官受《1964年民权法案》所鼓舞,做出改变自由选择的决定。1960年,最高法院在格林诉县立学校一案中(该案件涉及弗吉尼亚州新肯特这个农村县)判决:校区有"采取一切可能且必要的措施的积极责任,以成为一个已将种族歧视斩草除根的统一体系。"校区不仅被迫采取消除歧视的补偿性措施,而且还须立即执行。政府当局还以某种讽刺语气说,自由选择,如果稍加思量,是既无效又荒谬的。它损害了社区的学校,因为学生们到种族隔离的学校上学的话得坐车穿越整个县。

格林一案,使最高法院的未来趋势已成定局。因此即使发现尼克松政府期间的倒退现象,也无法阻止进一步实行种族融合的法令出笼。既然决心已定,因此最高法院也必须提供一些补偿措施。最高法院所说的种族平衡作何解释,学校应达到多少百分点才能说已实现种族融合,校区实现这些目标要做何努力,这些都还很不清楚。不过,最高法院的不耐烦倒是十分明显:在亚历山大诉霍姆斯县教育局一案和卡特诉西费利西那教会学校一案中,最高法院都拒绝忍受任何拖延。

然后,在(1971)斯旺诉夏洛特—梅克伦堡县教育局一案中,最高法院下令在一个极大的校区里全面用校车接送学生。这便标志着司法过程可想而知的必然终结。政府当局在格林案件中认为自由选择荒谬之极,因为学生因此得从县城的一头坐车到另一头上学;但在斯旺案中,司法部门却坚持认为坐车穿过整座城市是可取的,因为校车接送学生长期以来就是教育过程的一项内容。倘若种族平衡自身成为了一个终结,倘若校区的自由选择政策还不够,那么所有的社区很容易就要实行法院命令的用校车接送学生,而不仅仅是那些正式实行了种族隔离的学校。社区学校不再是不可侵犯的,而权力下放运动也基本消亡。

布朗案过去十年之后,法院还得下令各学区取消种族隔离。尽管对此有点恼火,但法院在此时出现还是出于一片善意的。但是,法院裁决之狭隘与影响之广泛仍令人触目惊心。在后来的案件中,法院便将种族融合的教育价值视为当然,而事实上最佳证据证明形势需要的是谨慎行事而非贸然行事。社区环境的重要性、家长积极参与其子女所上学校的能力,这些因素都被置之不理。最重要也许是这一点:最高法院丝毫未注意到城市危机和大迁移运动这些社会现实的本质。服从最高法院的裁决,我们能断定:种族平衡成了公共学校的教育目标。最高法院命令用校车接送学生,这在法律上来说完全可以理解,在道德上也完全可取,但在政治意义上却过于鲁莽,而在教育意义上,即便从最乐观的一面看,也无关宏旨。

在一些城市,尤以俄亥俄州的代顿和密歇根州的庞蒂亚克为甚,强制性用校车接送学生马上便引起一些家长的强烈反对,但是冲突最为尖锐的还是波士顿。与纽约教师大罢工相似,波士顿采用了种族竞争的鲜明基调。这场纷争源自该市的巨大分歧。波士顿首先是在少数民族比例极大的社区附近进行组织,后来由于大迁移运动使该市黑人人口从 1940 年到 1970 年增加了 342%,波士顿的种族隔离便日益严重。再加上白人纷纷迁离,黑人在全市人口中的比例从 3% 增至 16%。罗纳德·福米萨诺认为,50 年代是波士顿黑人中产阶级一百年来生活得最舒适的时期。马尔科姆X在《自传》中对这些黑人向上层社会流动的大加嘲讽。正是这些人，他们担心南方人的源源涌入会拖整个美国黑人社区的后腿。黑人专家和当地的波士顿人开始对住宅区的种族隔离和危及自身前途和地位的贫困学校感到不满。1965年鼓励波士顿的学校取消种族隔离的州法通过，该城的非洲裔美国人主流社区为之大振，开始谨慎地寻求推动公立学校进步的各种途径。

与此同时，波士顿的爱尔兰人长期操纵着地方教育董事会。他们将学校委员会利用为获取资助的工具和自己政治生涯的踏板。在冲突刚刚发生的关键几年中，学校委员会一直掌管在性格暴躁的路易丝·戴·希克斯手中。早在乔治·华莱士之前，希克斯就发现"抵抗"黑人的要求、蔑视自由派只会使选举获胜。因此，凡是涉及学校状况的尝试，即令再温和不过，也会遭到以她为首的委员会的否决。委员会中的爱尔兰人因为都是政治人物，所以不把黑人的任何要求视为对公平教育的简单要求，而视之为篡夺其权力的一种策略。

福米萨诺在其对学校危机的调查中表明：黑人开始时的要求既合理又温和，学校委员会应该为引发了一场毁灭性的纷争承担主要责任，因为这场纷争本来是完全可以在早期就予以化解的。但是，法院却插了一手，强制实行种族融合，这样便导致一场大规模的运动，反对用校车接送学生。1965年后的十年之中，城市与法院和州政府对抗，黑人社区与爱尔兰人和意大利人的工人阶级社区对抗，波士顿城市居民与郊区居民对抗，直到州政府强迫施行一项计划，要求南波士顿中学这所爱尔兰人在南波士顿的贪心学校和黑人的罗克斯伯里中学进行合并。科尔曼的证据表明：只有当学生跨越了社会和经济方面的障碍之后，教育才有可能得到改

406　第9章　权威的危机

进。而这个计划却完全视这些证据于不顾,真是引发种族冲突的最佳导火线。在这场持续时间颇长的冲突中,煽动者们时起时落,而义愤填膺的黑人则控诉所有波士顿白人都有种族歧视。在整个冲突期间,郊区,特别是富裕的布鲁克林和极端自由主义的坎布里奇,都羞愧地对波士顿的工人阶级进行责备。

在波士顿起作用的动力决不能简单地归于种族因素。毫无疑问,波士顿也存在混乱的种族仇恨,但是强制用公车接送学童,这绝不能理解为民主,也不能理解为多元化。波士顿白人认为自己只是在保卫其社区的学校,正如福米萨诺所证明,他们认为自己只是在利用60年代反当局的参与式民主的教训而已。黑人家长也不甚希望用校车接送学生。他们最关心的是提高其子女所受的恶劣的教育质量,因为他们,他们的孩子才被送到最差的白人学校。用校车接送对他们来说毫无实惠。

解决这个矛盾的惟一可行的办法,就是将各经济团体混和起来的大都会种族融合。尽管某些近郊社区进行了一定的交换,但总体而言波士顿的郊区都在逃避责任。郊区自由派的虚伪显而易见,而波士顿的爱尔兰工人阶级更是视自由派为冲突产生的真正原因。一个爱尔兰裔教师在与罗伯特·科尔斯交谈时,推断道"知识分子和我们富有的自由派"讨厌白种工人,却"喜欢支持黑人、印第安人、非洲人、亚洲人……。他们竭力伪装成自己爱所有的人,但他们所爱的都是与他们截然不同而又不住在他们附近的人。所以,要发现事实真相并不需要有多么聪明。"科尔斯也承认,这些评语有令人不安的真实性所在。

第 10 章　社会现状的报复

"尼克松时代"，激进评论家安德鲁·科普坎德在迎接尼克松的 272
就职典礼时感叹道："这个短语并不能使人产生一种历史性时刻之
感。它看上去是一个冷静清醒的时期。"

科普坎德捕捉到了 1968 年尼克松上台时明显的讽刺意味。
美国在经历了这么多风风雨雨之后,60 年代注定要以选举一个大
半生都努力表现保守而天生就是右翼的政治家的最终耻辱而结
束。新政治自由派倾向于将尼克松视为一个明证:美国已反动得
毫无希望可言,白人(针对黑人民权运动)的强烈抵抗和典型小镇
居民的死亡本能两者已大获全胜。而专业的政治观察家则认为,
尼克松功不可没,他受到广大未组织起来的中部美国人——即著
名的"沉默的美国人"——的欢迎,以此将一个败坏了的形象和一
系列失败转变为成功,这是一个了不起的功劳。毋庸置疑,他在
1968 年得益于乔治·华莱士的第三党候选资格,但这与尼克松表
现为稳健作风的真正代言人相比就不甚重要了。在共和党人眼
中,尼克松这种温和派能弥合东部自由派和西部保守派之间长期
存在的裂缝。在这个层次上科普坎德是对的:尼克松是一股已失
去其醉人的改革之风的污浊空气。

但是,尼克松上台的象征意义,比他作为中产阶级社会地位支
持者这一形象的象征意义尤甚。与新左派层出不穷数以千计的自
封的"游击队员"相比,尼克松更是与生俱来的反英雄人物。他的
性格使他注定就是个失败者。他从未抛弃过自己的地位,因为他

从来就没有抛弃任何东西的正当理由。尼克松天生就是个骗子，其骗局就是要根据政治利益的要求而重塑自己。他是真正的存在主义者。正如尼克松的传记作者、加里·威尔记者斯在1973年所写，倘若60年代是骗子和吹牛者的年代，那么理查德·尼克松正是结束这个时代的合适人选。

新右派的起源

早在1960年大选之前，美国政治的一些自由派评论员就对共和党的存亡感到疑惑。艾森豪威尔是他所处时代的头号政治家，但他的成功是否可以转化为长期权力，这就令人怀疑了。艾森豪威尔的力量在于他的冷静、稳健和英雄般的声望。共和党左右两翼中都无人能与之相比，而艾森豪威尔总统对其潜在继承者的漠不关心只是令人注意到他们的不足：纳尔逊·洛克菲勒太自由散漫；小亨利·卡伯特·洛奇过于文雅；而尼克松——这样说吧，他根本就不能胜任。

1964 年的共和党保守派

不可取代的不仅仅是艾森豪威尔，而且共和党西部保守派与东部温和派之间的分歧也从未弥合过。温和派在党内已有悠久历史，他们大多出身于富裕之家、与常青藤各校关系密切；他们强调欧洲安全的重要性、强调对外政策要谨慎防御；他们支持民权运动，并且出于"位高任重"的心态愿意成为适度的福利国家；他们是政界的白人新教徒。与之相反，保守派代表的是新贵，其财富来自石油和其他采矿业、国防工业、房地产以及娱乐业，这些都是西部和西南部的支柱产业。他们刚刚获得财富和权力，自视为当代的开拓者,用不着福利制国家;他们是激烈的反共产主义者,其部分原因是由于冷战需要国防开支,而且有利可图。

在美国政坛,这种保守主义虽然还相当新,但引起了两党自由派人士的焦虑。他们同时认为极端右派在政治上既令人讨厌又极其危险。他们断定,这种保守主义是无法适应工业社会节奏的传统社团、小镇中产阶级白人、孤独的企业家以及商人失去理性的冲动之举。用自由派历史学家理查德·霍夫施塔特的话来说,现代美国人流动性太大,以至于"许多人不知道自己是谁、是什么、属于什么、又有什么属于自己"。由于无法适应那种变化,这些迷失的灵魂便拳打脚踢,猛烈攻击这些变化的各种象征:庞大的政府、国际主义的对外政策、民权以及城市中世界大同的价值观。霍夫施塔特写道:右翼人士"认为自己生活在一个受到监视、被人暗算、背叛、很可能注定要完全毁灭的世界上。"在自由派的传统想法中,保守派鲜为公仆、绝非教授、在概念上也不是工会领导;他们是二手车销售员、独立的食品店主、保险业务员、狂热的基督教原教旨主义者,否则便是疯狂的约翰·伯奇协会中的成员,其领袖罗伯特·韦尔奇曾把艾森豪威尔痛斥为"共产党阴谋忠实而清醒的助手"。

这便是自由派对右派的看法。因此无怪乎当巴里·戈德华特于 1964 年战胜其他名望更高、吸引力更大的候选人而被提名为总统时,自由派——事实上是绝大部分主流政治观察家——会认为共和党是发疯了。戈德华特绰号"保守先生",他在当时政界所有知名政治家中最能代表极端右派。他来自亚利桑那州,自 19 世纪印度战争以来其家族就住在西部。1952 年当选为国会议员时,戈德华特便获得了威廉·诺兰和约瑟夫·麦卡锡等西部保守派的得力伙伴的名声。像诺兰和麦卡锡一样,他也一心认为国内可能存在共产主义运动。尽管全国人民都转向艾森豪威尔的负责政治,后来又转向新边疆,但戈德华特仍拒绝缓和他疯狂的反共情绪。因为美国的调子日益温和,戈德华特也就失去了曾置之于美国政坛的保守环境。尽管他已成为共和党右派的宠儿,但他在1960年大选时还是一心一意要支持其西部同乡和反共同志——尼克松。尼克松可能认为自己已牢牢控制了保守派的选票,因此未对党内的这一派人作出主动表示。他觉得自己的惟一对手就是东部派的候选人纳尔逊·洛克菲勒,后者在5月宣称会接受党内大会的选派。因为急于要防止这个潜在威胁的产生,尼克松与洛克菲勒达成了一个明显带有自由主义色彩的妥协政纲:支持民权、政府参与经济、对老年人的医疗,以及强大的国防。保守派在戈德华特的率领下同声谴责尼克松叛变了。尼克松选择波士顿的贵族小亨利·卡伯特·洛奇为竞选伙伴,更是拉开了与极端右派的距离。

套用戈德华特对1960年大选的说法,"尼克松—洛奇灾难"使老大党(即共和党)右派分子得出两个相关结论:一是共和党不能以比民主党更开明而获胜;二是成功的最大可能——对保守派尤甚,但对全党亦是如此——是要制定一条毫不妥协的思想路线。这些结论又使人转向戈德华特。1962年下半年,一些保守派,包括《国民评论》发行人威廉·拉舍、俄亥俄州的国会议员约翰·阿什布鲁克以及F.克利夫顿·怀特,曾密谋党内政变。

戈德华特本人对共和党要完全保守的观点欢迎之至,自然他在1960年大选之后没有采取任何措施去劝阻人们谈论他要当总统候选人、或去缓和其立场。在各位密友和顾问的力劝下,他在《一个保守派的良知》一文中畅谈了其观点,而这本小册子竟令人震惊地售出了70万册。戈德华特认为,共和党已受到"仿效政敌主义"的支配,手忙脚乱地想显得和民主党一样开明。戈德华特依然将共产主义视为遍布全世界的阴谋,因此他认为肯尼迪的对外政策只是一种绥靖政策:猪湾事件是古巴"爱国者"的"叛变",而古巴导弹危机则是一种"倒退"。同时,自由派还在继续挥霍纳税人的钱,将之用于带有社会主义性质的国内计划。

受其他保守人士的怂恿,戈德华特发起了一场自始至终都不可思议的竞选运动。他不接受保守派核心人物的帮助,而依赖老朋友和亚利桑那的同乡。戈德华特事后也承认,这帮人没多少经验。除加州外,他想避开其他所有地方的预选,理由是这些预选是"政治陷阱","会严重削弱候选人获得提名的可能性"。但其竞选小组还是让他参与了新罕布什尔的预选。进入该州预选时他呼声最高,但结果却败给了缺席的候选人亨利·卡伯特·洛奇。洛奇已逐渐成为温和派的共和主义的代表人物;事实上他当时是驻越南大使。这个职位具有使共和党卷入一场外交政策活动的危险,也使保守派给他取了个绰号:"亨利·阴谋破坏"(其英文发音与亨利·卡伯特·洛奇相似——译者)。尽管新罕布什尔预选使共和党中坚人士相信了戈德华特是个失败者,但是基层保守派在地方党内会议和州党内会议中施加了压力,他们在关键的加州预选行将结束之际联合起来,因此使他得到提名的是这些基层保守分子,而非党内的支持者。

1964 年接管共和党,这恐怕就是保守派当时的全部希望。他们并未期望能击败林登·约翰逊,因此他们鼓励戈德华特坚持走决不妥协的道路,以此来参加以后的竞选。这位候选人从不故作斯文、装腔作势,极少闪烁其词,但又往往不假思索便夺口而出。有次口误他竟建议废除社会保障制度,而他的对外政策观又太具侵略性,使他显得像一个黩武之人。支持者们钦慕其毫无限制的保守主义——菲利斯·施拉夫利便称戈德华特提供的是"一种选择,

412 第 10 章 社会现状的报复

而非回应",但是,这些品质又令那些中立者心惊胆战。保守派的口号是"在内心你知道他是对的",以此来回应选民们天生的爱国之心;而民主党人利用的却是人们对核战争固有的恐惧:"在心底你知道他是疯子"。显而易见,恐惧比感情的威力更大。

自由派对保守派溃败的错误判断

自由派将戈德华特的失败理解为保守派疯狂行为的最终失败,保守主义是"对整个现代环境的反叛"(霍夫施塔特语)的明证。然而,戈德华特虽然失败了,但他还是证明了自由派对保守派的想法大错特错。保守派的政治策略和方式完全是现代式的;譬如,他们率先采用直接写信来筹集资金。戈德华特本人尽管如其所说,没有"一流的头脑",但也决非死气沉沉的笨蛋。其跟随者喜欢把他和肯尼迪比较。他同样英俊潇洒、讨人喜欢、精力充沛,足以令其支持者深信:世间是有现代个人主义者的。克利夫顿·怀特声称他深受"全国的母亲、祖母、女学生、速记员、商店和百货大楼站柜台的女孩子的"喜爱,因为她们认为他是个"会保留正在其脚下溜走的文明和社会的人"。

由于受制于传统看法,自由派无视令人生畏的保守派运动。阴谋理论和偏执狂似的反共情绪并非是右派身上可以发现的惟一观点。他们反对福利制国家,这可能显露出他们的吝啬,但并没有很多的选民愿意为他们认为可疑的社会计划支付最多的税金。美国的普通民众不像戈德华特那样对"共产党阴谋"忧心忡忡,但这并不意味着他们就信任使之陷入越战的自由派政客。保守派也有自己的知识分子。他们之间会就理论问题争论不休,但也会尽力达成一个持久统一的战线,以与自由主义和民主党的统治相抗衡。而且戈德华特也有其青年党羽,他们在 1960 年党内大会后形成

"美国青年争取自由组织"，很快便在 100 所大学内集聚了 27000 名成员。

戈德华特的经费也并非来自恐惧者和情绪失调者的小额捐助，其支持者是来自这些人：得州亿万富翁 H.L. 亨特、教友派领袖道格拉斯·斯图亚特、艾森豪威尔内阁中的财政部长乔治·汉弗莱、通用电器总裁拉尔夫·科迪那、德拉维尔·杜邦公司的小拉莫·杜邦·科普兰，等等。保守派所能分享的不仅仅是这大笔资金，戈德华特的朋友远非被快速的技术变革所埋葬的迷惘的小商人，而是来自引导这种变革并从中获利的公司精英。他们支持戈德华特的原因并不一定是出自政治心理。正如艾尔文·豪所说："这种政治是源于他们渴望出现一个强者——拉尔夫·科迪纳不是中西部的汽车推销员、乔治·汉弗莱不是萎靡不振的小资本家、而亨特也并非迷惑不解的持股人——来停止社会变革，然后慢慢使其复原"。

令几乎所有自由派或左派观察人士不断吃惊而且不解的是，左派共和党人显然极有理性、教养良好、善于表达，都是些并不明显焦躁的郊区居民（几乎是清一色的白人）。他们的子女是支持肯尼迪的青年理想主义者，或者正好相反，其父母有时是反抗自由政府的老民主党员。自由派的新闻杂志《记者》登出了一篇关于美国青年争取自由组织第二次大会的社论。正如这篇社论所说，这次大会更像"一次聚会洋洋自得的开始"。迈克尔·沃尔泽注意到许多记者赶到 1964 年的大会只是想看一些疯子，结果却发现"温文尔雅、极具进取心的大学毕业生、正在上升的公司年轻的行政人员、中上层的专家，他们充满自信、意志坚定而又渴望权力"。

戈德华特地位上升之后，两党在选举中势均力敌，而且这种局面一直延续到戈德华特的失败之时。这也进一步表明：自由派对右派的判断严重失误。保守主义在政界崭露头角,其后的一个重要发展便是它在南方各省的势力日益增强。在艾森豪威尔当政期间,保守派对南方一直虎视眈眈,几项措施配合出台,民主党对"固若金汤的南方"的控制便开始受到削弱。共和党人并不想招致大规模的抵制,尽管出现了布朗案决议和小石城事件,但艾森豪威尔在南方表现甚佳。他的力量来自南方政坛中的一个新兴阶层:中产阶级的郊区居民。他们在南方还刚刚兴起,其兴趣在于受到政府鼓励的国防工业和石油工业。共和主义是所谓的"新南方"内容之一,其发展的象征是一帮暴发的年轻政客。他们发现新兴的共和党组织比顽固的南方民主党更有助于自己往上爬。1961年大选中,戈德华特的支持者约翰·托尔当选,德州的林登·约翰逊下台。以此为开端,之后南方政治开始转向保守的共和党人。1962年非大选年的选举令美国的共和党人大失所望,但南方的共和党人却令人振奋:新当选上了两位议员;共和党对李斯特·希尔和 J. 威廉·富布赖特等势力强大的民主党人提出了有力挑战;而且在北卡罗莱纳和佐治亚两州的政坛上打破了民主党的垄断地位。就整个南方而言,1962年共和党人的选举力量上升了244%。

新 右 派

在改变南方的同时,保守派只能忽视黑人的选票。听到别人指责自己种族迫害,他们也会眉头一皱,但他们无法同时冀求保守派和黑人的选票。1964年华莱士参加初选使戈德华特看到一个正在形成的联盟。这个联盟会将南方的白人中产阶级、富人以及北方的白人中产阶级包括在内。

作为"新右派"的典型人物,这个联盟的成员在很大程度上是60年代的产物。在一些年轻保守派的心目中,做右派比做默默无闻者要令人激动得多。"戴着戈德华特的徽章走来走去，"一个年轻保守派称，"你就会产生背叛的刺激感。"年轻保守派和新左派之间虽然有着显而易见的差异，但两者也有共同之处，特别是两者都对当权的自由主义者和小政府的防卫不屑一顾。在60年代后期，对某些人来说，保守主义已变为无政府主义。默里·罗思巴德是由保守派转变为无政府主义者的第一人，他自己对这一转变也惊诧不已。他用一种几乎是道歉的语气写道，他从未改变过自己的观点，政治潮流只是将他从保守派变成了激进分子。不久之后，卡尔·赫斯——戈德华特的主要演讲撰稿人——承认自己实际上是"一个左派无政府主义者"。

因为小觑保守派，视之为不适于环境的极端分子，所以自由派没有做好失势的准备。1964年似乎还看不出来共和党在短期内会重入白宫，但四年之后，尼克松便入主白宫了。

"不是一个你想抱的小男孩"

狂热的保守派并不想承认失败，他们把1964年视为胜利之年，因为最起码他们也痛击了党内的"左倾激进分子"（这是参议员斯特罗姆·瑟蒙德对洛克菲勒派的共和党人的称呼）。一个更为准确的评价是：他们使得党内两派形成了势均力敌的局面，因此至少在全国性的政治上，党的政策的制定和总统提名人的选拔都会有赖于两派。但思想上的狂热并不能改变1964年的现实：戈德华特受到重创，连带着把共和党的气焰也压下去了。这个现实提出了许多重大问题，其中之一就是要找一个人来继承戈德华特，而戈德华特只能退居二线，做一个资深保守派。

罗纳德·里根是一个选择。他曾经是演员，作为通用电器公司的名人代言人而卷入保守派的政治活动。就在大选之前,里根在国家电视台上发表了一个支持戈德华特的演说,这场演说真令人振奋。但是,"支持里根的共和党人"还没来得及组织一场大运动,选举就结束了。1966 年,里根在政府机构中首次出击便当选为加州州长,这时他的声誉上升了。尽管里根比之戈德华特更不能冠之以具有"一流的头脑",但他确实有许多优点。他是个忠诚的保守派;他在伯克利分校警告学生"遵纪守法,否则就滚蛋",这提高了他在右派人士中的地位。里根对伯克利的"性放纵"大为恼火,而更麻烦的还是这所大学"资助了对知识的好奇心",于是他威胁要减扣学校资金,并迫使校长克拉克·克尔离职,最后还下令国民警卫队占领校园。伯克利成了里根的出气筒。正如史蒂芬·安布罗斯的观察,加州的经济似乎会无止境地繁荣下去,这使加州州长必定成功。与戈德华特截然相反,里根是最完美的电视政治家,因为他从不"信口开河";演讲时他极少没有草稿。"作为夜场西部片中英雄式的人物",理查德·惠伦写道,里根"是一个理想的电视候选人,是政坛中一个'非政治性'新人"。

尼克松重返政治舞台

在所有其他的可能候选人中,只有尼克松对保守派来说还有点吸引力,尽管他们对他也是不冷不热的。尼克松在其政治生涯开始时也和他们一样:一个来自南卡罗莱纳、渴望成功的反共青年。为了用一个新右派代表来与艾森豪威尔作对比,尼克松于1952 年被提名为总统候选人。但尼克松却不做保守派领袖,反而竭力要赢得主流共和党人士的接受。艾森豪威尔很少掩藏他对尼克松的不信任,但最终还是接受了他,而这只是使尼克松显得更加软弱,因为他寻求过艾森豪威尔的接受。在 1960 年共和党统一大会上,尼克松装成总统候选人,想得到两派人士的支持。一方面他依靠自己的背景和加州基地来笼络右派,另一方面又充分利用自己是艾森豪威尔的副总统的角色去拉拢温和派。就像共和党一样,尼克松这位候选人竭力想扩大一个由各种并不和谐的立场所组成的大杂烩。

尼克松试图调和共和党内的分歧,这既是一个政治策略,同时也是自我改变。作为政治心理学的研究对象,他比肯尼迪和约翰逊都更有意思。肯尼迪的教育背景令人神往,约翰逊则严格刻板,而尼克松却是再普通不过。他出生在加州的约巴林达,其成长环境的最大特点就是异常平庸。其父弗兰克在本世纪初从俄亥俄州流浪到加州。在那里,他认识了惠蒂尔贵格派社区中一个显赫家庭的女儿,并娶了她。根据许多说法,尼克松的贵格派母亲——汉娜——是位"圣人"。她沉静、虔诚,最大特征是沉默寡言。而父亲弗兰克·尼克松却积极进取,有时态度粗鲁,在一定程度上喜欢自我炫耀。弗兰克·尼克松曾当过有轨机车司机、石油工人、柠檬园主、屠夫、食品店老板,他是个从苦难中走出来的人,因此对孩子一向管教甚严。如果尼克松的父母有什么相同之处的话,那就是两人都渴望能进入上层社会。他们家并不穷,但是为了维持生计,弗兰克也不能停止工作。

表面上尼克松是他母亲的儿子:拘谨缄默,不害羞但对人冷淡,不自然。政治家天生都喜欢吃喝交际,但尼克松却一概全无;许多人甚至认为他根本就不喜欢人。一生中尼克松也许只有两位男性挚友。他们不东询西问,对他也没有任何期望。在公共场合尼克松很冷漠,他对政治上的追随者往往残酷无情。他组织竞选、构建内阁的方式都是有意要令人们彼此对立、促使他们相互竞争,以防他们会联合起来反对他。即便是在最好的时候,他的公众形象也只是一个冷漠、善于分析的聪明人。不管他同多少人握手、在多少"扶轮国际"宴会上致辞、亲吻了多少小孩,他还是显得很冷淡。一个看着尼克松长大的亲戚这样总结了他的一生:他"不是一个你想抱的小男孩"。

同所有奋斗者一样,尼克松的肩上有一个永不消失的包袱,与林登·约翰逊相似,这个包袱也源自对体面地位的出自内心的不齿和与之矛盾的希望被当权派接受的渴求。尼克松无时无刻不感到被人怠慢。他的自我分析有时很有意思。一次他对助手肯尼斯·克劳森说:"小时候被人耻笑、冷落、受到怠慢,而事实上这就是奋斗的动力。如果你够聪明,如果你的愤怒感既深又强,那么你便会知道,当那些拥有一切的人大腹便便地坐在那儿的时候,你可以通过发自内心的卓越表现来改变他们的态度。在追求为自己所不齿的体面地位的过程中,尼克松不停地想重塑自我。在某些时刻,即令是知情人也很难了解他。"对尼克松的大部分看法的问题"在于,演说撰搞人威廉·萨非尔在将尼克松比喻成一块夹层蛋糕时说,"观察者把某一层蛋糕抽出来说这是'真的',并为这一层的成功欢呼喝彩,但'真的'尼克松却是整块蛋糕,包括我没有提到的那些夹层,因为我根本就不知道。"政治上的成功最终还是回报了这种持续不断的转变和夹层,原因并非是尼克松的一片诚意,而是因为到 1968 年他已多次改头换面,所以其政治面目已完全是一片模糊,几乎没有定型,也许就像中产阶级一样,已没了身份。

埋头苦干的策略失败后,尼克松陷入自哀自怜之中。他相信辛勤劳动会有所回报,因此无法把失败归因于自己受到误解和背叛这一假设。但不幸的是,当尼克松发现自哀自怜有其政治利用的价值时,这些倾向更加强烈了。譬如,在 1952 年总统大选中,尼克松卷入了一场丑闻,被人指控用捐款支付办公室开支。此时尼克松面临失去总统提名的可能,于是他走入国家电视频道,发表了著名的跳棋演讲。在这篇自哀自怜并得到精心利用的长篇演讲中,尼克松强调了家里并不富裕的经济状况,并回忆起努力工作的父亲。他对妻子穿着用"受人尊敬的共和党布料"做的外衣表示歉意,并否认自己做过任何错事,但又宣称:无论如何,他决不会放弃一件礼物——即家里那只叫"跳棋"的小狗。记者沃尔特·李普曼与一些英国朋友一起观看了这场演讲,他称之为"美国政治史上最有辱人格的一件事"。然而,自我贬低在政治上显然是一着精明的棋子,因为这次演讲导致公众对他的支持激增。

除了自哀自怜,尼克松还老是将自己的失败归咎于他人。在回忆录中,他将 1960 年的失败怪罪于一家不喜欢他的新闻机构和一个"在竞选中像流氓一样玩弄下流手段"的对手。在他自己看来,他在竞选中诚实理性,从不滥用宗教问题,从不提及肯尼迪的父亲,也从不触及对手在性方面的越轨行为。他确信自己是个好人,但看看好人落到了什么下场!

尼克松与新闻界的关系一直不好。他将记者视为敌人,而新闻界却认为尼克松自以为是、枯燥乏味、愤世嫉俗。1962 年尼克松竞选加州州长败北后,举行了一次著名的记者招待会,在会上他指责新闻界肆意歪曲事实、没有职业道德。他几乎是被顾问强迫参加招待会的;事实上,当尼克松跌跌撞撞地走入会场时,其新闻秘书已开始为他宣读让步演说。他对新闻界发表了一番言辞激烈、非比寻常的训斥,其中多处语无伦次。这些话出自一贯准备充分的候选人之口,因此就愈发令人不安了。"先生们,现在我得离开你们了……。但是在走之前我要告诉你们——想想你们将失去多少东西。你们再也不能玩弄尼克松了。"当然,尼克松食言了。

尼克松和 1968 年

喜欢挑衅、讳莫如深、自哀自怜、说谎骗人、渴求权力——这些都是尼克松政治生涯中的特点。因此毫不奇怪，全国上上下下许多人，当然包括新闻界、知识分子、甚至他的许多亲密顾问，逐渐都认为尼克松有点轻度疯狂。水门事件之后的前几部传记都将重点放在他的教育背景上，都是假定他心理极不稳定。毫无疑问，尼克松有的方面很怪，但肯定不是病态。他的教育与成千上万的其他人也没有什么显著区别；他的志向虽然展望得过于宏大，追求也过于放肆，但与成千上万的其他美国人也无质的区别。水门丑闻把尼克松压得一蹶不振，但最终他也没有令人可怜地心理失衡。相反，他令人可悲的正常。尼克松并非只靠自己的开拓者，在许多方面他都是一个同化了的中产阶级，极力想融入白领公司阶层，从而告别自己的过去。许多美国人，特别是政客们、记者、政府部门的其他成员，都需要把尼克松视为疯子，因为他们无法自认也有尼克松的影子。

尼克松的个性非常适合共和党的主导政治文化，这是其事业的特征。作为共和党右派的代表人物，他乖戾的一面于他相当合适。尼克松性格的这一面表面上是遗传自父亲，但也与他的反共产主义、支持"沉默的多数人"、反对福利制国家有关。他优雅的一面与自己的学习和别人的忠告有关，这一面相反使他有了与共和党中的温和派靠拢的工具。在民权问题上，他自始至终都是温和派，他支持国际主义的对外政策，国内的经济政策也相当务实。即使是与父母显而易见的联结之处——对进入上层社会的渴望，也与共和党政治完全吻合，而且赋予尼克松中产阶级的气质，而这种气质对于他发展感知这一阶层选民意向的神秘本领是必不可少的。

所以,尼克松是统一全党的合适人选。当他为 1968 年总统提名开始行动时,他决定这次不把这个权利视为探囊取物,很早之前——即 1964 年大选后不久,戈德华特给了他祝福。从 1964 年直至 1968 年大选,尼克松一直坚决批评约翰逊的战争政策,他认为这些政策不够进取。但是,他转向中间立场的关键几步却正是针对对外政策。在 1967 年 7 月共和党高层会议上,尼克松提议美国应与苏联进行贸易和军备蹉商。不久之后,他又在影响力极大的《外国事务》上发表了一篇文章。文中暗示美国政策应当缓和对红色中国的态度,否则这个亚洲大国将会"永远脱离世界大家庭"。像往常一样,尼克松小心翼翼地使自己的文章能符合不同读者的口味。对共和党领导,他强调美国道德力量和军事力量全球扩张的需要,对阅读《对外事务报》的温和派,尼克松则认为美国不应当做世界警察。

到 1968 年,尼克松已将自己改造为好几个"新尼克松",保守派知道了他是坚决的反共派(曾经是),而温和派则认定他要成为一个善于治国的政治家了。同时,共和党之外摇摆不定的政界也开始向他倾斜。因为面目暧昧,所以他能把自己装扮成"新尼克松",即灵活多变的总统候选人。1968 年 3 月底约翰逊退出竞选,尼克松的前途便更加一片光明了。在共和党内他遥遥领先,乔治·罗姆尼和纳尔逊·洛克菲勒等其他可能的候选人要与他并驾齐驱只有一个办法:使党员们深信尼克松赢不了民主党的可能提名人。而这几乎难于上青天,因为自约翰逊退出之后,民主党的提名人会是谁根本没有眉目。里根倒是引起了一些关注,因为他在南方的势力不小。为此尼克松还特意向斯特罗姆·瑟蒙德等人许诺会支

422 第 10 章 社会现状的报复

持纺织品的价格,以获得这些南方精英的支持。在其他各州尼克松也有望进展顺利。

尼克松的立场确实令人羡慕。他可以小心谨慎地进行竞选,并自得于令其能屈能伸的含糊立场。他许诺要给"新的多数人"带来"新的领导权",使其享受"新的自由"。他支持被许多评论员谴责为带有种族歧视意味的"法律和秩序"。但尼克松很谨慎,他避免任何种族歧视的暗示,时常还用这一事实对种族歧视进行反击:犯罪事件中最常受害的是黑人。因为经济过热,他呼吁沿用低税收、少开支的简单经济政策。尼克松还推出了他所谓的"新联邦主义",这种对联邦政府的重组会使权力重归于州政府和地方政府。这些都是温和立场,尼克松希望自己能借此将戈德华特已打下基础的联盟发扬光大。"沉默的多数"、"数百万不示威游行、不大声抗议、处于美国政治派别中间的人",是尼克松最感兴趣的人。

为了贯彻含糊暧昧的策略,尼克松的竞选活动依赖于一系列精心制作的公开露面和电视节目。助手们深知尼克松的弱点在于缺乏个性,因此只让他(在可能的情况下)在由支持者和忠实者们组成的大群听众前发表演说,电视竞选活动的指挥者是纽约最杰出的广告人,主管则是哈里·特里莱文,他是全美最大的广告公司J. 沃尔特·汤普森公司的一名管理人员。这个竞选小组决定播出一系列为达到预期效果的"自然"的问答节目,让尼克松与"真正的人"斗智。他们会令尼克松显得平易近人,招人喜爱,但条件是他的形象能得到最大可能的控制。观众都须经过精心挑选,直至不时能提出一两个关键问题。

各种说法认为,尼克松终于成功地改造了自己,成了真正的存在主义者。理查德·惠伦是一位保守派作家,也是一个刚正不阿的富豪,1967 年秋他与尼克松会晤,便产生了上述看法。"对他的一些细微发现,"沃伦在与尼克松长谈后写到,"具有令人振备的意义。他身上丝毫没有一般政治家所有的那种妄自尊大和傲慢。"诺曼·梅勒曾认为"尼克松在电视上一露面就会令人作呕的感觉",如今他也惊诧不已地发现这位出现在迈阿密共和党大会的候选人的确已完全改变。梅勒推测也许是尼克松的辛勤奋斗挫掉了他的锐气。不管原因何在,梅勒认为尼克松在某种程度上"没有以前那么装腔作势了"。"这真是一个奇迹。他以前雄心勃勃,完全与自我隔绝,但他走到了现在这一步:与自我已大致和解。他说话时,有时抓住了重点,有时又偏离了,刚才还挺真诚,一会儿又虚伪了,但随后又悄悄地改正了错误。"

尽管尼克松这位候选人已经改变,但其竞选还是遭遇到几大障碍。首先,尼克松害怕与肯尼迪正面交锋。第三党的候选人华莱士也无法加以控制,他使整个原本就乱糟糟的竞选愈发前途未卜。当时华莱士对竞选的影响尚不明了,但尼克松视之为"破坏者",认为他会妨碍自己当选后获得很大的委任权。尼克松只能把南方腹地让给华莱士,但他原本很可能与汉弗莱进行两人竞赛而赢得该地区。另一方面,我们也已看到华莱士的许多选民都是白人少数民族和北方工人。尼克松的策略就是要针对华莱士的潜在选民强调法律和秩序,要不就让华莱士最极端地利用基本本能。

最棘手的问题也是最重要的问题:越南。对于这场战争,尼克松进行了平生最为艰苦、最为真诚的思考。他计划对中国和苏联主动做出外交表示,以此来孤立北越。这个计划至少也可说是颇具新意的。然而,尼克松的基本希望与约翰逊也并无多少区别;两人都希望根据美国的条件实现和平。尼克松的密友透露尼克松会对越战采取不同的处理办法,新闻界闻风后开始猜测他有"结束战争的秘密计划",但尼克松实际上从未有过这种计划。在越南的春

424　第 10 章　社会现状的报复

节攻势过后的大部分竞选活动中,他都尽可能地不谈这件在当时最为重大的事情,婉言拒绝对越战作任何评论,其理由是不想干涉正在进行的谈判。尼克松的立场非常敏感 。他认同约翰逊的大体目标,如果对他过于挑剔,一旦自己当上总统,以后的工作就复杂了,约翰逊最终放弃了汉弗莱的战争政策,于是尼克松打破了自己对越南战争的沉默态度。但他所能做的也只有等待选举结果的出来。

　　考虑到竞选的势均力敌,尼克松必须像当年肯尼迪那样编造一个得到支持的理由。他不认为选举结果只是一种迟疑不决的赞同,相反,尼克松推断约 59% 的选民——即他和华莱士的选民——会投民主党的反对票,"赞成变化"。尼克松确实有其理由。尽管 1960 年以来民主党联盟一直有所松动,特别是在南方,但尼克松的当选却预示着这个著名集团的彻底瓦解。与以前的共和党人相比,尼克松对所谓的南方策略运用得更加周到、全面。他与华莱士并肩作战,使民主党在南方没有任何取胜的机会。

　　共和党理论家兼尼克松的竞选助手凯文·菲利浦认为,南方策略提供了组成一个全新联盟的途径,这个新联盟包括南方的前民主党人、传统共和党人以及心怀不满的工人和少数民族。但是,菲利浦对选举的研究结果——《新兴的共和党多数》(1969)一书作出的解释实际上却有所不同。尼克松在南方腹地没有获胜,但菲利浦却和尼克松本人一样,情愿认为华莱士在当地的势力预示着"一批正在形成的尼克松支持者"。尼克松不仅在南部边疆各州有上乘表现,而且在大都市地区也是如此;他与移民、新南方的专家以及南方后工业发展的受益者相处得都很好。他们喜欢尼克松,不仅是因为尼克松是个不圆滑的种族歧视分子,而且因为其保守观念是基于更加健全的价值观之上的,如反共产主义、反自由主义、赞成资本主义等等。换言之，南方策略针对的根本就不是南方。它只是把华莱士的深刻见解作了一点变动，华莱士认为"他们都是南方人！"，而尼克松的胜利则表明"他们都是郊区人！"

1968年大选标志着政治同一化的到来：地区政治不如大都市政治重要、而达拉斯、凤凰城、亚特兰大的政治与底特律、芝加哥、纽约的政治并没有显著区别。与其说这象征着一种强烈抵制，不如说这象征着各大社会力量——郊区化、大众文化以及后工业主义——全面进入美国政治。尼克松，这位同一化的候选人，应当获选。

尼克松当政期

尼克松的主题"让我们联合起来"来自他在一次竞选剧变中注意到的一张广告牌。与尼克松本人极为相似，这个主题也是将虚情假意与公共关系混合起来。尼克松在当政期并不鼓励全国的和解，而是沉迷于标志着他整个政治生涯的那种多极化。在整个第一任期间，他延长了越南战争，许诺要进行和谈，但又入侵柬埔寨，对北越发动前所未有的轰炸计划，以实现"光荣的和平"。在对越南进行疯狂轰炸的同时，尼克松又提出了"缓和"政策，即改善与两大共产主义大国——中国和苏联——的关系，这是自二战以来外交政策上意义最大的创新。在国内，他一方面实行新福利安抚政策，另一方面又任命种族隔离分子进入最高法院，走的是在两者之间摇摆的道路。尼克松终生信奉自由经济，他怒斥司法部进行反托拉斯的活动，并支持对工资和物价进行控制。尼克松多次呼吁保持街道的安静，但是他大肆宣扬法律和秩序，又把抗议者贬为"懒汉"，因而导致局势更加混乱。他恳求大家联合起来，但他对沉默的多数的呼吁只是加深了各种族、各年龄层之间的分歧。

外交政策的目标

尼克松的外交政策是基于好几个目标而制定的,然而这些目标并不十分相容。尼克松清楚自己上台时的国际局势:美国的世界霸主地位行将结束,而越南问题又陷入困境,苏联的核力量与美国形成抗衡局面,社会主义的中苏两国关系高度紧张,这些都要求在策略考虑上进行全面更改。美国外交的转向第一步就是要摒弃开明的全球主义,这是与尼克松一起策划"缓和"政策的基辛格所积极倡导的策略。基辛格是一个有权力欲的哈佛教授,他是核战略和对欧关系的专家,以此为钥匙,他巧妙进入了制定对外政策的核心地带。基辛格在外交上是个务实者,他认为指导对外政策的应当是基于理性的可靠利益,而不是模糊不清的道德义务和令人烦恼的焦虑。在约翰逊当政期间他曾两次前往越南,参与了当时的秘密谈判。与此同时,他希望能在纳尔逊·洛克菲勒的政府中谋得一席之地,但这位纽约州州长在预选中即落马了,于是基辛格开始为尼克松的竞选提供有关越南密谈的情报。

尼克松选择基辛格为国家安全顾问有几个原因。在越南问题上,两人基本上能达成共识,而且都认为与社会主义大国改善关系意义重大。基辛格把常青藤毕业证书带进了一个既鄙视又羡慕常青藤学生的政府内阁;尼克松把自己的成功与肯尼迪相比较,对他来说,吸引一个哈佛精英进入内阁本身就是一种目的。而对基辛格而言,只要自己能受到邀请进入白宫、谁当总统都无所谓。他与尼克松性情相同;两人都有权力欲并因此而态度傲慢,都喜欢遮遮掩掩,都不信任任何人,包括对方。

苏联和中国政策

面对瞬息万变的国际舞台,尼克松和基辛格竭力想最大可能地保住美国的势力,但同时也认识到中苏两国都会坚持在各自的影响范围内保住其领导地位。除了对这一权力均衡局面表示尊重之外,尼克松与基辛格还认为第三世界的大部分国家将成为超级大国的竞争场所。"缓和"政策从未期望超级大国之间的冲突会得到根除。尼克松和基辛格希望:双方在一些根本的安全事务上达成协议,这样便都有所约束,减少自己所追求的利益。基辛格从未详细阐明这些约束,因此也没有说清楚这些约束什么时候可以打破而什么时候又不可以,但尽管这样,基辛格与其顶头上司却打算同中国搞好关系,以此向苏联施压,他们还发扬了关联原则。譬如,许诺在谷类销售这些方面提供优惠,就能限制共产党干预非洲事务。"缓和"政策并非是冷战的解冻,而是另一层次上的冷战。

实现这种外交新策略需要精湛的技巧,而且主角们还认为要保持高度机密,因为这两个社会主义大国都希望阻止对方与华盛顿发展密切关系,除此之外,双方又有不同的利益所在。苏联人既然在核武器方面已与美国大致平衡,他们希望相互摧毁原则得到正式承认。相互摧毁原则也建议裁减军备,但力荐的更是军备限制和放慢技术发展的步伐,而这正是美国自信要优于苏联的地方。从1970年4月开始,限制战略武器谈判(第一次谈判)陷入僵局,美国要求首先限制苏方的洲际导弹数目,然后才愿意限制美国新的反导弹系统。为了达成协议,确保尼克松总统得到一切荣誉,基辛格避开了进行谈判的官僚机构,私下与苏联人达成了一项协议,这项协议对美国的一些要求做出了让步,但确保了尼克松前往莫斯科亲自结束会谈。1971年5月20日,尼克松通告全国美苏协

428 第 10 章 社会现状的报复

议已经达成,这一次即使是自由派的新闻界也对他赞誉有加。

与中国人打交道则要简单一些,但更富戏剧性。美国从未与共产主义中国建立关系,而中国把美国的承认视为自己合法成为世界大国的一个象征。尼克松尽管希望中国人能帮助抵制苏联人,但他也知道苏联人对北越的影响力已逐渐丧失,因而也不再是越战背后的主要力量。除了外交上的考虑之外,尼克松还乐于借助与中国建立关系这个机会使其自由派敌人不知所措。1969 年时中国颇有四面受敌之感,与美国改善关系无疑能为他们带来更多的好处。许多不结盟大国,特别是印度,在否定中国在第三世界的领导地位之后,中国遭受到一系列的政治挫折。中国不知道自己的同盟者是谁,而那些肯定会支持中国的国家,如北朝鲜,又不是什么显要大国。中国对美国卷入越战的观点就是形成于这种外交上的孤立状况之中。中国越是孤立,对美国在亚洲的存在便越是态度模糊。他们决不会视之为好事,但越来越倾向于视之为抑制苏联在该地区影响日益增大的一个砝码。

尽管两国利益吻合,但与中国建立关系还是一大意外,因此便产生了一个即便是文化激进分子也会喜欢的戏剧性时刻。1971 年 5 月下旬,在限制战略核武器谈判成功结束的同时,中国同意了尼克松的访华。"这是自二战结束以来美国总统所遇到的最为重要的一次会晤",基辛格对尼克松如是说。中国人,用尼克松的话来说:"几乎同意了我们对于这次访问的安排和日程的所有建议。"7 月 15 日,尼克松令举国震惊,他宣布了"我们致力于建设持久和平的一项重大发展":他决定前往中国。

这次访问发生在 1972 年 2 月。访华这一想法本身就太重大了,以至于访问反倒令人扫兴。尽管进行了一轮激烈谈判,又是观赏风景又是祝酒,但双方终未能达成任何重要协议。尼克松宣称最重大的成就只是这种尝试,它弥合了"相隔 16000 英里和 22 年的敌意"。这可能是尼克松第一次没有夸大其辞。就他而言,事情立即便有了结果。这次访华促使苏联在正在进行的限制战略武器会谈中更加合作,而且使他们也去寻找类似的峰会。国内对尼克松也有回报:自由派对他只能称赞,尼克松准备以大外交家的新形象进行下届选举。

阿以冲突

在"缓和"政策这把大伞下进行的所有冲突之中,最为重要的便是阿以之争。美国支持的是以色列,这便使苏联人有了一个将影响力扩展到阿拉伯国家中的大好时机。1967 年以色列在六日战争中大获全胜,于是埃及和叙利亚向苏联请求军事援助,并得到苏联的大量支持。在尼克松的第一任期间,中东地区并未得到政府的足够重视,只是让国务卿罗杰斯盯着。罗杰斯是总统的朋友,是个安静仁慈、不喜欢招摇的人,他的位置完全被总统和基辛格所取代,还不断受到两人的侮辱。主要是依靠自己的能力,罗杰斯尽力达成了一个粗略的休战协议。从 1970 年至 1972 年,主要对手埃及和以色列都在等待时机,因此在此期间既无进展又无破坏。到 1973 年中时,埃及人在萨达特的领导下突然抛开罗杰斯计划,与叙利亚结盟,发动了十月赎罪日战争。 287

这个在当初只受到次等重视的地区,马上便成为超级大国竞争的前沿阵地,双方都雄纠纠地登上舞台,以保护各自的庇护对象。正在此时,罗杰斯消失了。基辛格却集国家安全顾问和国务卿于一身,而尼克松则已卷入水门丑闻。基辛格大权在握。

埃及人的奇袭使之有了一个起初的冲势,但由于美国源源不断的大量援助,以色列人发动了反攻,几乎使埃及劲旅第三军全军覆没。苏联一方面担心自己的同盟会失败,另一方面又担心自己会失去对这个地区的影响力,于是坚持要同美国一起进行维和斡旋。当基辛格拒绝参与的时候,苏联人警告道他们也许会被迫进行单方面干预,基辛格于是下令美国在全球的军队都保持战备状况,从而打破这一威胁。之后,基辛格强迫以色列承认了一项没有胜利方的停战协议,从而遏制了危机的发展。然后他开始了一轮令人眼花缭乱的外交调解,一年多时间里都是飞来飞去。最后,基辛格为该地区的和平创造了一个更加坚实的基础,扩展了美国的势力和影响,并促使埃及人驱逐了苏联人。然而,也是由于这个原因,基辛格的中东胜利破坏了他与苏联人达成的友好关系,并导致了石油生产国的对抗。这些国家发起了一场石油抵制运动,使两方的经济发展陷于瘫痪,加速了通货膨胀。

国内议程

与其游移于温和与侵略之间的对外政策一样,尼克松令那些以为他在国内事务中会走温和路线的人一头雾水。在国内经济政策上,尼克松基本上是温和派。他力求平衡联邦预算,并尽可能地减少税收,但对他而言这些都不是什么紧急目标。它们与他所面对的经济问题——如持续不段的通货膨胀和日益昂贵的津贴计划——不是没有关系,但实现平衡预支、减少税收,这些都不会产生政治家们所希望的那种戏剧性的明显影响。无论如何,只要越战不结束,这两个目标都不容易实现。

尼克松将重点放在两个既有创意又相当稳健的计划上。差不多是大选中产生的一种想法,尼克松建议要重组联邦政府机构,这个建议自然无人会持异议。尼克松一直就没有完全弄清楚到底如何重组。在一定程度上,他的意思是一种将权力还于各州的"新联邦主义";实现途径是"年收入分享"——将税收还给各州用于各项社会计划。也许尼克松从来就没有认真对待过政府重组的问题，但在他的当政期间产生的最终重组结果是确实这样的：中央政府手中集中了比以往自由派所获得的更多的权力。

与之相反，尼克松的福利政策原本会跟以往的自由派政策彻底决裂，只是不在保守派所想的那个方向，一部分是由于尼克松本人在知识和文化上有不安全感，于是他让常标新立异的自由派人士丹尼尔·莫伊尼汉进入内阁。莫伊尼汉在60年代末所钟爱的计划就是保证最低年收入，这是一种最低收入补贴，根据市民收入向其提供现金补贴。

我们已经看到，改革福利政策的理由既充分又合理。莫伊尼汉的计划源自他在社区行动中的痛苦经历，其意是要直接触及贫穷的根本问题，避开伟大社会计划中的文化重点。尼克松喜欢这种想法，部分原因是这个计划可能对工人阶级的穷人会有所帮助，并且他也相信这一计划会为工作带来强大动力。但是，由于一些不甚光彩的原因，尼克松却将保证最低收入计划视为儿戏。莫伊尼汉许诺，家庭帮助计划最终会大幅度地减少福利救济人员的名册，尽管短时间内由于增加了完整家庭和工人阶级穷人这个名册会有所扩大。这一计划是在全国范围内进行的，因此无需卷入种族融合这个难题中来。与伟大社会计划不同，家庭帮助计划的主要对象并非非白人，尼克松不断强调将其作为一个面对所有穷人的计划进行宣传的重要性。尼克松还视之为减少联邦政府影响范围的又一途径，他也喜欢将社会工作机构全部消灭的想法。尼克松问这一计划能否"消灭社会工作者"，莫伊尼汉的回答是："他们会被斩草除根。"

出于个人恩怨和政治上的考虑，尼克松从未完全支持家庭帮

432 第 10 章 社会现状的报复

助计划,为其施行打下必要的基础。这个计划不大可能会吸引保
守派,他们觉得这比伟大社会计划更明显地是一种"施舍"。同时,
自由派认为这是摧毁社会计划的一种改头换面的企图,充其量是
种族歧视的一种欺骗形式。除了考虑到党派不同之外,家庭帮助
计划还相当昂贵(尼克松的首席经济顾问阿瑟·伯恩斯就以此为理
由进行反对),可能会增加通货膨胀的压力。无人知晓这个计划对
那些处于计划帮助边缘的人在经济行为上会有何影响;莫伊尼汉
也承认,那些收入稍高于分界线的人可能会减少继续工作或和以
前一样努力工作的动力。出于这些考虑,再加上这个计划完全是
一个创新,所以在国会便很难通过。尼克松把该计划作为其国内
政策的主要特点进行宣传,但并未施加什么压力以保证其通过。
相反,他突如其来地把这个计划提出来,出人意料地向国会宣布这
一计划。这种策略表明尼克松更感兴趣的是其公众关系价值,而
非其内容。毫不奇怪,这个计划两次都未获通过。

在第一任期间的某些时候,尼克松也能像所有自由派一样充
满善意。在第一任中期对自己进行评价时,尼克松对记者说他寻
求实现这样一个"梦想":一个生活富足的国家,有着"清新的空气、
干净的水、开阔的空间……,一个为所有有小孩的家庭规定收入底
线的福利改革计划"。倘若记者要求尼克松证明自己比自由派做
的善事更多时,他便指出自己当政期间联邦政府在社会计划上的
289 开支比约翰逊政府要多。到 1971 年中期,尼克松吹牛就吹得更大
了:他的经济政策突破了凯恩斯主义,而且运行得很好。通货膨胀
已快成为一个棘手问题了,为了抑制膨胀,尼克松宣布要强制实行
为期三个月的工资—物价冻结。这是对自由市场前所未有的一次
拒绝。尽管这次国会中的民主党人和尼克松自己的经济顾问在该
政策后面都施加了强大的压力,但工资—物价冻结也和家庭帮助

计划一样,大张旗鼓地提出来,也只是想为尼克松的坚强领导提供又一例证而已。这个措施可能比家庭帮助计划更令尼克松满意。由于显而易见的不同原因,这个措施令保守派和自由派两者都十分震惊。该措施支持华尔街结成同盟,然而这个举动最终并未在某些方面对经济产生什么影响,就是说,三个月之内通货膨胀得到了抑制,但之后便又重新开始了其为期十年的历程。

1970 年的国会选举

尼克松的政治处境仍然不轻松。他是 20 世纪第一位未经参众两院同意而当选的总统。其不堪一击的国内政策、正在进行的反战游行、政治上的暴力事件,更重要的是越战,这些都使其连任的希望渺茫。这些障碍以尼克松这样的职业政治家凭直觉就能察觉,但除此之外,尼克松与新闻界的不合仍然存在。他的所有温和表现似乎都毫无结果,他的所作所为无法令新闻界相信入主白宫的是一个全新的尼克松。

正当共和党开始为大选做准备时,有两本书对当局的政治观产生了决定性的影响。一本是凯文·菲利浦的《新兴的共和党多数》(1969),另一本是《真正的多数》(理查德·斯卡蒙和本·瓦滕伯格于 1969 年合著),结果肯定了菲利浦的观点:一个大多数的联盟正等待着结合到一起。作为一本奇书,《真正的多数》受到当局瞩目,这不仅是由于它肯定了菲利浦,而且因为其作者是民主党人,其著书的目的是要在自己的党内达成一些共识。斯卡蒙和瓦滕伯格认为,除了为"面包和黄油"仍然迫使人民进行选举之外,1968年的大选还表明大多数的选民都受到"社会问题"的影响。"社会问题"是涵义甚广的词,包括所有关于"法律和秩序、反青年、疾病、变化以及异化"的态度。哪个政党明白了"美国选民的大多数不是年轻人、不是穷人、不是黑人,而是中年人、中产阶级、观点温和者",未来的成功就属于哪个政党。他们推想,普通的选民是一个生活在俄亥俄州代顿市郊的47岁的家庭主妇、其丈夫是位机械师,她害怕犯罪、对拥有黑人邻居的态度暧昧、担心孩子会陷入毒品世界,还急需钱用。尼克松的观点是:显然要采取的策略是"抢先控制社会问题,使民主党人处于守势。我们的策略主要是要瞄准心存不满的民主党人,蓝领工人以及少数民族的白人工人阶级。我们要行动起来,获得代顿那位47岁家庭主妇的选票。"这一策略要求共和党将重点放在法律和秩序、强制校车接送以及反激进主义之上,以帮助这位代顿的主妇忘却自己的儿子服兵役了,而丈夫在弗里基代尔的工作也转移到了台湾。

他们首先想将副总统斯皮罗·阿格纽作为政府的"铜指环"(一种打人武器——译者)。阿格纽的父亲西奥弗拉斯多斯·阿那格诺斯多卜罗斯是希腊移民,他在巴尔的摩经营一家餐厅。在斯皮罗的青年时代,巴尔的摩有一个健康的希腊人社区,但他的家庭只在这个社区的边缘。他们更向往同化、向上层社会流动和具有象征意义的郊区。阿格纽是个靠自我奋斗成功的人,曾在一个县从政,1966年当选为马里兰州州长,这个胜利本来是不大可能的,因为共和党人极少能赢得这一职位。阿格纽不是一个特别突出的人,也不是一个特别突出的州长,不是特别保守,也不特别开明。民主党评论他是"东部的里根",与其说这是称赞其保守态度,不如说是表明他极少显山露水。阿格纽曾是洛克菲勒的支持者,但随着1968年大选的临近,他开始亲近尼克松,接受了法律和秩序的论调。

就在1970年大选之前,阿格纽作为政府痛击自由派的头号人选,有了成为万众瞩目焦点的机会。1969年11月尼克松总统发表了"沉默的大多数演说",宣布战争越南化的政策。对这次演讲,公众的反应很是赞许,但新闻界却不甚热情,于是白宫决定用阿格纽进行还击。11月13日,在得斯美因对共和党人发表演说时,阿格纽滔滔不绝,猛烈抨击全国新闻界,令许多观察家大惊失色。他指责全国新闻界的新闻主持人及其同事是"一小撮未经选举的掌权人物",他们控制了全国其他人的观点,尽管这些观点根本就不为小镇居民所共有。

战争尚未结束。阿格纽就将抗议者、教师、新闻界以及嬉皮士合在一起,称之为国家的主要敌人。这群人是"一帮过时、势利的知识分子"、"顽固不化的持异议者和无政府主义分子"、"一帮"有着"受虐心理、油嘴滑舌的激进分子"。到1970年春,白宫的气氛就像一座被层层包围的军营。一位白宫工作人员回忆道:"你要是不支持我们,便是反对我们。""这是真正的冲突政治"。白宫的策略要求尼克松本人保持"总统立场",不要卷入竞选,但他常常发表即兴评论和演说,因而加剧了分化的局面。譬如,5月1日,即刚刚宣布入侵柬埔寨之后,尼克松临时去参观五角大楼,一位丈夫在越南的妇女对尼克松的强硬政策表示谢意。尼克松在回答时将"普通的"孩子与"破坏校园"的"那些懒鬼"进行比较。那年秋天,尼克松进行了一次全国巡回演说,其热情直追那些马上便要进行选举的人。在圣何塞这一站,尼克松遇到了一场声势浩大的反战示威游行,正如他在回忆录中所说:"我真的按捺不住要对他们说,我对他们幼稚的、毫无头脑的大叫大嚷实在没有多少敬意。"尼克松跳上汽车的发动机罩,挥舞着他的标志性的"代表胜利的V字"[291]手势,而人群则不断地向他投掷石头、鸡蛋、蔬菜。这真是个令人尴尬的时刻。刺激抗议者对尼克松来说的确不够"总统立场",他的解释——按捺不住——表明自我克制不论在哪里都是难得的。

436　第 10 章　社会现状的报复

　　将这种强烈反应转化为政府政治利益的企图以失败告终了。在 1970 年的选举中,民主党保持了对国会参众两院的控制,而且还增加了其整体选票。最后大部分人可能只是为自己的钱包而投了一票,当时的通货膨胀正在尽情吞噬其收入。尼克松政府攻击知识分子和学生可能并未对自己造成什么危害,但尼克松的所作所为也令沉默的大多数中的许多人兴味索然。用斯卡蒙和瓦滕伯格的话来说,他们都是坚决走中间路线的人,无论是偏左还是偏右的分化都会令他们不安。

　　尼克松政府对肯特县枪杀事件的处理就是一个适例。这个悲剧就发生在尼克松参观五角大楼之后,尼克松对此的反应并不是提出什么和解途径,相反,他警告暴乱往往会以流血事件告终。对于无辜受害者的家人,尼克松没有一句安慰的话,也没有什么同情。许多人同情一个被杀学生的父亲,他痛苦地说:"我的孩子可不是懒鬼。"1970 年的非大选年表明斯卡蒙和瓦滕伯格只对了一半:一般选民可能是代顿的 47 岁的主妇,她可能对左派的文化政治深感不安,但这并不意味着她赞同右派的抵制政策。

　　尼克松在 1968 年便感觉到了这一点,如今到了 1970 年却好像迷失了方向。如司法部长约翰·米切尔所说,尼克松的活动就好像是竞选县治安官,而不像一位总统的举动,而选举结果也证实了米切尔的理解。尼克松在非大选年的错误中得到了教训,但这个教训只维持了两年,这是他的习惯。因此,在公众场合尼克松会表现得与其体面职位相称,但在私下里,尼克松政府却决定尽其所能、使用一切合法或非法手段,去败坏对手的名声、削弱敌人的力量、向批评者报仇雪恨。

水门事件与一个时代的终结

1972 年,尼克松及时找回了自己的政治方向,在选举中大获全胜。所有的一切都对他有利。他开始了"缓和"政策,能够声称"越南和平指日可待",而且他至少已开始处理通货膨胀的问题。同时民主党人也帮了尼克松一把,他们舍弃了自己最优秀的候选人,而提名软弱的乔治·麦戈文。尼克松获得了 60% 的选票,除了马萨诸塞州和首府华盛顿两处之外,在各州都获胜,他从麦戈文手中夺走了传统上支持民主党的所有集团,并开始吞噬华莱士的选票。辉煌的胜利使尼克松确信沉默的大多数有着和他一样的强烈恨意,也会同意采取一切必要措施来对付抗议者、激进人士及反政府者。

在选举之时,公众丝毫不知尼克松已经有多么过分。民主党人也是如此,他们中有人指责 6 月 17 日总统连任选举委员会在民主党全国委员会华盛顿水门办公大楼的办公室里进行了令人奇怪的窃贼行径。常识表明不管总统的助手采取的手段是多么不正当,他们也不会干这么愚蠢的事。民主党人自己正在忙于自我毁灭,何苦要冒被他们抓住的危险呢?

这一问题的答案抓住了水门丑闻的要害。立即得出的答案是 1972 年 6 月的再次竞选并不像 10 月那次那样稳操胜券。直到麦戈文在 7 月获得提名之后总统才在选举中遥遥领先,尼克松十分清楚早期的投票数据能可靠地表明选民在 11 月会如何投票。而从长远来看,答案是水门的窃贼行径只是有计划的一系列国内特务活动、肮脏的政治骗局以及政府骚扰事件中的一件。这些活动有的刚刚合法,有的则显然是非法的。水门丑闻应当这样来理解:

438　第 10 章　社会现状的报复

这是尼克松无休止的权力欲与他对对手的鄙视相结合的结果。

尼克松的自我辩护一直基于如下两点：为了保卫国家安全，防御有暴力倾向的激进分子，政府被迫在国内进行监视活动；其次，窃听政治对手是始于华府的民主党人之手的一项标准程序。第二点他说得没错，尽管这并未能赦免他，但是第一点就很难说了。

休斯顿计划

国内骚扰和监视计划要追溯到尼克松刚刚入主白宫之时，当时查尔斯·科尔森这位野心勃勃的前海军陆战队队员是白宫里的一名助手。他起草了一份"敌人名单"，这份名单最终包括了 200 名民主党政客、政治上的激进人士、基金会领导、记者以及教师。这实质上是一份向白宫视其为"权势集团"的宣战书。在其后的一年半中，白宫发现中央情报局和联邦调查局都不会去骚扰其敌人。中情局受法律所限不得插手国内事务，而埃德加·胡佛（联邦调查局局长）又不愿效力于党派之争。因此尼克松与其助手通过了年轻的拥护者汤姆·休斯顿构想的一项计划。该计划是用电话窃听装置来控制"气象员"和黑豹党等激进组织，如果必要的话，还可以采取入室盗窃行为。尼克松认为各种危险的存在是自己采取极端措施的正当理由。"这些特殊技术没有一项受到不分青红皂白的滥用，没有一项是表示对合法的持不同政见者的特别威胁，对此我相当满意。"

而事实恰好相反，尼克松对此也心知肚明。在其后的两年中，白宫不同部门的各种工作人员进行了一系列的越轨行为，其原因从幼稚的政治骚扰到个人恩怨无所不有。而为这一切提供依据的正是休斯顿计划。

"管子工"小组和肮脏的花招

1971年6月,曾就职于基辛格的国家安全顾问班子的国防分析人员丹尼尔·埃尔斯伯格泄漏出一些文件,这些关于五角大楼的文件被刊登在《纽约时报》上。白宫,包括总统本人,都出来证实埃尔斯伯格的文件并不可信,并严格压制其他可能的泄漏。尼克松坚信情报人员既不能又不愿采取必要措施来根除情报流失,于是下令其助手约翰·埃利希曼成立一个独立小组。埃利希曼既而将这个任务交给了劲头十足的科尔森。科尔森于是征召了前中情局特务G.戈登·利迪和E.霍华德·亨特,组成了"管子工"小组。因为埃尔斯伯格本人心态并不十分平衡,尼克松政府认为可以使他陷入困境。为了挖出具有破坏力的资料,"管子工"闯进了埃尔斯伯格的心理医生刘易斯·菲尔丁博士在旧金山的办公室。

这次破门而入可能是尼克松下令的,但对此也没有确凿的证据存在。他有没有下令并不太重要,重要的是埃尔斯伯格所受的骚扰表明:一群有权有势的人都疯了。尼克松并没有什么消灭埃尔斯伯格的紧迫原因;毕竟五角大楼的文件涉及的是早年自由派当权时的越战,与尼克松并无关系,甚至正相反,我们可以认为这些文件使尼克松有了更多的攻击资料来指责自由派在东南亚所造成的烂摊子。但在尼克松眼中,情报的泄漏意味着自己失去了对事情的控制,是集体的失败。尤其是这些情报竟落到他最深恶痛绝的《时代》杂志之手,这就更具侮辱性了。

白宫在国内的各种举动仍在扩大,产生了大量并不协调的计划。只有总统本人全部清楚这些计划。尼克松选定自己钟爱的对象——爱德华·肯尼迪、埃德蒙·穆斯基、乔治·麦戈文、乔治·华莱士、埃尔斯伯格以及民主党全国主席劳伦斯·奥布赖恩,而他的手

440　第 10 章　社会现状的报复

下则对他们进行攻击。

尼克松的老同事 H.R."鲍勃"·霍尔德曼和尼克松的高级助手之一埃利希曼在阿拉巴马州长选举中为华莱士的对手提供了数十万美元的资金,然后又挑起国内收入署骚扰华莱士,这时明确无误的党派攻击开始了。埃德蒙·马斯基由于是 1972 年总统预选中的民主党对手,所以成为白宫五个不同小组的特殊对象,遭到大量肮脏花招的骚扰:臭弹、伪造的竞选运动宣传品、资金筹集会被人打断、有人混入其竞选运动总部,还有人假装发表个人意见却对各种组织进行侮辱,所有这一切都危害到马斯基的表现,最终使他疲倦不堪,被迫退出竞选。

马斯基退出之后,白宫开始瞄准麦戈文。这个南达科他州人没有马斯基那么令人敬畏,尼克松推断可以用一场侵略性的政治运动击败他。"管子工"都不是坐等时机的人,他们现在又为总统再选委员会效命了。对于他们所策划的东西,白宫律师约翰·迪恩称之为"我所目睹的最令人难以置信的一个耗资百万美元的计划:一切都以密码进行,有黑箱作业、绑架、用妓女来削弱对手、安装窃听器、偷拍小组,等等。这真是难以置信。"实际发生的水门窃听事件只是这个"耗资百万美元的计划"的一个缩影而已。

利迪的手下在 6 月 17 日的盗窃事件被捕之后,总统再选委员会和白宫立即便开始竭力遮掩任何可能涉及到自己的痕迹。尼克松的核心集团准备给盗贼们一笔钱,表面上是支付合法的个人开支,但实际上却是堵嘴钱。暂时买到的缄默使他们有了筹划的余地。民主党人起诉总统再选委员会的民事案件和盗贼的审判都推延到 1972 年大选之后,这时白宫可以长长地松一口气了。

真相大白

新年之后,安全地带便开始缩小了。1973 年 1 月对盗贼们的审判开庭了,法官是思想独立的约翰·J. 西里卡。与此同时,民主党的参议员投票要成立一个特别调查委员会,由参议员萨姆·欧文,这位不久就以其颇具民间特色的判断力而著称的北卡罗来纳人领导。随着法律程序的发展,许多卷入白宫丑恶勾当的人开始考虑自己的立场,彻底失败的可能性就更大了。大量的人都卷入进来了,而他们都不知道这是会影响到白宫的。主要的"管子工"成员亨特和利迪都曾被与白宫联系起来。利迪倒不足为患:大家都以为他是个疯子。"利迪现在呆在牢里,"迪恩在他与尼克松最著名的一次会晤中说:"正在服刑,过得挺好……。我看利迪虽然怪异,却是他们中间最坚定的人。"但亨特就没有这么可靠了。头一年 12 月其妻携带一大笔现金去芝加哥交给那些盗贼,但遇上飞机失事,她死了之后亨特就精神错乱了。

5 月 21 日,迪恩会见尼克松,警告他说大家开始纷纷忙于自我保护,总统身边的"癌症"正在扩散。正在此时,欧文的参议员委员会也宣告成立;对盗贼的审判正待结束,西里卡决定用重刑刺激罪犯彻底交待;联邦大陪审团也成立了,将对水门事件进行调查,同时又有人声称司法部长米切尔和副总统阿格纽与其他罪行有染。"真正令我头痛的事,"迪恩对尼克松解释道,是如果"他们真的找到了一桩控告霍尔德曼、迪恩、米切尔、埃利希曼等人的刑事案",那会有什么后果。关键是局内人要如何找到一个办法"使这与您无关,这样就既不会对你有损害,也不会危及总统先生。绝对不能被卷入,您就是与此无关。""没错!"尼克松回答道。

尼克松选定了一个策略,既决定予以回击,又准备耐心观察到底会揭露出什么事情来。但这种策略却让尼克松的助手一个个地掉下马来。迪恩自忖与别人一样不堪一击，于是在 3 月末与尼克松会晤后就雇了一位刑事律师。私下里米切尔也不愿当替罪羊，而他任性的妻子马莎则当众向新闻界抱怨说有人在诬陷自己的丈夫。4 月中旬，迪恩和白宫助手杰布·马格鲁德供出霍尔德曼和埃利希曼卷入了支付堵嘴钱的事。尼克松随即解雇了迪恩，又迫使霍尔德曼和埃利希曼这两位最亲密的助手和最长久的同事辞职，这令两人都充满怨愤。连埃利希曼都曾想在一次乘总统专机与尼克松和霍尔德曼前往密西西比的飞行中"扑到操纵装置上"，"那大家在一分半钟后都得完蛋。"

录 音 带

尼克松希望改组其人马，拉开白宫与丑闻的距离。但对总统而言不幸的是，他新任命的人员当中至少还有一位是有原则的。5 月，新任司法部长艾略特·理查森任命支持肯尼迪的民主党人阿奇博尔德·考克斯为特别检察官，并给了他受司法部保护的极大调查权。包括巴里·戈德华特在内的共和党中坚人士开始担心尼克松的公然反抗会把老大党也拖下水。事实证明，约翰·迪恩才是最大的威胁。6 月份他出现在参议员委员会上，宣称尼克松早在 3 月 21 日会晤之前就知悉了掩盖行为，而尼克松却声称自己在这次会见时才得知此事。最后，霍尔德曼的一位助手亚历山大·巴特菲尔德在欧文的听证会上泄漏说白宫有一套录音系统，会例行地录下总统的所有会晤。这件事最终为起诉总统提供了保证。

录音带本身是含糊不清的证据。毫无疑问，尼克松举行会议是想装出无辜的样子。然而，策划得最为放肆的会议都是在 1973 年春举行的，在此之前的录音带，特别是在水门事件发生的那个夏天的录音带,揭露出了尼克松进行掩盖活动的程度。最具破坏力的是 1972 年 6 月 23 日尼克松与霍尔德曼会晤的磁带,当时两人决定迫使联邦调查局和中情局放弃对水门事件的调查。秘密对朋友、敌人、家人进行录音,这一行为本身就肯定了公众的这种印象:尼克松总统沉迷于秘密控制,是个十足的多疑症患者。在录音带里,过去的尼克松似乎又回来了,他还是一如既往的庸俗、无礼、下流。

巴特菲尔德的揭密导致了水门危机走向尾声。这一尾声威胁到打乱传统的权力分离,并产生了一次影响深远的宪法危机。法院和国会双方都要求得到录音资料的复制品,但尼克松要求享受"行政官员豁免权",只答应向欧文委员会有选择地提供一些剪辑过的录音资料的文本。尼克松宣称,总统没有任何宪法义务要让政府任何其他部门知道其办公室的内部运作。这种立场自然极不可靠,其暗示意义简直令人可笑,而且含糊得令人可恼,当然也完全是为他自己服务的。参议院和特别检查官对尼克松的拖延阻碍大为恼火。由于被迫要做进一步揭露,尼克松建议让白宫工作人员写出考克斯想要的七盒录音带的文字本,并让民主党保守派参议员约翰·斯滕尼斯来证实其准确性。而考克斯却拒绝接受这种安排,对此尼克松早就确知他必会如此,于是现在尼克松认为自己有了解雇特别检察官的理由。10 月 20 日,尼克松要求司法部长理查森开除考克斯,但遭到理查森的拒绝,同时司法部长也辞职。总统然后下令司法副部长威廉·拉克尔修斯解雇考克斯,当时拉克尔修斯也试图辞职,但尼克松比他早一步解雇了他。法务官罗伯特·博克升为代理司法部长,炒了考克斯的鱿鱼。"周末夜大屠杀"继续进行。

此后更多的起诉层出不穷:尼克松任总统期间有漏税行为(属

实);他利用联邦政府的钱来装修自己在佛罗里达州和加州的住宅(这种装修属于官方性质);他在朋友的帮助下参与了房地产交易中的可疑金融交易(确实,但在技术上他并未违法)。"大屠杀"发生几周后,人们发现了一盒中间沉默了 18 分钟半的白宫录音带。尼克松的私人秘书罗斯·玛丽·伍兹证实是她在一边打电话一边转录磁带时擦去的。她的证词立即便遭到全国上下的一致嘲笑。当有人要她确切地示范她是如何会犯这种大错时,她向记者摆出的姿势几乎需要一位杂技演员才能完成。接下来的一期《新闻周刊》的封面就是她做的"罗斯·玛丽式伸展"。相信她的人实在太少了,以至于政府内的其他人又有了他们的说明。上任伊始的陆军参谋长亚历山大·黑格将之归咎于一股"邪恶力量",这比伍兹的解释更加荒谬。H.R. 霍尔德曼后来又说明道,尼克松取磁带的目的是想删除掉有破坏性的部分,但他对机械方面的事太没有技巧了,因此造成一大截空白,最后只能以放弃告终。

辞　职

从 1973 年 10 月开始,弹劾已经有些眉目了。四面八方——新闻界、政敌、甚至党内成员——要求尼克松辞职的压力逐渐增强。但这些压力仅仅加深了尼克松相信抗争和依靠自己的直觉。众议院司法委员会接下来开始了弹劾的程序,这一程序最终产生了四项指控:妨碍司法、滥用总统权力、藐视国会,以及诈骗。尼克松还是得到了一些支持;他的南部之行依然受到友好的接待;纽约的犹太教拉比巴鲁克·科夫为总统组织了一个公正委员会;一些忠实者还是站在他的一边,如黑格、新闻秘书罗恩·齐格勒、演讲撰稿人雷·普赖斯,当然还有其家人。正如朋友的数量减少了,尼克松自辩的理由也减少了。他的理由只能是基于对迪恩指控的不断否认,因此就要牢牢保住最能把他牵连进去的录音带,特别是1972年6月23日的带子。黑格和齐格勒直到1974年7月下旬才看到这次会晤的文字本。一看到这份文字本,他们就知道尼克松的处境已毫无希望可言了。8月1日,尼克松决定辞职。这虽然使他免于遭到弹劾,但在美国历史上,他是在巨大的疑云、尖刻,以及公众理想破灭的情况下离开的。

尼克松一直不承认在水门事件中有任何不轨行为。他后来又 297
做了自我辩护,声称要不便是别人误解了他,要不便是他误解了周围发生的事。即使是以回忆录的形式,他的辩解也不比1973年和1974年更可信。事实恰好相反:尼克松不仅知道自己的手下在干什么,而且这件事从头到尾他都在极力防止以犯罪活动的结束来毁灭自己。尼克松在以误解为辩护的同时,还声称自己没做什么错事。他认为自己是在玩政治上的肮脏游戏,但监视敌人、骚扰、安装窃听装置,这些都是民主党人发明的标准程序。正因为如此,尼克松认为水门丑闻在本质上是政治性的:这是他自己针对政治对手的一种党派活动,而一些报仇心切的政敌希望破坏1972年尼克松的巨大成功,水门丑闻就是他们报复的结果。尼克松一直不认为水门事件暴露出他没有道德、或者道德卑劣,因为他一直不认为这些美德与政治有任何关系。

在这次重大失败中,尼克松始终坚信自己在与其传统敌人作战,他必须像以往那样对他们进行反抗。在他的心目中,他成功地反抗了"他们"——自由派、新闻界、教授、掌权集团,原因就在于他态度强硬。尼克松一次又一次地抱怨对自己的迫害是出于党派之争。1973年12月尼克松在与海军上将埃尔默·朱姆沃尔特闲聊 298
时对他说,他的全部困境表明"东部的自由派掌权集团"全力以赴"要把我们通通消灭掉"。据朱姆沃尔特所说,尼克松认为水门事

446　第10章　社会现状的报复

件是"势利的知识分子策划毁灭一位代表着普通人的总统的巨大阴谋中的一部分"。尼克松与白宫的记者团不断发生冲突,尤其是哥伦比亚广播公司的丹·拉瑟。在回答拉瑟提出的一系列问题时,尼克松猛然抨击新闻界做"发疯似的、歇斯底里的报道。"接下来拉瑟的一位同事询问尼克松到底是什么样的电视新闻报道让他如此生气。"不要得出是你激怒了我的印象,"尼克松反驳道,"你知道,一个人只可能对自己所尊敬的人生气。"在与拉比科夫的一次会面中,尼克松把他对水门事件纯政治角度的解释说明得最为清楚。"我是新闻界最爱盯上的对象,"他埋怨道,"即使没有水门事件,那也很可能会发生别的什么事……如果我是个自由派,那水门事件哗哗两下就没了。"因为是当权集团的最大敌人,又实现了越南的和平以及缓和政策,给予了这一集团沉痛打击,所以尼克松便成了该集团的首要目标。他对约翰·迪恩说:水门事件是"我们最厉害的敌人所做的垂死挣扎"。"掌权集团已奄奄一息",要利用水门丑闻来破坏"我们在对亚政策和大选中所取得的成功"。

　　把水门事件作为一场政治斗争来理解,这使尼克松能够将道德和伦理方面的因素排除掉,而且迫使他将之转化成为沉默的多数人而战。放弃这场斗争,就是对人民的背叛。这种离奇阐释还给予了尼克松信心,因为倘若这件丑闻只是出于自由派掌权集团的捏造,那么华府之外就不会有多少人会关心。尼克松深信水门事件并未激起普通美国百姓的愤慨,他们只会认为这些事都是平常不过的政治行为。尼克松太相信自己是普通老百姓的代言人了,因此无法将自己不道德的行为与普通选民对美国政治的看法区分开来。1972年之后尼克松犯了不少的政治错误,但最醒目的一个也许是他断定美国公众都跟他一样愤世嫉俗。许多选民都曾指望过他,因为在那个充满肮脏政治的年代,尼克松似乎是一股稳定力量。但是水门事件表明尼克松只不过也是一个政客而已，他和那些在越南问题上误导了全国人民并自食其言的民主党人毫无二致。声称肯尼迪和约翰逊也同样干过他现在正因此而受到攻击的事，这对尼克松毫无益处；这正是沉默的多数人心中的问题。尼克松在辞职的时候，是美国最受鄙视的人。

1974 年 6 月，即离他下台不到两个月的时候，尼克松前往莫斯科，敦促苏联总书记勃列日涅夫在限制战略武器会谈上达成协议。协议未能达成，但尼克松与勃列日涅夫有过几次颇有思想的个人会谈。乘坐游艇前往黑海的时候，这两个地球上最大的军事强国的首脑人物聚在了一起。两人原本是要讨论限制双方毁灭地球能力的可能性，但都转为讨论两国会在内部崩溃的可能性了。尼克松认为发达国家面临着这种危险：其成功和权力导致"性格的弱化"。毋庸置疑，在想到本国国民之时，尼克松估量到了这一可能性："大家得到越多的物质商品，'雄心壮志'就越小，他们会失去动力，变得几乎只对自我、自私和所有抽象想法着迷。"

1974 年还无人预见到苏联已行将崩溃，但尼克松感觉到自己的美国正在走向一个时代的尾声。自美国有史以来，美国人做了许多了不起的事。他们改变了世界。他们从一个暴发户国家上升为人类历史上最强的大国。他们是消灭法西斯的主要功臣。倘若没有和世界其他人民一起分享自己的巨大财富，他们早已创下一个良好社会的标准，早已令人产生这样的伟大印象：物质上的宽裕与政治上的自由在本质上是紧密相连的。

尼克松既是这个具有重大意义的美国的产物，又是其坚定不移的信徒，但是如今，在 1974 年 6 月，他却行将成为首位被赶下台的美国总统，只能想着美国的辉煌伟大可能是祸害。美国人创造了绝妙的都市，但如今却无法管理它们。他们已开始成功地让自己最受压迫的同胞享受正义,可一旦清楚地知道实现持久的正义需要更改赋予这个国家繁荣昌盛的经济体制时,他们又退缩不前了。他们用有计划有步骤的运动来消灭追求自由的人,把自己反殖民主义的传统变成了恶毒的嘲弄。他们已开始重新思考自己的故作正经和不容异己,但结果只是抛弃了用民主文化取代白人新教徒的清教主义所必需的重建文化意志和判断力的责任,最后,他们选择了贪得无厌又毫无品味的新文化。他们已开始领会到自己的社会所固有的多元性,但结果只是要求大家都隐晦地臣服于同一化,还让少数民族集团彼此对立。

尼克松对勃列日涅夫讲的一席话并不深奥,但放在美国时代走向没落的大背景中,就有了分量。尼克松冥思中的问题在于他没有看到自己在使这个时代走向尾声中所起的重大作用。他也没有体会到自己是个象征性的人物:以其本人的无根性及奋斗——不是追求财富,而是追求别人的接受、欢呼以及重塑自我来适合外界,尼克松展现了当时社会的深层次无根性。尼克松是个加州人,是美国所有地区中最具无根性、最易流动、最不稳定的地区的产物,这个地方是伯奇分子和放荡不羁者的总部,这些描述都很合适。如果晚生 40 年,追求体面地位的尼克松在海特闲荡时可能会与琼·迪第昂擦肩而过,是一群迷失的灵魂中的又一个迷失的灵魂。

译 名 对 照 表

（表中页码为原书页码，即本书边码）

A

Abernathy, Ralph, 阿伯纳斯, 拉尔夫, 17, 50

Abrams, Creighton, 艾布拉姆斯, 克里顿, 89

Abstract expressionism, 抽象表现主义, 156

Abzug, Bella, 阿布泽, 贝拉, 34

Affluent Society, The(Galbraith), 《富裕社会》(加尔布雷思)7 – 8, 201

AFL-CIO, 劳联—产联, 226

African Americans, 非洲裔美国人（黑人）, 1：的文化民族主义, 222 – 25；的文化, 39 – 40；家庭崩溃, 220, 260 – 62；与住房歧视, 189 – 90；劳动力中的, 197 – 98, 209, 213；的民族主义运动, 219 – 25；新犹太人, 210 – 11；的北迁, 38, 39, 188；与警察, 213；政治中的, 194 – 95, 221, 224；的公众看法, 239 – 40；与学校分权, 264 – 68；与学校合并, 268 – 71；的学校表现, 268；在城市犹太人中, 210 – 11, 213, 214 – 15；与城市暴乱, 53, 67, 112, 187, 191, 194, 210 – 15；在越南战争, 86, 117；参见 Civil rights movement

Aggression from The North, 《北方的入侵》, 103

Agnew, Spiro, 阿格纽, 斯皮罗, 290, 294

Albany movement, 阿尔巴尼运动, 49 – 51

Albee, Edward, 阿尔比, 爱德华, 167

Alcatraz, occupation of, 阿尔卡特拉斯的占领, 230, 232

Alianza Federal de Mercedes, 政府赠地全国联合会 228

Alienation, youthful, 异化, 年青人的, 163, 248 – 50

Alexander v. Holmes County Board of Education, 亚历山大诉霍姆斯县教育局案, 270

Ali, Muhammad, 阿里, 穆罕默德, 180 – 81, 182

Alinsky, Saul, 阿林斯基, 索尔, 205, 206

Allen, Pam, 艾伦, 帕姆, 149

Allen, Woody, 艾伦, 伍迪, 233

Alliance for Progress, 进步同盟, 12 – 13

Alsop, Joseph, 艾尔索普, 约瑟夫, 22, 117

Altamont concert, 阿尔塔蒙特音乐会, 177 – 78, 183

Althizer, Thomas, 奥尔希哲, 托马斯, 246, 247

Ambrose, Stephen, 安布罗斯, 史蒂芬, 278

American Capitalism(Galbraith), 《美国的资本主义》(加尔布雷思), 7

American Independent Party(AIP), 美国独立党, 238

American Indian Movement(AIM), 美国印第安人运动, 232

American Medical Association, 美国医学协会, 24

Americans for Democratic Action, 美国人争

取民主行动组织,22

Anti-city,反城市,199 - 200

Anti-hero,反英雄,178 - 82,248,272

Antipoverty programs. 反贫困计划,见 War on Poverty

Antiwar movement 反战运动:与入侵柬埔寨,92,113;与阶级差别,117 - 18;的著作,105 - 6;内部纷争,108 - 9;中的抵制服兵役,107 - 8;的成效,111 - 14;与金的河边演讲,21,66;中的道德问题,95;与新政策,27 - 28;与尼克松,290 - 91;的起源,106 - 7;五角大楼前的游行,109 - 11;中的学生激进分子,133 - 36;中的暴力,113,146;的华盛顿示威,108 - 10,113

Aptheker,Bettina,阿普特克,贝第纳,132

Aptheker,Herbert,阿普特克,赫伯特,132

Arab-Israeli conflict,阿一以冲突,286 - 87

Area Redevelopment Act of 1961,1961 年地区重新发展法案,201

Armies of the Night(Mailer),《夜之军队》(梅勒),110,163

Arms limitation,军备限制,285

Army of the Republic of Vietnam(ARVN),越南共和国军,73,75,76,82,87,88,92,93

Arrogance of Power, The(Fulbright),《权力的傲慢》(富布赖特),104

Art,in new culture,艺术,在新文化中,156,157,161,163

ARVN. 见 Army of the Republic of Vietnam

Ashbrook,John,阿什布鲁克,约翰,274

Avant Garde,埃文特,加德 161

B

Baby boom,生育高峰,247

Baez,Joan,贝兹,琼,139

Baker,Ella,贝克,艾拉,42,45,148

Baker,Mark,贝克,马克,116

Baldwin,James,鲍德温,詹姆斯,193,222 - 23

Ball,George,鲍尔,乔治,77,101,104

Baltimore(Maryland),巴尔的摩(马里兰州),194

Baltimore Colts,巴尔的摩种马队,180

Baltzell,E. Digby,巴尔杰,E. 迪格比,218

Banfield,Edward,班菲尔德,爱德华,198

Barber,Samuel,巴伯,赛缪尔,156

Barnett,Ross,巴内特,罗斯,17 - 18

Baroni,Geno,巴伦尼,吉诺,234

Barth,John,巴思,约翰,165,166,168,178,179

Baskir,Lawrence,巴斯克,劳伦斯,116

Batman,蝙蝠侠,179

Bay of Pigs invasion,猪湾入侵,12

Beatles,甲壳虫乐队,164,176,177

Beats,垮掉的一代,157,161,176

Beatty,Warren,比蒂,沃伦 179

Beaver,Reinard,比弗,赖纳德,120

Beck,Julian,贝克,朱利安,160

Bell,Daniel,贝尔,丹尼尔,195 - 96

Bellow,Saul,贝洛,索尔 165

Berger,Peter,伯杰,彼得,179

Bergman,Walter,伯格曼,沃尔特,46

Berkeley Barb,《伯克利倒刺》,162

Bernhard,Berl,伯恩哈特,伯尔,261

Bernstein,Leonard,伯恩斯坦,伦纳德,64

Berrigan,Daniel,贝里根,丹尼尔,108

Berrigan,Philip,贝里根,菲利普,108

Bevel,James,比维尔,詹姆斯,48,52,65

Billingsley,Andrew,比林斯利,安德鲁,262

Binzen,Peter,宾曾,彼得,240

Birmingham(Alabama)伯明翰(阿拉巴马州):的爆炸,53,54;的自由乘客,16,46 - 47;金的抗议,51 - 53

Birth control pill,避孕药,253 - 54

Birth rate,出生率,247

Black Caucus,黑人委员会,27

译名对照表　　451

Black humor,黑色幽默,166

Black Muslims,黑人穆斯林,214,219 - 21

Black nationalism,黑人民族主义,219 - 25

Black Panthers,黑豹党,62 - 64,137,141 - 42,182,192,206,224 - 25

Black power,黑人权力,60 - 62,112,214,221 - 22,223

Black Power (Carmichael and Hamilton),《黑人权力》(卡迈克尔和汉密尔顿)61,222

Blacks,黑人,见 African Americans; Civil rights movement

Black Studies,研究黑人的科目,222

Blood,Robert O.,布拉德,罗伯特·O.,251

Bond,Julian,邦德,朱利安,143 - 44

Boone,Pat,邦妮,帕特,251

Boone,Richard,邦妮,理查德,205

Bork,Robert,博克,罗伯特,296

Boston(Massachusetts),波士顿(马萨诸塞州),193,194,197,240,263:的校车问题,270 - 71;城市更新,191

Bouton,Jim,布顿,吉姆,180

Boutwell,Albert,布特韦尔,阿尔伯特 52

Bowles,Chester,鲍尔斯,切斯特,74

Bracero system,短期合同工制,226

Braestrup,Peter,布雷斯特拉普,彼得,100

Brando,Marion,白兰度,马龙,8,248

Breakfast of Champions(Vonnegut),《冠军的早餐》(冯内古特),159

Brennan,William,布伦南,威廉,169

Breslin,Jimmy,布雷斯林,吉米,180

Brezhnev,Leonid,勃列日涅夫,利奥尼德,298 - 99

Brig,The(Brown),《禁闭室》(布朗),165

Brown,Dee,布朗,迪 230

Brown,Elaine,布朗,伊莱恩,192

Brown,Kenneth,布朗,肯尼斯,165

Brown,Norman,布朗,诺曼,172 - 74,175,176,183

Brown v. Board of Education,布朗诉教育局案,39,270

Bruce,Lenny,布鲁斯,列尼,166,169 - 70

Bryant,Harold"Light Bulb",布赖恩特,"电灯泡"哈洛德,81

Buddhism,佛教,176 - 77

Budget deficit,预算赤字,14

Buffalo(New York),布法罗(纽约州),213

Bundy,McGeorge,邦迪,麦乔治,75,78,80 - 81,96,101,103,112,135,264,265,266

Bureau of Indian Affairs(BIA),印第安人事务局,230,232

Bureau of Labor Statistics,劳动统计局,207

Burns,Arthur,伯恩斯,阿瑟,288

Burroughs,William,伯勒斯,威廉,169

Busing,school,校车问题,269 - 71

Butch Cassidy and the Sundance Kid,《屠夫卡西提与日舞小子》,180

Butterfield,Alexander,巴特菲尔德,亚历山大,295

C

Cabrini-Green housing project,卡布里尼 - 格林住宅工程,193

Cage,John,凯奇,约翰,159,161,177

California,divorce laws in,加利福尼亚,离婚法律,256

Calley,William,考利,威廉,83

Calvert,Gregg,卡尔弗特,格里格,138 - 39

Cambodia,invasion of,柬埔寨,入侵,92,113

Camp style,女性化方式,173

Camus,Albert,加缪,艾伯特,123

Caputo,Philip,卡普托,菲利浦,116,117,120

Carlson,Jody,卡尔森,乔迪,238

Carmichael,Stokely,卡迈克尔,斯托克利,48,60 - 61,222

Carter,Bunchy,卡特,邦奇,63

Carter v. West Feliciana Parish School Board,卡特诉西费利西那教会学校案,270

Castro,Fidel,卡斯特罗,菲德尔,12,13,182,184

Catch-22(Heller),《第二十二条军规》(海勒),120,166,181

Catcher in the Rye(Salinger),《麦田守望者》(赛林格),8

Catholic Church 天主教会:与离婚改革,256;与种族投票模式,216－17,234;与电影审察,170;的解放,245－46;与政治权利,245,246

Catholic Legion of Decency,天主教风纪军团,170

Cavanagh,Jerome,卡瓦诺,杰罗姆,200

CBS News,哥伦比亚广播公司新闻,98－99

Censorship laws,审查法,168－70

Chaney,James,钱尼,詹姆斯,57

Chapman,Christine,查普曼,克里斯廷,250

Chavez,Cesar,查维斯,西泽,33,226－28

Checkers speech,跳棋演讲,279－80

Chicago(Illinois),芝加哥(伊利诺依州),188,193;的阿巴拉契亚人,241;的社区行动计划,205－6;的愤怒时期,146;的民主党大会抗议,31－33,141－46;的金的运动,65－66,194,236;的政治机器,194;的城市更新计划,193;的白种人投票,36－37.参见 Daley,Richard

China,中国,71,73,93,281,283,285－86

Christie,Julie,克里斯蒂,朱莉,179

Cincinnati (Ohio),辛辛那提(俄亥俄州),188

Cities,城市,187－215:反城市,199－200;中的阿巴拉契亚人,240－42;危机的原因,195－99;政治机器的消亡,193－95;联邦政策,190,195;主要城市的政府,195;的人口增长,188－89;的公立学校,262－63;的税收基础,187,193;城市更新,190－93;城市暴乱,112,187,194,210－15;向贫困开战,200－209

Citizens Councils,公民委员会,41

Civilian Conservation Corps,民众保护团,208

Civil Rights Act of 1964,1964 年的民权法案 19,20,23,55,269

Civil rights movement,民权运动,2,38－68,124,203;阿尔巴尼运动,49－51;伯明翰运动,51－54;黑人委员会,27;内部分裂,55;自由乘车运动,15－17,46－48;与约翰·肯尼迪,11,14－19,42,53－54,55,56;的领导,40－41;华盛顿游行,18－19,54－55;大规模抵制,41,42;蒙哥马利县抵制公共汽车,40;中的非暴力主义,42－44,58－59;的起源,38－40;与学校的种族隔离,41－42;密西西比大学的种族隔离,17－18;与选民登记,18,42,48－49,54,55－58;参见 King, Martin Luther, Jr.; Student Non-Violent Coordinating Committee (SNCC)

Clark,Kenneth,克拉克,肯尼斯 211

Class 阶级:与年青人的异化,250;与养育下一代,257;与服役,115－16;与种族意识,233－35;与越南军队,86－87,117;与妇女运动,34－35;参见 Wasps; Working class

Clawson,Kenneth,克劳森,肯尼斯,279

Cleaver,Eldridge,克利弗,埃尔德里奇,63,64,172,174,178,180,182,209

Cleveland (Ohio),克利夫兰(俄亥俄州),194,224

Cloward,Richard,克洛德,理查德 203

Coffin,William Sloane,科芬,威廉·斯隆,108

Cold War,冷战,69,70,73,106,166 - 67,273

Coleman,James S.,科尔曼,詹姆斯·S.,250,268,271

Coleman Report,科尔曼报告,268

Coles,Jane Hollowell,科尔斯,简·霍洛威尔,35,257

Coles,Robert,科尔斯,罗伯特,35,211,233,237,240,241,242,257,268,271

Colleges and universities 学院与大学:在反战运动中,113,133 - 36;在黑人研究科目中,222;的种族隔离,17 - 18,237;延期服役中的,115;与防务,136;中的新左派团体,124 - 125,132 - 133,参见 Students for a Democratic Society (SDS);中的新左派暴力,113,141

Collins,J. Lawton,科林斯,J. 劳顿,71

Colson,Charles,科尔森,查尔斯,292,293

Coltrane,John,科尔岑,约翰,160

Columbia University,哥伦比亚大学,140 - 41

Coming of Post-Industrial Society, The (Bell),《后工业社会的到来》(贝尔)195

Commission on the Status of Women,妇女状况委员会 19,20

Committee to Re-Elect the President (CREEP),总统连任选举委员会("管子工")292,293,294

Communes,群居村,254

Community action programs,社区行动计划,23,204 - 6

Conference on New Politics,新政策运动大会,149

Congress for Racial Equality(CORE),争取种族平等大会,45,46,47,227,265

Connor,Bull,科纳,布尔 51,52,53

Conscience of a Conservative (Goldwater),《一个保守派的良知》(戈德华特)274

Consumer culture,消费者文化 2,8

Containment policy,遏制政策,69,70

Coolidge,Thomas,库利奇,托马斯,240

Copeland,Aaron,科普兰,阿伦 156

Copeland,Lammot du Pont,Jr.,科普兰,小拉莫·杜邦,276

Cordiner,Ralph,科迪那,拉尔夫,276

CORE,见 Congress for Racial Equality

Cornell,Tom,康内尔,汤姆,107

COSVN,"共产党庇护所",92

Counterculture,反文化 112,164

Countervailing power,theory of,力量制衡的理论,7

Cox,Archibald,考克斯,阿奇博尔德,295,296

Cox,Harvey,考克斯,哈维,244 - 45,246

Creem,《克利姆》162

Cuba,古巴,12,13

Cuban Missile Crisis,古巴导弹危机, 13

Culture and Commitment (Mead),《文化与承诺》(米德),249

Culture,new,新文化,154 - 86:的美,158,160,164;中的业余主义,161 - 62;作为反艺术,160 - 61;反英雄,178 - 82;冲击形式,159 - 60;在消费者文化中,186;理性社会的批评,164 - 68;现代主义的终结,155 - 58;艺术中的自由表达,168 - 70;与嬉皮士风格,183 - 84;的政策,184 - 86;与迷幻药品,175 - 76;与宗教体验,176 - 77;与摇滚乐,177 - 78;与性解放,170 - 75;与明星制,162 - 64;对传统文化,154 - 55;

Culture-of-poverty concept,贫穷文化的观念,201 - 2

Curley,James Michael,柯利,詹姆斯·迈克尔,194

D

D' Alesandro,Thomas,达历山德罗,托马斯,194

454　译名对照表

Daley,Richard,戴利,理查德,11,31,32,36,194,222;与芝加哥民主党大会抗议,142,143,145;与社区行动计划,205－6;与马丁·路德·金,65－66.参见 Chicago

Dallas News,《达拉斯新闻》,162

Dark Ghetto (Clark),《黑暗的聚居区》(克拉克),211

Daughters of Bilitis,比利提斯之女,152

Davis,Miles,戴维斯,迈尔斯,160

Davis,Rennie,戴维斯,伦尼,141,142,144,145

Days of Rage,愤怒时期,146

Dayton(Ohio),代顿(俄亥俄州),213,270

Dean,James,迪恩,詹姆斯,8,248

Dean,John,迪恩,约翰,293－95,298

DeBenedetti,Charles,德比尼特蒂,查尔斯,113

Debray,Regis,德布雷,里吉斯,182

Defense Department,and Vietnam policy,国防部,与越南政策,75

De Gaulle,Charles,德高乐,查尔斯,78

Deindustrialization,反工业化,197

Delinquency and Opportunity (Ohlin and Cloward),《犯罪与机遇》(奥林与克洛德),203

Dellinger,Dave,德林格,戴夫,109,110,113,141,143,144

Deloria,Vine,Jr.,德罗里亚,瓦因,230,231－32

D'Emilio,John,戴米里奥,约翰,173

Democratic party,民主党,6,11,14,15,18,20,21,25,126:向约翰逊领导权的挑战,26－27;芝加哥大会的,31－33,141－46;与社区行动计划,205－6;新政联盟,5,26,33,37,283;与新政策自由主义者,32,33－37

Detroit (Michigan),底特律(密歇根州),188,194,196,200,210:的公立学校,263－64;的城市暴乱,112,187,191,211,212,213

Dever,Paul,德夫,保罗,30

Dewey,John,杜威,约翰,124,127

Dickstein,Mortis,迪克斯坦,莫蒂斯 166

Didion,Joan,迪第昂,琼,170,183－84,299

Diem,Ngo Dinh,吴庭艳,71－72,73,74－75,76－78,79,101

Dien Bien Phu,Battle of,奠边府战役,70－71

Diggers,The,"掘土派",160

Dirkson,Everett,德克森,伊夫利特,55

Dissent,《异议》,122

Divorce law reform,离婚法改革,255－56

Divorce rate,离婚率,255

Doar,John,多阿,约翰,16－17,56

Dohrn,Bernardine,多恩,伯纳丁,146,186

Domhoff,G. William,多姆霍夫,G. 威廉,218

Doors,"门"乐队,177

Douglas,Paul,道格拉斯,保罗,189

Draft 征兵服役:中的阶级偏见,115－16;抵制,107－8,116

Drugs,psychedelic,迷幻药,175－76

Duicker,William,杜克,威廉,73

Dulles,John Foster,杜勒斯,约翰·福斯特,71

Dunne,John Gregory,邓恩,约翰·格雷戈里,228

Dylan,Bob,迪伦,鲍勃,139,146,177

E

Eagle Forum,鹰派论坛,34

Eastwood,Clint,伊斯特伍德,克林特,180,182,183,186

Economic Opportunity Act of 1964,1964 年的经济机会法案,204,205,207－8

Economic Research and Action Project (ER-

AP),经济调查与行动计划,129-32

Education 教育:双语教育,226;以儿童为中心的,262;伟大社会计划中的,25;的向上流动性,198;参见 Colleges and universities;Schools

Egypt,埃及,286-87

Ehrlichman, John,埃利希曼,约翰,293,295

Eisenhower,Dwight,艾森豪威尔,德怀特,6,8,12,21,178,273;的越南政策,70-71,75

Elections,竞选,见 Presidential elections

Elementary and Secondary Education Act of 1965,1965 年的初级和中级教育法案,25,226

Ellison,Ralph,埃里森,拉尔夫,222-23

Ellsberg,Daniel,埃尔斯伯格,丹尼尔,293

Elman,Richard,埃尔曼,理查德,214

Emerging Republican Majority, The (Phillips),《新兴的共和党多数》(菲利浦),283,289

Emerson,Gloria,爱默生,葛洛莉亚,120

Employment 工作:在后工业社会中的,196-97;和向贫穷开战计划,207-9;参见 labor force

Equal Pay Act of 1963,1963 年的同酬法案, 20

Equal Rights Amendment (ERA),平等权利修正案,19,34-35

Ervin,Sam,欧文,山姆,294,295

Ethnic nationalism 种族民族主义:美国黑人,219-25;与白人新教徒的衰落,216-19;拉丁裔,225-29;土著美国人,229-32;的政治作用,240;不代表多数派,240-42;在白种人少数民族中,233-37

Evergreen Review,《常青藤评论》,161

Evers,Medgar,伊文斯,麦迪加,54

Existentialists,存在主义,123

F

Family 家庭:美国黑人,220,260-62;替代的社会机构,254-55;女权主义者的批评,252-54;代沟,249-51;莱恩对正常的儿童培育的批评,167-68;激进学生的,249;双职工的,236;工人阶级的,256-60

Family Assistance Plan(FAP),家庭帮助计划,288

Fanny Hill case,范妮·希尔案,169

Fanon,Franz,范农,弗朗茨,63,137,182

Farmer,James,法尔默,詹姆斯,45,46,47,48,55,261,262

Faubus,Orval,福布斯,奥瓦尔,41

Faulkner,William,福克纳,威廉,156

Federal Bureau of Investigation(FBI),联邦调查局,21,57,62,64,66,140,292,295

Federal Housing Administration(FHA),联邦住房管理局,189,190

Feiffer,Jules,菲弗,朱尔斯,179

Feminine Mystique,The(Friedan),《女性的奥秘》(弗里丹)20,252

Ferguson,Herman,弗格森,赫尔曼,266

Fielding,Lewis,菲尔丁,刘易斯,293

Film industry,电影工业,见 Movies

Fine,Sidney,法恩,悉尼,212

Firestone,Shulamith,费尔斯通,舒拉米斯,149,155,173,174,253

Fish-in movement,捕鱼示威运动,230

Fisk University,费斯克大学,46,47

Flacks,Mickey,弗兰克斯,米奇,124

Flacks,Richard,弗兰克斯,理查德,123,124,134

Flaherty,Joe,弗莱厄蒂,乔,180

Fleming,Ian,弗莱明,伊恩,171

Ford Foundation,福特基金会,264,265

Ford,Gerald,福特,杰拉尔德,94

Ford,Richard Ⅲ,福特,理查德三世,86

456   译名对照表

Foreign Affairs,《外国事务》, 281

Foreign policy, U.S., 美国的对外政策, 2; 在阿—以冲突中, 286—87; 的设想, 69; 中国, 285—86; 遏制, 69, 70; 缓和, 91, 284, 285; 拉美, 12—13; 和平运动评论家, 106; Soviet Union, 苏联 13, 78—79, 283, 284, 285, 298—99; 参见 Vietnam policy, U.S.

Forman, James, 福尔曼, 詹姆斯, 48, 49, 57, 58

Formisano, Ronald, 福米萨诺, 罗纳德, 270, 271

Fortune magazine,《财福》杂志, 218

France, in Vietnam, 法国, 在越南, 70—71

Freedom Rides, 自由乘车运动, 15—16, 46—48

Freedom Summer, 自由夏季, 57—60

Free Speech Movement(FSM), 自由言论运动, 132—33

Friedan, Betty, 弗里登, 贝蒂, 20, 34, 148, 252, 253

Fulbright, J. William, 富布赖特, J. 威廉, 80, 100, 101, 102, 104

G

Galbraith, John Kenneth, 加尔布雷思, 约翰·肯尼斯, 6, 7—8, 9, 14, 195, 201, 204

Gandhi, Mahatma, 圣雄甘地, 42

Gans, Herbert, 甘斯, 赫伯特, 191, 198—99, 234, 258

Garbage Removal or Income Now (GROIN), "现在是消除垃圾还是获得收入"计划(防波堤)130

Gay Liberation Front(GLF), 同性恋解放阵线, 153

Gay liberation movement, 同性恋解放运动, 151—53

Generation gap, 代沟, 249—51

Gershwin, George, 格什温, 乔治, 156

Ginsberg, Allen, 金斯伯格, 艾伦, 8, 143, 157, 173, 176—77, 184

Giovanni, Nikki, 乔万尼, 尼基, 223

Gitlin, Todd, 吉特林, 托德, 125, 130, 134, 136, 137, 140, 146, 147, 173, 183, 186

Glazer, Nathan, 格雷泽, 内森, 234

Goldfinger, 金手指, 170

Goldman, Albert, 戈德曼, 艾伯特, 169

Goldwater, Barry, 戈德华特, 巴里 135, 218, 274—76, 281, 295

Goodman, Andrew, 古德曼, 安德鲁, 57

Goodman, Paul, 古德曼, 保罗, 122, 123, 248, 252

Goodwin, Richard, 古德温, 理查德, 11

Graduate The,《毕业生》, 178, 249

Graham, Philip, 格雷厄姆, 菲利浦, 22

Grateful Dead, 感谢死亡乐队, 164, 184

Gray, James, 格雷, 詹姆斯, 50

Great Comic Book Heroes, The (Feiffer),《伟大的漫画英雄》(菲弗), 179

Great Society, 伟大社会计划, 23—26, 64, 204

Greeley, Andrew, 格里利, 安德鲁, 234—35

Green Berets, The, 绿色贝蕾帽, 119, 179

Greenfield, Jeff, 格林菲尔德, 杰夫, 178

Greensboro(North Carolina), 格林斯伯罗(北加利福尼亚), 44

Green v. County School Board, 格林诉县立学校案, 269

Gregory, Dick, 格雷戈里, 迪克, 56

Griffiths, Martha, 格里菲斯, 玛莎, 20

Grove Press, 格罗夫出版社, 173, 174

Growing Up Absurd(Goodman),《荒谬的成长》(古德曼)248

Gruening, Ernest, 格鲁宁, 欧内斯特, 80

Guaranteed-income plan, 保证收入计划, 209, 288

Guerrilla, 游击队, 182

Guevara, Che, 格瓦拉, 切, 182, 184

Gulf of Tonkin Resolution,东京湾决议,80,97,104,114

H

Haber,Al,哈伯,艾尔,124－25,128

Hackett,David,哈克特,戴维,202－3,204

Haggstrom,Warren C. ,哈格斯顿,沃伦·C. ,205

Haig,Alexander,黑格,亚历山大,296

Halberstam,David,哈布斯坦,戴维,72－73,76,97

Haldeman,H.R.“Bob,”霍尔德曼,H. R.“鲍勃”,293,295,296

Hamer,Fannie Lou,哈默,芬尼·刘,58,59

Hamill,Pete,哈米尔,皮特,238

Hamilton,Alexander,汉密尔顿,亚历山大,256

Hamilton,Charles V.,汉密尔顿,查尔斯·V.,222

Hamilton,William,汉密尔顿,威廉,246

Hampton,Fred,汉普顿,弗雷德,63,64

Harding,Vincent,哈丁,文森特,224

Harnett,Patrick,哈尼特,帕特里克,266

Harriman,Averill,哈里曼,埃夫里尔,77

Harrington,Michael,哈林顿,迈克尔,122,125,126,130,157－58,201,266,267

Harris,Donald,哈里斯,唐纳德,51

Harris,Lou,哈里斯,卢,114,239－40

Hart,Gary,哈特,盖瑞,36,37

Harvard University,哈佛大学,124

Hatcher,Richard,哈彻,理查德,194

Hayden,Casey,海顿,凯西,148

Hayden,Tom,海顿,汤姆,31,123,140,155,173,214:在芝加哥民主党大会,141,142－43,144,145;和休伦港宣言,127;在 SDS 领导层,125,126,129,131;与 SDS 的新守卫,133,136;的明星地位,163

Head Start,领先起跑,25－26

Health insurance,in Great Society program,伟大社会计划中的健康保险,24－25

Hefner,Hugh,赫夫纳,休,171

Heightened expectations theory,of race riots,种族暴乱的期望上升理论 210－12

Heller,Joseph,海勒,约瑟夫,120,166,167

Heller,Walter,海勒,沃尔特,14,23,204

Hell's Angels,地狱天使,177,178,182,183

Hendrix,Jimi,亨德里克斯,吉米,177

Heroes英雄:的再生,181－82;拒绝,178－79;体育,180－81;西部的,179－80

Herr,Michael,赫尔,迈克尔,120

Herring,George,哈林,乔治,89,113－14

Hershey,Lewis,赫尔希,刘易斯,115

Hess,Karl,赫斯,卡尔,277

High-Plains Drifter,《高原流浪者》,182

Hilliard,David,希利德,戴维,63,64

Hinkle,Warren,欣克尔,华伦,177

Hippies,嬉皮士 106,110,141,182－84

Hispanic Americans,nationalist movements among,民族主义运动中的拉丁裔美国人,225－29

Ho Chi Minh,胡志明,70,71,73,74,76－77,78,90,140,182

Hoffman,Abbie,霍夫曼,阿比,106,142,143,184

Hoffman,Dustin,霍夫曼,达斯廷,180,181,249

Hofstadter,Richard,霍夫斯塔特,理查德,141,273,275

Homosexuality 同性恋:同性恋解放运动,151－53;与性解放,173

Hoover,J. Edgar,胡佛,J. 埃德加,62,140,292

Horowitz,Rachelle,霍洛威茨,雷切尔,140

House Un-American Activities Committee,众议院非美活动委员会 184

Housing 住房:歧视,189－90;在自由市场

中，198；在印第安保留地，231；短缺，187；城市更新计划，190－93

Housing Act 住房法：1961 年的，190；1965 年的，192

Housing and Urban Development（HUD），Department of，住房和城市发展部，195

Houston(Texas)，休斯敦（得克萨斯州），188

Howe，Irving，豪，艾尔文，122，276

"Howl!"（Ginsberg），"咆哮"（金斯伯格）157，173

Humphrey，George，汉弗莱，乔治，276

Humphrey，Hubert，汉弗莱，赫伯特，9，22，31－33，36，144，206

Hunt，E. Howard，亨特，E. 霍华德，293，294

Hunt，H. L.，亨特，H. L.，276

Husbands and Wives（Blood and Wolfe），《丈夫与妻子》（布拉德与沃尔夫），251

Huston，Tom，休斯顿，汤姆，292

I

"I Have a Dream" speech，"我有一个梦想"演讲，54－55

Immigration policy，移民政策，217

Indians，印第安人，见 Native Americans

Inflation，通货膨胀，193，289

Inner Room，*The*（Randal），《内室》（伦德尔）165－66

Insanity，defense of，抵御疯狂，167－68

Israel，以色列，286，287

Italian Americans，意大利裔美国人，233，234

J

Jackson, Agnes Moreland，杰克逊，艾格尼丝·莫兰，235

Jackson，Henry，杰克逊，亨利 22

Jackson，Jesse，杰克逊，杰西 36，66

Jackson，Kenneth，杰克逊，肯尼斯，190

Jackson，Scoop，杰克逊，斯库帕，36

Jackson State University，杰克逊州立大学，113

Jacobs，Jane，雅各布，简，191，192

Jacobs，John，雅各布，约翰，146

Jagger，Mick，贾格尔，米克，178

Jazz，爵士乐，160

Jefferson Airplane，杰弗逊飞船乐队，177，184

Jeffrey，Sharon，杰弗瑞，沙朗，124，125，129，130

Jencks，Christopher，詹克斯，克里斯托弗，268

Jews 犹太人：与美国黑人，264，265；的种族意识，234；传统主义者，245

Job Corps program，职业训练团计划，208

Jobs 工作，见 Employment

Job training，职业培训，213

John Birch Society，约翰·伯奇协会，273

Johns，Jasper，琼斯，贾斯帕，159

Johnson，Junior，小约翰逊，179

Johnson，Lyndon，约翰逊，林登，5，32，116，155，261，275，276，283：作为密室政客，21；受到进步的民主党人的挑战，26－28；性格刻划，21－22；与民权，21，55，57，58，66；决心不寻求连任，28－29，89；伟大社会计划中的，23－26，64，129，204；与约翰·F. 肯尼迪，22－23；的自由主义，23，204；与媒体，97－98，99；的城市政策，195；作为副总统，23；的越南政策，33，78－82，95－96，97－98，114，281；与越战的反对者，101，102－4，111，112；与向贫困开战计划，23－24，25，204－9

John XXIII，Pope，教皇约翰 23 世，106

Joint Chiefs of Staff（JCS），参谋长联席会议，87，89

Jones,LeRoi,琼斯,勒鲁,141,223

Joplin,Janis,乔普林,贾尼斯,177

Joyce,James,乔伊斯,詹姆斯,156

Justice Department, and civil rights movement,司法部,与民权运动,15,16−17,18,46

Juvenile delinquency, Cloward-Ohlin theory of,克洛德—奥林的青少年犯罪理论203,220,261

Juvenile Delinquency(JD),Office of,青少年犯罪办公室,23,201,202−3,204

K

Kansas City (Missouri),堪萨斯城(密苏里州),194

Karenga,Ron,卡伦加,罗恩,222,223,224

Kearns,Doris,卡恩斯,多莉丝,79

Kempton,Murray,坎普顿,默里,29

Keniston, Kenneth, 凯尼斯顿,肯尼斯,248,249,250

Kennan,George,凯南,乔治,101

Kennedy, Edward, 肯尼迪,爱德华,239,293

Kennedy,John F.,肯尼迪,约翰·F.,1,5,29,30,116,171,186,276;与民权运动,11,14−19,42,47,53−54,55,56;与电视的可比性,10−11;领导下的经济增长,196;的经济政策,14;1960年大选,11,216,280;的种族传统,216−17;的外交政策,12−13,106,127,274;与移民政策,217;与约翰逊的选举,22−23;与自由主义,9;的新边疆人,11−12;消灭贫穷计划,23,200−204;的公众形象,9−10,21;社会计划,201;城市政策,190,195;越南政策,73−78,101;与妇女运动,14−15,19−20

Kennedy,Joseph,Sr,肯尼迪,约瑟夫,9

Kennedy, Robert, 肯尼迪,罗伯特,8,21,22,68,79,141,194,201,202,227,239,

282:性格刻划,29−30;与民权运动,15,16,17,18,47,48,50,52,53;的总统竞选,28,29,30−31

Kent State University,肯特州立大学,113,291

Keppel,Francis,凯佩尔,弗朗西斯,25

Kerner Commission, 克纳委员会,210−11,212,213,214,215

Kerouac,Jack,克罗尔,杰克157,175

Kerr,Clark,克尔,克拉克,132,278

Kesey,Ken,凯西,肯,159,165,167,175−76,177,182

Khrushchev,Nikita,赫鲁晓夫,尼基塔,13,74

Kiker,Douglas,基克,道格拉斯,237

King,A.D.,金,A.D.,53

King,Coretta,金,科雷塔,11,42

King, Martin Luther, Jr., 金,小马丁·路德,27,29,30,46,60,64,187,200,211,227,239;与阿尔巴尼运动,50−51;暗杀,67;背景和教育,40−41;与童子军游行,52−53;西塞罗游行,236;"我有一个梦想"演讲,54−55;与约翰·F.肯尼迪,11,18−19;非暴力行动主义,42−43,45,59;在北方的活动,65−66,194,236;在穷人中的活动,67;拒绝黑人权力,61−62;与SNCC,45−46,51;与越南战争的反对派,21,66

King,Martin Luther,Sr,金,老马丁·路德,11,41

King,Mary,金,玛丽,60,148−49

Kissinger,Henry,基辛格,亨利,284−85,286;与中东和平,287;与越南和平协定,91,92−94

Knowland,William,诺兰,威廉,274

Kohn,Melvin L.,科恩,梅尔文·L.,252,257

Komarovsky,Mirra,科马拉夫斯基,米拉,257−58,259

Kopkind,Andrew,科普坎德,安德鲁,140,272

Korff,Baruch,科夫,巴鲁克,296,298

Korol,Jonathan,科佐尔,乔纳森,262-63

Krassner,Paul,克拉斯纳,保罗,155

Ku Klux Klan,三K党,46-47,57

Ky,Nguyen Cao,阮高其 87,92

L

Labor force 劳动力:短期合同工制,226;城市,196-97,213;中的妇女,1,18-19,35,258,260

Labor unions,劳联,14;农场工人,226-28;与新政策,33-34;中的教师,265-67

Laing,R.D.,莱恩,R.D.,167-68

LaPorte,Roger,拉波特,罗杰,106-7

Latin America 拉丁裔美国人:进步同盟,12-13;猪湾入侵,12

"Laugh-In,""嘲讽",186

Lawson,James,劳森,詹姆斯,45

League for Industrial Democracy (LID),工业民主联盟,124,125,208

League for Spiritual Discovery,精神发现会,175

Leary,Timothy,利里,蒂莫西,175,176,184

Le Duc Tho,黎德寿,93

LeFlore County,Mississippi,勒弗劳县,密西西比,56

Lemann,Nicholas,莱曼,尼古拉斯,193,209,262

LeMay,Curtis,勒梅,柯蒂斯,238

Lerner,Michael,勒纳,迈克尔,233

Lester,Julius,莱斯特,朱利斯,224

Levine,David,莱文,戴维,21

Levinson,Andrew,莱文森,安德鲁,237

Levinson,Stanley,莱文森,斯坦利,237

Lewis,Anthony,刘易斯,安东尼,18,169

Lewis,John,刘易斯,约翰,48,55,60

Lewis,Oscar,刘易斯,奥斯卡,201-2

Liberalism,自由主义,5-37;阿德莱·史蒂文森的,6,9;的日程,8;的崩溃,5;加尔布雷思的定义,7-8;约翰·肯尼迪治下的,9-20;林登·约翰逊治下的,21-26;与民族秉性,8-9;新左派的攻击,135-36;的社会批判,6-7

Liberation News Service,解放通讯社,162

Liddy,G.Gordon,利迪,G.戈登,293,294

Life Against Death (Brown),《生死之战》(布朗),172

Life and Death of Great American Cities, The(Jacobs),《美国大都会的生与死》(雅各布),191

Lincoln,C.Eric,林肯,C.埃里克,220

Lindsay,John,林赛,约翰,233,234,264,265,266

Lippmann,Walter,李普曼,沃尔特,98,100,101,103-4,280

Literature 文学:美国黑人,222-23;打击,157;的新文化中,159-60,163,165-66,167,168-69

Little Big Man,《小巨人》,179,181

Little Rock(Arkansas),school desegregation in,小石城(阿肯色州),学校废除种族隔离,41

Little,Thomas,小托马斯,170

Living Theatre,生活戏剧,160,165

Lodge,Henry Cabot,Jr.,洛奇,小亨利·卡伯特,77,78,273,274

London,Jack,伦敦,杰克,124

Lonely Crowd, The(Riesman),《孤独的人群》(里斯曼),6

Los Angeles (California),洛杉矶(加利福尼亚),210;的墨西哥裔美国人,225,226;的政治组织,194;的瓦茨暴乱,187,194,211,213

Love-ins,爱的集会,112

Love Machine, The (Susann),《恋爱机器》(苏珊),171

Love's Body (Brown),《爱之躯体》(布朗),172,173 – 74

Lowenstein, Allard, 洛温斯坦, 阿拉德, 27

LSD, 麦角酸二乙基酰胺, 175,176,177

Lula (Morrison),《卢拉》(莫里森),223

Lynd, Staughton, 林德, 斯托顿, 109

M

McCabe and Mrs. Miller, 麦凯布和米勒太太, 179

McCarthy, Eugene, 麦卡锡, 尤金, 27 – 28, 29,31,32,36,141

McCarthy, Joseph, 麦卡锡, 约瑟夫, 274

McCoy, Rhody, 麦科伊, 罗迪, 265 – 66

McGovern, George, 麦戈文, 乔治, 35 – 37, 153,291,293 – 94

McLuhan, Marshall, 麦克卢汉, 马歇尔, 10, 159

McNamara, Robert, 麦克纳马拉, 罗伯特, 75,78,81,84,87,112,135

McPherson, Harry, 麦克弗森, 哈里, 102, 114

McReynolds, David, 麦克雷诺兹, 戴维, 109

Magruder, Jeb, 马格鲁德, 杰布, 295

Mailer, Norman, 梅勒, 诺曼, 10, 11, 29, 163,172,180,282

Making of a Quagmire, The (Halberstam),《自掘坟墓》(哈布斯坦),97

Malcolm (Purdy),《马尔科姆》(珀迪),167

Malcolm X, 马尔科姆 X, 53,55,62,63,220 – 22,228,240,266,270

Malina, Judith, 马利纳, 朱迪思, 160

Mann, Floyd, 曼, 弗洛依德, 17

Mansfield, Irving, 曼斯菲尔德, 艾尔文, 171

Manson, Charles, 曼森, 查尔斯, 186

Mantle, Mickey, 曼特尔, 米奇, 180

Marcuse, Herbert, 马尔库塞, 赫伯特, 137

– 38,155,172

Marriage 婚姻: 伴侣, 251; 开放的, 254 – 55; 工人阶级的, 258

Marris, Peter, 马里斯, 彼得, 191

Marshall, Burke, 马歇尔, 伯克, 18,53

Martindale, Don, 马丁代尔, 唐, 199

Marx, Gary, 马克斯, 加里, 239

Mass culture, 大众文化, 250,259

Matusow, Allan, 马图索, 艾伦, 24,138,205

Max, Steve, 麦克斯, 史蒂夫, 124

Mead, Margaret, 米德, 玛格丽特, 249

Media 媒体: 越南战争的幻灭, 100; 与政府的关系, 96 – 97; 约翰逊的操作, 97 – 98,99; 与尼克松, 10 – 11,280,282; 越南战争覆盖的, 96 – 100; 参见 Television

Medicaid-Medicare programs, 医疗援助—医疗保险计划, 24 – 25

Meredith, James, 梅里迪斯, 詹姆斯, 17 – 18,61

Merry Pranksters, 快乐的恶作剧者, 175 – 76,182

Metropolitan government, 大城市政府, 195

Miami (Florida), 迈阿密 (佛罗里达州), 大城市政府中的, 195

Miami and the Siege of Chicago (Mailer),《迈阿密与包围芝加哥》(梅勒),163

Midnight Cowboy,《午夜牛郎》,179 – 80

Mikulski, Barbara, 米库尔斯基, 芭芭拉, 237

Military-industrial complex, 军事—工业联合体, 2

Miller, David, 米勒, 戴维, 107

Millet, Kate, 米利特, 凯特, 34,172

Mills, C. Wright, 米尔斯, C. 莱特, 122 – 23

Milwaukee (Wisconsin), 密尔瓦基 (威斯康星州), 194

Miss America pageant, 美国小姐庆典, 激进女权主义者的抗议, 149

Mississippi 密西西比:的自由乘车运动,47;的大学废除种族隔离制度,17-18;选民登记,55-60

Mississippi Freedom Democratic Party (MFDP),密西西比自由民主党,58

Mitchell,John,米切尔,约翰,291,294,295

Mitchell,Martha,米切尔,马莎,295

Mobilization to End the War(MOBE),全体动员,结束战争,109,141,144

Montgomery (Alabama) 蒙哥马利(阿拉巴马州):抵制公共汽车,40;自由乘车运动,16-17,47

Montoya,Joseph,蒙托亚,约瑟夫,228

Moore,Amzie,摩尔,阿姆齐,58

Morgan,Robin,摩根,罗宾,150,173,174

Morgenthau, Hans, 摩根索, 汉斯, 101,103,104

Morris,Charles,莫里斯,查尔斯,265

Morrison,Jim,莫里森,吉姆,177

Morrison,Norman,莫里森,诺曼,106

Morrison,Toni,莫里森,托尼,223

Morris,Robert,莫里斯,罗伯特,160-61

Morse,Wayne,莫尔斯,韦恩,80

Moses,Bob,摩西,鲍勃,45,55-56,57,58,59,60,124,133

Moses,Robert,摩西,罗伯特,191

Motherwell,Robert,马瑟韦尔,罗伯特,156

Motion Picture Association(MPA),电影协会,170

Movies 电影:反英雄,181,182;审查标准,170;中的代沟,249;越南战争的,119,179;西部英雄的,179-80

Moynihan,Daniel Patrick,莫伊尼汉,丹尼尔·帕特里克,198,203,209,234,260,261,288

Moynihan Report,莫伊尼汉报告,220,260-62

Mumford,Lewis,芒福德,刘易斯,195,199-200

Murray,Albert,默里,艾伯特,223

Music, in new culture, 新文化中的音乐,159,160,161,163-64,177-78

Muskie,Edmund,穆斯基,埃德蒙,36,293

Muste,A.J.,穆斯特,A.J.,105,109,110

Mutual destruction,doctrine of,相互摧毁原则,285

My Lai massacre,美来屠杀,83

N

Naked and the Dead (Mailer),《裸者与死者》(梅勒),163

Namath,Joe,纳马斯,乔,180

Nash,Diane,纳什,迪恩,47,48

National Association for the Advancement of Colored People(NAACP),全国有色人种促进会,15,20,39,42,50

National Black Political Assembly,全国黑人政治大会,224

National Commission on Urban Problems,城市问题全国委员会,189

National Committee for a Sane Nuclear Policy(SANE),健全核政策全国委员会,105,108,109,113

National Conference for New Politics(NCNP),新政国民大会,27

National Congress Of American Indians,美国印第安人全国大会,232

National Coordinating Committee to End the War in Vietnam,结束越南战争全国协调委员会,109-10

National Farm Workers of America (NFWA),全美农业工人联合会,226

National Liberation Front(NLF),民族解放阵线,73,90,92

National Organization for Women(NOW),全国妇女组织,19,34,35,151

National Review,《国民评论》,274

National Student Association (NSA),全国

学生联合会,124

National Women's Political Caucus,全国妇女政治领导核心,34

Nation of Islam,伊斯兰国家,214,219-21

Native Americans, nationalist movements among,民族主义运动中的土著美国人,229-32

NBC News,国家广播公司新闻,99-100

Neshoba County, Mississippi,尼肖巴县,密西西比州,57

Newark(New Jersey),纽瓦克(新泽西州),的种族暴乱,211,223

New Deal coalition,新政联盟,5,26,33,36

Newfield, Jack,纽菲尔德,杰克,29-30,31,105,135

New Frontier,新边疆,11-15,202-4

New Left,新左派,121-53;在芝加哥民主党全国大会,141-46;的组成,123-24,134-36;的终结,147;存在主义者的影响,123;的家庭背景,249;的创立,124-26;言论自由运动,132-33;利益集团的残余,148-53;视为敌人的自由主义,135-36;男性支配,149,173;休伦港宣言,126-29,133,135,139;的革命性,139-40;转变为激进的意识形态,137-39;对旧左派,121-23;参见Students for a Democratic Society(SDS)

New Mexico, Hispanic nationalism in,新墨西哥,拉丁裔美国人的民族主义,228

New Politics,新政策,32,33-37,153

Newsweek,《新闻周刊》,296

Newton, Huey P.,牛顿,休伊·P.,62-63,64,224-25

New York, divorce laws in,纽约,离婚法,255-56

New York City 纽约市:种族政策,233,234;同性恋解放,152-53;政治组织,194;公立学校,263,264-68;城市更新,191

New York Jets,纽约喷气机队,180

New York Review of Books,《纽约书评》,161

New York Times,《纽约时报》,99,228,293

Ngo Dinh Nhu,吴庭儒,72,76

Nguyen Ngoc Loan,阮武龙,100

Nhu, Madame,吴庭儒夫人,72-73

Nixon, Richard,尼克松,理查德,21,26,28,119,147,154,186,223,238;与反战表演,290-91;性格刻划,272,279-81;跳棋演讲,279-80;与民权运动,42;国会选举策略 289-90,291;内政,287-89;1960 年的大选,274,280;1968 年的大选,33,272,281-83;1972 年的大选,36,37,291-92;家庭背景,278-79;外交政策,284-87,298-99;与媒体,10-11,280,282;与土著美国人,232;解决贫困计划,209,288;与共和党人缓和,274,281;辞去总统职务,1-2,296;越南政策,69-70,90-94,112,113,283;与水门丑闻,292-98

Nobody Knows My Name(Baldwin),《无人知我名》(鲍德温),193

Nonviolence,非暴力,42-44,45,58-59

North Vietnam,北越,71,73,79,90;和平协定,93-94;参见 Vietnam War

Novak, Michael,诺瓦克,迈克尔,234,235,246,247

NOW,见 National Organization for Women

O

Oakland(California),奥克兰(加利福尼亚)108,112,206

Oberdorfer, Don,奥布多弗,唐,100

O'Brien, Lawrence,奥布赖恩,劳伦斯,21,293

O'Brien, Tim,奥布赖恩,蒂姆,120

Obscenity,淫秽,169

464　译名对照表

Office of Economic Opportunity(OEO),经济机会办公室,205,260

Ogelsby,Carl,奥格尔斯比,卡尔,134,136,138,145

Oh, Calcutta,《哦,加尔各答》,171

O'Hair,Madalyn Murray,奥海尔,麦德林·默里,245,246-47

Ohlin,Lloyd,奥林,洛伊德,201,203

Omni-Americans, The (Murray),《一切美国人》(默里),223

Once is Not Enough (Susann),《一次是不够的》(苏珊),171

One-Dimensional Man (Marcuse),《一维人》(马尔库塞),137,172

O'Neill,Nena and George,奥尼尔,尼那和乔治,254-55

O'Neill,Tip,奥尼尔,蒂普,22

On the Road (Kerouac),《在路上》(克罗尔),157,175

Open Marriage,(O'Neill),《开放的婚姻》,(奥尼尔),254-55

Oracle,《神谕》,162,184

Organization of Afro-American Unity(OAAU),美国黑人联合组织,221

Organization Man, The (Whyte),《团体人》(怀特),6

Orrick,William,奥里克,威廉,17

Osborne,John,奥斯本,约翰,181

Other America, The(Harrington),《另一个美国》(哈林顿),201

P

Pacifists,in antiwar movement,反战运动中的和平主义者,105,106-7,109

Pan-Africanism,泛非主义,223

Parks,Rosa,帕克斯,罗莎 40

Partisan Review,《党派评论》,154

Patterson,John,帕特森,约翰,16,17,47

Patton,《巴顿将军》,119

Pawnbroker, The,《当铺老板》,170

Peace movement,和平运动,106-7;参见 Antiwar movement

Peckinpah,Sam,佩金帕,山姆,180

Peer groups,同龄人,250

Pentagon, match on,五角大楼前的游行,109-11

Pentagon Papers,五角大楼的文件,293

Philadelphia (Pennsylvania),费城(宾夕法尼亚州),188,194,223

Phillips,Kevin,菲利浦,凯文,283,289

Phoenix (Arizona),凤凰城(亚利桑那州),188

Phoenix program,凤凰行动,89,91

Picaro,无赖,181

Piercy,Marge,皮尔斯,玛吉,149

Pileggi,Nicholas,派尔吉,尼古拉斯,235

Platoon,《野战排》,120

Playboy,《花花公子》,171,174

PL. 见 Progressive Labor party

Police,黑人社会中的警察,213

Politics of Experience, The (Laing),《经验策略》(莱恩),167-68

Pollock,Jackson,波洛克,杰克逊,156

Pollution,urban,城市污染,188

Pontiac (Michigan),庞蒂亚克(密歇根州),270

Poorhouse State, The (Elman),《济贫院》(埃尔曼),214

Poor People's March to Washington,穷人游行到华盛顿,67-68,229

Pop art,波普艺术,157,161,163

Pornography,色情文学,169

Port Huron statement,休伦港声明,126-29,133,135,139,157

Portnoy's Complaint (Roth),《波特诺伊的不满》(罗斯),168

Postindustrial society,后工业社会,2,195-97

Postmodernism,后现代主义,155－58

Potter, Paul, 波特，保罗, 130, 131, 135, 136,138

Poverty 贫穷:文化的,201－2;的循环, 25,203;的水平, 26, 207;零星的,7, 201;参见 War on Poverty

Powell,Adam Clayton,鲍威尔,亚当·克莱顿,206

Powers,Thomas,鲍尔斯,托马斯,104

Presidential elections 总统大选:1960 年,9 －11,42,274;1964 年,218,237－38, 274－75,277－78;1968 年, 26－33, 33,141－46,238,272;1972 年,35－ 37,291－92

Presley,Elvis,普莱斯利,艾尔维斯,248

Price,Ray,普赖斯,雷,296

Prichett,Laurie,普林切特,劳瑞,49,50

Procaccino,Mario,普罗卡西诺,马里昂, 233,234

Progressive Labor party(PL),进步劳工党, 136,141,146

Pruett-Igoe projects, St. Louis,普鲁厄特—艾戈项目,圣路易斯,192,240

Psychedelic drugs,迷幻药,175－76

Psychology Today,《今日心理》,255

Public opinion,of Vietnam policy,越南政策的舆论,114－15

Purdy,James,珀迪,詹姆斯,167

pynchon,Thomas,平琼,托马斯,159－60, 166,181

Q

Quinn,Anthony,奎因,安东尼,170

R

Rader,Gary,雷德,加里,110,111

Radical chic,激进的时髦玩意儿,164

Radical feminism,激进的女权运动,148－ 51,173,253

Radicail Women,激进的妇女 149,150

Rajnwater, Lee,雷恩沃特,李, 192, 193, 240,259

Ramparts,《堡垒》,63,161－62,177,246

Randal,Vera,伦德尔,薇拉,165－66

Randolph, A. Philip,伦道夫,A. 菲利浦 18, 130,208－9

Rat ,《老鼠》162

Rather,Dan,拉瑟,丹,298

Rauschenberg,Robert,劳申伯格,罗伯特, 159

Rawalt,Marguerite,拉瓦尔,玛格丽特,19

Reagan, Ronald,里根,罗纳德, 120, 154, 256,278,281

Reagon,Cordell,里根,科德尔,49

Realist, The,现实主义者,155,161

Real Majority，The (Scammon and Wattenberg),《真正的多数》(斯卡蒙与瓦滕伯格）289

Red Stocking Manifesto,红袜子宣言,150

Reed,Ishmael,里德,伊什梅尔,223

Reich,Charles,赖克,查尔斯,165,172,184 －86

Rein,Martin,赖因,马丁,202

Religion 宗教:上帝已死运动,246－47;工会的衰落,244－45;东部的,176－77; 自由主义化的,245－46;在学校,245, 246－47

Rembar,Charles,伦巴,查尔斯,174－75

Reporter，The,《记者》,276

Republican party,共和党, 26,37,42,192, 218:中的保守派,273－78;与戈德华特竞选, 274－76,277－78;中间势力, 273,277,281;新右派联盟,277;尼克松,272,274,281;在南方,276－77

Resistance,The,抵制,107－8

Resurrection City,复兴城,68

Richardson,Eliot,理查森,艾略特,295,296

Riesman,David,里斯曼,戴维,6,247－48

Riots, race, 种族暴乱, 53, 67, 112, 187, 191, 194, 210 – 15

Robert Taylor homes, 罗伯特·泰勒住宅区, 193

Rockefeller, Mrs. Nelson, 洛克菲勒太太, 纳尔逊, 256

Rockefeller, Nelson, 洛克菲勒, 纳尔逊 273, 274, 277, 281, 284

Rock music, 摇滚乐, 163 – 64, 177 – 78, 248

Rogers, David, 罗杰斯, 戴维, 263

Rogers, William, 罗杰斯, 威廉, 286

Rolling Stones, 石鸣乐队, 174, 177 – 78

Rolling Thunder operation, 雷鸣行动, 80 – 82, 96, 101

Rollins, Henry, 罗林斯, 亨利, 242

Romney, George, 罗姆尼, 乔治, 281

Roosevelt, Franklin D., 罗斯福, 富兰克林· D., 5, 21, 70

Rosenberg, Harold, 罗森堡, 哈罗德, 155, 156, 161, 162 – 63

Ross, Bob, 罗斯, 鲍勃, 124, 145

Ross, David, 罗斯, 戴维, 118

Rossman, Michael, 罗斯曼, 迈克尔, 142

Rostow, Walt W., 罗斯托, 沃尔特·W., 12, 74, 75, 78, 81,

Roszak, Theodore, 罗斯扎克, 西奥多, 154

Rothbard, Murray, 罗斯巴德, 默里, 277

Rothko, Mark, 罗斯科, 马克, 156, 157

Roth, Philip, 罗斯, 菲利浦, 168

Royko, Mike, 罗伊科, 迈克, 36 – 37

Rubin, Jerry, 鲁宾, 杰瑞, 110, 142, 143, 145, 184

Ruckelshaus, William, 拉克尔修斯, 威廉, 296

Rudd, Mark, 拉德, 马克, 141, 146

Rumor of War, A (Caputo), 《战争的谣传》(卡普托) 116, 117, 120

Rusher, William, 拉舍, 威廉, 274

Rusk, Dean, 腊斯克, 迪恩, 74 – 75, 78, 103, 135

Rustin, Bayard, 拉斯廷, 贝雅德, 18, 60, 108, 130, 198, 208 – 9, 261, 265

Ryan, William, 雷恩, 威廉, 261

S

Sadat, Anwar, 萨达特, 安瓦尔, 286 – 87

Safer, Morley, 萨福, 莫利, 98 – 99

Safire, William, 萨菲尔, 威廉, 279

St. Louis (Missouri), 圣路易斯 (密苏里州), 城市更新计划中, 192, 193

Sale, Kirkpatrick, 赛尔, 柯克帕特里克, 133 – 34

Salinger, J. D., 赛林格, J. D., 8

Salisbury, Harrison, 索尔兹伯里, 哈里森, 99

Sanders, Ed, 桑德斯, 艾德, 142

SANE, 见 National Committee for a Sane Nuclear Policy

San Francisco (California): 旧金山 (加利福·尼亚州), 在社区行动计划中, 206; 嬉皮士文化中的, 183 – 84

Sartre, Jean Paul, 萨特, 让·保罗, 123

Savio, Mario, 撒维奥, 马里奥, 132, 133, 141

Sayre, Nora, 赛尔, 诺拉, 170

Scammon, Richard, 斯卡蒙, 理查德, 289, 291

Schlafly, Phyllis, 施拉夫利, 菲利斯, 34, 275

Schlesinger, Arthur, Jr., 施莱辛格, 小阿瑟, 8, 11, 15, 74, 233

Schools 学校: 校车争论, 269 – 71: 地方分权, 263 – 68; 废除种族歧视制度, 41 – 42, 268 – 71; 自由, 264; 旧城, 262 – 63; 中的宗教, 245, 246 – 47; 参见 Education

Schrag, Peter, 施拉格, 彼得, 162, 217, 218, 262, 268 – 69

Schwerner, Michael, 施维那, 迈克尔, 57

SCLC, 见 Southern Christian Leadership

Scott, George C., 斯科特, 乔治·C., 119

SDS, 见 Students for a Democratic Society

Seale, Bobby, 希尔, 鲍比, 62, 63, 206, 225

Search-and-destroy missions, 搜索—摧毁任务, 82-83

Secular City, The (Cox), 《世俗之城》(考克斯), 244-45

Selma (Alabama), 塞尔玛 (阿拉巴马州), 55

Senate Foreign Relations Committee, 参议院外交事务委员会, 104

Senate Watergate Committee, 参议院水门事件委员会, 294, 295

Sexton, Brendan, 塞克斯顿, 布伦丹, 117, 239

Sexton, Patricia, 塞克斯顿, 帕特里西亚, 117, 259

Sexual Freedom League, 性自由同盟, 170-71

Sexual Politics (Millet), 《性政治》(米利特), 172

Sexual revolution, 性革命, 2: 与避孕药, 253-54; 与审查法规 168-70; 商业宣传, 171; 破坏性的冲动, 174-75; 艺术展示, 170-71; 自由主义者与激进分子的分歧, 171-74

Shanker, Albert, 尚克, 艾伯特, 265, 266

Sheehan, Neil, 希恩, 内尔, 97

Shelly, John F., 谢利, 约翰·F. 205

Shelly v. Kramer, 谢利诉克雷默案, 189

Shero, Jeff, 希罗, 杰夫, 135

Sherrod, Charles, 谢洛德, 查尔斯, 49, 51

Shriver, Eunice Kennedy, 施赖弗, 尤尼斯·肯尼迪, 23

Shriver, Sargent, 谢里夫, 萨金特, 204, 205-6, 208

Shuttlesworth, Fred, 夏特尔沃斯, 弗雷德, 47, 51

Siegenthaler, John, 西根塔勒, 约翰, 16, 17

Sihanouk, Norodom, 西哈努克, 诺罗敦, 92

Silver, James, 西尔弗, 詹姆斯, 55

Simon and Garfunkle, 西蒙和加丰克尔乐队, 178

Sinclair, Upton, 辛克莱尔, 厄普顿, 124

Sirica, John J., 西里卡, 约翰·J. 294

Sit-ins, 静坐抗议, 44-45

Slater, Philip, 斯莱特, 菲利浦, 154, 184, 186

Smith, Howard, 史密斯, 霍华德, 20

SNCC, 见 Student Non-Violent Coordinating Committee

Social Class, 见 Class

Sontag, Susan, 桑泰格, 苏珊, 154, 155, 158, 161, 162, 164, 169, 173, 174, 246

Southern Christian Leadership Conference (SCLC), 南方基督教领袖联合会, 40, 42, 44, 45, 51, 52, 65, 67-68

South Vietnam 南越: 武装力量, (ARVN), 73, 75, 76, 82, 87, 88, 92, 93; 佛教徒起义, 77, 87; 吴庭艳政权, 71-73, 74-75, 76-78, 79; 阮高其—阮文绍政权, 87, 92; 土地改革, 72; 与胡志明谈判, 76-77; 参见 Vietnam policy, U. S.; Vietnam War

Soviet Union, 苏联 13, 71, 73, 78-79, 93, 281, 283, 285, 286, 287, 298-99

Spock, Benjamin, 斯波克, 本杰明, 108, 109, 249

Sports heroes, 体育英雄, 180-81

Stages of Economic Growth, The (Rostow), 《经济增长的阶段》(罗斯托), 12

Stanton, Frank, 斯坦顿, 弗兰克, 99

Starr, Roger, 斯塔尔, 罗杰, 198

Steinem, Gloria, 斯特内姆, 葛洛丽亚, 34

Steiner, Stan, 斯坦纳, 斯坦, 225-26, 228

Stennis, John, 斯滕尼斯, 约翰, 296

Stern, Susan, 斯特恩, 苏珊, 147

Stevenson, Adlai, 史蒂文森, 阿德莱, 8, 9, 15,

Stewart, Douglas, 斯图亚特, 道格拉斯, 276

Stokes, Carl B. 斯托克斯, 卡尔·B., 194, 224

Stone, I. F., 斯通, I. F. 127

Stone, Oliver, 斯通, 奥利弗, 120

Stonewall Rebellion, 石墙反叛, 152

Stop-the-Draft Week, 停止征兵周, 108

Strategic Arms Limitation Talks (SALT I), 限制战略武器谈判, 285, 286, 298 - 99

Strategic hamlet program, 战略村计划, 75 - 76

Strauss, William, 斯特劳斯, 威廉, 116

Strike Toward Freedom (King), 《争取自由的斗争》(金), 42

Student League for Industrial Democracy (SLID), 争取产业民主大学生联盟, 124

Student Non-Violent Coordinating Committee (SNCC), 大学生非暴力协调委员会, 55, 124, 128, 129, 132, 227—28: 采纳黑人权力, 60 - 62; 阿尔巴尼运动, 49 - 51; 自由之夏, 57 - 60: 和金, 45 - 46, 51; 内部的种族紧张, 59 - 60; 从非暴力转变, 58 - 59; 选民登记, 48 - 49, 54, 55 - 58; 在妇女问题中, 148 - 49

Students for a Democratic Society (SDS), 争取民主社会大学生协会, 142, 145 - 46: 反团体, 128, 146; 在反战运动中, 105, 106, 107, 108, 109, 110, 133 - 36; 诞生, 124 - 26; 哥伦比亚大学的抗议, 140 - 41; 经济调查与行动计划 (ERAP), 129 - 32; 新守卫, 134 - 36; 政治气候, 146 - 47, 174; 中的妇女, 149, 174; 参见 New Left

Suburbs, 郊区 187, 189, 197, 199, 271

Sunbelt cities, 阳光地带的城市, 188 - 89, 194, 197, 225 - 26

Superman, 《超人》, 179

Supreme Court, U.S. 美国最高法院: 与民权, 39, 40, 46, 48; 与住房歧视, 189; 自由主义倾向, 245; 与土著美国人的权利, 230; 淫秽, 169; 与学校合并, 269 - 70

Sutrey, David, 苏里, 戴维, 115, 116

Susann, Jacqueline, 苏珊, 杰奎琳, 171

Swahili, 斯瓦希里语, 222

Swann v. Charlotte-Mecklenberg Board of Education, 斯旺诉夏洛特－梅克伦堡县教育局案, 270

Symington, Stuart, 赛明顿, 斯图亚特, 22

Syria, 叙利亚, 286

T

Tammany Hall, 坦慕尼派礼堂, 194

Tax base, urban decline in, 城市衰落中的课税基础, 187, 193

Tax policy, 税收政策, 14, 24, 196, 287

Taylor - Rostow report, 泰勒－罗斯托报告, 74

Teach-in movement, 讲课运动, 102 - 3

Television 电视: 在肯尼迪－尼克松的辩论中, 10 - 11; 覆盖越南战争, 98 - 100

Terrell, Ernie, 特雷尔, 厄尼, 180

Tet offensive, 春节攻势 28, 85, 87 - 90, 99 - 100

Theater, in new culture, 新文化中的剧院, 160, 165, 166, 167, 171

Thieu, Nguyen Van, 阮文绍, 87, 92, 92 - 94

Thomas, Norman, 托马斯, 诺曼, 109, 125

Thompson, Hunter S., 汤普森, 亨特·S., 182

Thoreau, Henry David, 梭罗, 亨利·戴维, 42

Thurmond, Strom, 瑟蒙德, 斯特罗姆, 277

Tijerina, Reies, 提杰里纳, 瑞斯, 226, 228 -

29

Time magazine,《时代杂志》,244,246

Tom Jones,《汤姆·琼斯》,181

Tower,John,托尔,约翰 276—77

Tragedy of American Diplomacy, *The* (Williams),《美国外交的悲剧》(威廉姆斯)69

Treleavan,Harry,特里莱文,哈里,282

Trullinger,James,特鲁林格,詹姆斯,73

Truman,Harry,杜鲁门,哈里,24,70

Turnbow,Hartman,特恩布,哈特曼,59

U

Understanding Media（McLuhan)《理解媒介》(麦克卢汉) 10

Unemployment,失业,196,213

United Auto Workers（UAW),汽车工人联合会,14,35

United Farm Workers of America,农场工人联合会,33

United Federation of Teachers（UFT),联邦教师联合会,265—67

Universities,大学,见 Colleges and universities

University of Alabama,阿拉巴马大学,237

University of California at Berkeley,加州大学伯克利分校,124,132—33,278

University of Chicago,Sociology Department of,芝加哥大学社会学系,203

University of Michigan,密歇根大学,102,124

University of Mississippi,密西西比大学,17—18

University of Wisconsin,威斯康星大学,113,136,139,146

Urban renewal projects,城市复兴计划,190－93

Urban riots,城市暴乱,53,67,112,187,191,194,210—15

Urban Villagers, *The*（Gans),《都市乡村》(甘斯),191

V

Valley of the Dolls（Susann),《玩偶谷》(苏珊）, 171

Vatican II,第二次梵蒂冈会议,246,256

Vecoli,Rudolph,维科里,鲁道夫,235

Vernon,Raymond,范农,雷蒙特,199

Vietcong,越共,73,79,80,83,85,87,91

Vietminh,越盟,70,71

Vietnam,越南,见 North Vietnam; South Vietnam

Vietnam Day Committee,越南日委员会,109

Vietnam policy,U. S. 美国的越南政策:向吴庭艳政权许诺,71,74－75;经济和军事援助,72,74,75;艾森豪威尔治下,70－71,75;出现批评,101－2,103－4;东京湾决议,80,97,104,113,114;约翰逊治下,33,78－82,95－96,97－98,101,102,114;肯尼迪治下,73－78,101;尼克松治下,69－70,90－94,112,113,283,290;推翻吴庭艳政权,77－78;抗议反对,见 Antiwar movement;舆论,114－15;泰勒—罗斯托报告,74,101;越南化,91－92,113,114,290

Vietnam War,越南战争,2,21,23,217;暂停轰炸,33,83,89,98;突击轰炸,83－84,93,99,101;军队中的阶级冲突,86－87;有阶级倾向的伤亡率,86,117;战斗人员/非战斗人员（REMF)分离,85－87;军队的组成,86,117;文化的冲击,118－20;征兵延期,115－16;复活节攻势,93;经济的冲击,196,出现在电影中,119,179;法国殖民地战争,70－71;游击战争,85;媒体覆盖报导,96－100;服役的目的,116－17;和谈,90,92－94;凤凰行动,89,91;军队中的种族不平等,86;雷鸣行动,80-82,96,101;搜索—摧毁任务,82-83;战略村计划,75-76;科技领先,84-85;春节攻势,28,85,87-90,99-100

Village Voice,《乡村之声》,161,170,180

Virginian,*The*(Wister),《弗吉尼亚人》(威斯特),179

Vizzard,Jack,维扎特,杰克,170

Voight,Jon,沃伊特,乔恩,180

Vonnegut,Kurt,冯内古特,库尔特,159,166,167,181

Voter Education Project(VEP),选民教育计划,18,48-49

Voter registration,选民登记 18,42,48-49,54,55-58

Voting parterns,ethnic,种族选举伙伴,234

Voting Rights Act of 1965,1965 年的选举权法 55

W

Wage - price freeze,工资一物价冻结,289

Wallace,George;华莱士,乔治,与伯明翰抗议,53;与大规模抵制,41;总统竞选,26,33,36,237-39,272,277,282,283;目标瞄准尼克松的白宫,293

Wallace,Mike,华莱士,迈克,220

Walzer,Michael,沃尔泽,迈克尔,276

Warhol,Andy,沃霍尔,安迪,161,163,180

War on Poverty,向贫穷作战,23-26,200-9,260;社区行动计划,23,204-6;冲击,26;工作计划,207-9;约翰逊治下,23-24,25,204-9;青少年犯罪办公室进入角色,202-4;肯尼迪治下,23,200-4;尼克松治下,209,288;幕后的理论,201-2

Washington,D.C.华盛顿特区:反战证明,108-10,113;民权运动游行,18-19,54-55;穷人的活动,67-68,229

Wasps,白人新教徒:在文化权威上的衰落,217-18;经济优势,218;作为敌人,218-19;反对白种人的偏见,233,235

Watergate scandal,水门丑闻,292-98

Wattenberg,Ben,瓦滕伯格,本,289,291

Watts,Alan,瓦茨,艾伦,176

Watts riot,瓦茨暴乱,187,194,,213

Wayne,Aissa,韦恩,艾萨,179

Wayne,John,韦恩,约翰,118,119,154,155,179

Weaver,Robert,韦弗,罗伯特,190,195

Weiss,Peter,韦斯,彼得,165,166

Welch,Robert,韦尔奇,罗伯特,273

Western hero,西部英雄,179-80

Westmoreland,William,威斯特摩兰,威廉,82,83,84,87,88,89

Whalen,Richard,惠伦,理查德,278,282

Wheeler,Earle,惠勒,厄尔,88-89

White,F. Clifton,怀特,F.克利夫顿,274,275

White,Theodore,怀特,西奥多,10

White,William S.,怀特,威廉·S.,100

White Anglo-Saxon Protestant,见 Wasps

Whyte,William H.,怀特,威廉·H.,6

Wilkerson,Cathy,威尔克森,凯西,146

Wilkins,Roy,威尔金斯,罗伊,266

Williams,William Appleman,威廉姆斯,威廉·艾普曼,69,81,127

Wills,Gary,威尔斯,格雷,235,272

Wilson,Dagmar,威尔逊,达格玛,106

Wilson,Dickie,威尔逊,迪克,232

Wirtz,Willard,沃茨,威拉德,208

Wister,Owen,威斯特,欧文,179

Wittman,Carl,威特曼,卡尔,129,152

Wofford,Harris,沃福德,哈里斯,11,56

Wolfe,Donald M.,沃尔夫,唐纳德·M.,251

Wolfe,Tom,沃尔夫,汤姆,159,176-77,179,182

Wolfinger,Raymond E.,沃尔芬格,雷蒙

德·E.,234

Women's movement 妇女运动:中的阶级
差别,34-35;家庭的批评,252-54;和
肯尼迪,19-20;在新政策中,34-35;
激进的女权主义,148-51,173,253;和
性解放,173

Women Strike for Peace, 为和平斗争妇女
组织,106

Women workers, 女工,1,18-19,35,258,
260

Woods, Rose Mary, 伍兹,罗斯·玛丽,296

Woodstock Music Festival, 伍德斯托克音
乐节,177

Working class 工人阶级:收集白人/黑人
的看法,239-40;家庭,256-60;不满,
236-37;未组织的,240-42;与华莱士
的候选,237-39

Wright, Frank Lloyd, 赖特,弗兰克·洛伊
德,188

Wright, Marion, 赖特,马里昂,67

Wright, Richard, 赖特,理查德 222-23

Y

Yarmolinsky, Adam, 亚莫林斯基,亚当,
201,208

Yippies,易比士,141,142,143,145,184

Yorty, Sam, 约蒂,山姆,194

Young Americans for Freed(YAF),美国青
年争取自由组织,276

Young, Andrew, 扬,安德鲁,50

Young Radicals (Kenisron),《激进青年》
(凯尼斯顿),249

Young, Whitney, 扬,惠特尼,266

Z

Zen Buddhism,禅宗,176

Ziegler, Ron,齐格勒,罗恩,296

Zumwalt, Elmo,朱姆沃尔特,埃尔默,298

Zwerg, James,兹沃格,詹姆斯,47

图书在版编目(CIP)数据

六十年代与现代美国的终结/(美)斯泰格沃德著；
周朗,新港译 .—北京:商务印书馆,2002
ISBN 7 - 100 - 03368 - 3

Ⅰ.六... Ⅱ.①斯...②周...③新... Ⅲ.政治-
概况-美国-1960~1970 Ⅳ.D771.20

中国版本图书馆 CIP 数据核字(2001)第 057972 号

所有权利保留。
未经许可,不得以任何方式使用。

六十年代与现代美国的终结
〔美〕戴维·斯泰格沃德 著
周 朗 新 港 译

商 务 印 书 馆 出 版
(北京王府井大街36号 邮政编码 100710)
商 务 印 书 馆 发 行
北京瑞古冠中印刷厂印刷
ISBN 7 - 100 - 03368 - 3/K · 719

2002 年 6 月第 1 版 开本 850×1168 1/32
2002 年 6 月北京第 1 次印刷 印张 15
定价: 25.00 元